문학비평의 이해와 활용

Understanding and Practical Use of Literary Criticism

지은이 이명재(李明宰, Myung-Jae, Rhee)
문학평론가, 중앙대 인문대 명예교수
중앙대 졸업, 동 대학원 국어국문학과 문학석사
경희대 대학원 국어국문학과 문학박사
1977년 동아일보 신춘문예 문학평론 당선
중앙대 국어국문학과 교수 및 문과대 학장 역임
미국 하와이대 및 러시아 극동대 초빙교수 역임
한국문인협회 평론분과 회장 역임
주요 저서로 『현대 한국문학론』, 『변혁기의 한국문학』, 『식민지 시대의 한국문학』, 『북한문학사전』, 『전환기의 글쓰기와 상상력』, 『세계문학 넘어서기』 등이 있다.

지은이 오창은(吳昶銀, Chang-Eun, Oh)
문학평론가, 중앙대 대학원 문화연구학과 교수 및 다빈치교양대학 교수
중앙대 국어국문학과 졸업, 동 대학원 국어국문학과 문학박사
2002년 경향신문 신춘문예 문학평론 당선
한국작가회의 평론분과 위원장 역임
저서로 『비평의 모험』, 『모욕당한 자들을 위한 사유』, 『절망의 인문학』, 『나눔의 그늘에 스며들다』, 『친애하는 인민들의 문학 생활』 등이 있다.

문학비평의 이해와 활용

1판 1쇄 발행_2009년 03월 20일
1판 7쇄 발행_2021년 08월 30일

지은이_이명재·오창은
펴낸이_양정섭

펴낸곳_경진출판
등록_제2010-000004호
이메일_mykyungjin@daum.net
사업장주소_서울특별시 금천구 시흥대로 57길(시흥동) 영광빌딩 203호
전화_070-7550-7776 팩스_02-806-7282

값 19,000원
ISBN 978-89-5996-052-1 93810

문학비평의 이해와 활용

Understanding and Practical Use of Literary Criticism

세상과 소통하는 지혜

도서출판 경진

책머리에

현대는 비평과 담론의 시대라고 일컫는다. 그렇다면 과연 문학비평은 텍스트와 어떻게 어우러질 수 있으며, 더불어 자신의 임무를 충실히 해낼 수 있을까? 일각에서는 '문학비평이 텍스트를 발가벗기고, 뼈만 남도록 발라낼 뿐'이라며 무용론을 펼친다. 다른 한편에서는 '문학비평은 텍스트에 옷을 입히고, 의미를 발굴해 문학사의 진전을 위해 고투한다'고 그 가치를 높이 평가한다. 비평작업은 문학 텍스트의 미학적 즐거움을 독자들과 함께 나누는 행위이며, 더불어 지적 작업을 거쳐 텍스트를 평가하는 행위이다. 따라서 좋은 비평을 위해서는 먼저 '문학적으로 문제적이면서도, 미학적으로도 가치 있는 텍스트 선정'이 이뤄져야 한다. 그리고 정확하고도 명료한 해석과 판단이 텍스트 분석 작업 중에 요구된다. 이를 위해서는 비평 이론을 두루 섭렵하고, 실제 비평에 적용하고 활용할 수 있는 능력을 습득해야 한다.

『문학비평의 이해와 활용』은 대학 현장에서 교재로 쓸 수 있는 교육적 목적과 비평 현장에서 실제 활용될 수 있는 실용적 목적을 동시에 고려해 집필되었다. 이 책은 대학 강단과 비평 현장에서 활동해 온 저자들이 신구 세대의 조화를 염두에 두고 기획하고 집필했다. 선임(이명재) 교수는 한국문학 평론계의 태두이신 백철 박사님에 이어서 30여 년 비평론 강의를 맡아오면서 『문학비평의 이론과 실제』라는 책을 펴낸 바 있다. 이 책에 기초해서 후임(오창은) 교수가 새롭게 수정하고, 보완해 『문학비평의 이해와 활용』을 탄생시켰다. 따라서 탄탄한 원론적 문제의식과 젊은 세대의 생생한 현장감각이 어우러진 성과물로서 가치가 높다. 지은이들은 평소 연구하거나 학부와 대학원 및 산업교육원 등에서 '비평론'을 강의할 때 섭렵한 동서양의 관계 논저論

著들을 최근 이론까지 반영해서 폭넓게 활용했다. 예문으로는 최근에 현장 평론가들이 발표한 비평문들도 필자들로부터 양해를 구해 수록했다. 이 자리를 빌어, 소중한 글의 게재를 기꺼이 수락해주신 한국문학비평의 현장평론가들에게 깊은 감사의 마음을 전한다.

이 책은 '1부 비평이란 무엇인가'에서 비평의 특성과 기능, 기원 및 비평가의 지위 등에 관해 다루었다. 문학비평에 대한 개념과 역사적인 이해를 위해 문학비평의 기초이론을 폭넓게 정리하였다. 그리고 '2부 현대비평은 어떤 것들인가'에서는 13항목에서 30여 개에 이르는 현대비평 방법들을 검토하고 실제 비평의 예문까지 수록하여 이해를 높이려고 노력했다. 후반부의 '대화비평과 담론이론', '신역사주의 비평', '문화연구적 비평', '탈식민주의 비평' 등은 새롭게 주목해야 할 비평담론을 다룬 것이다. 특히, '한국의 전통비평'은 서양이론에 매달리며 느꼈던 곤혹스러움을 벗어나기 위해 여러 해 동안 고민한 결과의 소산이다. 한국비평의 미래를 위해서는 우리의 것을 찾아서 체계화하는 일이 중요한 과제라는 사실을 확인할 수 있었다.

아무쪼록 이 책이 '문학의 위기'라는 담론마저 나도는 요즈음, 21세기 문학의 새로운 진전에 도움을 주는 자그마한 초석의 역할을 할 수 있기를 바란다. 더불어 비평론을 강의하는 교수님을 비롯한 문학도들이 이 책이 제시하는 길을 통해 비평이론의 토대를 다지고, 현장평론에 널리 활용해 문학의 넓은 광장으로 나가길 기대한다.

이 책의 발간에는 박명진·정유화·임영봉·최강민·강진구 박사의 도움이 컸음을 밝혀둔다. 이들 신진그룹은 함께 공부하며 비평논의의 진전에 도움을 주었고, 일부 원고의 경우 초고 작업을 맡아주었다. 끝으로 이 책을 기꺼이 출간해 준 양정섭 사장님을 비롯한 출판사 여러분께 감사의 마음을 전한다.

2009년 3월 새학기에
이명재·오창은 삼가 씀

차례

2부 현대비평은 어떤 것들인가

문학비평

1부 비평이란 무엇인가

1장 비평의 특성과 대상
2장 비평이 맡은 기능
3장 문학비평의 기원과 비평가의 위치
4장 비평의 여러 갈래
5장 비평의 발전 형태
6장 비평 창작의 방법

1장 비평의 특성과 대상

20세기 후반 이후 비평을 제2의 창작 텍스트로 간주하려는 논의가 활발하다. 비평의 영향력이 점차 강화될 경우, 현대사회는 '담론談論의 시대'라는 지칭도 가능해진다.[1] 20세기 산업사회에서 21세기 정보화 시대情報化時代로 들어서면서 오늘날 비평批評은 토의 문학의 대표적인 장르가 되었으며, 시나 소설 못지않게 문학 영역에서 차지하는 비중이 높아지고 있다. 서구의 경우, 고대나 중세 때는 희곡이, 18~19세기 무렵에는 시가, 19세기 이후에는 소설이 중심 장르의 역할을 해오다, 최근에는 문학비평과 문화비평의 위상이 점차 높아지는 경향을 보이고 있다. 비평은 문학작품이 제대로 창작, 발표되도록 개입하며, 독자들이 재미있고 올바르게 작품을 이해하도록 도와주는 역할을 맡았는데, 21세기 문학에서 새로운 담론을 창출하는 중요한 역할을 수행해 나가고 있다.

더욱이 비평은 문학 연구에 깊이 개입한다. 르네 웰렉R. Wellek(1903~1995)은 『문학의 이론』에서 문학비평과 문학사를 생각하지 않고서는 문학이론을, 문학이론과 문학사를 생각하지 않고서는 문학비평을, 문학이론과 문학비평을 생각하지 않고서는 문학사를 상상할 수 없다고 했다.[2] 본격적인 문학 연구에서는 문학비평이 문학이론 및 문학사文學史

1) V. B. Leitch, *Deconstructive Criticism*, New York: Columbia University Press, 1983; 권택영 역, 『해체비평이란 무엇인가』, 문예출판사, 1988, 300쪽.

와 함께 어울려 삼위일체三位一體적 지위를 확보하고 있다는 것이 그의 주장이다.

웰렉은 문학이론이 문학의 원칙, 범주, 기준 등에 관한 연구이며, 문학비평과 문학사는 구체적 문학작품 연구라고 구별한 바 있다. 또한 제레미 호손Jeremy Howthorn도 『문학이론 교과서Unlocjing the Text』(1987)에서 "문학비평은 구체적 텍스트의 실제비평이며, 문학이론은 문학비평에서 추출될 수 있는 문학의 본질에 관한 연구이고, 비평이론은 문학비평 자체의 연구"라고 풀이한 바 있다. 그러나 호손은 이런 세 용어가 훨씬 넓은 뜻으로 사용되고 있다고 말한다. 예컨대, 문학이론은 문예미학과 문학비평의 이론을 뜻하는 말로 사용되고, 비평이론은 특정한 문학평론에 숨어 있는 사조를 가리키거나 문학비평의 특성과 기능에 대한 이론적 탐구를 지칭하며, 문학비평은 분석·해석·평가 등을 포함하는 폭넓은 활동을 뜻한다고 했다.[3]

21세기에 이르러 비약적으로 변화해 가는 사회에서 온라인 문학이나 사이버 공간에서의 문학예술활동이 활발해지는 시대[4]에는 변화하는 현실에 대응할 비평 지식과 그에 따른 비평의 역할이 긴요할 것이다. 발신자인 창작자와 수신자인 독자가 직접 문학작품을 통해 소통하는 관계가 되어 미처 평론가의 견해를 참고할 겨를이 없어진다. 따라서 독자 스스로 비평적 안목과 작품에 대한 판단을 해야 하는 상황이다. 이런 의미에서 일반 교양인들이 직접 작품을 감상·이해·평가하는 비평적 지식을 갖추어야 함은 물론이요, 한걸음 나가서는 음악·연극·무용·미술 같은 문화 전반에 대해서도 문예비평적 지식 습득이 필요하다.

---

2) R. Wellek & A. Warren, *Theory of Literature*, New York, 1949; R. Wellek, *Concept of Criticism*, Yale Univ. Press, 1973, p. 1.

3) 김용권, 「문학이론의 번역과 수용」, 『현대비평과 이론』 5호, 1993년 봄·여름호, 9~10쪽.

4) 강내희, 「디지털시대의 문학하기」, 『문화과학』, 1996년 여름호; 이용욱, 『사이버문학의 도전』, 토마토, 1996. 여기에서 사이버 공간(cyber space)은 인공 두뇌학과 공간의 합성어로서 W. 깁슨이 『*Newromancer*』(1984)에서 처음 사용한 용어임(황순재 글, 『오늘의 문예비평』, 1996년 겨울호, 58쪽 참조).

그렇다면 문학비평literary Criticism이란 무엇인가? 그리고 그것은 왜 중요하며 과연 어떤 위치를 차지하고 있는가? 이런 기본적인 물음에 답하기 위해 우리는 비평의 개념, 다른 장르와의 관계 및 어원적 의미 등을 충분히 살핌과 동시에 학술적인 정의에 대하여 논의해 보아야 할 것이다. 이를 통해 본디 오랜 역사와 더불어 이론과 적용이라는 측면에서 다양한 양상을 띠어 왔던 비평문학의 실체에 접근할 수 있을 것이다.

1.1 장르가 지닌 성격

1.1.1 명칭과 대비적 속성

우선 비평의 의미를 제대로 논의하자면 문학비평－비평문학－문학평론이란 용어를 구분해야 할 것이다.

문학비평은 역사비평, 사회비평 또는 미술평론, 음악평론 등의 다른 분야와 구별한 용어다. 비평문학은 시문학, 소설문학, 희곡문학처럼 다른 문학 장르와 변별하기 위해 사용되는 개념이다. 또 비평문학이 전문성을 띤 학구적인 명칭이라면, 문학평론은 보다 대중적으로 쓰이는 경향이 있다. 신문, 잡지 등에 발표하여 독자들에게 널리 읽히는 시사적時事的이고, 여론 환기적인 성격을 띠는 비평글들이 여기에 해당한다. 따라서 문학비평－비평문학－문학평론이란 용어는 거의 동일하게 쓰이지만, 맥락에 따라 다르게 사용되기도 한다.

그런가 하면 문학비평－비평문학－문학평론의 명칭이나 속성에 대해 다른 의견을 제시하는 경우도 있다. '평론'과 '비평'을 같은 의미로 다룬 김상선의 견해[5]가 있는가 하면, 일본의 시사마쓰久松潛一의 경우는

5) 김상선, 『문학개론(文學槪論)』, 중앙출판(株), 1984, 377~378쪽. 여기서는 그 명칭에 대한 일반적인 인식과 사전적인 풀이를 주로 하고 있음.

남달리 '평론'과 '비평'을 구별하여, 비평과 이론을 병합倂合한 것이 평론이라고[6] 규정했다.

또한 창작과 비평의 관계를 논하면서, 김우종은 비평이란 모든 사물에 대하여 공평하게 따지는 일이라고 주장했다. 즉 예술활동이 활발해짐에 따라 이에 대한 비평도 활발해졌고, 이를 '문학평론', '문학비평', '문예비평' 등 조금씩 다른 용어로 부르게 되었다는 것이다. '문예비평'이란 용어 역시 문학의 범주에서 비평을 지칭할 때 사용되는 경우가 있는가 하면, 미술, 음악 등 예술 전반을 포괄하는 비평을 지칭하는 경우도 있다.

비평의 본질은 시, 소설과 같은 문학 장르와 대비對比하거나 연결관계를 통해서 보다 분명하게 파악할 수 있다. 이를 알기 쉬운 도식圖式으로 추출해 보면 두 가지 갈래로 파악이 가능하다. 일찍이 영국의 문학가였던 드 킨시T. De Quiencey(1785~1859)와 몰턴R. G. Molton(1849~1924)의 구별 기준을 참고하여 정리해 본 것이다.

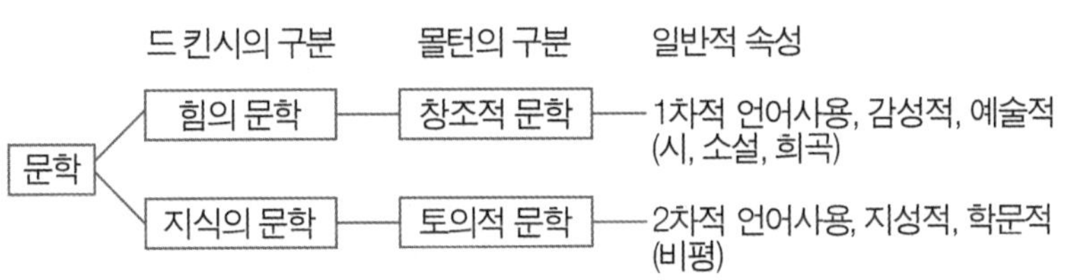

비평은 창조적 문학인 시, 소설 등에 비해 지식의 문학이면서 토의적 성격을 지닌 문학이다. 그리고 비평은 1차적, 감성적, 예술적인 창작문학과는 대조적으로 2차적, 지성적, 학문적인 특성을 띤다.

---

6) 川副國基, 「評論」, 提野謙二 編, 『文學概論』, 有信社, 121쪽.

1.1.2 어원적語源的인 고찰

동양에서는 오래 전인 한말韓末의 위진魏晉시대에 제齊나라 사람 안지추顔之推가 맨 처음 문학평론에 관한 용어를 썼다[7]고 전한다. 그의 저서 『안씨가훈顔氏家訓』에는 "문장을 배우려면 먼저 친구에게서 평론을 얻은 뒤에 발표해야 한다"는 내용이 있다. 여기에서 쓴 평론은 비평(評)과 이론(論)을 의미한다. 평론이란 용어와 비슷한 맥락에서 쓰이는 비평은 여러 복합적인 의미를 지니고 있다. 모로바시諸橋轍次의 『대한화사전大漢和辭典』에 따르면 두 글자가 낱낱이 다음과 같은 의미를 지닌다고 한다.[8]

批		評	
	① 손으로 치다(擊)		① 헤아리다
	② 밀다		② 공평하게 하다
	③ 바로잡다		③ 논평하다
	④ 판정, 품평(品評)하다		④ 선악을 따지다
	⑤ 서로 잇다		⑤ 고치다, 바로잡다
	⑥ 약정하다		⑥ 판정하다

또한 영어로 criticism이란 용어는 알렉산더 포프Alexander Pope(1688~1744)의 『비평론Essay on Criticism』(1771)에서 처음 사용되었다. 그런데 어원적으로 비평에 해당하는 criticism독: Kritik, 불: critique은 라틴어 criticus, 희랍어 Krinein에서 나온 말로 critic에 ism을 더한 말이다. 라틴어 criticus는 'a judge'의 뜻으로 '재판관', '심판관', '감정가鑑定家', '심사원審査員'이라는 뜻이며, 희랍어 Krinein은 '분할分割', '구분', 또는 '결정하다to decide', '식별하

7) 『현대문학(現代文學)』 343호(1983.7), 421쪽. 여기에서 沈伯綱은 顔之推의 『가훈(家訓)』 「문장편(文章篇)」의 "學爲文章 先謀親友 得其評論 然後出乎"라는 대목을 들어 실증하고 있음.

8) 장백일, 『문학비평론(文學批評論)』, 인문사, 1981, 19~21쪽. 여기에는 뜻이 16개나 되는 '批' 글자나 '評(平)' 글자의 의미와 전거(典據)를 밝히며 상세하게 풀이, 고찰하고 있음.

다', '권위 있는 의견을 말하다to give an authoritative opinion'라는 의미를 지닌다.

그리하여 'criticism'은 판단, 식별에 의한 평가작용을 의미한다. 평가는 가치를 규명하고 그 의의를 밝히는 것이므로, 비평 또한 사물의 가치를 판단하고 그 의의를 천명하는 것이라고 볼 수 있다. 이 판단과 평가의 작용이 문학작품 등에 미칠 때 문학비평이 되는 것이다.[9]

더불어, 'criticism'의 어원인 희랍어 'krino'나 'krinein'으로, 여기에 내포되어 있는 의미도 고려해야 한다. 이는 생사의 갈림길이나 중대 국면을 지칭하는 위기crisis라는 의미와 의학적인 '배설' 내지 심리적인 '정화淨化'를 가리키는 카타르시스catharsis라는 의미가 포함되어 있다. 이에 비추어 비평문학의 주요한 속성으로 작품의 성패에 대한 판별, 정치적 상황과 사회적 맥락 속에서 이뤄지는 문학의 위상에 대한 평가, 그리고 인간의 감정 표현에 관한 기본 욕구 등이 포함되어 있음을 알 수 있다.

이렇게 다양해 보이는 서양의 비평도 사실은 위에서 고찰한 동양에서의 비평 속성과 대동소이함을 알 수 있다.

① 판단하다(to judge)

② 가치를 평가하다(to evaluate)

③ 분석하다(to analysis)

④ 감상하다(to appreciate)

⑤ 결점을 찾는다(to fault-finding)

⑥ 칭찬하다(to praise)

⑦ 종류를 나눈다(to classify)

⑧ 비교하다(to compare)[10]

---

9) 구인환·구창환, 『文學概論』, 三知院, 1990, 513쪽.

10) 이선영·권영민 공저, 『문학비평론』, 한국방송통신대출판부, 2003, 3~4쪽. 이 가운데에서 '⑤ 결점을 찾는다'는 속성에는 '흠잡기(critique)'의 뜻이 포함되었다고 해서 반세기 전에 'criticism'이란 명칭 사용을 반대했던 Fouler의 견해도 참고가 됨(장성언 편저, 『영어관용어사전』, 연세대출판부, 1980, 386쪽).

1.2 문학비평의 정체와 대상

1.2.1 비평의 정체

어원을 통해 살펴본 것처럼 문학비평은 한두 마디로 정의하기 어려울 정도로 복합적인 의미를 지닌다. 대체적으로 비평은 판단, 감정, 평가와 함께 선택의 뜻을 지닌다고 볼 수 있다. 판단과 식별은 평가에 기반하므로, 비평은 결국 판단과 선택에 의한 평가행위인 셈이다. 그 판단과 선택 행위가 문학작품이나 문학의 이론, 작가를 대상으로 할 때 문학비평이 되는 것이다.

여기서 주의해야 할 것은 비록 해석이 비평행위의 출발이라고 할 수 있을지라도 이것만으론 비평이 성립될 수 없다는 사실이다. 모든 비평이 판단하고 선택하는 것을 전제로 하나, 이것은 비평의 필요조건은 되지만 충분조건이 되지는 못한다. 비평은 그 다음 단계에서는 반드시 그 평가와 선택의 근거를 제시해야 한다.

따라서 비평은 어떤 대상에 대한 평가와 더불어 그에 대한 이론적 근거를 요구한다. 다원적 가치가 존중되는 현대사회에서 토론과 토의를 촉발하며 대상에 대한 올바른 평가의 길을 제시하는 비평의 역할은 점점 커지고 있다. 고도의 정보화 시대에 가치와 논리의 아노미 현상이 곳곳에서 나타나고 있으며, 더불어 윤리적 기준이 점차 모호해지고 있기도 하다. 이로 인해 제각기 다른 평가 기준으로 나름의 논리체계를 세우고 스스로의 정당성을 주장하는 이들이 많아지고 있다. 이 혼란의 도가니 속에서 사람들은 어떤 기준으로 무엇을 선택하고 옹호해야 하는지 알 수 없어 지적 카오스를 경험하기도 한다. 이런 때일수록 대중과 더불어 대중을 설득하면서, 올바른 가치 체계에 관해 토론하고 토의하려는 비평의 의미는 더욱 커지기 마련이다.

비평 행위는 특이하거나 어려운 일이라기보다는, 우리가 보편적으로 행하는 독서讀書에 논리와 설득의 기술技術을 덧붙인 행위라고 볼 수도 있다.

비평이란 글을 아는 사람에게는 자연스러운 활동이다. 따라서 비평행위를 해 온 사람은 많고 다양하다. 비평은 지적(知的)인 독서의 연장(延長)이며, 지적인 글을 쓸 때 필요한 부속물이라고 할 수 있다. 책에서 발견하는 것과 자신의 경험내용을 비교하는 사람은 누구나 비평가가 되기 시작한 것이다. 그러나 그는 처음에는 단순한 독자였던 것이다. 문학작품을 처음 읽을 때에도 일어나지만, 문학작품을 읽는다는 것은 하나의 일에 참여하는 것이다. 한 걸음 물러나서 그 일에 대하여 깊이 생각해 볼 때야말로 진정으로 비평은 시작되는 것이다. 비평이란, 말하자면 비평 이전의 작업을 기초로 하여 성립된다. 그와 같은 작업이 있은 후 의문을 제기하고, 분석하고, 정리하고, 비교할 필요가 생기는 것이다. 이러한 활동을 우리는 비평이라 부른다.[11]

하프Graham Hough는 비평을 일반적인 독서의 연장에다가 의식적인 기술技術을 가미한 행위로 보았다. 그러나 비평에 대한 정의定義 역시 시대나 문학자의 견해 내지 기준에 따라 상이하다. 비평의 개념에 대한 다각적인 접근을 위해, 한국과 여러 나라의 사전에 나타난 개념이나 문학자들의 견해를 제시하면 다음과 같다.

① 문학작품을 대상으로 하여 작품의 구성 요소, 구조, 창작 기법, 미적 가치, 작가의 세계관 등을 살펴서 그 가치를 판단하는 일.

–『100년의 문학용어 사전』[12]

---

11) G. 하아프, 고정자 역,『비평론』, 이화여대출판부, 1982, 15쪽.
12) 한국문화예술위원회 편,『100년의 문학용어 사전』, 아시아, 2008, 285쪽.

② 문학비평은 문학작품의 미와 단점에 대한 지식과 알맞은 판단과 가치평가의 기술이다.

–*Webster's New International Dictionary*

③ 예술상의 비평이란 작품을 향수(享受)한 다음 이것을 바탕으로 예술적 가치, 특성 또는 그 성립에 관한 판단을 적극적으로 발전시켜 이것을 유효하게 독자에게 전달할 수 있게 표현한 것을 말한다.

–『世界文學辭典』(일본: 研究社)

④ 문학비평은 텍스트, 인물, 구성, 문학론을 다룬 비평적인 작업의 문학, 또는 예술적인 본질과 성격의 평가 기술이다.

–*The Shoter Oxford English Dictionary*

⑤ 비평은 '意識에 관한 의식', '문학에 관한 문학'이라 할 수 있다. 그리고 비평은 또한 '한 言話(parole)에 관한 언화'이다.

–Roland Barthes[13]

⑥ 비평은 문학작품의 정의, 분류, 분석, 평가에 관한 연구이다.

–M. H. Abrams, *A Glossary of Literary Terms*

⑦ 문학비평은 문예(文藝)에 관한 과학적 비평을 말한다. 곧, 작품의 비평은 그의 호오(好惡)를 기초로 한 것이 아니고, 여러 가지 점에서 논리적으로 귀결을 지어 보려는 비평방법을 가리킨다. 따라서 비평가의 주관은 용납되지 않으며, 문예비평의 판단은 소위 심미적(審美的) 판단으로서 감상비평에 이르지 않으면 안 된다.

–백철, 『문예사전』

---

13) 죠르즈 뿔레 편, 김봉구 역, 『현대비평의 이론』, 홍성사, 1982, 198쪽.

⑧ 문예비평은 비평가의 개인적 취미에 의한, 또는 향수하는 어떠한 미적 관념(美的 觀念)에 따르는 예술작품의 의식적인 평가이며 감상(鑑賞)이다. 비평으로 정착되는 것은 가치판단으로 확립되는 것이다.

—Shepley, *Dictionary of World Literature*

⑨ 진실한 비평이란 그 본질로서 바로 그 비공리성(非功利性: disin-terested)의 정신을 활동시키는 것이다. 그것은 오로지 이 세상에서 알려지고 사색된 것 가운데서 가장 좋은 것을 배우고 나아가서는 그것을 사람들에게 전파시킴으로써 진실하고 신선한 사상의 물결을 일으키는 성실한 노력이다.[14)]

⑩ 비평이란 작품을 매체(媒體)로 한 독자와 작가의 정신적 교류요 나아가서 독자의 감상력과 교양을 향상시키며 작가에게는 창작상의 조언(助言)도 하는 것이라 하겠다.[15)]

여기에 거의 무작위無作爲로 인용한 비평의 정의에서 보면, 대체로 비평이 작품 등의 평가와 감상 및 해석에 관한 행위로 규정하고 있음이 드러난다. ⑨만 비평태도에 치우쳐 있어 예외지만 ③⑦⑩은 감상 면에, ⑤는 다소 해석 면에 역점을 두고 있다. ①②④⑥⑧은 주로 평가로 치중하고 있어 단연 평가적 성향이 강세이다. 그런데 이런 요소들은 다음 항목에서 다룰 비평의 기능과 연결되어 있다.

14) 백철 편, 『批評의 理解』, 민중서관, 1968, 141쪽. 이 글은 M. 아놀드(M. Arnold, 1822~1888)의 "The Function of Criticism at the Present time"(1865)이라는 논문의 일부에 해당함.

15) 정태용 외, 『文學槪論』, 英文閣, 1963, 206쪽.

1.2.2 비평의 대상對象

비평의 대상이란 다룰 재료의 범위를 한정하는 문제와 관련이 있다. 이런 문제도 분명히 짚고 넘어가야 하는 이유는 소박한 상식인데도, 간과하면 뜻밖의 함정에 빠질 위험이 있기 때문이다.

주지한 바와 같이 문학은 여러 장르로 이루어져 있다. 즉 시·소설·희곡·평론·수필 등 그 범위가 넓은데, 이들이 모두 문학비평의 대상이 되는 셈이다. 시를 대상으로 할 때 그것은 시비평이 될 수 있고, 소설을 대상으로 할 때는 소설비평, 희곡 텍스트를 비평할 때는 희곡비평, 평론을 비평하는 메타평론도 있을 수 있다. 그러므로 문학비평의 영역은 문학 전반에 걸쳐 있으며, 그 대상도 장르별로 다양할 수 있다.

문학비평의 대상은 장르별 작품을 다루는 작품론, 시인·작가를 대상으로 하는 작가론, 문학사文學史와 문학이론을 다루는 메타비평 등으로도 구분할 수 있고, 신간평新刊評, 문예 시론時論, 월평月評, 심사평, 또는 추천사 등 매체의 특성과 연관해 구분할 수도 있다. 다시 말하면, 비평은 무엇보다 일차적인 언어로써 써진 시나 소설, 또는 희곡 등의 작품과 함께 그 글을 쓴 작가와 시인, 극작가도 논의의 대상으로 삼는다. 뿐만 아니라 비평은 또한 이차적 언어meta language인 비평가의 평론문도 포함해서 담론談論, discourse을 생산하는 작업이기도 하다.

이 점에 관해서는 롤랑 바르트Roland Barths(1915~1980)의 다음과 같은 언급이 참고할 만하다.

> 문학이론이 아무리 우회한다 해도, 모든 소설가와 시인은 상상적인 것이든, 언어 밖에 있건 언어 이전에 있건, 사물과 현상에 대해 말하는 것으로 여겨진다. 세계가 있고, 작가는 말한다. 그것이 문학이다. 비평의 대상은 아주 다르다. 그것은 '세계'가 아니라 담론, 타자의 담론이다. 비평은 담론에 대한 담론이다. 그것은 일차 언어[혹은 대상으로서의 언어(Language-

object)]에 작용하는 이차언어, 혹은 (논리학자들이 말하는) 메타언어(meta-language)이다. 거기에서 비평 활동은 두 종류의 관계, 대상작가의 언어와 비평언어의 관계, 세계와 그 대상으로서의 언어의 관계를 고려해야 한다는 결과에 이른다.[16)]

16) 롤랑 바르트 외, 김현 편역, 『현대비평의 혁명』, 홍성사, 1984, 39쪽.

2장 비평이 맡은 기능

문학예술에서 비평이 맡은 역할은 무엇인가? 비평의 기능Function이란 문학과 문학을 포함하고 있는 사회에서 평론활동이 맡아야 할 임무를 말한다. 이런 문제는 앞에서 살핀 비평의 장르적 성격과 어원적 고찰 및 속성들에서도 일부 확인할 수 있었다.

비평이 맡은 기능機能은 작품(작가도 포함)을 해석하고 감상하며 평가하는 데 있다. 이런 관계를 도식圖式으로 정리해 보면 다음과 같다.

解釋 →	鑑賞 →	評價 가치판단
(준비단계)	(예비단계)	(최종단계)
객관적	주관적	주관적, 객관적
이해, 통찰	감식, 음미	심사, 판단
이성적	감성적	이성적, 감성적
재단비평	인상비평	실천비평
원전비평 등	감상비평 등	비평의 비평 등

2.1 해석하는 일

비평은 작품의 참다운 이해와 감상을 위해 먼저 해석interpretation을 해야 한다. 비평가는 원본의 글귀 등을 객관적으로 풀이함으로써 이해와 감상의 첫 단계에 진입하게 된다. 곧 텍스트text에 있는 모호한 말을 바로잡고 올바르게 이해하는 것, 장편의 주제를 잘 정리하는 것, 필자가 누구인지를 밝히는 것 등 대상에 대한 비평적 기초작업이 여기에 해당된다. 해석은 텍스트의 충분한 이해를 위해 역사적 지식 및 과학적 지식을 필요로 할 때도 있다. 문학적 해석은 당시의 언어가 가지는 사전적 의미만으로는 불충분하기 때문에 그것이 써질 때 어떠한 맥락이었는가를 알아야 할 경우, 언어 해석에 도움이 될 여러 가지 역사적 지식과 과학적 지식이 구비되어 있어야 한다.

또한 작가와 그 시대의 관계, 그 시대의 지배적 세계관, 기타 문화 또는 작가의 경험과 작품의 관계 등 전기傳記적 사실을 아는 것도 필요하다. 비평적 해석을 위해서는 작자의 세계관과 시대인식을 파악할 필요도 있다.

비평은 작품의 가치평가에 들어가기 전에 텍스트의 구명究明, 주석註釋 또는 전기적 사실과 작가의 세계관을 파악하는 원전비평原典批評이 선행되어야 한다. 몰턴R. G. Moulton은 『문학의 근대적 연구The Modern Study of Literature』에서 다음과 같이 언급하고 있다.

> 귀납적 방법의 정수는 관찰, 암시된 증명 및 신선한 관찰에 의한 설명의 입증이다. 제일로 문학작품의 내용은 세부에 이르기까지 질의되고 또 그렇게 하는 것은 세부 그 자신을 위해서가 아니라 공통의 설명을 하는 데 있어서 그들 세부의 조화 또는 통일의 목적을 가지고 있기 때문이다. 다음은 그들 결과로써 일어나는 설명은 언제나 가설이어서 언제든지 쉽게 보다 넓은 설명에 기초를 두는 것에 양보하여야 한다.[1]

몰턴은 해석의 비평은 귀납적이라고 보았다. 그는 질문을 던지고, 답을 찾기 위해 조사, 관찰, 설명, 증명을 거쳐야 한다고 주장한다. 그리고 가설 또한 귀납적 방법에 의해 수정·검증되어야 한다. 특징적인 것은 이 귀납적 비평inductive criticism이 문체, 조사措辭, 수사, 사상 등에 대한 해석적 검토에 치중한다는 점이다.[2)]

허드슨W. H. Hudson(1841~1922)도 비평의 주된 기능 중에서 해석을 중요시하고 있다. 그는 비평批評에는 두 가지 기능이 있다고 보았다. 해석과 판단이 그것인데, 오늘까지 이 두 가지의 기능은 혼합되어 쓰이고 있다. 권위 있는 비평가는 판단을 하는 것이 모든 비평의 참다운 목적이라고 생각하면서도 이 목적에 도달하려는 수단으로서 해석을 강조해 왔다.[3)] 허드슨은 해석과 판단의 기능이 혼합되어 왔는데 결국 가치평가라는 목적을 위한 수단으로서 해석을 파악한 것이다.

비평을 읽는 독자의 입장에서 보면, 판단은 해석에 비해 훨씬 더 눈에 잘 띈다. 하지만 판단은 주장에 가깝고, 해석은 증거에 가깝다. 그런 의미에서 판단에 이르는 해석의 과정에 유념할 필요가 있다. 그 해석이 정교해야만, 판단을 신뢰할 수 있기 때문이다.

2.2 감상하는 일

감상appreciation은 문학작품의 예술성을 향수享受하고 즐기는 것을 지칭한다. 또한 작품을 통해 취미를 확장하고 교양을 넓히며 자기를 투영하여 재해석하는 창조작업까지를 포함한다. 이는 작가와 독자 사이에 텍스트를 통해 친밀한 관계를 개척하는 일이며, 작품 감상을 통하여

---

1) R. G. Moulton, *The Modern Study of Literature*; 本多縣漳 譯, 岩波書店, 1957, 308~309쪽(구인환·구창환이 같은 책에서 재인용).
2) 구인환·구창환, 『文學槪論』, 三知院, 1990, 525쪽.
3) W. H. Hudson, *An Introduction to the Study of Literature*, London, 1958, pp. 266~267.

공감함으로써 쾌락을 향수할 수 있다.

앞에서 말한 해석적 기능이 개별적이었다면, 감상적 기능은 종합적이다. 작품을 쪼개어 분석하는 것이 해석이라면, 감상은 통일적이며 종합적인 형상을 향유하는 일이라고 할 수 있다. 곧 작품이란 하나의 통일체를 구성하는 문법, 정조情調, 문체, 수사修辭, 사상 등의 의미를 파악하는 정신작용인 것이다.

작품이 주는 쾌락이야말로 그 작품을 즐기게 되는 동기가 된다. 비평이 예술작품에 대한 감동을 기록하는 것이라는 생각은 비평적 기능 중 감상을 높이 산 견해이다. 작가와 독자 사이에 문학 텍스트를 통한 관계 형성은 작품을 해석하여 즐김과 동시에 어떤 공명共鳴을 가져와서 쾌락을 향수하는 것으로 나아간다. 프랑스A. France는 "훌륭한 비평가란 자기의 혼이 여러 가지 걸작 사이에서 어떠한 모험을 한 것인가를 말하는 비평가다"라고 말하면서 "작품이 주는 쾌락이야말로 그 작품의 우열을 측정하는 유일한 척도"[4]라고 주장이 여기에 해당된다.

감상비평은 이를 처음으로 체계화한 페이터W. Pater(1839~1894)를 필두로 하여, 칼라일T. Carlyle(1795~1881), 러스킨J. Ruskin(1819~1900), 와일드Oscar Wilde(1856~1900) 등이 중시했다. 이들은 실제로 있는 그대로 대상을 본다는 것이 진실한 비평의 목적이라고 했듯이, 작품도 있는 그대로 종합성을 가지고 그 아름다움을 향수해야만 그 작품의 혼에 도달하여 그 즐거움을 맛볼 수 있다고 보았다. 이들은 감상비평의 비평적 기능을 강조하면서, 인생이나 작품의 풍경과 인물의 아름다움과 즐거움을 향유하되, 그 실체에 대해 원인과 이유를 구태여 묻지 않으려 했다. 그것이 어떤 조건 밑에서 경험되는 것인가가 이들에게는 중요할 뿐이었다. 이러한 감상感想적 태도는 비평가가 하는 작품을 향수享受하는 것에 가치를 두는 것이기도 하다.[5]

비평이 예술작품의 해석과 의미 있는 평가, 그리고 감상이라고 생

---

4) J. C. Carloni & J. C. Filloux, *La Critique Litteraire*, Paris, 1958, p. 54.
5) 백철, 『文學槪論』, 신구문화사, 1959, 383~384쪽.

각할 때, 감상은 비평의 중요한 기능의 하나이다. 그러나 감상비평이 주관에 치우쳐 작품의 가치를 객관적으로 평가하지 못할 우려도 있다. 감상은 어디까지나 직관적인 개성과 인상이 작용되는 요소를 지녔기 때문이다. 물론, 작품의 향수에 비평의 기능이 있다고 하지만 비평이 감상에서 그 활동을 멈추어서는 안 될 것이다. 비평가는 단순히 그 작품을 해석하고 감상하는 데 그칠 것이 아니라, 그 가치를 규정해서 작가와 독자에게 진정한 의미를 부여하고, 나아가서는 문학적 평가를 해내는 일이 중요하다.

여기에서 비평의 기능 중 평가라는 과제가 대두된다.

2.3 평가하는 일

비평은 해석과 감상을 거쳐 평가에 이르는 과정이다. 평가evaluation는 어떠한 가치기준에 의한 판단작용이기에, 문학비평은 작품의 문학적인 가치판단이 포함되어야 한다. 이 판단은 해석이나 감상을 거쳐 도달하는 비평의 최종 단계이다.

한 작품에서 매우 감동적인 인상을 얻었다면, 그때 우리는 그 작품을 가치 있는 작품이라고 판단한다. 또 다른 작품에서는 별 다른 감명을 받지 못했다고 해도, 그 작품이 미리 세운 평가기준에 부합될 때는 역시 가치 부여를 할 수밖에 없다. 여기서 우리는 감상에 의해서 작품을 평가하려는 경향과 후자와 같이 외부적인 척도나 기준에 의하여 평가하려는 경향이 있음을 알 수 있다. 말하자면 감상을 바탕으로 그것을 자기 취미에 따라 판단하려는 인상비평과 이를 객관적 판단기준에 따라 평가하려는 재단비평이 있는 것이다.

여기서 유의해야 할 점은 주관적인 인상비평에 따르게 마련인 개인 취미나 견해에 의한 속단과 정실주의情實主義이다. 객관적인 재단비평도 주어진 틀에 의한 기계적 공식주의公式主義의 탈피가 필요하다. 작품의 상찬賞讚과 비판에는 반드시 올바르고 충분한 근거가 제시되어야 한다.

비평이 문학의 향수를 촉진하는 기능을 갖고 있다 해도 그 향수는 감상에만 그치지는 않을 것이다. 광의의 비평이라면 모르되, 제한된 비평 분야에서 궁극적인 기능은 해석과 감상, 그리고 평가評價에 있다. 비평이란 미적 가치의식價値意識에 의한 판단을 해야 하는 것이기 때문이다.[6)]

요컨대, 비평의 기능은 해석, 감상, 평가에 있는데 그 가운데서 평가가 최종 단계이다. 현대사회의 위기를 극복할 수 있는 방향이나 인간상을 모색해 보려는 지식인의 노력이 문학예술의 영역에서는 텍스트에 대한 평가를 통해 그 목적을 달성하려는 데로 모아지고 있다. 말하자면, 이는 비평의 어원이 지닌 감정鑑定, 논평, 판단에 해당하는 속성일 것이다. 하지만 해석, 감상, 평가라는 세 가지 기능을 종합하여 나가지 않으면 비평이 성립되지 않는다는 점도 명심해야 한다.

평가 작업에서 비평가가 취해야 할 태도에 대해 유념할 필요가 있다. 고전주의 문학자인 포프A. Pope가 그의 저서 『비평론An Essay on criticism』(1711)에 제시한 규준規準들을 참고할 수 있다. 그는 비평가의 태도로 공정, 겸양, 예의, 성실성을 제시했다. 그리고 진실한 판단력을 방해하는 요인要因인 교만, 전체를 보지 못하고 부분만 보는 위험성, 무정견無定見, 당파근성을 탈피해야 한다고 주장했다. 이는 아놀드Mattew Arnold(1822~1888)의 유명한 논문 「현 단계에 있어서의 비평의 직능the Function of Criticism at the present time」(1865)에서 밝힌 비공리적인 자세와도 상통하는 것이다. 문학은 정치·사회학적인 권력관계에서 벗어나 본연한 문학사상에 투철한 정신으로 공평무사公平無私하게 비평에 임해야 한다는 주장이다.

결론적으로, 문학비평은 문학작품에 관한 일체의 논의 즉 문학작품을 정의, 분류, 분석, 평가하고, 이를 통해 문학작품에 대해 해석, 감

6) 구인환·구창환, 앞의 책, 527쪽.

상, 평가에 도달하는 작업이다. 문학비평은 문학작품에 대한 해석과 분석을 거쳐 그것을 문학 전통에 비추어 전체 문학과의 관계를 규명하고 궁극적으로 문학작품에 나타난 여러 가치를 평가하는 것이라고 할 수 있다. 대상에 대한 평가에는 반드시 그 평가에 대한 이론적 근거를 제시해야만 한다.

3장 문학비평의 기원과 비평가의 위치

문학비평을 체계적으로 이해하려면 문학비평 일반에 대한 기본적인 사항을 등한시해서는 안 될 것이다. 따라서 여기서는 문학비평은 어떻게 태동했으며 비평에서 다룰 대상은 무엇인가? 하는 점을 검토해 본다. 그리고 또 문학비평을 전문으로 하는 비평가의 위치와 창작분야에서 비평의 위상도 살펴보려 한다.

3.1 비평의 기원

문학비평은 어떤 계기로, 어떻게 생겨났을까? 서양의 경우, 문인이나 예술작품이 그 존재 가치를 인정받지 못하고 소외당하던 상황에서 문학과 예술을 옹호하기 위해 형성된 장르[1]였다. 비평이 시인이나 작가를 비판하고 평가하는 재판관의 위치에서 출발한 것은 아니었다. 그렇다고, 비평가가 결코 시인이나 소설가의 들러리는 아니었으며, 시대가 변화함에 따라 비평가도 창작가와 동등한 위치에서 문학발전에 이바지하는 존재로 인정받았다.

비평은 중세 가톨릭 중심의 정교일치政敎一致 사회에서 문학을 억압하

1) 백철, 『文學槪論』, 신구문화사, 1969, 356~357쪽.

는 성직자들과 투쟁하면서 성립되었다. 성직자들은 문학이란 인간을 해이하게 하는 해로운 존재로 파악했으며, 문학의 무용론을 주장했다. 이에 맞서 비평가들은 문학의 가치를 옹호하며, 인간 중심의 인문주의 운동인 르네상스Renaissance를 선도했다. 비평의 투쟁은 이미 기원전 그리스시대에 플라톤Platon(BC 429~BC 347)이 '시인추방론'을 주장하던 시기에 아리스토텔레스Aristoteles(BC 384~322)가 『시학Poetica』으로 맞선 때부터 시작되었다. 그런 의미에서 비평이라는 어원에 위기를 뜻하는 'crisis'가 포함되어 있는 것도 의미심장하다. 비평은 항상 위기와의 투쟁 속에서 자신의 정체성을 형성해 왔던 것이다.

비평이 위기에 처한 문학을 옹호한 데서 출발했다는 사실은 비평가들의 논의나 평론 관계 저술에서도 쉽게 확인할 수 있다.

비평의 기원과 관련해 주목해야 할 글은 아리스토텔레스의 『시학』(기원전 4세기)이다. 지금까지 전해오는 비평 관련 논의 가운데서 이 글은 동서양을 통틀어서 가장 오래되었으면서도 본격적인 논의를 포함하고 있다. 이 책은 그리스의 데케이온이란 학원에서 아리스토텔레스가 제자들에게 강의하기 위해 엮었던 내용 중의 일부이다. 『시학』은 문학뿐만 아니라, 건축·미술·음악·무용·연극 등의 모든 예술 전반에 걸쳐 논하고 있으며, 오늘날까지도 두루 읽히는 생명력 있는 저작으로 꼽힌다.

아리스토텔레스는 『시학』에서 스승 플라톤이 제기했던 의견에 맞서 문학을 옹호하는 입장을 취했다. 플라톤은 모방과 리듬에서 오는 쾌락은 위험한 동시에 시민의 미덕을 파괴한다는 입장을 취했는데, 이에 대해 아리스토텔레스는 이 모방과 리듬 등에서 발현되는 쾌락을 인간의 자연스러운 본성으로 보았다. 계속해서 그는 시가 존재할 수 있는 근거로 두 가지를 제시했다. 하나는 인간이 모방mimesis하는 데서 느끼는 쾌감과 다른 하나는 모방된 것에서 느끼는 쾌감이다. 더 나아가 그는 고상한 시인과 저속한 시인을 구분했으며, 이들은 각각 찬가와 풍자시를 쓴다고 보았다. 그러므로 문학작품의 진가는 작가의 품격과 질에 달려 있다는 것이 아리스토텔레스의 주장이다. 단지 진지하지 못한 작가가 진지하지 못한 모방을 했을 때 저질의 작품을 낳게 되고, 그 작품을 읽는 독자들에게 나쁜 영향을 미친다고 본 것이다.[2)]

플라톤은 『공화국』에서 책상과 침대의 예를 들어 진리로부터 두 단계나 동떨어져 모방을 일삼는 존속으로 시인을 규정했다. 그는 당시의 사회등급을 9등급으로 구분한 후, 시인을 그 가운데 6등급에 속하는 열등한 존재로 보았다. 플라톤의 '시인 추방론'은 이러한 판단에 근거한 논의였다. 이러한 입장에 반대해 아리스토텔레스는 시인을 비롯한 문인들의 모방행위가 예술적인 가치를 지닌 창조 작업이라 보았다. 그는 시인을 쾌락과 진실을 추구하는 예술가로 인정해야 한다는 주장을 펼쳤다. 특히, 그는 시인은 과거에 일어난 일을 이야기하는 것이 아니라, 앞으로 일어날 수 있는 개연성 있는 일들을 노래해야 한다고 보았다. 역사가 개별적인 것을 이야기한다면, 시는 보편적인 법칙에 입각해 필연을 이야기한다고 본 것이다. 따라서 아리스토텔레스는 예술가의 창작활동은 보장받아야 하고, 시인을 비롯한 모든 예술가들 또한 대우해야 마땅하다고 주장했다.

중세사회에서 정치에 이상을 두고 있으면서도 시작詩作에 임해 왔던 단테A. Dante(1265~1321)[3)]는 당시 시대를 지배하던 라틴어가 아닌 지방어地方語; vernacular language literature로 글을 발표했다. 14세기 초에 단테는 논란이 많던 그의 정치적 저서들에는 라틴어를 사용했으나, 그의 불후의 명작 『신곡神曲』[4)]에서는 토스카나Toscana의 이탈리아어를 사용했다. 이른

---

2) 김우종·김혜니, 『비평문학론』, 범우사, 1984, 72~74쪽.

3) 단테는 이탈리아의 피렌체에서 태어나 그곳 명문가의 딸 베아트리체(Beatrice)와 열애하며 『신생(*La Vita Nuova*)』을 써서 발표했다. 이후 그의 최대의 걸작 『신곡(*Divina Commedia*)』을 발표하여 주목을 받았다. 그는 30세부터 정치적으로 신성로마 황제에 의해 이탈리아를 통일시키려는 황제당에 가담해 반대파인 교황당과 싸웠다. 하지만 1303년 피렌체로부터 추방당해 각지를 표랑하다가 라벤나(Ravenna)에서 사망했다. 현재 성 프란체스코(Francesco) 성당에 그의 시신이 안장되어 있다.

4) 『神曲』은 「지옥편」·「연옥편」·「천국편」의 3부로 구분하고, 각 부는 33가(歌)로 나뉘어 있다. 각 편은 약 4,700행으로 이루어져 있으며 전체 행수는 14,233행으로 시형은 33행 시다. 35세에 이르러 회의에 빠진 단테가 1300년 4월 7일 칠흑 같은 숲 속

바 '속어론'을 통해 발현된 그의 문자의식은 민족문학national literature 이론의 기틀을[5] 세우는 데 기여했다.

단테는 일찍이 아리스토텔레스나 호라티우스가 창안한 용어 대신 스콜라 철학의 용어를 사용함으로써 고전 어휘가 아니고도 문학비평이 가능함을 보여 주었다. 즉 라틴어가 아닌 이탈리아 언어를 사용한 것이다. 그의 비평은 조금 생소하게 느껴지긴 해도 매우 정연하다. 그는 18세 때 베아트리체를 만나 열애하다가 23세 무렵에 그녀가 죽자 그녀에 대한 열정을 모두 쏟아서 삼 년 후에 여성의 아름다운 마음씨를 기린 『신생新生』을 발표했으나 실패하자 좌절감에 빠졌었다. 그 뒤 『신생』이 실패한 이유가 딱딱한 라틴어로 썼다는 사실에 있음을 깨닫고 한사코 이탈리아 사투리로 글을 씀이 타당하다는 『속어론De Vulgari Eloquentia』을 1304년에 발표하였다. 그리고는 그 이론에 입각해서 1307년에 집필을 시작한 『신곡神曲』을 무려 13년간에 걸쳐서 토스카나 사투리로 완성하여 크게 성공한 것이다.

단테는 원래 『신곡』을 희극Commedia이라 이름하였다. 그 이유는 공포스러운 지옥에서 시작하여 천국으로 끝났다는 데 기인한 것이다. 여기서 우리는 비극과 희극의 개념에 대한 고전적 구별이 매우 단순하다는 것을 알 수 있을 것이다. 표현양식이 대중의 언어를 사용하고 있어 희극으로 규정하고 있다. 이 작품의 목적은 인간 구제에 있었던 것이다.

단테의 『속어론俗語論』은 라틴어 대신 자국어自國語인 이탈리아어를 써야 한다는 정당성을 주창한 논저이다. 그는 이 『속어론』에서 모국어를 사용하여 훌륭한 문학작품을 창작할 수 있을 것인가에 대해 고민했다.[6] 그 당시에 교육받은 사람들은 대개 라틴어로 글을 썼고 자국

을 헤매며 일주일간에 걸쳐 세계를 여행하는 것이 『신곡』의 줄거리이다.

5) C. J. H. Hayes, *Nationalism*, New York, Macmillan Co., 1960, p. 67. 여기서 헤이스는 단테의 지방어 문학 정신이 결국은 18세기 말엽에 와서 문화 민족주의의 예언자인 독일의 헤르더(Herder)에 이르러 민족문학이론을 확립하게 했다고 주장하고 있음.

6) 김우종·김혜니, 앞의 책, 81~84쪽.

어는 천하게 여기고 있던 때였다. 이것은 마치 우리나라 조선시대에 한문을 숭상하고 한글을 언문이라 하여 무시했던 것과 흡사하다. 『신곡』의 성공으로 그의 도전은 중세시대 하나의 사건으로 기록되었고, 민족문학의 이론적 기틀이 마련됨으로써 민족국가 형성의 문화적 기반이 되었다.

앞에서 살펴보았듯이, 문학비평은 아리스토텔레스의 『시학』에서 시작되었다. 『시학』은 플라톤이 그의 이상국가理想國家로부터 시인을 추방한 데 대한 반박으로써 써졌다. 이를 통해 문학비평은 문학의 존립存立 문제를 계기로 발생했다는 것을 알 수 있다. 이후 단테의 『신곡』으로 민족문학 담론이 형성되었고, 문학비평이 담론 형성과 문학작품의 적극적인 해석에 기여하는 방향으로 나아갔다.

3.2 비평가의 위치

그렇다면 문학에서 비평은 어떤 지위에 있으며, 비평가는 어떤 위치에 있는 것일까? 이런 문제도 이론과 실제가 충돌하는 경우가 많으므로 검토가 필요하다. 더불어 비평의 자리매김이나 비평가의 위상位相과 관련하여, 비평가와 창작가 사이의 갈등도 끊이지 않고 있다.

이 책의 서두 부분에서 창조적 문학이며 힘의 문학인 시나 소설, 희곡 등에 비하여 토의적 문학이요, 지식의 문학인 비평의 장르적 특성을 대비한 바 있다. 이런 속성 때문에 비평가와 창작자 사이에는 적지 않은 오해와 갈등이 있었지만, 실재에 있어서 창작가와 비평가는 적대관계가 아니라 같은 문학의 길을 걷는 동반자적 관계이다.

3.2.1 창작과 비평의 관계

창작과 비평(장르)은 동전의 양면兩面처럼 상호보완相互補完의 협력관계이다. 그러나 실제 현실에서는 창작적 특성과 비평적 특성이 충돌하여, 숱한 대립과 감정적 충돌이 발생하곤 한다. 비평가는 시와 소설 등의 작품을 상찬하거나 혹평해서, 시인과 소설가를 살리고 죽이는 생살여탈권生殺與奪權을 쥔 특권자인가? 아니면, 반대로 시와 소설에 대해 '주례사 비평'을 함으로써 시인과 소설가를 돋보이게 하는 들러리인가? 이런 문제는 실제로 동서양을 막론하고 작가와 비평가 사이에서 첨예한 대립을 일으켜 왔던 쟁점 사항이다.

일찍이 독일의 시인 괴테Goethe(1749~1832)는 "저 개를 내쫓아라! 저놈은 비평가니까"라고 말한 바 있다. 시끄럽게 짖어대는 개에 빗대어 비평가를 비하한 것이다. 영국의 작가 디즈레일리B. Disraeli(1804~1881)는 비평가를 가리켜 '문학과 예술에 실격失格한 사람들'이라고 말하기도 했다. 비평가는 창조적 작업을 할 역량이 안 되어 작가의 작업에 대해 토를 다는 것을 직업으로 삼는다는 의미이다. 러시아의 작가 체호프A. P. Chekhov(1860~1904)는 비평가를 "쇠꼬리에 귀찮게 달라붙은 파리"라고까지 말했다. 비평가가 작품 창작에 도움이 되기는커녕, 작가를 귀찮게 하는 필요 없는 존재라는 야유이다. 또 프랑스의 르낭J. F. Renan(1823~1892)은 정성들여 쓴 20편의 작품을 단 스무 줄로 비평한다고 분개하기도 했다.7)

이 밖에 프랑스 작가인 발자크Honoré de Balzac(1799~1850)도 비평가를 예술의 실격자失格者로 보았고 미국의 작가인 모리스Weseley Morris(1910~1998) 또한 비평가를, 남이 쓴 작품에 대한 의견을 가지고서 생계를 도모하는 무리들 정도로 여겼다. 이는 창작가의 비평에 대한 선입견이 작용하여 비평의 본질을 평가절하한 것이며, 비평 무용론無用論 및 부정론적 태도를 취한 것이다. 그것은 비평에 대한 대립이나 반목反目에서 출발해 비평가에 대한 피해의식과 공격성을 드러낸 것이다. 따라서 이런 선입견이나 사고방식에서 벗어나 작품의 실제와 비평의 기능이 긍정

---

7) 장백일, 『文學批評論』, 인문당, 1981, 28쪽.

적으로 어우러질 필요가 있다. 이와 연관시켜 볼 때 비평가는 뮤즈의 시녀Muse's hand-maid라고 설파했던 포프A. Pope의 견해 역시 온당치 못하다. 일찍이 영국의 비평가 아놀드도 비평의 기능을 창작보다 낮게 본 워즈워스의 견해를 비판한 바 있다.[8] 워즈워스 또한 비평 장르의 존재를 인정했다고 긍정했지만, 그 역시 비평을 창작의 종속물侍女로 간주하여 창작의 우월의식을 탈피하지 못했다. 한국문단의 논쟁 1호로 지칭되는 1920년의 김동인과 염상섭의 경우도 그 한 예이다. 이 논쟁은 염상섭이 김환의 소설 「자연의 자각」에 대한 작품평을 발표하면서 발단이 되었다. 염상섭이 "비평가는 작품의 가치를 판단한다"는 판사론을 주장하자, 김동인이 이에 반발해 "비평가는 작품 자체에 대해 해설만 담당해야 한다"는 변사론을 펼쳤다. 이 둘은 모두 비평의 공정성에 대해 이야기하고 있는 것으로, 한국 근대문학비평사에서 '비평가의 역할'을 두고 이뤄진 최초의 논쟁이었다.

요컨대, 비평은 창작과 비교해 상위上位도 하위下位도 아닌 불가분不可分의 관계이며, 문학예술의 발전에 필요한 독립적 존재이다. 두 장르는 본질적인 속성상 서로 대립된 채 비평이 작품에 간섭, 규제하는 것 같지만 실은 격려, 지적하고, 나누어 판별하는 관계이다. 비평은 창작 분야에 매달려 시중을 들거나 해설하는 처지가 아니라, 창작자처럼 창조적인 기능을 맡고 있는 문학 분야로 볼 수 있다.

비평의 위치와 관련된 논란은 비평 장르 자체로부터 파생되기보다는, 시, 소설, 희곡, 수필 등과 같은 다른 장르와의 관계에서 발생하곤 한다. 비평과 창작의 문제는 함수관계에 있다. 비평과 다른 장르와의 관계에 대하여 민감한 반응을 보인 사람으로 와일드O. Wilde와 머리John Middleton Murry(1889~1957)를 들 수 있다. 이 둘은 모두 비평을 창작이라고 보고 비평가를 창작자라고 일컬었다. 머리의 의도는 비평을 문학적 표현의 일부로 봄으로써 평가의 지위를 다른 문인과 동일하게 평가하

---

8) M. 아놀드, 「현 단계에 있어서의 비평의 기능」, 1855; 백철 편, 『批評의 理解』, 민중서관, 1968, 133~134쪽.

려는 데 있다.

해체비평가인 허트만Geoffrey Hartman은 이제 창작과 비평의 구분이 없어지고 모두 저술로 집약되는 시대가 다가오고 있다[9]고 말한다. 이런 견해에서 보면, 비평은 창작 분야의 시나 소설, 희곡 등과 함께 독자적인 지위를 확보하게 된다. 더 나아가 시나 소설 등과 더불어 저술의 영역에 포함됨으로써 독자적인 창작행위로서의 직능도 수행하는 위상을 갖게 된다. 롤랑 바르트의 주장에서처럼 "비평은 그 자체로 하나의 언어(더 정확히 말하자면 메타언어)"[10]로서 창작 작품의 체계를 재구성한다. 그리고 린드R. Lynd의 견해와 같이 작가가 현실의 초상화를 그리는 대신 비평가는 작품의 초상화를 그려서 문학의 발전에 종사하는 존재로 인식된다.

특히 비평을 일종의 창작 대상으로 파악하는 성향이 강해지면서 비평에 대한 비평, 즉 메타비평의 위상이 높아지고 있다. 라이치V. B. Leitch의 다음과 같은 견해는 이를 잘 대변해 주고 있다.

> 20세기 전반기 또는 초·중반기를 '비평의 시대'라 한다면 남은 후반기 또는 종반기는 '메타비평의 시대'인 것으로 보인다. 우리는 문학작품의 비평적 검토 대신에 창작으로서의 비평 텍스트가 연구되고 산출됨을 목격한다. 텍스트성의 영역에서 이 두 가지 비평 텍스트 또는 분석 사이에는 어떠한 구분도 존재하지 않는다.[11]

3.2.2 비평가의 지위

문학에서의 비평의 위상位相과 더불어 비평을 전문으로 하는 평론가의 역할이나 지위는 무엇일까? 이를 검토하기 위하여 기본적인 문제

9) 김성곤, 「해체이론에 대한 논의」, 『현대시사상』, 1990년 겨울호.
10) 롤랑 바르트 외, 김현 편역, 『현대비평의 혁명』, 홍성사, 1984, 42쪽.
11) V. B. 라이치, 권택영 역, 『해체비평이란 무엇인가』, 문예출판사, 1988, 300쪽.

를 제시한 이론들을 밝히고 논의해 보기로 한다.

비평가의 지위에 관해서는 많은 문인들이 다양한 의견을 피력했다. 일찍이 머리J. M. Murry는 셰익스피어, 단테, 밀턴 등을 논하면서, 평가는 비평가의 권리인 동시에 의무라고 말한 바 있다. 이는 평론가의 비평 태도가 어떤 자의식을 갖고 이뤄져야 하는가를 보여 준다. 영국의 엘리엇T. S. Eliot(1888~1965)은 "비평가는 작자와 독자의 중간에서 독자의 작품 이해를 도와주고 매개(媒介)해 주어야 한다"고 주장했다. 미국의 윔세트W. K. Wimsatt(1907~1975)는 "비평가는 작가와 독자 사이에서 독자의 교사敎師 역할을 한다"고 보았다. 또한 프랑스의 알베레스R. M. Allberes(1921~)는 작가와 독자 사이에서 중간자中間者[12] 내지 전달자의 역할을 맡은 존재가 비평가라고 말한 바 있다.

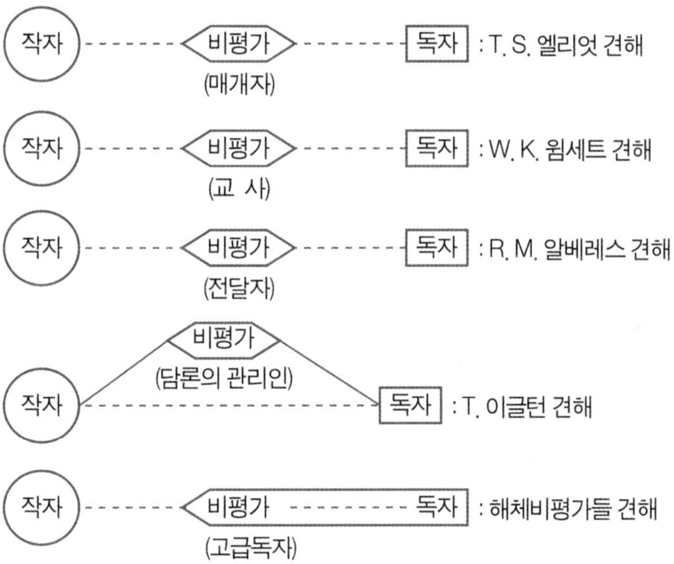

이들의 주장을 종합해 보면, 거의가 비평가를 작가와 독자 사이에서 해석이나 감상 및 평가를 하는 매개자나 교사 또는 중간자 및 전달자

12) R. M. 알베레스, 이진구·박이문 역, 『20世紀 文學의 總決算』, 신양사, 1960, 151쪽.

로 파악하고 있다. 비평가는 말하자면, 일종의 고급독자로서 많은 작품을 통독하고 있을뿐더러 작품을 감식鑑識하며 이해, 평가하는 전문가로서 독자의 길잡이인 것이다. 프랑스의 티보데A. Thibaudet(1874~1936)가 이전에 말한바 "진정한 비평은 재판관(독자)도 아니요, 변호사(작가)도 아니며, 검사(비평가)이다. 그는 어느 편에 서지도 않고 어느 편을 무시하지도 않는다. 오직 중간에 서서 양편의 파장과 직업의식으로 창작하면서 그들의 의견과 찬부(贊否)의 이유를 모조리 수집, 정리하여 진위(眞僞)를 밝히고 평가하는 역할을 한다"[13]는 주장과 유사하다.

비평가는 작자와 독자 사이에 매개자, 교사, 전달자의 역할을 성실히 해내야 한다. 그러면서도 앞으로 한 걸음 나아가서 작자에게 충고하거나 새로운 방향을 제시하여 독자들에게 더 친근하게 밀착하려는 자세와 노력이 요청된다. 비평가는 단순히 작가가 의도하는 의미를 해설하거나 작품에 대한 이론의 조달자가 아니라, 테리 이글턴Terry Eagleton(1943~)의 견해처럼 담론의 관리인으로서[14] 작가와 일반 독자와의 대화에도 적극적으로 나서야 한다. 요즘 자주 논의되고 있는 문학의 위기상황 속에서 비평의 임무는 더욱 가중되고 있다. 현대사회의 변화와 그 속에서 독자의 취향은 날로 변모해 가고 있으므로, 평론가는 사회의 변화와 작품의 변화를 민감하게 포착하여 '창작자의 심미적 태도와 독자의 미적 세계관 형성'에 기여해야 한다.

사실 1960년대 이후 세계문학은 존 바스의 논문 「고갈의 문학」(1967)과 로널드 슈케닉의 작품집 『소설의 죽음』(1969) 등에서 보듯 소설 장르의 사망선고를 걱정한 데 이어 1970년대에 들어서는 자크 에르만이 「문학의 죽음」을 거론할 정도로[15] 현대사회에서 쇠퇴를 거듭하고 있

13) 장백일, 앞의 책, 30쪽. 티보데(A. Thibaudet)가 『비평의 생리(*Physiogie de la critique*)』(1930)에서 피력한 말임.

14) T. 이글턴, 김명환 외 역, 『문학이론 입문』, 창작과비평사, 1995, 247쪽.

15) 김욱동, 『포스트모더니즘의 이론』, 민음사, 1994, 286~288쪽. 여기서는 오늘날 상상적인 허구(fiction)의 세계와 일상적인 실제사실(fact)의 경계선을 긋기 어려우므로 두 요소를 결합하여 팩션(Faction)이라는 신조어를 창안해서 활용하는 경향도 밝히고 있음.

다. 이렇게 갈수록 더해 가는 현대문학의 위기를 극복하기 위해 비평은 거시적 관점과 미시적 텍스트 읽기를 성실히 수행함으로써, 문학의 나아갈 길을 더듬어야 한다.

지금 21세기의 현실에서 비평가는 창작가와 독자에게 군림하기보다는 그들이 스스로 대화하고 올바른 문학을 향유하도록 지원하는 '대화의 자리'에서 더욱 몸을 낮출 필요가 있다. 해체비평가들은 비평가라는 명칭 대신 독자reader 또는 해석자interpreter라는 말을 사용해야 한다고 주장한다. 인터넷과 같은 쌍방향 매체를 통해 작가—독자의 직접 소통으로 작품에 대한 토론이 가능해지면서, 비평가가 필요 없는 예술적 직거래가 성행하고 있다. 박범신의 『촐라체』(2007)와 황석영의 『개밥바라기별』(2008) 등이 네이버 블로그에 연재되는 등, 이러한 직접 소통의 형태가 계속 증가하고 있는 추세이다. 그러므로 비평가는 일반 독자들이 문학비평적인 식견을 쌓도록 노력하면서도, 상업주의나 대중주의에 경도되지 않는 '비평의 윤리'를 견지하여 문학담론의 미래를 가늠하는 역할을 맡아야 할 것이다.

4장 비평의 여러 갈래

19세기 무렵부터 문학비평이 문학 장르로 확립되고, 비평의 필요성에 대한 인식이 확산되면서, 비평의 유형도 다양해졌다. 문학비평의 유형은 시대의 변천상과 문학자의 기준이나 견해에 따라 각양각색일 수 있다. 하지만 여기서는 대체적으로 널리 알려진 통설通說에 따라 검토하며 분류해 나가기로 한다.

비평유형은 다음의 갈래로 체계화시킬 수 있다.

4.1 비평의 구분

4.1.1 대상에 따라

(1) 원리비평
(2) 실천비평
(3) 비평에 대한 비평

4.1.2 형태에 따라

(1) 객관적 비평(절대주의 비평)

입법비평
과학적 비평
기술적 비평
정신분석학적 비평
사회주의 비평

(2) 주관적 비평(상대주의 비평)
인상비평
감상비평
창조비평 등

4.1.3 시대에 따라

(1) 고전비평(18세기 이전)
고대비평
중세비평
르네상스기 비평 등

(2) 근대비평(19세기)
전기비평
역사주의 비평
재단비평
인상비평

(3) 현대비평(20세기)
형식주의 비평
신비평
구조주의 비평

사회주의 비평(마르크스비평)
정신분석학적 비평
독자반응비평
현상학적 비평

(4) 당대비평(21세기)
대화비평
테마비평
원형비평(신화비평)
기호학적 비평
해체비평
여성주의 비평
신역사주의 비평
탈식민주의 비평

4.1.4 지역과 나라에 따라

동서양의 여러 나라별로 나눌 수 있다.

4.2 비평의 양상과 실제

비평의 양상樣相을 중심으로 그 대상에 따라 원리비평, 실천비평, 비평에 대한 비평으로 나눌 수 있다. 원리비평은 문학의 여러 본질에 대한 이론을 제공하고, 실천비평은 작품(또는 작가)에 대해 해석, 감상, 평가하는 구체적인 비평이며, 비평에 대한 비평이란 비평문학을 대상으로 한 비평을 말한다.

4.2.1 원리비평原理批評

비평은 원리비평theoretical criticism으로부터 시작되었다. 원리비평은 문학의 본질, 목적, 기능, 방법과 시, 소설, 희곡, 수필 등의 각 장르에 대해 원론적으로 다룬다. 일명 원론적 비평이라고도 불리는 이 비평은 비평관을 확립하고 작품비평의 이론적 근거를 제공하여 문학의 학문화에 기여했다. 문학개론이나 시론, 소설론 등과 함께 문학의 효용에 대한 논의도 여기에 해당된다.

서양 최초의 이론비평서로는 아리스토텔레스의 『시학詩學』(기원전 4세기)이 유명하고, 동양에서는 중국 문학비평사의 한 획을 그었다는 유협劉勰(465~521)의 『문심조룡文心雕龍』(6세기경)이 널리 알려져 있다. 근대에 와서는 리처즈I. A. Richards(1893~1979)의 『문학비평의 원리』(1924)와 웰렉과 워렌의 『문학의 이론』(1948)을 비롯하여 루카치G. Lukacs의 『소설의 이론』(1916)이나 프라이Northrop Frye(1912~1991)의 『비평의 해부』(1957) 등 많은 이론 비평서가 나왔다. 우리나라 초기 현대문학사상 이론비평의 예로는 이광수의 평론문인 「文學이란 何오」(1916)를 들 수 있다. 이 글은 문학의 정의, 문학의 재료, 문학과 도덕, 문학의 실효, 문학과 민족성, 문학의 종류 등에 관한 논의를 담고 있다. 최근에는 황종연이 「문학이라는 역어譯語」(1997)를 통해 이광수의 「문학이란 하오」를 검토하면서, 근대문학의 성립과정을 추적한 바 있다. 또, 최원식은 「문학의 귀환」(1999)을 통해 문학과 소설의 기원에 대한 현대적 재해석을 했다. 이들도 '원리비평'으로 볼 수 있다. 수많은 문학원론이나 시론, 희곡론 등도 원리비평에 포함된다.

원리비평은 이론적 논의를 통해 비평관을 확립하고, 작품 비평의 학문적 근거를 마련하는 데 목적이 있다. 즉, 비평의 이론적 체계를 마련하는 것이니, 논리의 전개에 따르는 정연한 이론을 확립하여 문학의 가치를 옹호한다. 테이트A. Tate는 이와 관련해 "문학자는 그 시대를 위하여 인간상을 재창조하고, 타인이 그 인간상을 식별할 수 있는 기준을 널리 전달하여 진위(眞僞)를 판별할 수 있는 이론적 근거를 확립한다"고 했다.[1] 이 이론적 연구는 문예학Literaturwissenschaft, science of literature, science de literature이라고 규정짓기도 한다. 문예의 여러 문제를 광범위하게 체계적으로 탐구하며 원리적인 이론을 규명하여 특수예술학einzeine kunstwissenschaft의 하나로서, 미적 문예 이론을 과학적으로 연구하려는 문예학이 성립했다.[2]

이러한 원리비평의 한 예로 최원식의 「문학의 귀환」을 살펴보자. 이 글은 한국에서 문학과 소설이라는 용어의 기원을 역사적으로 살핌으로써 현대소설의 흐름을 비판적으로 검토한 글의 일부분이다.

> 한국에서 '소설'이란 용어는 백운거사(白雲居士) 이규보(李奎報, 1168~1241)의 저작 『백운소설』의 제목에 처음 보인다. 이 저작은 물론 소설집이 아니다. 이인로(李仁老)의 『파한집(破閑集)』, 최자(崔滋)의 『보한집(補閑集)』과 함께 우리나라 비평의 길을 연 선구자적인 평론집인 것이다. 이규보가 살던 시대는 날카로운 과도기였다. 고려 전기의 난숙한 귀족문화를 일거에 붕괴시킨 무신란은 그 문화적 암흑 속에서 새로운 문화영웅들을 품어냈으니, 그들이 바로 향리에서 몸을 일으켜 무신정권의 우산 아래 성장하여 마침내 조선왕조의 개국이라는 역성(易姓)혁명에 성공한 신흥사대부다. 이규보는 이 신흥사대부의 맹자적 존재다. 이규보 문학의 양면성은 무신정권의 이중성과 표리관계를 이루고 있으니, 민중반란과 몽골의 침략이라는 미증유의 위기 속에서 새로운 문학 즉 새로운 사상을 추구하는 비평적 선언으로서 『백운소설』이 나온 것이다. 그것은 몰락하는 구귀족의 문학을 대표하는 이인로와 대치하면서, 신흥문학의 입장에서 이인로적 경향까지 수용하려 한 이규보의 후계자인 최자의 비평적 모색으로 이어졌거니와, 이 위기의 시대를 배면으로 문득 발랄한 비평의 시대가 열렸다는 것은 의미심장한 일이 아닐 수 없다. 『백운소설』은 그 제목과 달리 '작은 도리'를 개

---

1) 구인환·구창환, 『文學槪論』, 三知院, 1990, 530쪽.
2) 유영 編譯, 『현대문학의 가는 길』, 신양사, 1958, 31쪽.

진한 것이 아니라 일종의 거대담론을 지향한다. 따라서 '－소설'이란 제목은 겸사(謙辭)다. 그런데 그게 단순한 겸사만은 아니라는 점에 유의할 필요가 있다. 나날의 삶의 결을 중시하는 소설적 감각을 통해서 '대설'에 이르고자 하는 신흥계급의 새로운 사상적 자세가 엿보이는 제목이다. 소설적 계기가 상대적으로 부족한 장자에 비해 이규보의 경우, 리얼리즘의 진전이 뚜렷하다고 보아도 좋을 것이다.

이처럼 소설이란 용어의 기원들로 귀향할 때 우리는 그 시원(始原)의 장소에서 후대에 도래할 소설의 운명을 예감하게 된다. '소설'(즉 '작은 이야기')에서 유래하여 '대설'적 계기를 품어 안음으로써 진정한 문학의 반열에 참여하는 소설의 탄생, 요컨대 소설은 '소설'과 '대설'의 회통(會通)이다.

특히 근대 이후 뛰어난 소설은 이 양자가 두루뭉술한 화해가 아니라 천국과 지옥의 결합처럼 힘든 긴장을 견뎌내는 찰나에 생산되었다는 점에 유의해야 할 터인데, 긴장이 소멸하는 순간 소설은 쏜살같이 '소설'로 떨어지거나 '대설'로 날아가 버리는 것이다. '대설'로 날아간 80년대 소설에 대한 반동 속에 '소설'로 떨어진 90년대 소설. 90년대 신세대 소설은 80년대식 거대서사의 붕괴를 새로운 서사를 탐구하는 모험의 발진점으로 삼는 대신 '작은 이야기'의 재미에 빠져듦으로써 스스로 '길은 시작되었는데 여행은 끝났다'는 진퇴유곡에 빠져들었던 것이다.[3]

4.2.2 실천비평

실제비평實踐批評, practical criticism이라고도 불리는 실천비평은 오늘날에 와서 가장 보편적인 문학평론이다. 실천비평은 원론비평과 대조적으로 당대에 발표되는 작품과 작가들에 대한 논의에 비평적으로 개입한다. 모든 논의에는 이론적 뒷받침이 있기 마련이지만 실천비평의 경우 이론이나 원칙이 표면에 드러나기보다 내재되어 있다. 현대 실천

3) 최원식, 「문학의 귀환」, 『문학의 귀환』, 창작과비평사, 2000, 22~24쪽.

비평 가운데 두셋 예를 들면 마르크스주의 계통에 루카치의 「톨스토이와 리얼리즘의 문제」(1936), 심리주의 계통에 존스E. Jones의 「햄릿과 오이디푸스」(1949), 구조주의 계통에 바르트R. Barthes의 「로브그리예에 관한 계산서」(1962) 등이 있다. 우리나라의 경우 근대문학 초기에 김동인이 발표한 『조선근대소설고朝鮮近代小說考』(1928)나 『춘원연구』(1938~1939)는 모두 실천비평의 본보기가 된다. 김동인은 그의 『춘원연구』에서 이광수의 소설 「어린 벗에게」, 『무정』, 『개척자』, 『단종애사』, 『흙』 등에 관한 구체적 작품분석을 시도했으며, 『조선근대소설고』에서는 이인직, 이광수, 염상섭, 현진건, 나도향의 작품을 고찰하고 있다. 문학사가이면서 비평가이기도 한 김윤식은 실천비평으로서 근대문학의 주요작가에 대한 저서를 지속적으로 발표했다. 그는 『이광수와 그의 시대』(1986), 『안수길 연구』(1986), 『김동인 연구』(1987), 『염상섭 연구』(1987), 『이상 연구』(1987), 『박영희 연구』(1989), 『임화 연구』(1989), 『김동리와 그의 시대』(1995), 『백철 연구』(2008) 등의 작가론을 통해 단행본으로 실천비평을 구현한 실례라고 할 수 있다.

실천비평은 작품을 향수하고 이해하며, 작가에 대해 평가하는 것을 비평의 본령으로 하고 있다. 이것은 원리적 비평에 의해서 확립된 비평관에 의하여 작품을 감상, 평가하는 문예 미학적인 접근이다. 엘리엇이 "이것은 좋은 詩인가?Is this good poem?"라는 질문에 대한 답으로써 비평이 이뤄져야 한다고 했을 때, 실천비평은 그 답을 향해 나아간다. 따라서 이는 작품을 대상으로 하는 비평활동이기에 일명 제작비평workshop criticism[4]이라고 불린다.

이 실천비평이 본격화된 것은 근대 이후이다. 근대 이전에도 에디슨J. Addison(1672~1719)이 밀턴Milton의 「실낙원」을 아리스토텔레스의 『시학』의 원칙에 의하여 비평한 글이 있다. 그리고 포프A. Pope, 존슨S. Johnson 등은

4) 제작비평(製作批評)이란 엘리엇(T. S. Eliot)이 쓴 용어로서 비평을 하나의 창조과정의 결실로 보려는 견해임. 엘리엇은 "비평은 이해하고 분석하며 종합하는 것이다"라고 말함. 압착비평(Squeeze Criticism)이라고도 함.

형식적 틀로 평가를 하거나, 작품에 대한 재단적 평가를 내렸던 고전 비평을 수행하기도 했다. 그 뒤의 생트뵈브Sainte-Beuve의 『월요한담月曜閑談』, 프랑스A. France의 『문학생활』, 존슨의 『시인평전Lives of the poets』, 콜리지Samuel Taylor Coleridge(1772~1834)의 『문학평전Biographia Literaria』, 페이터W. Pater의 『문예부흥』, 아놀드M. Arnold의 『초서Chauser』 등과, 엘리엇T. S. Eliot의 『시의 효용과 비평의 효용The Use of Poetry and Use of Criticism』, 『단테론』, 『밀턴론』 등도 주목할 만한 실천비평에 해당한다. 실천비평은 흔히 신문이나 문예지에 발표되는 작품 월평月評이나 신간평新刊評 등을 위시한 여러 작품평은 물론이요, 작가론作家論도 포함된다. 이렇게 동시대의 현장에서 활동하고 있는 작가나 작품에 대해 다루는 실천비평을 현장비평과 동일시하기도 한다.

그래서 실천비평은 가장 많이 이뤄지는 비평활동이기도 하고, 작품에 직접적으로 개입하는 적극적인 문학평가 행위이기도 하다. 앞에서 예로 든 김동인의 『춘원연구春園硏究』, 김윤식의 일련의 작가연구 등은 문학사와 동시대에 걸쳐 구체적인 작품과 작가를 다루어 그 가치를 평가한 예이다.

실천비평의 한 보기를 이명재의 「이 달의 소설」 전문을 통해 확인할 수 있다.

> 최근(1988년)에 복간된 『창작과비평』 봄호에 첫선을 보인 홍희담의 「깃발」은 여러 모로 많은 문제점을 지니고 있어 주목된다. 중편 분량인 이 소설은 여느 창작품의 경우와는 달리 독자들에게 내밀한 여운을 일으키는 충격을 던져준다. 안이한 보수의 성곽 속에서 안주하려는 기성 문단에 던지는 도전의 사과탄이랄까. 아직 틀 잡히지 않아 미지수인 대로 신인다운 참신성과 만만찮은 패기가 관심을 끈다.
>
> 이 작품은 우선 지금까지 금기시되어 오던 예의 광주사태를 현장에서 체험한 근로계층의 시각으로 과감히 제시한 점에 특징이 있다. 어쩌면 방금 민주화합의 이름으로 증언하며 그에 대한 재평가를 논의해 온 정치적

현안보다 더 생생하고 진실된 접근일지도 모른다. 그런 면에서 우리는 새삼스레 이런 신인의 작품이 활자화되어 논할 수 있는 민주화된 여건을 뜻 깊게 새길 만하다. 이 「깃발」에서는 흔히 보아 온 작품들과는 다르게 대담하고 치열한 일종의 운동권 문학적인 요소가 짙기 때문이다. 이런 요소는 다음과 같은 내용에서 그야말로 실세화된 민중문학 및 노동문학의 실체를 만나게 된다.

「깃발」에서는 거의가 가난한 근로층의 주된 인물로 등장하고 있다. 방직공으로 일하며 기껏 8만 원 미만의 월급으로 노점상인 어머님과 함께 두 동생을 가르치는 순분의 눈과 발을 통해 80년 봄의 긴박했던 광주상황을 재현해 보이고 있다. 당시 험악한 사태로 유혈이 낭자한 가운데 변두리 집에서 시내로 나와 친구들을 찾고 금남로며 상무관 근로청소년의 야학당을 거쳐 도청에 이른 과정이 사실적이다. 그리고 한사코 시민군 강경파에 가담했다 숨진 김두식과 형자의 결연한 죽음을 목도하게 된다. 하지만 얼마 후 새벽길에 공장으로 출근하는 자전거를 탄 근로자들의 작업복 자락이 깃발처럼 펄럭인다는 것이다.

특히 의식화된 여직공으로서 순분에게 전태일, 석정남을 알려주며 직장 내의 노조 결성을 외치던 형자, 중국집 배달부인 김두식, 대학 때 옥살이를 하고 나온 강학으로서 노학연대 투쟁을 꾀하다 피신한 윤강일, 투사회보를 편집하던 들불야학의 용준, 여직공으로 행방불명된 오빠를 찾는 미숙이나 노동자인 자신이 자랑스럽다는 철순이, 등장인물의 성격과 분위기 및 주제 등에서 여느 작품들과는 판이함을 느낀다. 또한 같은 대상을 담은 문순태의 「살아 있는 소문」, 임철우의 「사산하는 여름」 등과도 다르게 매우 직설적이면서도 사실적인 소설문학의 특성을 발견한다.

하지만 필자는 이 작품에서 지나친 계급의식과 자칫 오도될 수 있는 가치관의 경직성을 우려한다. 그럼에도 불구하고 우리는 이런 작품을 통해 예리한 시각과 새 세계의 발언에 경청하고 충고하는 진지한 자세가 필요하다고 생각한다. 다분히 혁신적인 문화예술도 결국 급변하는 시대에 대응하는 산물로서 변증법적 진화를 가져올 것이기 때문이다.[5)]

4.2.3 비평에 대한 비평

비평에 대한 비평criticism for criticism은 흔히 문학논쟁에서처럼 타인의 비평에 대해 논하는 메타meta비평을 말한다. 이는 비평에 의해서 재구조화된 작품의 세계나 작품에 대한 이론적 고찰을 재평가 작업이다. 원리적 비평에 대한 타당성 여부를 규명하며, 작품과 작가에 대한 비평의 공명 내지는 정당성을 논박한다.

포프A. Pope의 지적처럼 부당한 비평에 대한 비판은 근대 이후에 문학과 평론에 대한 관심이 증가하면서 대두되었다. 생트뵈브Sainte-Beuve, 텐H. Taine(1828~1893), 부륀티에르Ferdinand Brunetière(1849~1906)의 객관적 비평에 대한 프랑스A. France, 아놀드M. Arnold 등의 주관적 비평의 논쟁이 그 예이다. 또한 엘리엇T. S. Eliot과 머리J. M. Murry의 논쟁, 카뮈Camus와 사르트르Jean-Paul Sartre(1905~1980)의 진지한 문학논쟁이 좋은 보기가 된다.

또한 우리 문단의 경우 1920년대 중엽의 카프 진영 내에서 치열하게 전개되었던 회월 박영희와 팔봉 김기진의 내용과 형식논쟁, 민족문학파와 프로문학파의 계급주의와 민족주의 논쟁, 전후戰後의 실존주의 논쟁, 1960년대 순수와 참여 논쟁, 최인훈의 「광장」을 둘러싼 시비, 1970년대 민족문학 논쟁, 1980년대 민중문학 주체논쟁, 1990년대 후반 이후 전개된 리얼리즘과 모더니즘 등이 그 주요한 예이다.

비평논쟁이나 메타비평도 실천비평이나 원리비평과의 연계 속에서 전개된다. 원리비평, 실천비평, 비평에 대한 비평은 서로 연관되어 있으며, 궁극적으로는 작품과 작가, 혹은 이론에 대한 비평과 연계 속에서 설득력을 획득하는 경우가 많다. 원리비평은 실천비평이 없이는 불가능하며, 비평에 대한 비평은 실천비평과 원리비평에 기대어 전개되기도 한다.

비평에 대한 비평인 메타비평의 사례를 최강민의 「해설비평, 비평

---

5) 이명재, 「이달의 小說」, 동아일보, 1988.2.24.

의 타락인가 아니면 소통의 통로인가?」에서 확인할 수 있다. 이 글은 비평의 한 형태인 '해설비평'에 대해 비판적 견해를 제기하며, 비평의 역할에 관해 문제제기를 하고 있다.

나는 최근에 약국에서 아스피린 프로텍트를 샀다. 사용설명서에는 이 약의 작용 및 특징, 원료약품의 분량, 효능·효과, 용법·용량 등이 적혀 있었다. 그 다음에 있는 것이 앞의 것보다 5배 정도 분량의 주의사항이다. 예를 들어 "경고: 매일 세 잔 이상 정기적으로 술을 마시는 사람이 이 약이나 다른 해열진통제를 복용해야 할 경우 반드시 의사 또는 약사와 상의해야 합니다. 이러한 사람이 이 약을 복용하면 위장 출혈이 유발될 수 있습니다."라는 고딕체 문구가 소비자에게 경각심을 불러일으킨다. 약의 작용과 특징이 해설비평에 있어 해석과 감상이라면 약의 주의사항은 해설비평에서 가치판단의 평가라 할 수 있다. 원래 철학에서 분화된 문학은 정신적인 건강을 담당한다는 점에서 의료약과 상통하는 점이 많다. 문학의 타락 내지 저급함은 인간의 정신상에 막대한 해악을 끼친다. 플라톤 이래로 함량 미달의 문학에 대해서는 신랄한 비판이 있어 왔다. 해설비평도 약의 사용설명서와 똑같을 수는 없지만 적어도 해당 텍스트의 문제점에 대해 일정 정도 지적하는 것이 정도라고 본다. 작금의 주례사 해설비평은 독자와의 소통을 지향한다면서 실제적으로는 작가와 출판사의 권익만을 대변한다. 독자는 텍스트의 장점만이 아니라 단점도 알고 싶어 한다. 그러나 주례사비평의 번성 속에 텍스트의 단점을 알려주는 고언 성격의 해설비평을 찾기 힘들다. 충신은 목에 칼이 들어와도 왕의 잘못을 직언한다. 비평은 대상 텍스트에 대한 칭찬 못지않게 그것의 문제점을 지적하는 충언이 필요하다.

출판자본에 의해 해설비평이 변질되기 이전의 해설비평을 살펴보는 것은 현재의 해설비평이 어느 정도 변질되었는지 살펴볼 수 있는 척도가 될 것이다. 1988년 ≪실천문학≫에 소설을 발표하면서 작가 생활을 시작한 방현석의 첫 창작집은 『내일을 여는 집』(창작과비평사, 1991)이다. 문학평론가 김재용은 「비장함에 새겨진 거인의 발자국」이라는 해설비평에서 방현석의 작품을 튼튼한 현실인식과 이에 기초한 혁명적 낙관주의가 빚어내는 비장함의 세계로 파악한다. 또는 그는 방현석 작품의 또 다른 특징으로 노동자 계급 당파성의 구체성을 언급하면서 획기적이라고 높게 평가한다. 이러한 칭찬 속에 김재용은 "방현석의 작품에서는 노동자들이 이대로 더 이상 살 수 없다는 것을 잘 보여 줌에도 불구하고 이들을 여러 가지 방법으로 지배하고 있는 사람들이 왜 지금 이 방식으로는 더 이상 현상태를 유지할 수 없는가 하는 것을 보여주는 데까지는 아직 이르지 못하고 있"다는 고언을 잊지 않는다. 김재용의 해설비평은 칭찬과 비판의 적절한 조화 속에 균형적인 해설비평이 무엇인지 독자에게 효과적으로 보여준다. 이러한 균형적 해설은 방현석의 소설이 지닌 매력을 효과적으로 보여준다. 그런데 출판자본은 텍스트의 취약점을 드러내는 해설비평이 상품 판매에 막대한 지장을 초래한다는 근시안적 사고를 보인다. 나는 해당 텍스트의 문제점을 일정 정도 밝힌 해설비평이 실린 책에서 오히려 신뢰감을 느낀다. 텍스트의 문제점을 드러낸 것은 그만큼 해당 텍스트에 대한 작가와 출판사의 자신감으로 읽혀지기 때문이다. 결국 주례사비평은 텍스트에 대한 자신감의 결여와 텍스트의 미흡함에서 상당 부분 발생한 것이다.

주례사비평을 뒷받침하는 이론적 토대로 이용되는 것은 문학주의와 텍스트 중심주의이다. 문학주의와 텍스트 중심주의는 동전의 앞뒷면과 같다. 문학주의는 문학의 자율성 옹호 속에 모든 것의 중심을 문학에 놓고 사유하고 행동한다. 따라서 문학주의는 텍스트 중심주의라는 외향을 취하게 된다. 문제는 문학을 중심으로 사고하고 행동한다는 문학주의가 문학 외적 요소인 출판자본에 포섭되어 있다는 아이러니다. 출판자본은 문학주의를 외부의 신랄한 비판을 차단시키는 얼굴 마담으로 이용한다. 출판자본의 공세 속에 문학의 자율성을 지키고 있다는 문학주의의 믿음은 허구적 신화로 전락한다. 알맹이는 사라진 채 껍데기만의 문학주의가 출판자본과 간통해서 낳은 사생아가 바로 주례사비평이다. 이러한 주례사비평의 범람은 문학주의의 숨통을 옥죄는 자충수이다. 주례사비평의 청산 없이 한국문학의 밝은 미래는 기약할 수 없다. 문단의 중심축인 작가들도 야생의 들판이 아닌 비닐하우스라는 주례사비평의 보호막에 길들여져 약간의 비판에도 마음 상해 흥분하는 체질로 탈바꿈했다. 그래서 비평가의 고언은 고언으로 들리기보다 자신을 헐뜯는 음모로 해석된다.

많은 평론가들은 문학판에서 생존하기 위해 문학의, 비평의 진정성을 유보하고 어쩔 수 없이 주례사비평을 쓴다. 이러한 주례사비평이 반복되면 가랑비에 옷 젖는 것처럼 주례사비평의 독성에 자신도 모르게 중독된다. 그러면서 소장 평론가의 비판적 문제의식과 자성적 성찰도 생활고와 타성화된 문단 생활 속에 분실된다. 이 과정에서 자신만의 비평적 차별성을 확보하지 못한 대다수의 평론가들은 고만고만한 3류 평론가로 전락한다. 이들이 문단 주류로 진입할 수 있는 확률은 일종의 로또당첨과 같다. 문단 주류가 되는 것은 비평적 내공만이 아니라 학벌과 인맥도 상당 부분 작용하기 때문이다. 주례사비평에 봉사한 많은 평론가들을 기다리고 있는 것은 초심을 잃은 채 추하게 늙어 버린 자화상이다. 최종적으로 이들을 기다리고 있는 것은 견딜 수 없는 환멸과 허무이다. 그 끝은 문학의, 비평의 종언이다.

오늘도, 내일도 당신은 대박의 환상을 꿈꾸며 눈치껏 주례사비평을 계속 생산할 것인가. 언제부터인가 나는 해설비평을 꼼꼼하게 읽지 않게 되었다.[6]

4.3 비평의 여러 유형

문학비평의 종류 구분은 시대나 기준 및 견해에 따라 다양하다. 여기에서는 일반적으로 널리 알려진 비평의 갈래와 주요 비평들을 유형類型 중심으로 고찰해 가기로 한다. 우선 비평의 유형type을 살펴보면 다음과 같다.

---

6) 최강민, 「해설비평, 비평의 타락인가, 아니면 소통의 통로인가?」, 『오늘의 문예비평』 2009년 봄호, 『혜성』, 250~252쪽.

4.3.1 티보데A. Thibaudet의 비평 유형

(1) 자연발생적 비평—소박한 사람들, 대중 속에 있는 문학 애호가의 비평을 말한다. 저널에 게재되는 인상비평도 이에 속한다.

(2) 직업적 비평—비평을 직업으로 하는 사람들의 비평이다. 이것은 주로 전문비평가와 교수들에 의해 이루어진다.

(3) 예술가적 비평—작가들이 자신의 창작의 경험을 기반으로 해서 미학美學이나 문학에 대해 평가한다.

4.3.2 프라이N. Frye의 비평 유형[7]

(1) 역사비평historical criticism—양식model에 관한 이론
(2) 윤리비평ethical criticism—상징symbol의 이론
(3) 원형적 비평archetypal criticism—신화myth의 이론
(4) 수사비평rhetorical criticism—장르genre에 대한 이론

4.3.3 스코트W. Scoot의 비평 유형[8]

(1) 도덕적 접근the moral approach—문학과 모럴의 이념
(2) 심리적 접근the psychological approach—심리학적 이론 속의 문학
(3) 사회적 접근sociological approach—문학과 사회적 이념
(4) 형식주의적 접근formalistic approach—문학과 미학적 구조
(5) 원형적 접근archetypal approach—신화 속의 문학

---

7) N. Frye, *Anatomy of Criticism*, Princeton Univ. Press, 1973, pp. 33~37.
8) W. Scoot, *Five Approaches to Literary Criticism*, New York, 1962.

4.3.4 웰렉R. Wellek의 비평 유형[9)]

(1) 마르크시스트 비평—사회주의적인 이념의 접근
(2) 정신분석학적 비평—프로이트 심리학적인 접근
(3) 언어학적 비평 및 문체론적 비평—언어적 요소의 중요성에 치중
(4) 신유기주의적, 형식주의적 접근—구조주의 및 형식중심
(5) 신화비평—원형적인 접근
(6) 실존주의 비평—형이상학적인 접근에 치중

4.3.5 그렙스타인S. N. Grebstein의 비평 유형[10)]

(1) 역사비평historical criticism
(2) 형식주의 비평formalist criticism
(3) 사회문화적 비평socio-cultural criticism
(4) 심리학적 비평psychological criticism
(5) 신화비평mythological criticism

4.3.6 왓슨G. Watson의 비평 유형[11)]

(1) 입법비평立法批評: legislative criticism
(2) 심미비평審美批評: theoretical criticism
(3) 기술비평記述批評: descriptive criticism

---

9) R. Wellek, *The Main Trends of Twentieth century Concepts of Criticism*, Yale Univ. Press, 1973, pp. 345~346.
10) S. N. Grebstein, "Preface", *Perspective in Contemporary Literature*, p. xv.
11) G. Watson, *The Literary Criticism*, Penguin Books, 1962, pp. 11~16.

4.3.7 엘리엇T. S. Eliot의 비평 유형

(1) 역사적 비평historical criticism
(2) 철학적 비평philosophical criticism
(3) 문학적 비평literary criticism

4.4 객관적 비평과 주관적 비평

비평의 형태를 주로 논할 경우, 통상적으로 객관적 비평과 주관적 비평으로 분류하여 설명할 수 있다. 이를 백철은 절대주의적인 비평과 상대주의적인 비평으로 구분하여 설명하기도 했다. 구분의 명칭은 다르지만 그 성격상 객관적 비평은 절대주의적인 비평이요, 주관적인 비평은 상대주의적인 비평으로 볼 수 있다. 이런 견해는 김상선도 밝힌 바 있으며, 백철의 분류에 대한 글을 참고할 수 있다.

문학비평의 기준에 대한 문제와 더불어, 그 비평형을 구별하는 데 있어서, 나는 먼저 크게 구별하여 절대주의적인 비평과 상대주의적인 비평의 두 가지로 나누어 볼 수 있다고 생각한다. 이렇게 두 개의 유형으로 나누는 것은 대체로 평론의 역사적인 순서에 입각한 것인데, 절대주의적인 비평이란 것은 그것이 독단적이거나 객관적이거나 간에, 어떤 부동(不動)의 기준에 의하여 작품의 가치를 일일이 그 척도로 재서 결과를 논정(論定)하는 것이며, 그와 반대로, 상대주의적 비평이란 작품평가에 있어서, 아예 기준을 무시해 버리든가, 혹은 기준을 인정하되, 여러 가지 조건을 놓고서 그 결과를 비교 종합해서 평가를 정하는 것이다. 이 두 가지의 비평 유형은 다시 객관적 비평과 주관적 비평으로 나누어질 수 있다. 원래 유럽 문학은 그 발발에 있어서 두 개의 주경향(主傾向) 즉 객관적인 것과 주관적인 것이 서로 교체 반복되면서 등장한 사실을 지적하는 학자가 많다.[12]

논자에 따라서는 필자들이나 백철과 의견을 달리하여 쓰고 있음은 물론이다. 정태용은 백철과 상이하게 객관적 비평, 주관적 비평, 과학적 비평, 공리적 비평으로 나누어서 다루었다. 박목월·김춘수·정한모·문덕수는 공저共著인 『문학개론』(1974)[13]에서, 김우종은 『비평문학론』(1984)에서 각기 주관주의 비평과 객관주의 비평 및 상대주의 비평으로 나누었다.[14] 이들은 절충법을 썼다고 볼 수 있으며, 상대주의 비평 항목에서 낭만주의 비평, 정신분석학적 비평 및 신비평을 묶어서 정리하고 있다.

4.4.1 객관적 비평

객관적 비평이란 이미 일정한 기준을 설정해 놓고, 그에 따라 해석하거나 감상, 평가하는 것을 말한다. 비평가의 주관적인 견해나 창의력에 비해 기존의 규준規準을 준거로 하는 성향이 짙다. 이를테면, 아리스토텔레스의 『시학』에 맞추는 걸 능사能事로 여기던 고전주의 비평이 좋은 예이다.

객관적 비평은 작품을 시인, 독자, 세계로부터 자유롭게 떨어져 독립적으로 존재하는 것으로 파악한다. 문학작품을 자기 완결적이며, 그 자체가 하나의 세계라고 간주한다. 따라서 작품은 일관성, 균형, 미적 형식 및 구성요소들의 상호관계 등과 같은 '내재적' 기준에 의해 분석되고 판단되어야 한다고 본다. 1920년대 이후 대부분의 서구 주요 비평가들이 객관적 비평방법을 택했다. 신비평가, 시카고학파, 유럽 형식주의 지지자들 그리고 많은 프랑스 구조주의자들이 객관적 비평을 취한 이들이다.

객관적 비평만이 순수하게 적용되어 작품의 분석이 이뤄지는 것은

---

12) 백철, 『文學概論』, 신구문화사, 1969, 377쪽.
13) 박목월·김춘수·정한모·문덕수, 『문학개론』, 송원출판사, 1974, 189~214쪽.
14) 김우종·김혜니, 『비평문학론』, 범우사, 1984, 102~120쪽.

아니다. 사실주의 비평은 문학 행위가 이뤄지는 공간으로서의 사회를 함께 논할 뿐 아니라, 문학의 사회적 효용에 관해서도 말한다. 존재론 역시 작품의 독특한 원리를 밝히는 작업을 통해 궁극적으로는 인간 체험, 곧 인생의 질서와 조화의 이념에 공헌하는 것이라고 주장한다.

문학이론가 웰렉은 비평을 외재적extrinisic 비평과 내재적intrinisic 비평으로 구분하고, 모방론, 효용론, 표현론은 전자에, 존재론은 후자에 속한다고 보았다. 인간의 생활이나 우주만상, 독자에 미치는 영향, 자각의 정신 등은 모두 문학작품의 외부에 존재하는 것으로 보고, 의미 있는 구조는 문학작품에 내재하는 것이라고 보았다.[15]

4.4.1.1 입법비평立法批評

입법비평legislative criticism이란 비평가가 자유롭게 작품을 분석하고 해명하는 것이 아니라, 이미 세워진 비평기준을 적용하여 작품을 평가하는 비평을 말한다. 입법비평은 작가의 상상력이나 독창적인 성과에 관심을 갖는 것이 아니라, 이미 만들어진 형식적 기준으로 작품을 비평한다. 일명 재단비평裁斷批評이라고도 일컬어지는데, 극의 삼일치三一致를 내세운 아리스토텔레스의 고전비평이 대표적인 입법비평이다.

아리스토텔레스의 삼일치 법칙(장소, 시간, 사건)을 내세워 비평을 행한 대표적인 사람은 드라이든John Dryden(1631~1700)이다. 포프는 "고전의 법칙에 대한 정당한 존경을 배워라. 자연을 모방하는 것이 그 법칙을 모방하는 것이다"[16]라고 했다. 이것은 고전주의파에 속하는 비평가들이 자연의 법칙을 움직일 수 없는 표준으로 해서, 고전주의 시대의 작가와 작품을 비평했음을 알려주는 것이라 하겠다. 브왈로Boileau(1636~1711)가 "오직 한 장소에서, 오직 하루 동안에, 오직 한 사건이 행해진다"고

---

15) 이선영·박태상, 『문학비평론』, 한국방송통신대출판부, 2003, 7쪽.

16) 양병택, 『영미희곡수필비평』, 신구문화사, 1972, 282쪽; 김상선, 『문학개론』, 중앙출판, 1984, 397쪽에서 재인용.

삼일치 법칙을 설명한 것은 유명한 입법비평의 예이다.

민족, 시대, 환경의 세 가지를 기준으로 내세운 텐H. Taine, 계급투쟁과 세계의 변화를 내세우는 마르크스주의 비평도 이에 속한다. 톨스토이는 작품은 반드시 선善을 그려야 한다고 주장하면서, 셰익스피어Shakespeare나 보들레르Baudelaire의 작품을 미치광이가 아니면 쓸 수 없는 작품이라고 혹평한 바 있다. 톨스토이도 '선善'이라는 입법명령에 의해 작품을 평가한 것이다. 중국의 경우, 문장은 오례五禮와 육전六典을 근본으로 해야 된다고 했고, 경전經典을 통해 군신의 의가 분명해지고 질서가 서게 된다고 보았다. 이러한 정전正典주의도 입법비평에 포함된다.

한국에서는 김팔봉과 박영희로부터 시작해 카프 비평가들이 계급투쟁과 사회의 변화를 합법칙적으로 설명하려 했으며, 8·15 이후의 김동석金東錫 등의 좌익계 비평가들도 사회주의 사회발전론에 입각해 비평했다. 이들 대부분이 입법비평의 범주에 속한다고 할 수 있다.

왓슨G. Watson에 의하면 입법비평은, 비평가의 자유스런 미적 감각에 따라 감상, 평가하는 시드니S. P. Sidney(1554~1586)의 「시의 옹호」 같은 심미비평審美批評(theoretical 혹은 literary aesthetics)과 대조된다. 그리고 또한 오직 작품 자체의 언어적 조건은 정독close reading한 후 분석, 평가하여 공평성disinterestedness을 기하려는 기술비평記述批評: descriptive criticism과도 다르다.

4.4.1.2 과학적 비평

과학적 비평은 근대 이후 자연과학의 발달과 산업사회의 형성에 발맞추어 문학에서도 과학적인 태도를 중시하는 비평방법이다. 예증例證을 통해 객관적으로 문학작품 비평에 임한다는 측면에서 흔히 실증주의비평實證主義批評이라고도 한다. 과학적인 태도나 실증주의적 정신은 현대비평가의 비평적 자세에 있어 일반화된 것이다.

근대적인 과학정신의 대두로 말미암아 콩트Auguste Comte(1798~1857)의 실증철학과 다윈Charles Darwin(1809~1882)의 생물학적 진화론이 문학비평방법론에도 영향을 미쳤다. 드라이든, 포프, 브왈로, 에디슨, 볼테르, 존슨, 텐, 브륀티에르 등은 객관적인 기준에 의해서 작품의 가치를 결정하려고 노력한 비평가들이다. 근대비평의 아버지인 텐이나 그의 제자 브륀티에르는 문학작품을 과학적인 방법으로 연구한 사람들이다.

텐은 세 가지 요소, 곧 인종la race, 환경le milieu, 시대le moment에 의해서 작가의 특성이 결정된다고 보았다.[17] 이 세 가지를 합해 환경론環境論이라고도 한다.

인종이란 민족에 따라 나타나는 특성을 유전遺傳적 형질에 비춰 규정한 것이다. 한국 사람이면 한국 민족의, 프랑스 사람이면 프랑스 민족의 특성이 유전적 형질로 이어져 그 나라의 예술의 특성을 형성한다고 보았다. 환경은 작가의 둘러싸고 있는 힘, 또는 그것의 상황을 말한다. 이 '둘레(환경)의 힘'을 없앨 수도 있다고 보았다. 가령 한국 사람이라도 오랫동안 프랑스에 살면 '둘레의 힘'으로 말미암아 한국 민족의 유전적 형질이 변형된다는 것이다. 끝으로 시대란 시간의 영향을 받은 것을 말한다. 어느 누구나 그 시대를 초월하지 못한다. 따라서 예술은 그 시대의 산물이요, 그 시대의 반영이라고 보았다.

브륀티에르는 인간, 이성, 전통, 아름다움으로 구분해 이론을 세우고, 비평적 판단을 내렸다. 진화론을 문학 연구에 적용해 실증적이고 과학적인 비평을 추구하려 한 것이 브륀티에르의 특징이다.

논자에 따라서는 별도로 귀납적 비평을 과학적 비평에 추가하여 다루고 있기도 하다. 귀납적 비평은 몰턴이 주장한 것으로, 문학현상을 본 그대로 개관概觀하고, 이를 종합해 법칙과 원리의 계통을 세우는 것을 추구했다. 그러므로 이 귀납적 비평도 과학적 비평의 범주로 포함시킬 수 있다.

---

17) Geoffrey Brerelon, *A Short History of French Literature*, Punguin, 1954, p. 264.

4.4.1.3 기술비평

왓슨은 입법비평·심미비평·기술비평記述批評이라는 세 가지 유형으로 나눈 바 있다. 이 중 심미비평은 주관성이 농후하고, 입법비평은 원칙에 충실하다면, 기술비평은 문학 자체의 내적 요소를 중시하는 객관성 짙은 비평에 속한다.

기술비평descriptive criticism 또는 analytical criticism은 분석비평分析批評이라고 하는 현대비평의 한 갈래에 속한다. 이는 어떠한 기준이 문학적 평가, 해석의 적용에 따라 작품을 평가하는 것을 배제하고, 작품 자체의 조건, 곧 언어적 조건에 의해 작품을 이해하고 평가하려는 비평태도다. 미리 세워진 비평기준에 따라 가치를 평가하는 입법비평이나, 개인의 취미에 따라 작품을 판별하는 심미비평에서는 작품을 있는 그대로 바라볼 수 없으며, 공평성을 기할 수 없다고 본 데서 기술비평은 출발한다.

기술비평은 분석, 설명, 해석의 과정을 중시한다. 이 비평은 문학작품을 작가의 시대, 환경을 고려해 설명하지 않고, 작품은 작품 자체로 논해야 한다고 주장한다. 기술비평은 작품 자체의 해석과 분석에 치중한다. “문학의 학문적 연구에 있어서 자연적이며 현명한 출발점은 문예작품 그 자체의 해석과 분석이다”[18]는 웰렉R. Wellek의 주장도 이와 관련이 있다.

기술비평은 드라이든J. Dryden의 『극시론劇詩論, Of Dramatic Poesie』(1698)이라는 에세이에서부터 시작되었다고 왓슨은 말하지만, 생트뵈브가 판단보다 작품의 해석에 힘을 쓴 『문학적 초상文學的 肖像, Portraits Litteraires』(1832~1839)이나 『월요한담月曜閑談, Couseries du undi』(1849~1861)에서도 그 예를 찾을 수 있다. 기술비평의 본격적인 활동은 20세기에 들어서이다.

기술비평의 본령은 랜섬John Crowe Ransom, 테이트Allen Tate 등의 신비평new criticism과 스피처L. Spitzer의 문체론적 비평stylistic criticism, 토도로프Tzvetan Todorov

---

18) R. Wellek & A. Warren, *Theory of Literature*, New York, 1970, p. 127.

의 구조주의 비평 등을 통해 발현되었다. 이와 같이 기술비평은 작품 자체의 조건에 의해서 작품을 분석하고 이해하기 때문에 문학작품의 언어 배열, 언어 선택, 작품 내의 리듬, 그리고 각 요소들의 통일에 의해 만들어진 구조structure와 텍스처texture를 중시했다. 테이트는 작품의 긴장tension, 외연extension과 내연intension을 비평의 주안점으로 삼았다.

넓은 의미에서 이 비평은 리처즈I. A. Richards에서 시작하는 뉴크리티시즘과 스피처 등의 문체론적 비평, 몰턴R. G. Molton의 귀납적 비평 등을 모두 포괄한다.19)

4.4.1.4 심리적 비평

심리적 비평psychological criticism은 정신분석비평이라고도 한다. 넓은 의미에서의 과학적 비평에 해당하는 심리적 비평은 인간의 내면을 다루기에 과학 이상의 요소도 포함하고 있어 상대주의 비평으로 다루는 경우도 있다. 초기의 심리학을 대표했던 프로이트Sigmund Freud(1856~1939)나 융Carl Gustav Jung(1875~1961)은 임상적 결과에 의존하는 과학적 태도를 중시했으나, 라캉Jacques-Marie-Emile Lacan(1901~1981)에 이르러서는 인간 심리에서 언어와 무의식을 강조하는 양상을 보였다.

> 라캉(Jacques Lacan)의 심리분석적 저서들은 비평가들에게 '주관(subject)'에 대한 새로운 이론을 제공해 주었다. 마르크스주의자들과 형식주의자들과 구조주의자들은 '주관적' 비평을 낭만주의적이고 반동적이라고 부정해 왔다. 하지만 라캉의 비평 이론은 '말하는 주관'의 '유물론적' 분석을 전개시키고 있기 때문에 더욱 수긍할 만하다.20)

심리적 비평은 이전의 과학적 비평이 외부적인 것을 주로 하는 데

19) 정한모·김용직, 『文學槪論』, 박영사, 1990, 299쪽.
20) 레이먼 셀던, 현대문학이론연구회 역, 『현대문학이론』, 문학과지성사, 1995, 124쪽.

반하여, 인간의 내면을 분석함으로써 새로운 무의식의 세계를 해명하려는 비평방법이다. 프로이트의 정신분석학은 작품에 등장하는 인물의 성격, 행동, 말 따위의 해석에 유효한 비평적 근거를 제공해 주었다. 말하자면, 인간의 무의식이 의식세계의 잠재작용潛在作用이라는 점을 원용援用한 것이다. 프로이트는 히스테리, 강박관념, 불안, 공포증 따위의 질환은 물론, 일상생활의 막연한 행동, 실수, 망각 따위가 무의식에서 오는 것으로 보았다. 그리고 무의식이 사람의 성격이나 행동을 결정한다고 이해하였다.

브룩스Van Wyck Brooks(1886~1963)는 정신분석적 전기 가운데서, 가장 영향력이 있는 저작을 남겼다. 그는 정신분석학을 활용한 비평전기批評傳記인 『마크 트웨인의 시련The Ordeal of Mark Twain』(1920)을 발표했다. 이 글에서 억압은 성적性的인 것으로나, 혹은 강제적인 최면으로나, 작가의 생애 초기에 끼어들었다. 그리고 생애에서 의미意味 있는 사건은 작가의 전 생애를 푸는 열쇠가 된다고 보았다. 이런 접근 노력은 작품에 드러난 요소들을 정신분석적으로 분석하여, 작가의 정신세계와 작품세계를 연결하는 작업으로 나아간다. 이는 결국 작품을 보다 입체적으로 밝히는 데 유용하게 활용될 수 있다.

오커너는 1919년에 『문학에 있어서의 성욕적 동기The Erotic Motive in Literature』라는 저서를 낸 모델Albert Mordell이 스탕달Stendhal(1783~1842)에 관해서 논한 글을 다음과 같이 인용했다.

> 부모에 대한 작가의 태도의 영향은 그의 문학작품에 나타난다. 스탕달은 자기 어머니에게 쏟은 강한 자식의 사랑에 관한 기록을 남겨 놓았다. 스탕달은 아버지를 미워했다. 우리는 그의 생활에서 그리고 작품이나 신앙에서 이러한 상태의 결과를 볼 수 있다. 그는 무신론자가 되었다. 아버지의 영향을 버리는 사람들은 일반적인 아버지가 믿고 있는 신앙을 이따금 버릴 때가 있기 때문이다. 이것은 또한 셸리(Shelley, Percy Bysshe, 1792~1822)의 무신론을 매우 적절하게 설명하는 것도 된다.[21]

심리주의 비평은 사실 1896년에 프로이트에 의해서 정신분석학이란 명칭으로 시작된 심리학 연구로부터 영향을 받아 발전한 것이지만 20세기 초엽에는 그 반응이 냉담하였다. 당시로서는 프로이트의 혁신적인 이론이 독단적으로 보였기 때문에 "극도로 정신분석을 불신하였고, 정신분석의 과학성과 그것의 치료 능력에 의문을 제기"[22]했다. 그런 현상은 프로이트의 정신분석학 관계 저서인 『꿈의 해석』(1900)과 『정신분석학 입문精神分析學 入門』(1917) 등이 발표된 이후 한동안 지속되었다.

그런 상황에서 지드Andre Gide(1869~1951)와 NRF지가 프랑스 문학 분야에서 정신분석학이 확산되는 데 큰 역할을 하였다. 프로이트 학설과 문학비평 사이의 가능한 관계에 대한 첫 논문 「정신분석학의 비평」이 나온 것도 1921년 NRF지를 통해서[23]였다. 당시로서는 지드가 여러 식자층에 문학과 비평의 심리학 관계를 알리는 데 크게 기여한 셈이 되었다. 그리고 이 무렵을 전후해서 유럽 문학계에서 새로 인간의 내면세계를 추구하는 여러 심리소설이 등장하여 호응을 얻었다. 프랑스 작가 프루스트M. Proust(1871~1922)의 『잃어버린 시간을 찾아서』(1908~1927), 아일랜드 작가 조이스J. Joyce의 『율리시스』(1918~1922), 영국작가 울프V. Woolf의 『델라웨어 부인』(1925) 등이 '의식의 흐름'이나 '내적 독백獨白' 또는 '자동기술법自動記述法'을 활용해 나온 소설들이다. 이 소설들이 발표되면서 심리적 비평의 의미에 대해 직접·간접적인 정당성을 부여해 주었다.

프로이트에 의해 개척된 정신분석학은 곧이어 그의 제자인 오스트리아의 아들러Adler, Alpred(1870~1937)나 융Carl G. Jung 등에게도 이어져 신화·원형비평 등에도 영향을 미쳤다. 프랑스의 라캉이 "무의식은 언어처럼 구조화되어 있다"라는 논의를 주창하면서, 심리학이 언어학과 구조주의의 영역까지 확장되었고, 프랑스의 역사학자 푸코Michel Foucault

---

21) W. V. O'Corner, *An Age of Criticism*, Chicago, 1952; 김상선, 앞의 책, 405~406쪽.
22) 제라드 델포·안느 로슈, 심민화 역, 『비평의 역사와 역사적 비평』, 문학과지성사, 1933, 231~232쪽.
23) 위의 책, 234~235쪽.

(1926~1984)는 작가와 작중인물의 문제, 독자와 독서의 문제, 텍스트와 해석의 문제, 문학의 언어에 대한 문제 등에 관한 다양한 해석의 지평을 넓혔다. 정신분석학적 이론은 후기 구조주의 내지 포스트모더니즘 시대에 거의 모든 인접 학문과 비평담론에 골고루 영향을 미치고 있다. 이러한 정신분석학 이론의 삼투현상은 심리주의(정신분석) 비평의 논의를 더 이상 국지적인 것이 아닌, 문학비평의 논의 그 자체[24]로 바라보는 태도를 일반화하고 있기도 하다.

4.4.1.5 사회주의 비평(마르크스주의 문학비평)

사회주의 비평은 마르크스Karl Heinrich Marx(1818~1883)의 변증법적 유물론唯物論과 역사적 유물론을 문학 분야에 원용援用하면서 발전했다. 마르크스주의 비평이라고 부르는 사회주의 비평은 문학의 예술성보다 문학의 사회성과 계급성을 중시한다. 문학의 기능적 측면을 중시해, 특정 문학이 어떤 사회적 기능을 수행하는가에 따라 문학작품을 비평한다. 계급투쟁이라든가, 정치와 경제발전의 관계 속에서 문학의 역할, 혹은 사회의 결함을 해소하기 위해 피억압 계층의 투쟁을 의미화하는 비평이 사회주의 비평이다.

이 비평의 이론적 근거는 마르크스의 『자본론Das Kapital』(1867~1894)에 기대고 있다. 『자본론』에 의하면 인간은 생산관계 속에서 자신의 사회·경제적 위치가 규정된다. 생산관계는 물질적 생산력의 발전단계에 따라 구분되며, 그 시대의 생산관계가 경제적 토대를 구축한다. 경제적 토대에 기반해 법률적, 정치적인 상부구조上部構造[25]가 형성되고, 사

---

24) 박찬부 외, 『현대문학비평 이론의 전망』, 성균관대출판부, 1994, 261~262쪽.

25) '상부구조(上部構造)'라는 용어는 사회주의 진영에서 자주 쓰이는 개념의 하나로서 마르크스가 처음 사용하였음. 이를 비유한 마르크스는 '상부구조(이데올로기·정치)'란 하부구조격인 토대(사회·경제적 관계) 위에 놓여 있다고 보았음(레이먼 셀던, 『현대문학이론』, 문학과지성사, 1995, 44쪽). 그런데 스탈린은 상부구조를 정치·법률·종교·예술 및 이념과 하부구조에서 생겨나 그것에 대응하고 능동적으로 반작용을 가하는 사회제도의 총체라고 규정함(『文藝思潮』, 새문사, 1991, 164쪽).

회적 의식으로서 문화가 발현된다. 토대로서의 경제적 생산양식이 사회적, 정치적, 정신적인 영역인 상부구조를 규정한다는 것이 마르크스 이론의 중요 내용이다.

마르크스는 경제적 조건이 정신적 내용을 규정한다고 했고, 자본을 소유한 부르주아와 노동력만을 갖고 있는 프롤레타리아의 대립이 필연이라고 보았다. 이러한 계급 갈등과 모순으로 인해 자본주의 사회에서는 인간소외와 계급적대가 지속된다고 경고했다.

생산관계에 대한 분석을 통해 자본주의 사회 구조의 모순을 지적한 마르크스의 분석은 탁월한 것으로 평가된다. 다만, 마르크스의 변혁이론을 레닌Lenin, Nikolai(1870~1924)과 스탈린I. V. Stalin(1879~1953)이 정치적 혁명운동으로 변화시키면서, 사회주의는 내적 모순에 처하게 되었다. 레닌과 스탈린은 볼셰비키 사회주의 혁명을 성공시켜, 일국사회주의 혁명론을 정당화함으로써 프롤레타리아 독재를 지속했다. 자치공동체인 소비에트의 무력화와 당의 관료화가 진행됨으로써 국가기구가 비대해지는 현상이 나타났다. 인민민주주의의 붕괴는 결국 현실사회주의의 몰락으로 이어졌고, 소비에트 연방의 해체로 현실사회주의가 몰락하게 되었다. 세계체제의 균형자 역할을 했던 자본주의와 사회주의의 대립 축이 무너짐으로써, 자본주의의 독주가 21세기에도 지속되고 있다.

레닌과 스탈린은 혁명가이자 정치가이면서도 문학이론에까지 관심을 가져 '사회주의 리얼리즘Socialist Realism' 형성에 개입했다. 사회주의 리얼리즘 강령을 세웠던 1930년대 초엽에 레닌과 스탈린도 고리키 집에서 행해진 문학예술적인 회의에 함께 참석하여 숙의하기도 했다.

더욱이 레닌의 다음과 같은 말은 사회주의 문학예술 이론에 결정적인 영향을 미쳤다.

> 초인(超人)인 척하는 문사들을 타도하라. 문학은 조직되고, 계획되고, 통합된 사회당의 과업의 한 구성, 부분이 되지 않으면 아니 된다.[26)]

레닌의 말은 그 뒤 소비에트 예술비평의 원칙이 되다시피 했다. 이에 비해 마르크스는 예술의 상대적 자율성을 이해하고 옹호하는 입장을 취했다. 그래서 레닌이 당의 문학으로 문학예술의 자율성을 왜곡했다는 주장이 끊임없이 제기되고 있다.

사회주의 비평은 사회적이며 정치적인 이데올로기에 기대어 온 정론성政論性이 짙은 비평론이다. 따라서 그 방법론은 정치적, 사회적, 교육적 견지에서 문학작품의 가치를 결정하고, 작가에게 '당파성'을 요구하는 경향으로 나아갔다. 한국의 경우, 1920~30년대의 카프 문학담론의 핵심이론이었으며, 이후 분단 현실 속에서 북한의 '주체문학론'도 사회주의 비평의 연장선상에서 존재한다.

4.4.2 주관적 비평

주관적 비평은 비평가 개인의 기질이나 사상, 또는 관점에 따라 작품을 해석, 평가하는 비평이다. 근대 이후에 생긴 비평적 경향으로, 고전적이고 틀에 얽매인 접근 태도에 대한 반발에서 비롯되었다.

주관적 비평은 문학사적으로 보면, 낭만주의 문학이 대두된 이후에 발생했다. 생트뵈브는 낭만주의에서 출발하여 사실寫實주의로 넘어간 비평가이다. 그런데 스핑건J. E. Spingarn(1875~1939)은 생트뵈브를 근대비평의 아버지로 규정하고, 그에게서 두 아들이 태어났다고 주장했다. 그 하나는 텐H. Taine을 거쳐 브륀티에르로 이어지는 객관적인 계통의 비평이고, 다른 하나는 인상이나 쾌락을 중시하는 주관적 비평이다.

주관적 비평에서 비평의 기준은 개인의 특질에 따라, 시대에 따라 차이가 나므로, 그 특징이 개별적이고 분화적分化的인 양상을 보인다. 근대적 개인의 옹호와 개별적 가치를 중시하는 태도에 바탕을 둔 이 문학비평은 감상비평과 인상비평 및 창조비평으로 구분한다.

---

26) W. V. O'Connor, op. cit., p. 115.

4.4.2.1 감상비평

감상비평鑑賞批評은 작품 평가의 기초가 되는 감상을 중시하는 비평을 말한다. 고전주의적 입법비평이 작품을 재단하려는 성향이 강하다면, 감상비평은 작품에 입각해 다양하고 창의적으로 접근하려는 측면이 돋보인다. 이 비평은 작품을 감성적으로 음미吟味하며, 심미적審美的으로 접근하려는 것이다.

감상비평appreciative은 칼라일T. Carlyle(1975~1881)과 아놀드M. Arnold를 거쳐 페이터W. Pater 등에 의해 정립되었다. 칼라일은 유대교의 신神 중심 사상인 헤브라이즘에 기울어져 있고, 아놀드는 그리스의 인간 중심 사상인 헬레니즘 성향이 강했다. 이에 비해 페이터는 '예술을 위한 예술'을 옹호하는 심미주의적 태도를 취했다. 페이터는 아놀드의 '시는 인생의 비평이다', '비평의 대상을 본래 있는 그대로 본다'라는 비평 태도를 계승하여, 비평의 목적을 작품 자체에 두었다. 아놀드는 이와 관련해 다음과 같이 언급했다.

> 워즈워스(W. Wordsworth, 1770~1850)의 방법은 독특하고 아무도 대항하지 못하는 그 무엇을 가지고 있다. 자연 스스로가 그의 손에 펜을 쥐고, 자연 스스로가 있는 그대로의, 순수하고 날카로운 힘으로 그를 위하여 쓴 것처럼 보인다. 이것은 두 가지 원인에서 생긴다. 곧 하나는 워즈워스가 그의 소재에서 느끼는 깊은 진실성에서 그리고 다른 하나는 그의 소재 자체의 더욱 진실하고 자연스러운 특질에서 생긴다. 그는 오직 가장 솔직하고 직접적이며, 거의 엄숙한 자연스러움을 다룰 수 있고, 또한 다룰 것이다. 그의 표현은 때때로 노골적이라고 말해진다. 그의 「결의와 독립(Resolution and Independence)」이라는 시에서와 같이 그러나 그것은 벗겨진 산꼭대기가 노골적인 것처럼 노골적이다. 그 노골적인 것은 위대함이 가득 차 있다.[27]

---

27) M. Arnold, *Poetry and Prose with William Waston's Poem and Essays*, Oxford Clearendon Press, 1953, pp. 158~159; 김상선, 앞의 책, 412쪽에서 재인용.

아놀드의 비평은 고전주의, 문화주의를 그 밑뿌리로 하면서 신학, 철학, 역사, 예술, 과학 같은 여러 지식을 원용해 대상을 있는 그대로 보려고 한다. 그리고 비평가는 공평함disinterestedness을 디딤돌로 하여 최선의 감상에 접근하고, 이것을 널리 퍼뜨려야 한다고 주장한다.

페이터도 그의 「문예부흥 연구Studies in the History of the Renaissance」(1873)에서 다음과 같이 말했다.

> 실지로 있는 그대로의 대상을 본다고 하는 것이 진실한 비평의 목적이라는 것은 다시 말하자면, 실지로 오는 인상을 깨닫는 것, 즉 그것을 분명히 식별하고 감득하는 일이다. 음악, 시, 인생이 예술적인 모든 형식, 즉 미적 비평의 대상은 실로 많은 취지를 간직하고 있는 꽃집이다. 그것은 자연계의 산물(産物)과 같이 여러 가지의 가치와 성질을 갖고 있다. 예술적인 작품이 자기에 대하여 어떤 관계를 가지고 있는가, 어떤 결과를 실지로 일으키는가, 쾌감을 주는가, 쾌감을 준다면 그 쾌감의 종류와 정도는 어떤 것인가, 그것과 만나서 영향을 받기 때문에 자기의 성질에 어떤 변화를 일으키게 되었는가, 이러한 의문에 대한 대답을 하는 일이 미적 비평에 관계해야 하는 근본적인 사실이다.[28]

예술을 위한 예술을 제창한 페이터는 무엇보다도 먼저 '있는 그대로의 대상을 본다'는 것을 중시했다. 그는 더불어 '경험의 순간'에 발생하는 미적 희열에 대해 언급했다.

> 시시각각으로 손이나 얼굴이 완성되어진다. 산이나 바다의 어떤 음조는 그 밖의 것보다 정교하다. 어떤 열정적인 기분이나 통찰이나 흥분은 우리에게 억누를 수 없을 만큼 진실하고 매력적이다. 오직 그 순간에 있어서만, 경험의 열매가 아니라, 경험 그 자체가 목적이다.[29]

---

28) 백철, 앞의 책, 377쪽.

29) W. Pater, "Studies in the History of the Renaissance", *From Beowulf to Thomas Hardy*

경험 그 자체가 목적이라고 보는 페이터는 어떤 이론이나 법칙을 원리적으로 주장하지 않았다. 그는 "우리가 해야 하는 것은 콩트나 헤겔이나 우리들 자신의 재빠른 정설에 묵묵히 따르는 것이 아니고, 영원히 신기한 듯이 새로운 의견을 시험하며, 새로운 인상을 얻는 것이다"라고 보았다.

이 밖에 감상비평가로서 러스킨Ruskin(1819~1900과 세인츠버리Saintsbury(1845~1933) 등을 들 수 있다.

4.4.2.2 인상비평

인상비평印象批評은 작품에서 받은 주관적인 인상이나 문학작품에 대한 직관을 통해 작품을 비평하려는 태도를 지칭한다. 감상비평이 객관적 언어로 작품에 대한 감상을 표출하려고 하는 반면, 인상비평은 오히려 순주관주의적 태도를 중시한다. 인상주의 비평과 감상주의 비평의 차이점에 대해서는 백철의 견해를 참고할 수 있다.

> 인상주의 비평이란 글자 그대로 작품에서 받은 비평가 개인의 주관적인 인상을 그대로 표시하는 비평태도다. 그 순주관적인 점이 우선 감상과 구별된다. 감상비평도 물론 작품 인상을 중시하지만 그러나 거기선 그 인상을 일시 수단으로 빌릴 뿐이고, 근본적으론 어디까지나 작품을 대상으로 해서, 그 대상의 미점(美點)을 페이터의 말과 같이 다른 부가물과 분리해서 본성을 식별하는 준객관적인 비평태도인 데 비하여, 인상주의 비평은 순주관적인 태도다. 인상주의 비평의 특질은 말하자면 "나는 예술에 대하여 아무것도 아는 것이 없다. 그러나 나는 내가 좋아하는 것을 알고 있다."고 하는 것이다.[30]

---

by Robert Shafer, Vol. 4, p. 867.

30) 백철, 앞의 책, 278~379쪽.

인상비평impressionistic criticism은 작품에 대한 독립적인 인식과 판단에 도달하려는 태도에서 발생했다. 인상비평은 작품에서 받는 인상, 독자가 작품을 통해 도달하는 직접적이고 소박한 감각의 일치, 그리고 독자의 정신에서 일어나는 변화에 기초해 비평행위가 이뤄진다. 비평가는 작품에서 받은 인상을 그대로 받아들이고, 그 인상을 식별해 내는 역할을 한다. 주관이나 인상은 개인적인 것이니, 이에 근거한 감상도 개인적이다. 따라서 인상비평은 개인에 따라 여러 가지 형태를 띨 수 있다.

인상비평은 역시 감상비평을 주창한 페이터에 의해 명료화되었다. 페이터는 감각적 경험에 의해서 얻어지는 인상을 존중하고, 이 인상을 기초로 하여 미美에 관해 비평해야 한다고 보았다. 그는 미적 감각을 만족시키는 정도에 따라 문학의 가치가 다르다고 하여 비평의 표준을 쾌락에 두었다. 그는 「문예부흥Study in the History of the Renaissance」(1873)의 서문에서 다음과 같이 주장했다.

> 예술이라든가 시의 연구자는 미의 추상적 정의만을 내리고 있으나, 그것으로 미는 조금도 설명되어지지 않는다. 미를 추상적인 말이 아니고 구체적인 말로서 정의하고, 미의 보편적인 공식을 발견하는 대신에 개개의 미를 가장 타당하게 나타내는 공식을 발견하는 것이 미학연구자의 목적이다. '대상은 실제 있는 그대로 본다'라는 아놀드의 말은 정직하게 모든 참다운 비평의 목적을 말하고 있다. 이것을 심미비평(審美批評)에 적용하면 비평은 심미대상에서 얻은 실제 있는 그대로의 인상을 알고 식별하는 일이다. 쾌락적 인상을 얻었다고 하면 그것은 어떤 종류인가, 어느 정도인가, 그 영향으로 어떻게 변하는가에 답하는 것이 심미비평이 취급한 근본 사실이다.[31]

31) M. Arnold, *The Function of Criticism at Present Time*, Macmillan and Co., 1865, p. 22.

페이터는 예술 연구가의 지성을 만족시킬 수 있는 정확한 미美의 정의가 필요한 것이 아니라, '아름다운 대상을 만나 깊이 감동하는 능력'과 같은 일종의 기질temperature이 필요하다고 보았다. 그는 미가 여러 가지 형식으로 존재한다는 것을 염두에 둔다면, 모든 시기, 모든 유형, 모든 유파는 동등하다고 역설한다.

이러한 페이터의 주장을 더 깊이 천착한 것이 와일드O. Wilde의 심미비평aesthetic criticism이다. 와일드는 "비평가는 좋은 인상을 다른 양식 또는 새로운 재료에 번역하는 자를 말한다"라든가 "최고의 비평은 개인적 인상의 가장 순수한 형식이고, 외부의 기준에 대하여 조금도 고려치 않기 때문에 창작보다 더 한층 창작적이다"라고 보았다. 그는 페이터의 소론을 그대로 계승했다.

> 비평이란 항상 판단이라든가 해석이라든가 평가다. 문학비평은 무엇인가. 어떻게 써야 할 것인가를 판단하여 어떤 작가, 작품이 뛰어났는가를 평가하고 어떠한 점이 우수한가를 판별하고, 어떤 작품의 의의는 그 시대라든가 환경에서 봐서 어떻게 해석하며 의의를 결정해야 할 것인가……[32]

와일드는 페이터의 쾌락을 미에까지 확장해, 비평의 주안점을 '미의 황홀'에 두었다. 페이터는 작품에서 받는 인상을 중시하여, 어디에 작품의 매력이 있는가, 미의 특질은 어떠한 것인가를 명백히 아는 것이 비평가의 임무라고 보았다. 반면, 와일드는 작품에서 정묘精妙한 인상을 포착하고, 그 인상에 대해 미적美的으로 감상鑑賞하고 개성적으로 분석하는 것이 비평가의 역할이라고 보았다.

이상에서 살펴본 것처럼 인상비평은 아름다움이나 쾌락 등의 주관적인 인상이나 감상에 의한 비평이라 자칫하면 주관적인 시각과 개성만 강조될 수도 있다. 작품 속에서 발견되는 미적 쾌락을 중시했던

32) 구인환·구창환, 앞의 책, 552쪽.

페이터의 경우에서도 알 수 있듯이, 감상비평과 인상비평은 비슷한 성향을 지니고 있다. 이는 심미적審美的 성향을 지닌 와일드가 인상비평을 중시하면서, 동시에 창조적 비평을 의미화한 것과 연결된다.

4.4.2.3 창조적 비평

창조적創造的 비평은 주관적 비평에 속하는 감상비평이나 인상비평과 일맥상통하면서도, 비평가의 창조성을 강조한다는 점에서 차별적이다. 창조적 비평은 작품을 평가하는 것에만 중점을 둘 것이 아니라, 비평가가 창작가 못지않은 창조적 해석이나 감상을 창출하자는 비평적 태도를 지칭한다. 비평가도 시인이나 작가 못지않게 창작자로서 비평에 임해야 한다는 것이다.

일반적으로 비평가는 작품 해석을 통해 작가의 작품활동에 조언을 하고, 독자에게는 올바른 감상과 이해의 길을 제시하는 역할을 한다. 작가와 독자 사이의 매개자로서 비평가의 역할은 창작 분야와는 별개로 간주되었다. 그러나 창조적 비평가들은 마치 작가가 자연물, 환경, 인물의 행동, 감정 같은 것을 소재로 하여 작품을 창작하듯이, 비평가도 작품을 소재로 하여 새로운 세계를 창조한다고 주장했다.

창조적 비평이 부각된 것은 미국의 비평가인 스핑간J. E. Spingan이 「창조적 비평－재능과 취미의 조화에 관한 시론Creative Criticism, Essay on the Unity of Genius & Taste」(1971)이라는 논문을 발표한 후부터였다. 그 후 영국에서 와일드, 머리J. M. Murry 등이 창조적 비평을 지지했다.

「창조적 비평」이라는 논문에서 스핑간은 예술가가 인상을 통하여 작품을 내놓듯이 비평가도 인상을 통하여 비평하면 된다고 덧붙였다. 작품이 자유롭고 창조적인 표현인 것처럼, 비평 또한 창조적 작업이라는 것이다. 그는 비평이 작품 창작과정의 심미적 재현이라고 보았다.

와일드는 창조적 비평의 특징을 명료하게 설명한다. 와일드는 「예술가로서의 비평The Critic as an Artist」이라는 논문에서 비평가의 상상력에 의해 이뤄지는 자유스러운 비평행위를 강조했다. 그는 이 논문에서 예술적 재능 없이 예술적 창조를 할 수 없듯이, 비평 행위에서 이뤄지는 선택정신과 생략정신이 바로 비평의 재능이라고 말했다. 이 언급을 좀 더 본질적으로 해석해 보면, 비평정신은 곧 창작정신에 닿아 있다는 의미로 풀이할 수 있다. 그는 또한 「도리언 그레이의 초상The Picture of Dorian Grey」(1891)의 서문에서 "비평가란 여러 가지 아름다운 것에서 받은 자기 인상을 다른 수법, 또는 새로운 재료로 변형할 수 있는 사람을 말한다"고 했다. 예술이 자연이나 인생을 모방하는 것이 아니라 자연이나 인생이 예술을 모방한다고 보았다는 측면에서 와일드의 이와 같은 태도는 예술지상주의라고 일컬어진다. 이러한 와일드의 관점이 페이터의 논의를 근거로 하고 있다는 점은 확실하다. 다만, 와일드는 작품이 주는 아름다움에 개성을 첨가함으로써 페이터보다 한 걸음 더 전진했다.

창조적 비평은 소설가나 시인이 현실을 대상으로 창작을 하는 것처럼, 비평가가 이미 창작된 작품을 대상으로 창작한다고 보는 것이다. 창조적 비평은 궁극적으로 가장 적극성을 지닌 것임을 알 수 있다. 비평은 예술작품에 개입하는 권력 행사적 성격을 지닌다. 그러므로 비평은 예술 밖에서 이뤄지는 행위가 아니라, 예술 내부에서 예술적 조화를 이뤄내는 미적 행위라고 할 수 있다. 따라서 창조적 비평은 개별작품에 대한 비평에 머물지 않고, 비평의 독자적인 창조성을 발현해 자유롭게 인생과 문명에 덧칠하는 가장 적극성을 띤 비평이라고 말할 수 있다.[33]

창조적 비평을 지향하는 비평가는 '비평가가 할 일은 자기 앞에 놓여 있는 문학작품에 대하여 자기의 견해를 표시하는 일을 통해서, 자기 자신을 표현한 것'이라고 말한다. 창조적 비평은 해체주의 비평과 묘한 긴장관계를 형성하기도 한다. 해체주의 비평은 비평가는 작품을

33) 백철, 앞의 책, 381쪽.

자세히 읽고 제대로 해설해야 한다는 정독과 해석을 주창한다. 이는 단순히 텍스트 안에 내재되어 있는 의미를 해독하기보다는 오히려 텍스트를 위하여 능동적으로 의미를 창출해 내는 행위로 연결된다.[34] 비평이 창조적인 기능을 담당한다고 주장하는 바르트 등은 어떤 의미에서 새로운 창조적 비평의 계승자라고도 할 수 있다.

4.5 나머지 비평

위에서 객관적 비평과 주관적 비평으로 구분해 고찰했는데, 참고삼아 에이브럼스M. H. Abrams(1912~)가 모방비평, 효용비평, 표현비평으로 나누어 설명한 것[35]을 간단히 살펴보기로 한다. 에이브럼스는 문학을 사회반영 내지 작가와 독자 관계로 파악해 분류하고 있다.

4.5.1 모방비평

모방비평mimetic criticism은 문학작품을 세계에 대한 모방, 반영, 재현으로 본다. 따라서 비평도 재현하거나 재현해야만 하는 대상에 대한 작품의 '진실성'이 기준으로 이뤄진다. 이 비평양식은 플라톤과 아리스토텔레스로부터 유래했으며, 현대 리얼리즘 문학의 이론적 근거이기도 하다.

---

34) 김욱동, 『포스트모더니즘의 이론』, 민음사, 1992, 340쪽. 해체비평 논자들은 오히려 창작보다 비평의 가치를 높게 사서 비평에 창작을 합친 상태의 크리티픽션(critifiction)이라는 신조어까지 만들어 낼 만큼 비평의 창조성을 강조하고 있다고 설명하고 있음.

35) M. H. 에이브럼즈, 권택영·최동호 편역, 『문학비평용어사전』, 새문사, 1985, 123~124쪽.

4.5.2 효용비평

효용비평pragmatic criticism은 작품이 독자에게 어떤 효과(미적 쾌감, 교훈, 혹은 감동)를 주었는가에 따라, 작품의 가치를 판단하려 한다. 이러한 효용적 접근은 로마시대로부터 18세기까지 문학비평 논의를 지배해 왔다. 최근에는 작품 속에 제시된 것들에 대한 독자의 반응을 중시하는 독자반응비평, 작가들이 사용하는 예술적 전략을 강조하는 수사학적 비평, 독자들의 해석적 반응에 영향을 주는 약호들을 분석하는 기호학적 비평 등에서 효용비평의 흔적이 이어지고 있다.

4.5.3 표현비평

표현비평expressive criticism은 문학작품을 작가와 연결해 이해하려는 태도를 취한다. 시詩에 나타난 감정의 표현, 분출, 발화를 시인의 상상력을 통해 자신의 지각, 사고, 감정 작용을 표현한 것으로 본다. 그래서 시인의 개인적 전망이나 심적 상태가 얼마나 적절하게 표현되었는가에 따라 작품을 판단하려고 한다. 표현비평은 작품 속에 의식적이거나 무의식적으로 드러난 작가들의 특별한 기질과 경험들을 중시한다. 이런 관점은 주로 낭만주의 비평가들에 의해 발전되었으며, 현대에도 여전히 통용되고 있다. 특히 정신분석학적 비평가들의 저작물과 풀레 Georges Poulet(1902~1991)나 제네바학파 등과 같은 의식비평가들에 의해 계승되었다.

5장 비평의 발전 형태

문학비평의 유형은 시대의 변화에 따라 분류할 수도 있다. 문학비평의 생성과 변천과정은 통시적通時的으로 고전비평, 근대비평, 현대비평으로 구분해 살필 수 있다. 앞에서 다룬 문학형태에 따라 살핀 유형에서처럼 객관적 비평과 주관적 비평의 일부가 시대적 구분 속에서 중복되기도 하지만 구체적 언급은 생략하기로 한다.

미리 언급하자면, 고전은 물론이요 근대 및 현대에 이르기까지의 비평론들이 서양의 흐름에 치우쳐 기술되었다. 한국문학비평이나 동양의 전통적 비평론에 뿌리를 둔 접근이 필요하지만, 근대문학의 형성이 서양의 영향 속에서 이뤄졌기에 이러한 한계가 노출되었다. 한국 고전비평에도 시화詩話의 형식 등을 다룬 것들이 많으나, 한문으로 작성된 원문이 충분히 번역되어 있지 않고 체계화되어 있지 않아 추후 과제로 남긴다.

5.1 고전비평

5.1.1 서양 비평의 경우

5.1.1.1 고대·중세·르네상스기의 비평

고전비평은 그리스나 로마 시대 문예비평의 고대비평과 중세비평 및 르네상스기 비평까지를 지칭한다. 고대비평古代批評은 아리스토텔레스의 『시학詩學』이나 로마의 호라티우스Quintus Horatius Flaccus(BC 65~BC 8)의 『시기술론詩技術論』 등을 주로 한 초기의 비평을 말한다. 기원전 4세기에 발표된 세계 최초의 문학이론서인 『시학』은 시 본질과 모방론模倣論 및 삼일치법三一致法을 주장했고, 『시기술론』은 극의 소재나 수사학修辭學 문제 등을 다루었다. 이 두 저작은 일반적으로 서양 문화 전통의 뿌리라고 일컬어진다.

『시학』이나 『시기술론』 이전에도 동양에는 춘추전국시대부터 공맹孔孟·순자荀子·묵가墨家와 노장老莊 등의 문학론이 없지 않았으나 아리스토텔레스의 논의처럼 체계화되지는 않았다.

고전비평을 논하기 위해 아리스토텔레스의 『시학詩學』과 삼일치법을 살필 필요가 있다. 아리스토텔레스의 『시학』은 기원전 4세기에 발표되었지만, 그 영향력은 18세기 초엽까지 미쳤다. 따라서 『시학』에 대한 검토는 서구 고전비평의 맥을 짚은 작업과도 같다. 물론 『시학』 이전에도 플라톤의 『이온』 등과 같은 비평이 없었던 바는 아니지만 본격적으로 문학예술을 이론적으로 체계화한 『시학』이 비평 이론서의 정전canon으로 꼽힌다. 『시학』이 설정해 놓은 기준은 고전비평의 금과옥조金科玉條가 되었으며, 고전비평의 기원으로 간주된다.

로마시대 비평가였던 호라티우스의 『시작법詩作法, Art Poetike』은 물론이요 16세기의 영국 비평가였던 시드니의 「시의 변호」나 17세기의 프랑스 비평가였던 브왈로의 『시작법Art Poetique』도 모두 『시학』의 영향을 받았다. 뿐만 아니라 영국의 시인이면서 비평가였던 포프A. Pope나 신고전주의新古典主義를 주장했던 엘리엇 등도 『시학』을 중시했다.

아리스토텔레스의 『시학』은 모두 26장으로 나누어져 있다. 1장부터 5장까지는 총론으로서 예술의 기원과 모방성에 대하여, 6장부터 22장은 비극tragedy론으로서 비극의 목적, 요소, 인물 성격에 대하여, 23장부터 26장까지는 서사시에 대한 이론을 펴고 있다. 아리스토텔레스는 시는 모방imitation이라는 모방설을 펼쳤으며, 모방의 매개체는 하모니, 로고스言語, 리듬의 3종으로 보았다. 더 나아가 서사시敍事詩는 언어, 기악器樂은 하모니와 리듬, 무용은 리듬이 쓰인다고 논한다.

『시학』의 대부분은 비극tragedy에 관한 논의로 채워져 있다. 비극은 줄거리, 성격, 사상, 언어, 하모니, 장면으로 구성되며, 그중 줄거리를 중시했다. 줄거리는 급전急轉, 발견, 고민의 3요소가 있어야 공포와 애련의 느낌을 줄 수 있으며, 유기적으로 통일하여 보편성을 추구해야 한다고 보았다. 또한 줄거리의 전개는 시인 자신이 등장인물과 같은 행동을 하는 태도로 그려내야 하며, 보편적인 형식에서 시작하여 뒤에 가서는 에피소드를 삽입하고, 훌륭한 갈등이나 해결을 만들어야 한다. 특히 행동의 통일이 중요하고, 성격은 첫째로 좋은 성격, 다음에 적합성, 진실성, 합리성 등이 필요하다고 보았다.

이러한 『시학』의 기준은 17~18세기에 이르러서도 비평의 금과옥조로 여겨졌다. 연극에 있어서 '삼일치의 법칙'은 유명하다. 아리스토텔레스는 '행동의 통일'과 행동이 진행되는 기간이 가능한 한 일치해야 한다고 했다. 아리스토텔레스는 장소에 대해서는 말한 바 없음에도 불구하고, '장소의 일치'가 첨가되었다. 드라이든J. Dryden이나 포프와 같은 비평가들은 '삼일치의 법칙'에 입각해 작품을 판단했다.

아리스토텔레스의 『시학』은 서양 최고의 문예비평론으로서 오랜 시간 동안 고전비평의 규범으로 간주되었으며, 여기에서 출발한 입법비평·재단비평·표준비평 등이 근래까지 활용되고 있다. 20세기에도 T. E. 흄T. E. Hulme(1883~1917)이나 엘리엇은 신고전주의를 주창하며, 아리스토텔레스의 『시학』을 중시했다.

중세비평中世批評은 대체로 가톨릭교가 제왕帝王보다 상위上位에 있던 신 중심의 시대로서 성서를 위주로 한 도덕비평들이 행해졌다. 고전비평에 주요 텍스트였던 그리스의 고전이나 로마 작품들은 이 시기에 이교적異教的 대상으로 취급받았다. 당시에는 자유로운 문학예술의 활동이 기독교적인 교리에 의하여 억압받았다. 이런 암흑기에도 문학예술의 가치를 옹호하며, 금욕주의禁慾主義 내지 청교도적淸教徒的 태도에서 탈피하려는 비평 노력이 있었다.

폴리치아노Poliziano(1454~1494) 등이 대표적인 인물이다. 그는 신학神學에 문학예술이 종속되는 것에서 벗어나기 위해 싸웠다. 당시에 가톨릭적 세계관이 문학을 억압했던 근거들—문학은 진실이 아닌 모방이며, 극문학劇文學은 성령과 교통할 인간의 정신을 교란하므로 실생활 면에서나 도덕적인 면에서도 문학을 반대한다는 것—에 승복하지 않았다.[1]

르네상스기의 비평은 중세의 정교일치政教一致에 기반한 기독교적 세계관에서 벗어나 문학의 독자성을 회복한 시기를 지칭한다. 신 중심의 세계에서 벗어나 인문주의적人文主義的인 자각이 확대되고, 더불어 그리스나 로마 문화에 대한 재인식이 이뤄졌다.

일부 인문주의자들은 그리스와 로마의 고전古典 연구에 관심을 쏟기 시작했고, 15세기 말엽부터 프랑스 지방에서 그 성과가 화려한 꽃을 피웠다. 벨레Belley(1524~1560), 보클랭Vauquelin(1535~1607) 등에 이어서 시드니P. Sidney(1554~1586), 벤 존슨Ben Jonson(1573~1637), 라신Racine(1639~1699), 브왈로Boileau(1636~1711) 등은 고전주의를 표방할 정도로 인문주의 발전에 기여했다.

---

1) 곽종원·박목월·정창범, 『文學概論』, 예문관, 1973, 187쪽.

5.1.2 동양, 한국의 경우

동양 최초의 체계화된 문학비평 이론서는 중국 남북조 시대 유협劉勰(465~521)의 『문심조룡文心雕龍』(6세기)이다. 문학 전반에 걸쳐 여러 주의사항을 체계적으로 언급하고 있으며, 탁월한 식견으로 정연한 문학이론을 전개하고 있다.[2] 공자의 문학관과 불교적인 요소가 융합된 『문심조룡』은 서양의 『시학』에 버금가는 비평이론서로 평가받는다. 『문심조룡』은 『시학』과 문학관이나 자연관, 그리고 창작방법론이 상이하다. 아쉽게도 『문심조룡』은 동양적인 문학비평 이론으로 널리 보급되거나 폭넓게 활용되지 못해 『시학』과 같은 서양적인 문학이론의 물결에 묻혀 버렸다.

우리나라의 경우, 르네상스 전후나 중세에 해당하는 시기에 문학비평이 존재했음에도 불구하고, 그 비평의 역사가 체계적으로 정리되지 못했다. 한국의 고전비평에는 고려시대 비평사서批評四書로 일컫는 이인로李仁老(1152~1220의 『파한집破閑集』과 최자崔滋(1188~1260)의 『보한집補閑集』, 이규보李奎報(1168~1241)의 『백운소설白雲小說』 및 이제현李齊賢(1287~1367)의 『역옹패설櫟翁稗說』이 있다.[3] 조선조에도 서거정徐居正(1420~1488)의 『동인시화東人詩話』나 김만중金萬重(1643~1725)의 『서포만필西浦漫筆』, 홍만종洪萬宗(1643~1725)의 『시화총림詩話叢林』 등에서 비록 단편적이지만 비평적 언급들이 보인다. 한문으로 써진 시화詩話와 만록漫錄 형태로 써진 글들을 아직 체계화시키지 못하고 있는 이에 대한 연구가 향후 우리나라 비평사 복원의 주요한 과제[4]이다.

우리 전통의 비평이론과 비평문이 있었음에도 불구하고 개화기 이후 오늘날까지도 한국문학비평은 서양 근대문학 이론에 경도되어 있

---

2) 차상원, 『中國古典文學批評史』, 범학도서, 1975, 127쪽. 양(梁)나라 시대 33세의 유협이 쓴 『文心雕龍』은 상·하의 10권 50편으로 되어 있음.

3) 전형대·정요일·최웅·정대림, 『韓國古典詩學史』, 홍성사, 1979. 논문으로 이명재, 「한국고전비평문학논고」(중앙대 『논문집』 27집, 1983) 등이 있음.

4) 백철, 『한국문학의 길』(『백철문학전집』 1), 신구문화사, 1980.

다. 현대문학비평의 여러 이론들이 프랑스나 영미英美 아니면 러시아의 지적 흐름에 과도하게 의존함으로써, 지식의 식민화 현상이 심화되었다. 이러한 상황에 대한 반성에서 '반식민' 혹은 '탈식민'에 관한 논의가 진행되고 있기도 하다.

전통적인 비평유산을 체계화해, 우리 나름의 주체적인 비평체계가 확립될 필요가 있다. 우리 전래의 비평이론을 정리하거나 시험적으로 적용하는 노력이 없었던 것은 아니다. 그러한 노력 중 송욱의 『시학평전詩學評傳』,[5] 윤재근의 『시론詩論』,[6] 한승옥의 『한국전통비평론 탐구』[7] 등이 눈에 띈다.

5.2 근대비평

르네상스기의 문학비평은 중세의 종교나 신학으로부터 벗어나 인간성 회복과 문학의 독립적 존재를 인식하는 기틀을 만들었다. 르네상스 운동은 프랑스나 이탈리아를 거쳐 영국, 독일 등으로 점차 확산되었고, 이것이 근대비평의 태동에 중요한 영향을 미쳤다.

고전비평에서 근대비평으로 변천해 가는 과정에 대해 다음과 같은 대비도 참고할 만하다. 즉, 그리스나 로마의 문학이 도시와 귀족 사회 중심이며, 형식과 법칙을 존중했다면, 중세 문학은 지방과 신흥계급 중심의 자유분방한 개성을 생명으로 했다. 이러한 신흥계급이 성장해 이룩한 것이 근대문학이었고, 근대비평이었다.

개성을 중시하는 근대인의 출현으로 고전비평은 빛을 잃게 되었다.

---

5) 송욱, 『詩學評傳』, 일조각, 1963. 여기에서는 동서양의 비교문학적 견지에서 한국의 주요한 문학작품과 작가론을 다루었음.

6) 윤재근, 『詩論』, 둥지, 1990. 이 책에서는 시문학의 원론을 동양이론 위주로 정립하려고 시도한 노력이 돋보임.

7) 한승옥, 『한국전통비평론탐구』, 숭실대출판부, 1995. 이 책에서는 특히 문학론에 대한 논구가 주목됨. 이 밖에도 김영석·이화형·조완호 등의 학위논문(박사)도 해당됨.

고전비평이 형식적이라면, 근대비평은 내용 중심적이고, 고전주의 비평이 재단적 내지 평가적 태도를 취했다면, 근대비평은 설명적 내지 감상적鑑賞的인 태도를 취했다. 또한 고전비평이 객관적이라면, 근대비평은 주관적 성향이 강했다.

5.2.1 근대비평近代批評의 대표

근대는 자연과학의 발전과 자본주의의 등장, 그리고 이성적이면서 합리주의적인 개인의 발견으로 특징지을 수 있다. 콩트A. Comte와 다윈C. Darwin의 자연과학적 세계관에 영향을 받아 문학예술 비평도 급격한 전환을 맞이했다. 근대비평은 법칙 중심의 고전비평을 창조적으로 계승하면서도 개성을 중시하는 태도를 취함으로써, 고전의 극복을 지향하는 요소와 더불어 고전을 계승하려는 요소가 혼합되는 양상을 보였다.

5.2.1.1 생트뵈브의 전기비평

근대비평의 원조元祖로 일컬어지는 생트뵈브는 전기비평傳記批評의 대부로도 유명하다. 프랑스의 시인이며 평론가였던 그는 작품에 대한 인상과 주관적 감정을 중시하는 인상주의적 비평을 따랐으나, 나중에 작가의 전기적인 사실에 입각한 과학적 태도와 객관적 평가를 주창했다. 그는 작가와 작품을 서로 별개의 존재로 보지 않고 글을 쓴 작가의 성장과정과 교육, 교우관계, 일상생활 등과 같은 전기적傳記的 사실을 조사하여, 작품에 대한 해석과 평가에 적용했다. 생트뵈브의 저작인 28권의 평론집 가운데 『월요한담月曜閑談』(1861년 완성)이 전기비평의 좋은 예이다.

5.2.1.2 텐의 역사주의 비평

프랑스의 평론가이자 철학자인 텐H. Taine은 문학비평을 사회학의 일부로 파악하며 인종race, 시대moment, 환경milieu의 세 요소가 작품의 가치를 결정한다는 결정론determinism을 폈다.[8] 비평가는 과학자와 같은 태도로 작품의 환경을 검토해야 한다는 그의 비평자세는 전기비평의 태두인 생트뵈브와는 달리 역사파歷史派로 불린다.

텐은 과학적 비평의 존재를 정당화하고, '객관적인 척도에 따라서 판단하라', '사물의 결정요소와 원인을 찾아라'와 같은 원리를 강조했다. 텐에 의하면, 한 개인, 한 시대, 한 작품, 한 문학을 비평 대상으로 할 때, 개별적 사실의 본질적인 원인을 규명해야 한다. 이를 통해 여러 가지 조건(곧 본질적 원인과 연결되는 여러 가지 요소)을 파악해야 올바른 문학비평이 행해질 수 있다는 것이다.

5.2.1.3 아놀드의 문명비평

19세기 영국의 대표적인 비평가 중의 한 사람인 아놀드Mathew Arnold의 문명적 비평도 중요한 근대비평이다. 문명적 비평은 워즈워스의 주관적 낭만비평 등에 객관적 과학비평을 융합한 것이라고 볼 수 있다. 아놀드의 「현 단계에 있어서 비평의 기능The Function of Criticism at Present Time」(1865)과 「문화와 무정부Culture and Anachy」(1869)는 19세기 영국비평을 대표하는 논문으로 꼽힌다. 그의 비평은 일종의 문명비평의 성격을 띤 것으로서 그 시대의 문명과 문화의 조건을 고려해 작품을 비평했다. 문학이 삶의 비평criticism of Life이라는 것이 아놀드의 문학관이었다.[9]

---

8) H. Taine, *Histoire de Litérature Anglaise*, IMPRIMERIE DE CH. LAHURE, 1864. 이 책 서문에서 그는 '문학작품은 동시대 풍습의 모사(模寫)이며 어떤 정신상태의 전형(典型)'이라고 논급했음(R. Wellek, A *History of Modern Criticism, 1750~1950*, Yale Univ. Press, 1966, pp. 27~30).

9) R. Wellek, A *History of Modern Criticism* IV, New Haven: Yale Univ. Press, 1965.

아놀드의 비평론은 20세기 비평에서도 일정한 영향력을 발휘했다. 그의 비평론은 문학작품보다도 작품을 둘러싸고 있는 문명과 문화에 결정적 요인을 부여했다. 그는 문학을 리얼리즘의 정신, 즉 사실을 있는 그대로 보거나 공리성을 떠나 공평무사公平無私하게 보는 태도를 중시했다.[10)]

5.2.1.4 근대비평의 특징

근대비평은 인상비평과 재단비평 등 다분히 소박한 비평방식에 의존하고 있었다. 인상비평은 프랑스A. France나 페이터W. Pater에 의해 많이 행해졌는데 넓게 본다면 와일드O. Wilde의 창조적 비평이나 심미비평審美批評도 이에 속한다. 인상비평이 개인을 중시하고 주관적 성향이 강한 비평이라면, 재단비평은 객관적이면서 규범에 충실한 비평이었다. 고전비평처럼 아리스토텔레스의 『시학』 규범을 그대로 지키지는 않았다 하더라도 생트뵈브의 전기비평傳記批評, 텐의 인종·시대·환경적 요소를 중시한 결정론적 역사주의 비평, 아놀드의 문명비평은 재단비평적 성격을 지니고 있다.

이상에서 고찰한 바처럼 근대비평은 아리스토텔레스의 『시학』에 얽매인 고대비평에 대한 반발과 수정 과정에 발생했다. 근대비평은 상대주의적이면서 주관적 성향이 강했다고 볼 수 있다. 그리고 근대비평은 작품보다는 그 작품을 둘러싼 사회적 배경과 작자作者의 환경적 요인들을 조사하고, 이를 자료로 삼아 작품에 대한 과학적 비평을 시도했다.

---

10) 백철 편, 『비평의 이해』, 민중서관, 1968, 132쪽.

5.3 현대비평

20세기와 21세기에 걸치는 현대비평은 과학기술문명의 고도발달과 인터넷 매체의 발달, 그리고 다문화적 생활여건 속에서 문학비평도 다양하게 분화되었다. 문학비평 이론은 이전에 비해 훨씬 다양해지고, 비평의 대상도 다원화되어 이른바 비평의 시대를 맞게 되었다. 문학비평의 갈래와 방법도 다채로운 양상을 띠게 되어, 그 특성을 한두 가지로 설명할 수 없을 정도이다.

5.3.1 근대비평과 현대비평의 차이점

20세기와 21세기에 걸쳐 등장한 현대비평 이론은 이전 19세기에 활용되던 근대비평과는 여러 모로 변별된다. 그 차이점은 다음과 같은 몇 가지 요소로 구분해 이해할 수 있다.

첫째, 현대비평은 문학 내적 요소에 집중한다. 근대비평인 생트뵈브의 작가 전기비평傳記批評, 텐의 역사주의적 비평, 아놀드의 문명비평 등이 문학외적 요인을 중시했다면, 현대비평은 문학의 내적인 요소들이 어떤 관계를 형성해 의미를 만들어 내는가에 주목한다. 문학의 본질적인 면에 속하는 작품(텍스트) 자체 내의 언어적 조건 상징, 구성, 문체 등을 주로 분석해 내적 의미[11]를 파악하려고 노력한다. 1920년대의 러시아 형식주의나 1930년대 체코의 구조주의는 물론이요, 1940년대 이후에 성행한 영·미의 뉴크리티시즘新批評과 1960년대 소련의 기호학記號學 등도 이러한 흐름과 맥락을 같이한다.

둘째, 현대비평은 근대비평이 사회적 현실에서 출발해 작가와 작중인물을 파악하려 했던 것에 반발해 인간 내면의 심층적 탐구를 추구하는 경향을 보인다. 이는 20세기에 이르러 활성화된 프로이트S. Freud

11) R. Wellek & A. Warren, *Theory of Literature*, New York, 1956.

나 융C. G. Jung의 정신분석학과 심층 심리학 이론에 입각한 비평의 영향이다. 현대문학비평은 인간의 심층적 내면 탐구에 관심을 갖고, 사회와의 관계 속에서가 아니라 인간 자체를 이해하려는 노력에 집중했다.

셋째, 현대비평은 이데올로기 분석에 치중하는 일면도 보이고 있다. 이는 20세기 초엽에 일어난 볼셰비키 혁명의 열풍으로 세계체제를 정치경제학적으로 분석하려는 경향의 영향이다. 현대문학비평이 세계에 대한 분석 속에서 이뤄진다는 측면에서는 사회적 성격이 강하지만, 근대 문학비평이 추구했던 사회적 외적 현실과 작품을 연계했던 태도와는 상이하다. 근대비평의 사회성이 소박한 일종의 과학주의 정신에 입각한 것이었다면, 현대문학비평의 이데올로기 분석은 자본주의와 사회주의의 이념적 대립, 그리고 양극 체제의 붕괴 이후 새로운 체제 구상을 지향한다.

5.3.2 다양한 현대비평의 이론들

현대비평은 근대비평과 변별되는 형식주의, 구조주의, 영미 신비평, 기호학, 사회주의 비평, 정신분석학적 비평, 해체비평 등으로 구분해 이해할 수 있다. 그렇지만 그 분화양상은 훨씬 복잡하다. 예를 들면, 원형비평이나 신화비평, 현상학적 비평, 테마비평 등도 중요한 현대비평의 이론들이다. 웰렉이 현대비평의 주류主流의 하나로 꼽았던 실존주의 비평이나 한때 주목을 받았던 독자반응비평과 수용이론受容理論, 신新역사주의 비평, 그리고 여성주의와 관련이 있는 페미니스트 비평, 대화비평, 탈식민주의 비평 등도 중요 담론을 형성하고 있다. 이들에 관한 논의는 다음 장 현대비평의 이론 항목에서 자세하게 설명할 것이다.

6장 비평 창작의 방법

지금까지는 문학비평의 개념과 기능 등에 대해 원론적으로 접근해 보았다. 그렇다면 실제로 비평을 창작하려면 어떻게 해야 할까? 여기서는 비평문 작성에 대해 살펴보기로 하자. 기초적인 이론을 기반으로 이를 실천적으로 적용하기 위해 실제적인 글쓰기에 관해 논의할 것이다. '비평 창작의 방법'은 학술적으로 정립되지 않은 분야이지만, 현장 비평의 목소리를 담아 평론 글쓰기 방법과 실제를 제시해 보고자 한다.

6.1 비평문 쓰기의 필요성

우리는 일상생활에서 영화나 드라마, 문학작품에 관해 이야기하는 경우가 많다. 대화를 통해 작품에 대해 좋고 나쁨을 이야기하거나 느낀 점을 서로 공유하기도 한다. 이러한 대화에 분석적이고 지적인 논의가 포함되면, 이미 비평의 영역에 접근한 것이나 마찬가지다. 분석이나 지적 접근을 위해서는 이론이나 근거를 제시해서 설득력을 높여야 한다. 비평문은 의도적으로 작품에 분석적이고 지적인 노력을 투여해 적극적 논평을 가한 노력의 소산이다. 그렇다면 비평문을 통해 무엇을 할 것인가?

첫째, 비평문은 글이라는 형식으로 텍스트와 의사소통하는 것이다. 큰 틀에서는 문학이라는 장場 안에서 이뤄지는 소통이고, 작은 틀에서는 구체적인 텍스트를 통해 '삶과 예술'에 관해 대화를 나누는 것이다. 또한 이 대화는 작품과 비평가의 대화이면서, 비평가와 비평문을 읽는 독자와의 대화이기도 하다. 비평적 대화를 통해 작품에 대한 감상과 해석, 평가가 공유되고, 넓게는 그 사회의 미적 감수성이 만들어진다. 이는 인간사회에서 예술이 하는 기능을, 비평이라는 형식을 통해 넓게 확산하는 것이기도 하다.

둘째, 비평문은 시·소설 등과 같이 문학적 표현이기도 하다. 예를 들면, 합평회는 문학을 즐기는 사람들이 동아리 모임이나 문학 소모임에서 '작품의 내용을 비롯하여 구성, 형상화의 수법 등 창작에 필요한 여러 문제를 논의'하는 것을 말한다. 합평회는 대상작품이 참가자들이 창작한 작품이든, 기성작가의 작품이든 간에 서로 토론함으로써 문학담론의 경연을 벌이는 것으로 볼 수 있다. 이를 통해 작품에 대한 비평적 안목은 높아지기 마련이다. 비평문은 이러한 대화의 단계를 글을 통해 보다 공식화하는 것이다. 글은 기록 보존의 측면을 지니며, 논리적·이성적이고, 주제중심적이다. 비평글은 이러한 기록과 표현의 욕망을 반영한 글이다. 여러 작품에 대한 비평글을 통해 자신의 미적 감수성을 표현하고, 작품에 대한 꼼꼼한 읽기로 상상력을 넓히고, 넓게는 문학과 삶의 변화에 기여할 수 있다. 문학이 수행하는 기능의 일부를 비평문을 통해 구현할 수 있는 것이다.

셋째, 비평문은 문학제도 내에서 문학을 위해 기여하면서도, 궁극적으로는 문학제도를 변화시킬 수 있다. 비평문은 개별 문학작품에 대한 감상·해석·평가 기능을 수행하면서 문학의 건강한 향유에도 기여한다. 문학제도 내에서 비평가는 독자이면서, 해석의 매개자이고, 더불어 평가자이다. 이를 통해 개별작품에 의미를 부여해 주고, 좋은 작품과 나쁜 작품을 선별한다. 그렇다고 비평가가 제도 속에서 부여된 감상자, 해석자와 평가자의 역할만 수행하는 것은 아니다. 개별작품에서 나타난 예술적 감각들을 시대감각 혹은 공통감각으로 의미부여하고, 문학이 나아갈 방향을 제시하기도 한다. 이를 통해 궁극적으로는 문학제도 자체를 변화시키기도 한다. 그렇기에 비평가는 제도 속에서 제도와 싸우는 문학인이라고 할 수 있다.

여기서 첨가할 것은 비평문은 '비평의 윤리'가 요구된다는 사실이다. 비평문이 작품에서 출발하여, 새롭게 창작된 글이라는 측면에서 공식적인 책임성이 따르기 마련이다. 비평가는 윤리의식과 책임감을 갖고 작품을 비평하고, 때로는 공평무사한 태도로 작가들을 다룰 필요가 있다. 비평의 윤리는 텍스트에 대한 공정한 평가를 요구하며, 더불어 비평가가 자의식을 갖고 사회적·문화적 책임에 대해 최선을 다할 것을 요구한다.

이렇듯 비평은 1) 문학 내에서 이뤄지는 의사소통이며, 2) 비록 메타비평 형식이기는 하지만 문학적 자기표현이기도 하고, 3) 제도 속에서 기능하면서 제도를 바꾸는 개혁자이기도 하다. 이는 문학일반이 수행하는 기능과 유사하다. 더불어 비평문은 '비평의 윤리'를 유념해야만 글의 신뢰도를 높일 수 있다.

6.2 비평문 집필 절차

실제 비평문을 작성하기 위해서는 문학비평에 관한 일반적 이론을 전제한 후, 구체적인 작품과 대화적 관계를 형성해야 한다. 대화는 작품과 비평가의 대화이기도 하고, 비평문을 읽을 독자와의 대화이기도 하다. 그런 의미에서 비평가는 작품에 집중하면서도, 독자를 고려해야 한다. 이 대화 속에서 어떤 정보를 제공하고, 어떤 의미를 생산하며, 어떤 방식으로 독자를 설득할 것인가를 비평가는 고민해야 한다. 그렇다면 비평문은 어떤 과정 속에서 창작할 것인가?

비평적인 글쓰기를 위해서는 대체로 다음과 같은 몇 가지 절차를

밟게 된다.

첫째, 글을 써야 하는 요인에 대해 분석적으로 이해할 필요가 있다. 비평문을 작성하고자 하는 이의 자발적 의지, 표현하고자 하는 욕망, 원고 청탁에 의한 외부적 요인 등이 그 예이다. 글을 쓰게 된 동기에 대한 정확한 이해 속에서 글의 기본적 성격이 규정된다. 자발적인 의지의 산물일 경우, 어떤 것을 글로 담을 것인가에 대한 내적 필요가 분명해진다. 무언가를 표현하고자 하는 욕망에 기반해 비평문이 작성된다면, 그 표현내용을 구현하기 위해 다양한 전략이 선택될 수 있다. 청탁에 의한 경우, 청탁자의 의도를 반영한 글쓰기를 해야 한다. 청탁 의도를 고려해 자신이 표현하고자 하는 바를 잘 버무려내 의미 있는 글을 구성하는 것이 집필자의 역량이다. 글쓰기의 요인을 정확히 이해하고, 글의 전략을 수립하는 것을 '문제설정' 단계라고 할 수 있다.

둘째, 글 쓸 대상인 텍스트를 선정하고 기본적인 자료 수집을 한다. 대상 작가에 대한 기본적인 정보, 작품 창작을 둘러싼 이야기들, 창작의 배경 등을 조사해야 한다. 작가에 대해 보다 구체적으로 이해하기 위해서는 작가의 이전 작품을 두루 섭렵할 필요가 있다. 이를 통해 작가의 창작관, 창작방법, 주제의식을 미리 파악할 수 있다. 또한 이미 발표되어 있는 비평문이나 작가론 등을 통해 정보를 확보하는 작업도 필요하다.

셋째, 비평문 작성에 있어 무엇보다 중요한 텍스트 읽기 작업이다. 비평문은 작품(원텍스트)에서 출발해 거기서 창조된 새로운 텍스트(2차 텍스트)이다. 따라서 원텍스트에 대한 충분한 이해 속에서, 새로운 창작물로 나아가야 한다. 대상 텍스트는 정밀한 독해가 필수적이다. 비평가는 최소한 대상 텍스트를 2번 이상 정독해야 한다. 독자의 입장에서 한 번 읽고, 분석·평가자의 입장에 두 번 이상 재독再讀할 필요가 있다. 작품을 다시 읽을 때는 작품의 배경, 플롯plot, 등장인물, 구조, 문체, 분위기, 주제 등을 독해해 내야 한다. 이러한 독해의 내용을 책이나 별도의 노트, 혹은 메모지에 기록함으로써 기본적인 정보를 수

집해야 한다. 무엇보다 독해 과정에서 비평가는 비평문 작성을 위한 글감을 잡아내야 한다. 이를 통해 비평문의 주제의식을 구현할 필요가 있다.

넷째, 주제의식을 분명히 한 후 글의 구성을 위한 기본 설계를 한다. 초고 작성에 들어가기 전에 전체 글의 윤곽을 잡는 것이 필요하다. 글의 흐름은 어떤 방식을 선택할 것인가(객관적 어조의 글, '나'를 드러내는 글, 대화적 형식의 글, 서간체와 같은 고백적 형식의 글 등), 주제를 어떤 방식으로 구체화할 것인가(작품에 대한 정밀한 설명, 다른 작품과의 비교, 문학사적 접근을 통한 풍부한 사례 제시, 권위 있는 이론을 통한 분석 등), 주장을 어떻게 설득력 있게 제시할 것인가(명확한 근거 제시, 공평한 해석, 명제의 증명 등)에 대한 충분한 고려가 있어야 한다.

다섯째, 구체적인 집필 과정이다. 집필은 노동이기에 시간을 투여한 만큼 좋은 비평문이 나온다. 더불어 완벽한 구상 이후에 집필하기보다는 집필 이후에 글을 끊임없이 수정·보완하는 것이 좋다. 좋은 글을 만들기 위해서는 초고草稿를 효율적으로 작성한 후 시일을 두고 끊임없이 수정·보완하여 발표하는 것이 필요하다. 원고 집필 과정에서 필요에 따라 새롭게 자료조사를 하거나, 주제의식을 심화시킬 수도 있다. 그러므로 원고 집필을 독립된 과정이기보다는 모든 글쓰기 과정이 응축되어 있는 집약적 과정이라고 할 수 있다.

여섯째, 글의 완성도를 높이기 위해서는 퇴고推敲가 중요하다. 퇴고는 글쓴이가 글을 쓴 이후 구성을 고치거나 문장을 다듬고, 내용을 첨가하거나 삭제하는 글쓰기의 마지막 과정을 지칭한다. 퇴고는 글쓰기의 최종단계이므로 글이 구현하고자 하는 목적에 맞춰 과감하게 삭제하거나 첨가하고, 구성 등을 바꿀 필요가 있다. 이러한 과정에서 원래의 제목을 바꾸거나, 글의 주제의식을 분명히 하고, 오자나 탈자를 최소화할 수 있다. 퇴고는 통상 원고 작성 이후 바로 하는 것보다는 하루나 이틀 정도의 시간 간격을 두고 하는 것이 좋다. 그래야, 자신의 글에 대한 객관적 거리두기가 가능하고, 독자의 입장에서 글을 냉정히 바라볼 수 있기 때문이다.

정리하면 비평문은 문제설정, 텍스트 선정 및 기본 정보 수집, 텍스트의 독해, 구상 및 집필, 그리고 퇴고의 과정을 거쳐서 완성된다.

6.3 글쓰기의 몇 가지 요령

문학적 글쓰기는 창작자의 개성과 고도의 사유, 그리고 스타일 있는 문체 등 다양한 기법을 필요로 한다. 문학적 글쓰기에 정석으로 간주될 수 있는 방법이나 패턴화된 요령이 있을 수 없다. 하지만 음악에도 기본적인 발성법이 필요하고, 프로농구나 프로야구에도 기본적인 드리블이나 슛 요령, 공을 치는 타법打法과 규칙의 습득이 필요하듯이 비평문 작성에도 글쓰기에 요구되는 공통의 기본기가 있을 수 있다. 여기서는 바로 이와 같은 비평적 글쓰기의 고되면서도 힘든 작업을 보다 효율적으로 해내기 위해 참고할 만한 사항들을 다루어 보았다.

6.3.1 능동적이고 실험적인 자세

비평문은 문학작품에 대한 해석과 평가를 전제로 하므로 부담을 느끼기 쉽다. 하지만 비평문을 잘 쓰기 위해서는 무엇보다 먼저 대상 작품을 즐기는 마음으로 접근하는 자세가 필요하다. 평론이란 우선 글을 쓴 작가를 이해함과 동시에 독자와 즐겁게 대화하는 행위이다. 작품을 통해 심미안을 기르고, 이를 타인들과 소통하는 행위인 만큼 능동적이고도 즐거운 자세로 집필에 임하는 것이 좋다.

신문이나 문예지 등에 적극적인 비평적 글쓰기를 함으로써, 비평가는 자신을 문학적으로 표현하고 작가와 작품에 대해 격려와 충고도 할 수 있다. 따라서 비평문을 쓸 계기가 생기거나 원고 청탁을 받는다면, 자신에게 맞는 글인가를 고려한 상태에서 적극적으로 임할 필요가 있다.

그리고 비평적인 글도 실험적인 자세로 새로운 스타일을 만들어 내겠다는 창조적 자세를 갖는 것이 바람직하다. 이전의 관점이나 학설과는 다른 새로운 관점이나 견해, 그리고 스타일을 창조함으로써 성취감을 높일 수 있다. 그래야 스스로 비평의 창조적 참맛을 보면서, 동시에 독자에게 신선하게 다가설 수 있고, 글쓰기에 탄력이 붙을 수 있다. 문장 표현에서도 안이한 어휘 구사보다는 과감하게 실험적이고 문학적인 표현을 적극 활용해, 자기 표현에 적극적인 비평 스타일을 만들어 나가야 한다.

6.3.2 쟁점이 될 만한 텍스트 선정과 접근

비평이란 앞에서 살핀 대로 '작품(원텍스트)에서 출발해 거기서 창조된 새로운 텍스트(2차 텍스트)'이다. 메타언어적인 성격을 띤 것이 비평 장르이므로 대상 텍스트를 찾을 때 특히 신경을 써야 한다. 따라서 쟁점이 될 만한 작품이나 작가, 또는 적극적으로 의미를 부여하거나 논쟁을 불러일으킬 텍스트를 선정했을 때 좋은 성과를 거둘 수 있다. 문학사적인 가치를 지닌 작품이나 새로운 자료에 대한 의미화를 통해 기존 상식을 뒤엎는 데 기여할 정도의 대상 텍스트를 선정하는 것이 바람직하다.

하지만 비평의 초보자는 당사자의 힘에 부칠 정도로 거창하고 야심만만한 주제에 도전하다가는 실패하기 십상이다. 가령 이미 많은 비평문과 연구성과가 축적되어 있는 이광수나 한용운을 대상으로 글을 쓰다 보면 새롭게 의미부여하거나, 남이 다루지 않은 주제를 찾기에는 한계가 있기 마련이다. 비평 초심자는 선명한 문제를 지닌 작품 등에 접근하되, 쟁점이 될 부분을 중심으로 좁고 깊게 그리고 날카롭게 다루는 게 좋다. 그렇다고 너무 상식적이거나 안이한 문제를 택한다면 오히려 단조롭고 소득이 없을 수 있으니 유의해야 한다. 그러므로 비평 초보자는 구체적 텍스트 읽기에 충실한 글쓰기를 통해 비평의 역량을 축적해 나가야 한다.

6.3.3 텍스트의 정독과 메모의 활용

비평 대상으로 선정한 텍스트는 최소한 두 번 이상 꼼꼼히 읽고 그 작품을 써 낸 문인의 대표작들도 두루 살펴야 한다. 이렇게 정독精讀하는 과정에서 정밀한 분석을 위해 텍스트에 밑줄을 그으면서 문제점이나 쟁점이 될 만한 부분에는 밑줄을 긋거나 ※ ☆ ? × 등의 부호와 더불어 메모 등을 곁들이는 습관을 가져야 한다. 때로는 형광펜이나 색연필 등으로 본문의 중요 부분을 바로 확인할 수 있도록 표시하고, 포스트잇post-it 등을 활용해 직접 인용할 부분을 표시하면 효율적이다. 그래야 읽는 과정에서 생긴 아이디어를 망각하지 않고 포착할 수 있으며, 원고 집필 과정에서 필요한 부분을 효율적으로 인용하거나 글의 흐름에 관한 새로운 아이디어를 만들어 낼 수 있다.

텍스트를 읽으면서 작품의 기본적인 내용인 배경, 플롯plot, 등장인물, 작품의 구조, 작가의 문체나 스타일, 분위기, 구현하려고 하는 주제 등은 정리해야 한다. 큰 틀에서 전체적인 윤곽을 파악한 후 특히 글감이 될 만한 쟁점에 초점을 맞추어 치밀하게 접근한다. 이렇게 전체로부터 시작해 핵심부분으로 접근한 후 다시 거시적인 시각에서 작품의 문학사적인 위상이나 다른 작가의 작품과 대비되는 특성 등을 정리한다. 작품 자체를 잘 이해한 후에 작가나 작품 이해에 참고할 만한 시대적 상황이나 사회적인 조건 등을 참고할 수 있고, 때로는 시대적 맥락 속에서 이와 관계되는 부분의 작품 해석에 집중할 수도 있다.

자기 견해를 펼 때는 적절하고 분명한 보기를 들면서 조리 있고 자신감 있게 설득해 나가야 한다. 이럴 경우, 일반적인 원칙을 세워서 연역적으로 설명하기보다는 구체적인 사례를 항목별로 제시하며 귀납적으로 실증하는 글쓰기가 타당하다.

6.3.4 참신한 제목과 균형적인 짜임새

평론의 얼굴인 제목은 전체 내용을 아우르면서도 강렬한 인상으로 다가서게 하는 것이 좋다. 제목은 비평의 문제의식과 품격에도 영향을 미친다. 다음과 같은 평론집 제목은 글의 문제의식을 드러내면서도 깊은 인상을 주는 것들이다.

① 김우창, 『궁핍한 시대의 시인』, 민음사, 1977.
② 황종연, 『비루한 것의 카니발』, 문학동네, 2001
③ 이명원, 『마음이 소금밭인데 오랜만에 도서관에 갔다』, 새움, 2004.
④ 김수이, 『서정은 진화한다』, 창비, 2006.
⑤ 박수연, 『말할 수 없는 것과 말해야만 하는 것』, 랜덤하우스중앙, 2006.
⑥ 이광호, 『이토록 사소한 정치성』, 문학과지성사, 2006.
⑦ 서영인, 『타인을 읽는 슬픔』, 실천문학사, 2008.

이들 책 이름은 대부분 평론집에 포함되어 있는 글의 제목을 큰 제목으로 끌어온 것들이다. 평론가의 정체성을 드러내면서도, 전체 책을 대표할 수 있는 제목을 끌어왔다. 예전의 평론집 제목들이 딱딱한 형태를 취했다면, 위 책 제목들은 감각적인 언어를 사용한 것이 특징적이다. 그렇다면, 구체적인 평론문의 제목들은 어떨까?

① 이성욱 문학평론, 「'심약한' 지식인에 어울리는 파멸－이인화의 『내가 누구인지 말할 수 있는 자는 누구인가』 표절 시비에 대해」
② 이명재 문학평론, 「체념과 저항의 시학(詩學)－김소월재론」
③ 김화영 문학평론, 「개와 늑대 사이의 시간－오정희론」
④ 권혁웅 문학평론, 「미래파－2005년, 젊은 시인들」

이성욱의 평론 제목은 강한 언어를 사용해 이목을 끈다. 게다가 논쟁을 불러일으키는 방식으로 작은 제목을 뽑았다. 실제로 이 글은 1990년대 패러디 / 패스티시 논쟁을 몰고 온 평론이었다. 이명재와 김화영의 문학평론의 경우, 큰 제목과 부제목의 위치를 통해 학술논문과 문학평론의 제목이 어떻게 다른가를 바로 확인할 수 있다. 여기에서 ②③은 「김소월 연구」나 「오정희론」과 같은 학술 논문의 제목과 달리, 친근하고 경쾌한 문학평론 제목을 적출했다. 그만큼 평론문의 제목은 개념적이기보다는 구체적이고 감각적일 필요가 있다. 권혁웅의 문학평론은 2000년대 중반 이른바 '미래파' 논쟁을 불러온 글이다. '미래파'라는 새로운 용어를 젊은 시인들에게 대입해 논쟁적 개념을 창출한 예로 거론할 만하다.

제목과 더불어 균형 있는 짜임새가 중요하다. 균형적인 짜임새란 예리하고 조리 있는 비평을 펴 가기 위해 기起·승承·전轉·결結과 같은 구성이 긴밀해야 한다. 뿐만 아니라, 문제제기와 그에 대한 해결, 원인과 결말, 시간과 공간 등이 날줄과 씨줄로 연결되는 듯이 짜임새를 갖추어야 한다. 작품론이나 작가론을 펴는 과정에서는 긍정적인 면의 상찬과 부정적인 면에 대한 비판이 작품에 따라 적절히 균형을 이루는 공명한 태도를 취할 필요도 있다. 아놀드가 지적했듯이 비평에서 공평무사公平無私한 엄정성을 잃는다면 비평의 불신을 야기할 수 있다. 이는 비평의 윤리이기도 하다.

6.3.5 개성적 스타일과 문체

문학평론은 시나 소설처럼 서정적 문체를 구사하기보다는 군더더기 없이 명확하고 지적인 문체를 사용하는 것이 일반적이다. 비평문은 비록 이성적인 특성을 지닌 전문적이고 논증적인 글이지만, 지나치게 건조한 학술 논문의 문체를 따르기보다는 일반 독자들을 고려해 즐겁게 읽고 공감할 수 있는 개성적인 스타일과 문체를 실험할 필요도 있다.

비평문은 지식과 정보 전달에만 치중하는 건조체나 만연체의 문장을 피하는 것이 좋다. 부득이한 경우가 아니면 되도록 학술 논문에서처럼 각주 쓰기를 삼가는 것이 상례이다. 요즘 평론에는 각주가 자주 활용되기도 하지만, 이들 대부분의 각주는 본문에서 표기가 가능한 것들이다. 그리고 전문적인 술어나 개념어, 관념어보다는 싱그러운 우리말로 풀어 쓰는 것도 좋다. 일반 독자들은 문학평론이 외국 이론에 너무 의존하므로, 실제 작품읽기를 방해한다는 불만을 제기하기도 한다. 비평문 작성에 녹아들도록 이론을 원용하는 것은 좋으나, 이론적 틀에 지나치게 얽매여 작품을 끼워맞추려 하면 작품도 죽고 비평문도 빛을 보기 힘들어진다. 서구 이론에 얽매이기보다는 작품 자체에 충실하려는 태도를 갖는 것이 중요하다.

요컨대, 바람직한 비평적 글쓰기는 독자와 소통하면서도 독자들의 독서 지평을 넓혀주는 것이라야 한다. 좋은 평론문을 쓰려면 당송 팔대가의 한 사람인 구양수歐陽脩의 삼다三多정신을 되살려 실천함이 좋다. 그것은 흔히 알고 있는 바처럼, 남의 글을 많이 읽고多讀, 많이 써 보며多作, 많이 헤아려서多商量 행하라는 것이다. 하지만 이와 같은 비평적 글쓰기의 요령도 결국은 각론에서 다룰 여러 비평방법을 원용하면서 작품의 구체적 실상에 입각해 적용해야 함은 물론이다.

6.4 비평문 작성의 실제

한 비평문을 예로 들어 비평문 작성의 실제를 검토해 보자. 이 글은 「자기애에 갇힌 테러리스트—김사과의 장편소설 『미나』」[1]라는 제목으로 발표된 것이다. 글의 각 부분들이 어떤 고민과 글쓰기 방

1) 오창은, 「자기애에 갇힌 테러리스트—김사과의 장편소설 『미나』」, 『창작과비평』 2008년 여름호, 창비, 404~407쪽.

법을 통해 이루어졌는지를 살핌으로써, 비평문 작성의 실제를 경험해 보려 한다. 인용문은 완성된 전문을 나누어 제시한 것이다. 글의 전개 순서에 따라 인용하며 해설하는 방식으로 비평문 작성의 실제를 설명하고자 한다.

> '한국문학의 과도한 휴머니즘이 싫다.'
>
> 2005년, 문단에 앳된 얼굴을 내밀었던 김사과의 외침이었다. 한국문학에 대한 자신의 생각을 과잉 해석해 표현한 것이겠지만, 기성문단에 대한 도전적인 출사표였다. 실제로 그의 등단작 「영이」는 기묘한 '광기'가 행간에 넘실거린다. 자아가 분리되면서 서로 충돌하는 독특한 서사 속에서 독자는 인간 무의식에 잠재하는 어두운 내면을 감지했으리라. 그의 첫 작품에는 세상을 향한 날선 '대결의식'이 곧추서 있었다.

글의 도입부분을 김사과 작가의 말을 인용함으로써 시작하고 있다. 글의 서두는 문제의식을 분명히 하거나, 독자의 주의를 환기시킬 만한 내용으로 구성하는 것이 좋다. 더불어 작가에 대한 기본적인 정보를 제공하고 있다. 그의 등단작 「영이」를 제시하면서 김사과가 어떤 개성을 지닌 작가인가를 알려준다. 이는 그의 장편소설에 대한 기대감을 고조시키기 위한 비평가의 의도적 배치이기도 하다.

> 김사과는 최근 한국문학에 매운 바람을 불러일으키는 80년대생 작가군(김애란·김유진·정한아·최진영·한유주 등) 중에서도 가장 어리다. 또한 정한아와 더불어 단편집보다 장편소설을 먼저 선보인 야심만만한 작가이기도 하다. 80년대생 작가들은 대부분 자신의 방식대로 새로운 소설 문법을 만들려고 고투하는데, 그중 김사과의 소설은 '독기를 머금은 내면세계'를 개성적으로 버무려냈다.

신진 작가로서 김사과의 위치를 또래의 다른 작가들을 제시함으로써 분명히 드러낸다. 김사과가 2000년대 중반 이후 두각을 나타내고 있는 1980년대생 작가 중에 가장 어린 작가라는 점, 게다가 '광기', '독기'라는 내면세계를 통해 개성을 획득한 작가라는 점이 부각되었다. 더불어 김애란, 김유진, 정한아, 최진영, 한유주 등 젊은 작가들을 제시함으로써 독자들에게 최근 두각을 나타내고 있는 작가들을 알려주는 정보제공을 하고 있다. 김사과의 작품을 검토해 1980년대에 출생한 젊은 작가들의 개성적 면모를 일부나마 확인할 수 있다는 사실을 알려준다. 즉, 개별 작가의 장편소설을 분석하는 정당성을 제시함으로써, 비평적 당위를 확보하려 하고 있는 것이다.

> 장편 『미나』(창비 2008)는 김사과가 '한국문학의 휴머니즘을 배반'하기 위해 들고 나온 작품이다. 이 소설의 주인공이 김미나가 아니라 이수정이라는 사실에 비춰볼 때, '미나'라는 제목은 독자를 혼란에 빠뜨린다. 이러한 전도된 설정은 자아(이수정)와 또 다른 자아(김미나)를 뒤섞어 '대립'을 강조하기 위한 작가의 포석이다. 미나는 수정이 닮고 싶어하는 거울이자, 다른 면모를 지닌 수정의 또 다른 자아이다. 수정은 미나가 대안학교로 떠나버린 후, 새로운 거울을 만들거나 거울 없는 독립적 자아가 되어야 했다. 이때 소설이 새로운 거울을 만드는 것으로 귀착되면, 그것은 '청소년 드라마'가 되고 만다. 만약 독립적 자아 형성을 위해 고투하는 과정을 그리게 되면, 그것은 전통적 의미의 '성장소설(교양소설)'로 나아간다. 하지만 『미나』는 이 두 가지 길 모두를 가로지르며 질주한다. 이 소설에 대한 찬성과 반대는 바로 이 부분에서 갈린다. 『미나』의 질주를 스타일로 읽어낸 이들은 '혁명'이라고 칭송하고, 극단적인 일탈로 독해한 이들은 '테러'라고 거부한다.

이제 본격적으로 작품에 대한 논의로 접어든다. 작품에 대한 감상과 해설이라고 할 수 있는 부분인데, 비평가는 작품의 내용을 요령껏 제시하고 있다. 비평문은 작품의 모든 내용을 요약 정리해서 제시할 수는 없다. 그렇다고 작품 내용이 어떻게 전개되는지에 관한 정보를 독자에게 제공하지 않은 채 비평을 전개할 수도 없다. 그래서 비평문 논의 전개에 필요한 부분을 요약적이면서도 핵심적으로 제시해야 한다. 위의 글은 장편소설 『미나』가 수정과 미나라는 청소년들을 주인공으로 한 성장과 갈등의 내용을 담고 있음을 언급하고 있다. 이를 통해 독자들은 소설의 내용에 대해 소략하게나마 유추할 수 있다. 이러한 유추가 전제되었을 때, 차분히 비평문의 흐름을 따라올 수 있는 것이다. 더불어 장편소설 『미나』가 비평가들 사이에서 상이한 평가를 받고 있음을 '혁명'과 '테러'라는 용어를 제시해 알려주고 있다.

작가의 창조적 의지가 적극적으로 발현되는 가상의 세계에서는 그 어떤 상상도 가능하다. 검열 없이 표현할 수 있는 것도 패기어린 젊은 작가의 특권이다. 문제는 그 세계가 어떤 감수성을 표현했으며, 궁극적으로 독자에게 무엇을 전달했는가이다.

먼저 이 소설의 중요한 스타일로 고평되고 있는 언어의 문제를 살펴보자. 『미나』는 '청소년들의 대화법'을 그대로 활용해 '언어적 개성'을 획득하려 했다. 실제로 소설 속에서 수정·미나·민호 등의 대화는 반짝이는 활력과 적절한 비약으로 약동한다. 반면 대화문이 아닌 서술체의 문장은 현재형의 딱딱한 지문처럼 읽히거나, 작가의 지루한 방백처럼 느껴진다. 그래서 대화문의 속도감 있는 전개에 비해, 서술문에서 급제동 현상이 빈번하게 발생하고 있는 것이다. 이러한 문제점은 장편의 호흡에까지 영향을 미쳤다.

이 소설의 구성은 장편서사를 견디기에는 골격이 허술하다. 좋은 장편소설은 성격화된 각각의 인물들이 다른 세계관을 드러내며 충돌한다. 『미나』의 도입부는 수정·미나·민호가 등장해, 인물간의 안정적인 삼각구도를 예고했다. 하지만 초반에 주요인물로 제시되었던 미나는 수정의 또 다른 자아처럼 기술되고, 민호는 부수적 인물로 밀려나고 말았다. 오직 수정만이

> 내면성을 갖춘 인물로 설정되어 인물의 성격화가 단조롭다. 결국 『미나』는 다양한 인물의 성격화에 실패하고, 수정의 혼란과 과잉된 자의식만 남게 된 것이다.
>
> 김사과는 이 소설의 씨앗이 '서울에 사는 한 여고생이 친구를 살해'라는 한줄의 흥밋거리 기사에서 뿌려졌다고 밝혔다. 씨앗은 입시지옥으로 일컬어지는 현재의 교육씨스템 비판을 거름삼아 이수정이라는 인물을 무럭무럭 키워냈다. 이수정은 "학급문집을 위한 설문조사에서 커서 가장 성공할 거 같은 친구에 삼년 연속 일등"(298면)을 할 정도로 우등생이었다. 하지만 일상적 삶은 '뒤틀린 반항'일 뿐이다. 그는 수시로 남자친구를 갈아치우고, 담배를 피우고, 충동적으로 쇼핑을 한다. 이러한 수정의 모습은 허구적 '실재'이기보다는 과장된 '로망'에 가깝다. 로망은 현실의 벽에 부딪힐 때, 허망하게 붕괴되고 만다. 독자들이 수정의 모습에 비판적 거리두기도, 동정적 동일시도 하지 못하는 이유는 수정의 내면적 고통이 '잘난 여고생'의 고뇌로 그려져 있기 때문이다.

작품에 대한 상이한 평가가 존재한다면, 비평가는 그 평가의 중간에 어정쩡하게 서 있을 수는 없다. 판단을 내리고, 그 판단의 근거를 제시해야 한다. 비평의 기능 중 '평가'는 명확해야 한다. 모호한 태도로 평가를 유보하면, 그것은 비평의 기능에 충실한 글이라고 할 수 없다. 그런 의미에서 위의 인용문은 『미나』에 대한 비판적 입장을 분명히 하고 있다. 대화문의 속도감에 비해 서술문이 만연체로 전개되어 부조화를 이루고 있다는 점, 장편소설에서 중요한 등장인물의 성격화가 명확하지 않다는 점, 주인공이 낭만적으로 이상화되어 있다는 점을 비판의 근거로 제시했다. 평가와 판단을 위해서는 근거가 중요하다. 근거가 빈약하다면, 그 비평문은 설득력을 갖기 힘들다. 그런 의미에서 비평가는 주장의 근거, 추론에 대한 증명에 충실할 필요가 있다.

> 장장 50여 페이지에 이르는 소설의 결말 부분은 '의도된 충격'으로 전체의 서사를 뒤흔든다. 수정이 미나를 살해하는 파국적 결말을 위해 작가는 일종의 써스펜스 기법을 활용했다. 작품 중간에 나오는 고양이 살해 장면이나, 수정과 민호의 불길한 대화는 예측 가능한 파국의 전조였다. 작가는 작품 전체에 흐르는 의외성과 악마성 때문에 소설의 도입부에서 "이것은 장난이다. 이것은 장난이다. 이것은 장난이다"(10면)라고 세 번에 걸쳐서 픽션임을 강조하기도 했다. 납득되지 않는 부분은 '살해된 미나'가 어떤 의미 있는 결말을 환기시켰는가이다. 작가는 바로 이 부분에서 '반휴머니즘 소설'을 의도했던 듯하다. 문제는 휴머니즘과 대결하는 것이 아니라, 낡은 휴머니즘을 무력화시키는 것이다. 그런 의미에서 『미나』는 충격을 주었지만, 새로운 의미를 생산하지는 못했다.

작가가 작품의 전편에 개성적으로 배치해 놓은 의외성과 악마성에 대해 논의하면서, 그것이 어떤 의미를 생성했는가에 대해 문제제기를 하고 있다. 이는 비평문의 첫 부분에서 '한국문학의 과도한 휴머니즘이 싫다'라고 제시한 부분과 대응하는 논의이다. 비평가는 첫 문장에서 제시한 논의에 비추어 "문제는 휴머니즘과 대결하는 것이 아니라, 낡은 휴머니즘을 무력화시키는 것이다"라는 주장을 제기한다. 그러면서 『미나』가 낡은 휴머니즘을 무력화시키는 만큼의 성취를 이뤄냈는가에 대해 부정적인 평가를 내리고 있다. 그 근거로 '반휴머니즘'에 머물러 '새로운 의미'를 생산해내지 못했다는 것이다. 이 부분은 작품 전체에 대한 평가이며, 비평가의 주장을 명확히 드러내는 역할을 한다. 그렇다면, 결론은 어떻게 전개될 것인가.

> 누군가는 이 소설이 '극단적으로 정직'하다고 평했다. 나는 '극단적으로 무모'하다고 평하겠다. 또, 문학평론가 강유정(姜由禎)은 해설에서 이 소설 속 인물인 수정을 '이어폰을 낀 혁명가'라고 했다. 나는 수정을 '자기애에 갇힌 테러리스트'라고 부르겠다. 나는 이 소설에 반대한다. 하지만 이 작가

> 의 결기와 재능에는 찬성한다. 젊은 작가는 첫 장편을 통해 자신이 감지하지 못했던 결핍을 드러내며, 오히려 자신의 성장을 도울 수 있는 기회를 제공받는다. 『미나』의 결핍은 김사과의 가능성을 보여 주는 증거이기도 하다. 젊은 김사과에게 필요한 것은 '반휴먼의 윤리'이다.

기존의 논의에 대해 비판함으로써, 논의의 테제를 완성하고 있다. 글의 제목이 된 '자기애에 갇힌 테러리스트'도 결론 부분에서 따온 것이다. 비평가는 "나는 이 소설에 반대한다. 하지만 이 작가의 결기와 재능에는 찬성한다"라고 말한다. 이는 『미나』가 기대에 못 미치는 작품이라는 것을 분명히 하면서도, 젊은 작가가 갖고 있는 패기는 긍정하고 있다. 젊은 작가에 대한 기대감을 서론에서 제시한 몇 가지 이유에 근거한다. 김사과가 누구보다도 젊은 한국문단의 신예작가라는 점, 작가적 결기로 개성 창조를 위한 노력을 계속하고 있다는 점, 그리고 실패를 만회할 기회가 얼마든지 있다는 점이 그것이다. 결국, 비평문의 마무리는 작가에 대한 애정 어린 조언을 통해 작품에 대한 신랄한 비판을 상쇄하는 방식으로 이뤄지고 있다.

이상에서 살펴보았듯이 하나의 비평문은 전반적인 자료조사와 작품에 대한 감상과 해설, 그리고 평가와 근거로 이뤄져 있다. 글의 흐름은 글쓴이의 계산에 따라 서로 연결되는 구조를 이루고 있으며, 독자를 고려하는 흐름을 갖추는 것이 중요하다.

문학비평

2부 현대비평은 어떤 것들인가

현대비평의 여러 양상

현대사회는 문학과 문화 영역에서 여러 갈래의 비평과 메타적인 비평담론이 제기되어 비평담론談論이 다원화多元化하고 있다. 이러한 다원화는 문학과 문화 영역에서 텍스트를 이해하고 분석, 평가하는 연구방법에 대한 견해 차이에서 발생한다. 그러므로 현대문학비평의 이해를 위해서는 문학작품이나 작가 등을 연구할 때 제기되는 다양한 비평담론Critical discourse을 검토할 필요가 있다.

현대비평의 양상은 아리스토텔레스의 『시학詩學』을 중심으로 하는 고대나 중세 및 르네상스 시기의 재단비평(또는 입법비평, 표준비평)이나 중세 기독교 성향의 소박한 도덕비평이 고작이던 때와는 사정이 다르다. 게다가, 작가의 생활환경이나 전기傳記 및 시대상황을 중심으로 작품을 이해, 평가하던 근대비평적인 접근방법과도 판이하다. 가다머Hans G. Gadamer(1900~2002)는 '방법은 진리 그 자체'라고 말한 바 있다. 현대비평은 전에 없이 다양하고 날카로운 시각으로 무성한 비평의 이론들을 낳고 있는 것이다. 이는 비유적으로 진리로 이르는 길이 복잡해진 것이라고 할 수 있다. 날로 복잡해지는 시대상황과 인터넷을 포함한 전자매체의 발달로 갖가지 비평이론들은 거의가 그대로 문학 연구의 방법으로 활용되고 있다.

문학작품을 분석·평가하는 데에는 큰 틀에서 두 갈래의 길이 있었다. 편의상의 실용적인 방법方便과 본질적인 방법으로 접근할 수 있다.

실용적인 접근은 통계적인 방법, 실증적인 방법, 현장적인 방법이라고 할 수 있다. 본질적인 접근은 체계적이고 학술적인 구조주의, 신화비평, 정신분석학적 비평 등이다. 물론 두 가지는 성격상 엄밀하게 구분하기 힘들 뿐 아니라 두 요소를 공통으로 지닌 것[1]도 있다. 구체적인 현대비평 이론의 갈래짓기에도 여러 가지가 있을 수 있다. 이를테면 비평이 지향하는 대상을 주로 다룬 케이시Donald Kessey의 접근 체계처럼 작가지향적, 작품지향적, 독자지향적, 현실지향적인 방법[2]으로 분류할 수도 있다.

여기서는 중요한 현대비평의 이론들을 살펴보고 그 응용방법을 제시해 보려 한다. 순서는 역사주의 비평, 문화사회학과 사회주의 비평, 정신분석적 비평과 테마비평, 원형비평과 신화비평, 형식주의와 신비평, 구조주의와 해체비평, 기호학적 비평, 수용론과 독자반응비평, 페미니즘 비평 등이 그것이다. 그리고 비교적 최근의 비평이론인 생태주의 비평, 다문화주의와 디아스포라, 바흐친Mikhail Bakhtin(1895~1975)의 대화비평과 담론談論 이론, 신역사주의 비평과 문화유물론文化唯物論에 이어 탈식민주의와 한국의 전통비평에 관해 논의하기로 한다.

---

1) M. Maren-Groesebach, 『*Methoden der Literaturwissenschaft*』(München, 1979)의 경우에도 문학 연구의 방법을 제시하고 있는 8가지 방법 중에서 태반이 겹치고 있음을 알 수 있음. ① 실증주의적 방법, ② 정신사적 방법, ③ 형이상학적 방법, ④ 실존적 방법, ⑤ 형태학적 방법, ⑥ 사회학적 방법, ⑦ 통계학적 방법, ⑧ 구조주의적 방법 중 ①②⑤⑦은 다분히 편의상의 실용적인 방편에 속하지만 나머지인 ③④⑥⑧은 비평적 방법에 연결되고 있음.

2) 정정호 외, 『현대영미비평의 이해』, 문학과비평사, 1989. 이 책의 편집체계는 Donald Kessey의 『*Contexts for Criticism*』(Mountin Univ. C. A.: Mayfield Published Co., 1987)에 따르고 있음.

1장 역사주의 비평

1.1 개관 및 특성

역사주의 비평歷史主義 批評, historical criticism은 "작품이 생산된 시기의 역사적 상황을 비롯해 작품과 연관된 시대의 사회적·문화적 맥락을 통해 작품의 의미를 파악하려는 비평방법"[1]을 말한다. 역사주의 비평은 현대비평이기보다는 근대비평에 가깝다. 그렇지만 그 속성상 과거는 물론 현재까지도 가장 많이 통용되고 있는 전통적인 문학비평방법이다. 모든 문학 연구의 기초작업과 직결되는 원전비평原典批評이나 실증적인 전기비평傳記批評도 역사주의 비평의 일부라고 할 수 있다.

전통적인 비평방법은 대체로 두 가지로 구분된다.[2] 하나는 역사·전기적인historical-biological 방법이고 다른 하나는 도덕·철학적인moral-philosophical 방법이다. 이 중에서 역사·전기적인 방법은 19세기 프랑스의 텐H. Taine이나 생트뵈브의 비평이론과 관계가 깊으며, 도덕·철학적인 방법은 고대 그리스의 플라톤적인 교훈주의와 공리설功理設, 로마의 호라티우스적인 쾌락과 가르침敎示, teach과 깊이 연결되어 있다.

전통적인 비평방법 중 역사·전기적인 방법은 근대비평에만 국한되어 적용되는 한시성限時性을 극복하고 있다. 이미 진부한 과거의 것으

---

1) 한국문화예술위원회 편, 『100년의 문학용어 사전』, 아시아, 2008, 542쪽.
2) W. L. Guerin 외, 정재완 역, 『文學의 理解와 批評』, 청록출판사, 1985, 43~50쪽.

로 남겨진 도덕·철학적인 방법과는 대조적으로 현대의 문학 연구방법에서도 광범위하게 적용되고 있으며, 실제 비평현장에서도 널리 활용되고 있다.

미국의 그렙스타인Sheldon N. Grebstein은 그가 엮은 『현대비평의 전망Perspective in Contemporary Criticism』(1968)에서 다음과 같이 언급했다.

> 역사적 학문은 1920년대 말에 줄곧 미국에서 진지한 문학연구를 좌우했으나, 당시 그것은 처음으로 형식론자들의 공격을 받게 되었다. 1930년대에 형식론자들의 공격은 자유 마르크스주의 비평가들에 의한 그야말로 아주 딴 방향에서 도움을 받아 물밀듯, 강력한 기세를 떨쳤다. 1940년대와 1950년대 초기에 역사주의는 크게 후퇴했거나 또는 수세에 몰렸다. 그러나 역사주의가 항복했다고 말한다면 그런 단어는 시기상조였을 것이다. 왜냐하면 1950년대 말에 역사주의가 다시 부흥하기 시작했기 때문이다. 오늘날 역사주의는 반대파로부터 가치 있는 교훈을 흡수하고 목적과 전략을 재규정하고 또한 노병과 나란히 행진할 수 있는 정력적인 젊은 대원을 많이 모집하고 나서, 지난날의 영광을 되찾기를 약속하고 있다.[3]

1980년대 이후에는 유럽의 조나단 돌리모어 등에 의해 제기된 문화유물론에 뒤이어 미국의 그린블랫S. Greenblatt 등에 의한 신역사주의new historicism가 주창되면서 역사주의 비평의 필요성이 재검토되었다. 기존의 역사주의 비평에 대한 비판 대신 일부의 가치가 새롭게 인정되었다. 이와 같이 역사주의 비평은 근대에 해당되는 19세기에 제기되어 성행했던 문학 연구방법이지만, 현대에도 널리 활용되고 있는 현대비평방법이다.

앞서 언급한 그렙스타인에 의하면, 문학 연구에 대한 역사적 방법은 오래 전부터 있어 왔으나 17세기 및 18세기에 드라이든J. Dryden이나

3) 이선영 편, 『文學批評의 方法과 實際』, 삼지원, 1991, 13쪽.

존슨의 제기로 본격화되었다고 한다. 드라이든은 모든 시인이 한 시대에 속한다고 믿고 「극시론劇詩論」에서 부분적으로나마 역사적·비교적인 원리에 입각하여 비평방법을 논했다. 또 존슨은 "현재를 바르게 판단하기 위해서는 현재와 과거를 대비시켜야 한다"고 생각하였다.[4] 말하자면, 역사주의 비평은 이전의 『시학』에 입각해 재단비평을 일삼던 고전주의 비평에 반발하여 근대 과학정신에 기반해 영국에서 시작되었다. 하지만 역사주의 비평은 영국이나 독일보다 늦게 시작했던 프랑스에서 훨씬 성행했다.

19세기에 와서야 비로소 역사적 방법은 뚜렷하고도 강력한 주장을 얻게 되었는데, 그것은 두 사람의 프랑스 문인 생트뵈브와 텐의 저술에 빚진 바가 크다. 그 시대의 특징인 과학에 대한 관심이 커지자 거기에 영향을 받아 생트뵈브는 "내가 확립하고 싶은 것은 문학의 박물학이다"라고 선언했다.[5]

텐과 생트뵈브의 이론은 유럽 대륙에 지대한 영향을 미쳤다. 유럽의 학문과 비평은 어느 나라에서든 관계없이 대부분 작가의 '정신 상태'와 그의 문학의 원천 등에 관심을 두었다. 텐과 생트뵈브의 이론은 전개한 지 몇 해 안 되어, 19세기에 줄곧 유럽의 것을 크게 모방하고 있었던 미국의 문학 연구에도 감화를 주었다. 영국과 독일에서 먼저 시작되고 프랑스에서 완성된 역사주의 비평이 미국의 존스홉킨스대학 등에 크게 영향을 미쳤다고 그렙스타인은 말하고 있다. 존스홉킨스대학은 설립 때부터 독일의 학문 방법을 본받았으며, 미국학자들은 독일·영국의 문학탐구를 참고하여 나름의 방법론을 발전시켜 나갔다.[6]

역사주의 비평은 다음과 같은 성격을 지니고 있다.

첫째, 생트뵈브나 텐의 과학주의 정신에 바탕한 근대비평성이다.

---

4) 박철희·김시태, 『문학의 이론과 방법』, 이우출판사, 1983, 86쪽.
5) 이선영 편, 앞의 책(김병걸 역), 12쪽.
6) 위의 책, 13쪽.

둘째, 실증적인 방법 등은 근대비평에서 현대비평에까지 아우르는 비평방법으로 계승되고 있다. 셋째, 이 비평에는 본질상 다분히 학문적이면서 실제적인 원전비평, 전기비평, 역사적 비평 등이 포함되어 있다는 점이다. 넷째, 비평의 요건으로서는 원전, 언어, 전기傳記, 명성과 영향, 문화, 관습 등을 중요시한다.

1.2 비평의 주안점

역사주의 비평은 문학작품을 역사적인 소산물所産物로 여기고 시대상황이나 작가의 조건 같은 실증적인 자료로써 접근하려 한다. 그래서 역사주의 비평은 어떠한 문학작품도 그 자체로서 완전한 것으로 간주할 수는 없으므로 그 작품에 상관되는 정보자료를 참조하여 연구해야 한다고 주장한다. 따라서 역사주의 비평은 다분히 학문적인 요소를 지니게 된다. 그런 면에서 역사주의 비평은 오직 작품 자체 내의 요소들만으로 이해·평가해야 된다는 구조주의적인 신비평new criticism과 대조를 이룬다.

그렙스타인은 역사주의 비평가가 중요시하는 비평의 요건 6가지를 들고 있다. 역사주의 비평가는 다음에 제시할 여러 가지 가능한 문의사항 가운데서 하나 또는 둘, 셋을 추구하여 비평문을 작성한다는 것이다.[7)]

[역사주의 비평의 요건 6항목]

① 원전(原典): 우선 비평의 주요 대상으로 삼은 원전(text)을 제대로 가려내고 바로잡는 일이다. 믿을 만큼 확실한 연구대상 작품의 원전을 확정해야 한다.

---

7) 위의 책, 15~24쪽.

② 언어(言語): 문학작품의 매재(媒材)인 언어를 해설한다. 작품이 써진 시대와 장소를 고려하여 어떤 특수한 언어로 써졌는가를 확인한다.

③ 전기(傳記): 작가의 전기에 관한 정보를 통해서 작품에 접근한다. 이는 역사전기비평의 필수적인 요소이다. 작가의 생애와 그 성장 환경이 작품에 어떤 영향을 미쳤는가를 살핀다.

④ 명성(名聲)과 영향: 작품이나 작가가 발표되고 살던 당대의 명성(reputation)과 영향(influence)을 고찰한다. 이는 작품상호간, 또는 작가들 사이에 서로 주고받는 영향, 독자층의 평판을 말한다.

⑤ 문화: 문학은 역사의 문화적 표현이라고 보고, 문화(culture)를 문학작품에 작용하는 중요한 요소로 간주한다. 작품 속에 전달된 문명의 변화하는 가치와 이념 및 작품의 불변적인 생명력은 무엇인가[8] 하는 문제를 다룬다.

⑥ 관습(慣習): 한 작품이 어떠한 문화적 계통을 지니며 그 작품이 비슷한 시기의 여러 작품과 적절한 전통 또는 관계 속에 있는가를 살핀다. 비평가는 관습(convention)을 문학 형식의 결정에 영향을 미치는 활성적, 현존적 힘으로 간주하므로 중요한 정보적 요건이 된다.

이들 요건이나 주안점은 역사주의 비평들에 적용된다. '원전'과 '언어'는 원전비평에, '전기' 및 '명성과 영향'은 전기비평에, '문화'와 '관습'은 역사적 비평에 해당한다.

이 글에서는 역사주의 비평의 중요성과 그 연혁을 살펴보고 몇 가지로 나누어서 그 특성이나 상이점 등을 논의해 보기로 한다. 편의상 역사주의 비평의 세 갈래에 해당하는 원전비평原典批評, 전기비평傳記批評, 역사비평歷史批評의 순서로 설명해 나가기로 한다.

---

8) 박덕은, 『현대문학비평의 이론과 응용』, 새문사, 1989, 31쪽.

1.3 원전비평의 이론과 실제

1.3.1 특성과 원리

원전비평textual criticism은 일명 원본비평原本批評이라고도 불리는 실증주의적이며 서지학적인 비평방법이다. 원전비평은 본격적인 비평방법이면서 경우에 따라서는 본격적인 비평을 위해 대상 작품을 확정하는 예비적인 성격도 지니고 있다. 원전비평은 흔히 근대 전후의 고전적인 작품에 적용되는 경우가 많으며, 오늘의 일부 창작품과 번역작품들에도 적용할 수 있음은 물론이다.

올바른 비평을 위해서는 제일 먼저 행해야 할 기초작업이 원전 확정이다. 원전비평이란 작품을 필사하거나 편집 또는 출판하는 과정에서 생기는 그릇된 대목(誤字나 脫字 또는 뒤바뀌는 경우 등)을 확인하여 논의하는 작업이다. 작가가 써 낸 원본에서 손상된 대목이나 오류를 최소로 줄이고, 작가의 본래 의도가 반영된 원작原作대로 복원하는 것을 목표로 한다. 이는 보다 명확하고 바람직한 비평을 위해서나 문학의 발전을 위해서 필요한 일이다.

현존하는 문헌들을 통하여 가능한 한 작가의 원본과 수정본이 지니고 있는 최초의 순수성을 회복하고, 번각飜刻과정에서 흔히 일어나는 와전訛傳을 바로잡으려는 것이 원전비평의 목표이다. 그러므로 이것의 훈련은 우리의 문화유산에 포함되어 있는 지적 노력의 원형 복원과도 관계가 있다. 원본을 확정하는 작업은 서로 다른 시기에 발생한 텍스트의 다양한 판본이나 서로 다른 특정한 목적에 의해 첨삭된 사례에 따라 복잡해질 수 있지만, 그것의 일반적 원리는 동일하다.[9)]

멜빌Herman Melville(1819~1891)의 대표작인 『모비딕白鯨』(1851) 가운데 "몸을 둥글게 말고 있는 바닷고기coiled fish of the sea"라는 구절이 식자공植字工의

---

9) 노드럽 프라이 외, 김인환 역, 『문학의 해석』, 홍성사, 1978, 60쪽.

잘못으로 '더럽혀진 바닷고기soiled fish of the sea'로 인쇄되었고, 우스꽝스럽게 해석되었다는 지적 등은 암시하는 바가 크다.[10]

이런 사정은 우리나라의 현대문학작품에서도 자주 발견된다. 이상화의 대표작인 「빼앗긴 들에도 봄은 오는가」(1926)의 경우도 그 예이다. "나비 제비야 깝치지 마라 / 맨드램이 들마꽃에도[11] 인사를 해야지"[12]라는 구절 가운데 들마꽃이 '들마을'로 둔갑한 채 교과서에 실려 한동안 중·고교 교육현장에서 가르쳐지기도 했다. 1920년대 중엽의 시詩 작품이 이런 지경이면 1910년대 무렵의 신소설이나 개화가사 등 근대 초기의 문학작품들은 어때했을까 미루어 짐작할 수 있다.

원전비평은 현대문학 분야보다도 고전문학 분야에 더욱 긴요하고 효용가치가 높은 면이 많다. 인쇄술의 미숙과 보급의 영세성으로 인해, 혹은 국한문으로 써지고 퇴색된 이본異本들로 인해 원본이 잘못 전달된 경우가 많다. 바로 이런 문제를 정규복丁奎福(1927~)이 진지하게 논의하고[13] 있다. 양주동의 향가·여요에 대한 연구업적이나 김동욱의 춘향전 이본 연구성과 등은 정규복의 「구운몽」에 대한 연구로 이어졌다. 오랜 연구와 고증考證을 통해서 「구운몽」의 원작은 결코 한글본이 아닌 한문본이라는 결론을 얻었다. 그 결과 원전으로 노존본老尊本을 확정하기에 이른 것이다.

볼프강 이저Wolfgang Iser(1926~2007)는 원전비평을 '문헌학적 전제'라고 하면서 믿을 만한 텍스트를 '비평판Die Kritische Ausgabe'이라 불렀다.[14] 그만큼 원전을 바로잡은 비평이 필요한 것인데, 특히 생존해 있는 문인들에 의해 발간되는 작품은 본인이 교정을 보지만 그 사후에는 문제가 발생할 수 있다. 때에 따라서는 출판사의 상업성 등에 의해 자의대로

---

10) 위의 책, 58쪽. 여기에서도 '더럽혀진'이란 단어 'soiled'마저 'soild'라고 오식(誤植)되어 있어 실감을 더해 줌.

11) 『開闢』 7호(1926.6).

12) 『開闢』 7호(1926.6).

13) 신동욱 편, 『文學批評論』, 고려원, 1984, 18~32쪽.

14) 위의 책, 15쪽.

첨삭되는 경우도 없지 않으므로 차라리 초간본이 더 원본에 충실한 측면이 있다.

한국의 많은 비평가들이 언급하고 있는 김소월의 경우, 1925년 매문사賣文社에서 간행된 『진달내꼿』에는 소수의 작품을 제외한 거개擧皆의 작품들에서 '손을 본 흔적'을 찾아볼 수 있다. 김억이 1939년 12월에 펴낸 『소월시초』에도 『진달내꼿』과 같지 않은 작품이 발견된다. 이러한 예에서 알 수 있듯, 최초에 신문이나 잡지에 발표된 형태와 시집으로 발간된 것을 일일이 대조하고 교열할 필요성이 생기고, 전문적인 지식을 가진 서지학적 접근이 불가피하게 된다.

이 방면에 깊이 관심을 기울인 책으로 백순재白淳在·하동호河東鎬에 의해 1966년 양서각良書閣에서 간행된 시집 결정판 소월전집 『못잊을 그 사람』과 김종욱金鍾旭에 의해 홍성사에서 간행된 『원본 소월전집』이 있다. 특히 『원본 소월전집』은 소월의 전 작품을 원형 그대로 수록하고 있으며, 현행 주요 소월시집과 대교對校를 하여 이형異形을 비교·검토하고, 미심쩍은 것은 편자編者대로의 주석을 붙이고 있다. 그렇게 해서 어느 것이 확실한 것이고 또한 원본에 근접할 것인지를 밝혀 주고 있다.[15]

윤동주의 경우도 마찬가지다. 윤동주 시와 산문의 원전 확정작업도 험난한 과정을 거쳤다. 윤동주의 시가 빛을 보기 시작한 것은 1948년이었다. 그의 사후 3년이 지난 1948년에야 유고 31편이 『하늘과 바람과 별과 詩』라는 이름의 시집으로 간행된 것이다.[16] 음지에 묻힐 수도 있었던 윤동주의 시는 친구 강처중의 노력으로 경향신문에 「쉽게 씌어진 詩」가 발표되어 독자들과 처음 만났다. 그러다, 후배 정병욱이 간직하고 있던 윤동주의 자필 시고詩稿가 간행되면서 '일제 암흑기의 혜성'으로 그의 시가 주목을 받았다. 그렇다고 윤동주의 유고시집에 전혀 문제가 없었던 것은 아니었다. 『하늘과 바람과 별과 詩』가 시인 자신의 퇴고를 거쳐 간행된 것이 아니어서, 시의 원전 확정에 논란이

15) 김우종·김혜니, 『文學批評論』, 범우사, 1984, 294쪽.
16) 윤동주, 『하늘과 바람과 별과 詩』, 정음사, 1948.

많았다. 그러던 차에 1999년 『사진판 윤동주 자필 시고전집』이 간행되면서 원전 확정작업이 이뤄졌다.[17] 『사진판 윤동주 자필 시고전집』을 반영해 간행된 참고할 만한 정본으로는 『정본 윤동주 전집』[18]과 『원본대조 윤동주 전집 하늘과 바람과 별과 詩』[19]가 있다.[20] 최근에는 정현종·정현기·심원섭·윤인석 편주의 『원본대조 윤동주 전집 하늘과 바람과 별과 詩』와 홍장학 편의 『정본 윤동주 전집』이 원전에 입각한 판본으로 널리 읽히고 있다. 하지만 원본 확정은 1999년 『사진판 윤동주 자필 시고전집』이 간행되면서 이뤄진 것으로 볼 수 있다.

이제까지 설명한 원전비평에 관한 내용을 정리하면 다음과 같다. 첫째, 원전비평은 비평대상인 작품의 진위眞僞를 가리는 기초작업이다. 둘째, 원전비평은 원본과 수정본의 차이를 밝히고, 원전의 순수성을 회복, 보존하는 것이 목표다. 셋째, 원전확정 작업은 현대문학작품뿐 아니라 고전작품에서 더 많은 효용가치를 지닌다. 넷째, 원전비평 방법에는 문서적 증거, 기본 텍스트 결정, 이본異本의 상이점들의 대조 조사, 판본의 족보 문제와 최후의 결정판을 정하는 단계로 이어진다. 다섯째, 역사주의 비평가는 현대 독자들을 그 작품이 발표된 그 시대 독자들의 언어인식 상태로 되돌려 놓고, 현대에도 그 언어를 적용할 수 있게 하려 한다.

반면에 원전비평은 다음의 몇 가지 한계도 지니고 있다. 첫째, 문학작품의 원전을 추적하고 바로잡는다 해도 그 복원이 완전무결할 수 없다. 둘째, 서지학적인 접근을 주로 하기에 단조로워질 수 있어 비평

---

17) 윤동주, 왕신영·심원섭·오오무라 마스오·윤인석 편, 『사진판 윤동주 자필 시고전집』, 민음사, 1999.

18) 윤동주, 홍장학 편, 『정본 윤동주 전집』, 문학과지성사, 2004.

19) 윤동주, 정현종·정현기·심원섭·윤인석 편주, 『원본대조 윤동주 전집 하늘과 바람과 별과 詩』, 연세대출판부, 2004.

20) 홍장학 편의 『정본 윤동주 전집』은 발표순서대로 수록했으며, 정현종·정현기·심원섭·윤인석 편주의 『원본대조 윤동주 전집 하늘과 바람과 별과 詩』는 '윤일주 편, 『하늘과 바람과 별과 詩』'(정음사, 1984, 증보3판)를 저본으로 삼아 『사진판 윤동주 자필 시고전집』과 원본대조를 통해 간행되었다.

의 수단과 목적이 뒤바뀔 수 있다. 셋째, 원전확정과 언어 중심 접근으로 인해 발생하는 정태적 측면과 비평의 제한성을 극복, 탈피할 보완책이 없다.

1.3.2 원전비평의 실제

김소월 대표작인 「진달래꽃」을 예로 들어 원전비평을 적용해 보기로 한다. 1922년의 『개벽開闢』에 발표된 것과 1925년의 시집에 수정, 게재한 작품에는 차이가 있다. 여기서 다루는 경우는 원본의 복원復元에 목적을 둔 것이 아니라, 하나의 명작시가 어떻게 고쳐졌는가를 살피는 비평작업이다.

김소월의 「진달래꽃」이 최초로 발표된 원본(①)과 시집에 수록된 수정본(②)을 대조해 보면 아래와 같다. 3년 동안의 시간 사이에 상당부분이 고쳐진 사실을 확인하게 된다. 물론 그가 살았을 당시에는 시인 자신과 소월의 스승인 김억金億(1893~?)에 의해 자의와 타의로 자주 퇴고推敲되었다. 그러나 작고作故 이후 오늘까지 소월의 시집이 자의적 교정과 빈번한 상업출판으로 인해 원본이 훼손된 경우는 그것을 바로잡아야 한다.

① 진달내쏫(民謠詩)	② 진달내쏫
나보기가 역겨워	나보기가 역겨워
가실째에는 말업시	가실째에는
고히고히 보내들이우리다	말업시 고히 보내드리우리다
寧邊엔 藥山	寧邊에 藥山
그 진달내쏫을	진달내쏫
한아름 싸다 가실길에 뿌리우리다.	아름 싸다 가실길에 뿌리우리다

가시는길 발거름마다
ᄲᅮ려노흔 그ᄭᅩᆺ을
고히나 즈려밟고 가시옵소서.

나보기가 역겨워
가실ᄯᅢ에는
죽어도 아니, 눈물흘니우리다.21)

가시는거름거름
노힌그ᄭᅩᆺ츨
삽분히즈려밟고 가시옵소서

나보기가 역겨워
가실ᄯᅢ에는
죽어도아니 눈물흘니우리다.22)

『개벽開闢』에 처음 발표된 이후 시집으로 옮겨가는 ①→②의 과정에서 고쳐진 시어詩語를 점검하여 밝혀 보면 다음과 같다. 첫째 연에서는 둘째 줄의 '말업시'가 셋째 줄 앞으로 옮겨지고 셋째 줄의 '고히고히'→'고히'로 생략되었다. 그리고 둘째 연에서 '寧邊엔'→'寧邊에', '그 진달내ᄭᅩᆺ을'→'진달내ᄭᅩᆺ', '한아름 ᄯᅡ다'→'아름 ᄯᅡ다'로 바뀌었다. 다음 셋째 연에서도 '가시는길'→'가시는', '발거름마다'→'거름거름', 'ᄲᅮ려노흔'→'노힌', '고히나'→'삽분히'로 고쳐졌다.

작품의 개작改作이나 수정 외에 그 언어의 활용 면에도 주목할 필요가 있다. '영변'이나 '약산'이라는 고유명사를 한자로 표기하여 향토성을 살리고 있어 민요적인 리듬이 그윽하다. 특히 셋째 연의 끝줄에 쓰인 '즈려밟고'는 평안도 방언方言으로서 시어적詩語的인 묘미를 살린 대목이다. 마지막의 "죽어도 아니, 눈물흘리우리다"라는 구절도 도치법을 써서 김소월만의 개성미와 역설적인 맛을 자아낸다. 문제되는 점은 현대에 이르러 발표되던 당시의 처음 원고가 작품 전달과 교정, 인쇄와 숱한 시집 출간 과정에서 오자나 탈자 또는 수정이 자의적으로 이루어진 경우이다. 이는 원전에 입각한 엄밀한 출판과 판본연구를 통해 확인되고 수정되어야 한다.

---

21) 김소월, 「진달내ᄭᅩᆺ」, 『開闢』 25호(1922.7), 146~147쪽.
22) 김정식, 「진달내ᄭᅩᆺ」, 賣文社, 1935, 190~191쪽.

1.4 전기비평의 이론과 실제

1.4.1 특성과 원리

전기비평biographical criticism은 작품을 해석, 평가하는 데 있어서 작자와 작품을 떼어서 보지 않고 가능한 대로 작품을 쓴 사람의 성장과정이나 교육 정도, 교우관계, 일상적인 버릇 등의 전기적傳記的인 자료를 조사하여 파악하려는 비평방법이다. 문학작품 자체보다는 그것을 쓴 사람의 인품이나 사회적인 활동사실 등을 참고하여 작품을 이해하려는 작가 중심적 비평태도로 볼 수 있다. 그런 관계로 이에 대한 찬반의 논란이 끊이지 않지만 전통적으로 문학 연구에서 광범위하게 적용해온 접근방법이다.

전기비평의 대표적인 인물로는 근대비평의 원조元祖라고 일컫는 생트뵈브를 꼽는다. 그는 처음에는 고전주의의 표준 등을 배척하고 낭만주의를 지향하며 주관적인 인상비평을 해오다가 다시 비평태도를 바꾸었다. 이른바 객관적이고 과학적인 비평방법에 입각한 전기 중심의 비평에 관심을 갖게 된 것이다. 생트뵈브는 "예를 들면, 그는 종교에 대하여 어떻게 생각하고 있었는가, 그는 자연 풍경에 어떻게 감독을 했던가, 부자였던가, 가난뱅이였던가, 그의 식생활食生活, 그날그날의 생활방법은 어떤 것이었던가, 그의 좋지 못한 버릇, 또는 인간적인 약점은 무엇이었던가 등의 의문에…"[23]에 답하려 했다.

그는 자신의 응용비평에서 초지일관 전기적傳記的 접근법을 활용했고, 작가의 인품을 통해서 문학작품의 품격을 규정하려고 했다. 생트뵈브는 다음과 같이 말했다.

> 나에게 문학—문학작품—은 인간과 그의 성품으로부터 전혀 독립된

---

23) 백철 편, 『비평의 이해』, 민중서관, 1968, 118쪽.

> 것도 아니며 분리되는 것도 아니다. 나는 문학작품을 즐길 수 있지만, 그것이 작가 자신을 아는 일과 무관하다고 판단하기는 어렵다. 나는 서슴없이 '그 나무에 그 열매(tel arbre, tel fruit)'라고 말하고 싶다.[24]

작가와 작품은 불가분의 관계라는 문학관을 지닌 생트뵈브는 『월요한담月曜閑談』 28권[25]을 평론집으로 펴내기도 했다. 생트뵈브의 생물학이나 물리학 지식을 동원한 박물학博物學을 드러낸 업적이다.

전기비평에서 중요한 요소는 작가적 전기고찰과 작품이나 작가의 명성 및 그 영향의 파악이다. 이런 문제는 역시 그렙스타인이 앞의 논문에서 밝힌 역사·전기비평의 주요 요소인 원전原典·언어·명성과 영향, 문화, 관습 중에서 두 가지에 해당되는 것이다.

1.4.2 작가의 전기 연구

역사주의 비평에서 가장 중심이 되는 영역으로서 전기적 정보자료의 수집과 활용은 특히 생트뵈브에 있어서는 결정적인 요소이다. 작품이란 직접·간접으로 작가에 의해 재구성된 인생이다. 예술작품으로서의 작품 자체보다 그 작품을 쓴 작가를 더 중요시하는 역사주의 비평에서는 더욱 그렇다.

사실 명작의 경우에서도 알 수 있듯이 '작가=작품'이라는 등식等式이 성립되는 경우가 많다. 이를테면 조선조 때 송도삼절松都三絶의 하나였다는 황진이黃眞伊가 6년 동안 정을 나누며 지낸 당대의 명창名唱 이사종李士琮을 그리워하여 읊었다는 시조 「동짓달요」나 벽계수를 두고 불렀다는 '청산리 벽계수야~'도 그러한 예라고 할 수 있다. 평소 사냥과 낚

24) 이선영 편, 앞의 책, 12~13쪽.

25) 이 평론집은 1849년부터 매주 월요일마다 『콩스티튀쇼넬』지에 연재(1849~1861)한 15권과 후에 발표한 『신월요한담』(1863~1870) 13권에 실린 역사상의 인물, 군인, 문인들에 관한 논문들을 모은 것임.

시, 전쟁 참여 등의 모험을 좋아했던 E. 헤밍웨이의 삶의 태도가 그의 작품에서 구현된 인간적 삶과 일치한다. 그 자신이 적십자 요원으로 참전해 이태리 전선에서 박격포탄에 부상당한 체험을 장편소설인 『무기여 잘 있거라』(1929)에서 생생하게 재현했고, 만년에 창작한 『노인과 바다』(1952)도 산티아고 노인을 통해서 자신의 야성과 인생관을 표출한 것이다.

문학적 전기literary biography는 자칫하면 한 작가의 일화집, 또는 연대기에 매달린 사실 나열, 또는 단순한 회고록에 지나지 않을 수 있으므로 유의해야 한다는 지적[26]도 있다. 웰렉과 워렌이 지적한 바와 같이 문학적 전기가 단순한 역사적 사실의 확인에 그친다면 무의미하다. 현대에 이르러 전기비평傳記批評의 방법이 사실 나열에서 비판적 해석으로 변천하고 있다.

1.4.3 명성名聲과 영향연구

작품이나 작가의 평판評判과 영향에 관한 연구는 그 시대 독자층의 미적美的 가치를 논증하는 데 유용하다. 작품이 발표되던 시기 독자층의 실상을 파악하기 위해서도 위와 같은 연구는 필요하다. 예를 들면, 멜빌H. Melville의 『모비딕』을 두고, 이 작품이 발표되던 시기의 독자층이 향유하는 방식과 21세기 독자들이 향유하는 방식을 비교할 수 있다. 이를 통해 과거로 거슬러 내려가 그 시대 미국인 취향을 확인하고, 이것을 다시 현대와 비교함으로써 취향의 지속성과 차이를 확인할 수 있다.

마찬가지로 영향 면에서 한 작가의 작품이 다른 작가의 작품에 미친 영향관계를 취급할 때, 비평가는 작품 연구에 대한 역사적 태도를 취할 필요가 있다. 가령 한용운에 미친 타고르의 영향이나 김소월에

---

26) 이상섭, 『문학연구의 방법』, 탐구당, 1980, 29쪽.

끼친 김억의 영향이 그들 작품에 어떻게 나타나 있는가를 역사적으로 엄밀히 살피는 것 등이 그 예이다.

과거 작가의 명성과 영향은 현대에 살고 있는 우리가 시간적 차이로 인해 충분히 설명하고 추정할 수 없는 경우가 많다. 한 시대를 휩쓴 인기작가가 다음 시대에는 쉽게 잊혀지는 이유를 작품의 내재적 요인에 한정시킬 수는 없는 노릇이다. 여기서 역사적 연구가 뒤따르기 마련이다.

끝으로 영향 관계 연구에서 주의할 문제점으로 영향 그 자체를 단일화하거나 절대화시켜서는 안 되다는 점을 분명히 해 둘 필요가 있다. 그것은 작품이나 작가에 대한 여러 가지 평가의 일환으로 고려되어야 한다. 영향이란 비록 개인적인 감성, 이미지, 작품의 원천 등으로 작용했다 하더라도 그것 자체가 절대적일 수는 없다. 문학적 영향이라는 것은 본질적인 영감이나 그것 없이는 형식이나 발전이 일어날 수 없는 예술적 표현 같은 것에 미치는 힘을 의미한다. 따라서 영향이 바로 예술적 종속을 의미하는 것으로 해석되어서는 안 된다. 과거 한국에서의 영향 연구는 단선적이고 부분적이며 표면적이어서 지나치게 영향이란 술어가 남용되는 경향이 있었다.

위에 설명한 전기비평의 특질은 다음과 같이 요약할 수 있다.

첫째, 전기비평은 작가와 작품을 불가분의 관계로 파악하는 전통적인 비평방법이다. 둘째, 작품보다는 작품을 쓴 작가의 개성과 성장과정, 교육 정도, 종교관계, 식생활 등을 조사하여 판단한다. 셋째, 작가 및 작품의 명성과 영향도 고려해야 한다.

더불어 전기비평이 안고 있는 한계도 지적할 필요가 있다.

첫째, 작가의 전기적 사실에 치우친 나머지 작품 자체의 본질을 외면하는 모순에 빠질 수 있다. 둘째, 문학적 전기는 자칫하면 단순한 한 작가의 회고록에 그칠 수 있으므로 유의해야 한다. 셋째, 작고 문인의 전기인 경우 긍정이나 부정적인 시각에 따라 자칫하면 왜곡되게 해석, 평가할 우려가 있다.

1.4.4 전기비평의 실제

이상에서 고찰한 역사주의 비평 중의 한 갈래에 해당하는 전기비평傳記批評의 적절한 보기로서 이광수의 장편인 『무정無情』(1917)에 대한 김윤식의 견해를 들 수 있다. 이 작품은 우리나라 신문학의 대표적 작가인 이광수의 작품인데다 현대소설의 효시嚆矢라 일컫는 기념비적 장편소설이어서 작가의 자전적自傳的 요소가 짙다. 말하자면 『무정』은 표현론적 관점에서 작가인 이광수 자신이 살면서 겪어 온 체험이나 마음의 외상外傷을 작중인물에 투영시킨 작품이라고 할 수 있다.

일찍이 부모를 여의고 고아가 된 이광수가 일본 유학중에 습작한 중편인 「영채英彩」를 장편으로 다시 써서 매일신보에 연재한 『무정』의 인물들은 사실에 바탕해 있음을 김윤식의 글을 통해 확인할 수 있다. 주인공 이형식은 이광수 자신이며, 스승인 박응진의 딸 영채는 그가 존경했던 박찬명 대령의 딸인 예옥이 모델이었음을 미루어 짐작할 수 있다. 인용문은 김윤식의 『이광수와 그의 시대』중 일부분이다.

> 이광수는 1892년 2월 28일 평북 정주군 갈산면 익성리에서 태어났다. 그때 마흔이 넘은 아버지 이종원(李鐘元)은 무위도식하고 있었고, 겨우 이십대 초의 어머니 혼자 집안을 고되게 꾸려갔다. 그러다가 이광수가 11세 되던 해인 1902년 당시 유행하던 콜레라로 인해 부모가 연달아 죽고 만다. 두 명의 누이동생과도 헤어져 이광수는 이집 저집 떠돌아 다녔다. 이러한 춘원의 생애에서 전기를 이루는 맨 처음 사건은 박찬명 대령과의 만남이다. 11세 고아가 된 춘원이 동학의 간부 박찬명 대령의 비서 겸 심부름꾼으로 몸을 의지한 것은 13세 때였다. 실제 인물인 박찬명에게 딸 예옥이 있었는지의 여부는 확인할 길이 없으나, 춘원의 자서전 속에는 박찬명 대령에게는 딸 예옥이 있었고 그녀가 자기를 사랑했다는 것, 그러나 그 사랑이 이루어지지 못했음을 한탄하고 있다. 박찬명 대령은 일본 헌병대에 끌려갔다가 귀양가서 죽고 예옥은 헌병 보조원에게 시집 갔다가 버림받고 결국 그

의 어머니와 함께 중이 되어 세상을 등졌다고 했다. 박찬명의 집에서 춘원이 구원을 받고 가족 대접을 받았다는 점은 사실인 것이요, 그 딸과의 관련은 허구인지도 모른다. 그렇지만 박응진 진사에 의해 고아인 이형식이 구제되어 배움에 눈떴다는 것, 그 딸 영채와 그가 약혼하였다는 것, 서로 잊지 못했다는 것 등 '무정'의 인물 설정은 춘원에겐 자서전적 사실이다.

영채라는 모델 속에 내포되어 있는 작가 자신의 자서전적 사실은 여기에 멈추지 않는다. 기실 영채는 춘원이 가장 좋아했던 재당숙 집의 세 사람의 종매들에 오버랩되어 있는 것이다. 그 종매들은 원통하게 죽은 처녀의 원혼을 달랜 서사 민요를 불렀는데, 어린 춘원은 그것이 마음에 들어 베껴놓고 좋아하곤 하였다. 그리고 종매들을 통해서 『사씨남정기』, 『창선감의록』, 『구운몽』 등의 고전 소설을 읽을 수 있었다. 이것이 그의 문학 수업의 원형이었음은 물론이다. 『무정』에서 영채가 『소학』, 『열녀전』 등을 어릴 때 그 아버지로부터 배웠다고 강조하고 있음이 주목된다. 즉 세 번째 모델이자 가장 개연성이 많은 것으로서는 그가 외가에서 사귄 처녀 실단을 들 수 있다. 15세 동경 유학생인 춘원이 귀향하여 외가에 갔을 때 목소리 곱고 눈이 반짝이는 처녀 실단을 알게 된다. 춘원은 실단을 잊지 못해 『그의 자서전』, 『인생의 향기』 도처에서 실단을 그렸으며, 동경의 차디찬 하숙방에서 혼자 그녀를 생각하는 것이 일면 서러우면서도, 일면 즐거웠다고 회고하였다. 또 박진사의 모델의 하나로 오산 학교 교장을 역임한 애국지사 시당(時堂) 여준(呂準)도 거론될 수 있다.

박영채의 모델은 이와 같이 ㉠ 박찬명 대령의 딸 예옥, ㉡ 삼종매(三從妹)들, ㉢ 외가 쪽 먼 일가인 실단이 등의 복합이다. 11세에 고아가 되어 동학당에 의해 구제되고, 배움의 길이 열려 손병희의 알선으로 동경 유학을 갈 수 있었고, 귀국하여 오산학교 교사 노릇을 4년간 한 춘원의 자서전적 사실은 『무정』에서 무대가 오산 아닌 서울이고, 경성학교로 바뀌었을 뿐 그대로 재현되고 있다. 『무정』에서 영채가 겪은 기구한 운명, 가령 친척 집에서 당하는 구박, 동학당의 못된 사람에게 봉욕당한 것 등 초반의 여러 일들은 다소 과장되긴 했으나, 고아로 자라던 춘원이 당한 자서전적인 것을 영채라는 인물 속에 형상화한 것이다. 그러므로 『무정』의 남녀 주인공을 합하면 한 사람의 작자 이광수의 자전 자체가 오롯이 구성된다.

춘원이 한꺼번에 이처럼 큰 장편을 쓸 수 있었던 것은 오직 자전적 사실을 거의 꾸밈없이 그대로 나열한다는 생각 밑에서 집필했기에 가능했던 것이다. 따라서 『무정』은 쓴 것이 아니라, '쓰여진 것'이며 쓰여진 것이 아니라 '말해진 것'이며, 말해진 것이 아니라, '흘러 나왔다'. 그러기에 그것은 그 무엇보다 작가에게 있어서는 진실이었다. 『무정』이 작가에게 있어 기념비적이란 이런 뜻에서이다. 작가에게 있어 사심 없이 진실이기에 또한 누구도 감동시킬 수 있는 진실일 수 있었다. 이것이 『무정』으로 하여금 시대적 기념비가 되게 한 까닭이다.[27]

1.5 역사비평의 이론과 실제

1.5.1 개관 및 특성

근대비평을 이끌어 온 생트뵈브와 함께 역사주의 비평의 대표적인 인물은 텐H. Taine이다. 생트뵈브가 전기파傳記派인 데 비하여 그는 역사파歷史派에 속한다. 프랑스 철학자이기도 했던 텐은 문학비평을 사회학의 일부로 파악하여 실증주의적·과학적인 비평태도를 취했다. 그는 자신이 쓴 『영문학사History of English Literature』(1863)에서 "…문학작품이 단순한 상상의 유희나 이상한 변덕이 아니고 동시대(同時代) 풍습의 모사(模寫)이며 어떤 정신상태의 전형이라"[28]는 주장 아래 인종, 환경, 시대에 의한 결정론determination을 폈다.

텐의 이런 성향은 그렙스타인S. N. Grebstein의 글에서도 찾아볼 수 있다.

---

27) 김윤식, 『이광수와 그 시대』, 한길사, 1986, 559~563쪽.
28) 백철, 앞의 책, 124쪽. 이는 『영문학사』 서문의 여덟 개로 된 장·중·서두에서 밝히고 있음.

어떤 점에서 생트뵈브의 제자라 할 수 있는 텐은 스승보다 한발 더 나아가서 문학 연구에 자연과학적 연구방법을 끌어들였고, 문학을 인과因果의 결정론으로 설명하려 했다. 텐의 결정론은 문학분석을 위한 기준에서 명백히 나타나는데, 그는 『영문학사』 서문에서 인종·시대·환경을 준거로 제시했다. 그것은 민족적 성격·역사적 시기·사회적 환경을 지칭한다. 텐의 문학적 접근법은 또한 사회·문화적 문학 연구방법의 원천이 되었다.[29]

텐은 자신의 『영문학사』 서문에서 비평방법을 구체적으로 설명, 제시하고 있다. 서두와 1장에서 당시의 역사학을 비롯하여 문헌학이나 언어학, 그리고 신화학神話學 등이 새롭게 해부학적인 방법을 도입하고 있다고[30] 지적했다. 그러므로 하나의 행동과 업적의 뒤에 숨어 있는 진실을 보고자 한다면, 역사의 영역에서 정확하고 타당성 있게 외적인 사물의 내적인 뉘앙스를 식별해야 한다고 보았다. 그는 이어서 "일련의 근대비평은 생뜨 뵈브에 의해 뚜렷이 대표되고 있는데 역사학에의 새로운 길은 이러한 그의 방법에서부터 출발해야 한다"[31]고 말했다.

텐은 『영문학사』 서문의 여덟 개 절節 가운데 V부분에서 사람들에게 공통된 정신과 심정의 몇 가지 특징 및 성격을 원동력이라 규정했다. 그리고 이 원동력을 인종, 환경, 시대로 보고, 이 세 가지의 근원들이 기본적인 정신을 발생시키는 데 공헌한다고 설명했다.

첫째, 인종la race은 유전적이며 선천적인 성향을 띠는 요인이다. 흔히 기질과 체질에 나타나는 뚜렷한 차이와 연결되는 것으로 다른 인종과 구별되는 고유한 습관과 능력과 본능의 체계가 존재한다. 기질이나 성격은 외적인 영향이 되풀이되어서 이루어진 것이며 유전에 의해 전해진다. 그렇기 때문에 그 시대 이전의 모든 행동과 모든 감각

---

29) 이선영 편, 앞의 책, 13쪽.

30) 백철, 앞의 책, 126쪽. 여기에서 보면 텐은 여러 학문을 역사학 위주로 보는 성향이 짙고 동시에 모든 대상을 전체적으로 인식하며 과학적인 태도를 보이고 있음.

31) 위의 책(이헌구 역), 126쪽.

의 요약으로 볼 수 있다. 인종이 역사적 사건이 일어나게 되는 가장 풍부한 원천이라고 텐은 주장한다.[32] 하지만 인종에 대한 지나친 강조는 근대 제국주의적 속성을 포함한다는 측면에서 최근에는 강한 비판이 제기되고 있다. 선천적 요인을 강조함으로써 '제국주의의 식민지 지배'를 정당화할 소지가 있다는 것이 비판의 요지이다.

둘째, 환경le milieu은 외부적 요인으로서 인간의 성격을 침해하기도 인간의 성격을 강화시키기도 하는 요인이다. 개인이나 집단은 한 세대世代에서 다음 세대에까지 이르는 환경적 작용에 의해 특정 모형이 형성된다. 이 계속되는 외적인 힘에 의하여 내부 세계가 변화하는 것을 환경적 요인이라고[33] 텐은 설명하고 있다.

셋째, 시대le moment는 인종과 환경의 두 원인 이외에 시간적 개념이 첨가된 것이다. 인종과 환경이 개인이나 집단에 작용할 때, 그것들을 여러 가지 상징이 새겨진 지면地面 위에 작용한다. 한민족의 역사 속에 불규칙하게 나타나는 성공과 실패의 기복起福이 바로 그 지면이며 시대 개념이라고 할 수 있다.

텐의 역사적 비평의 핵심 요인은 인종과 환경과 시대이다. 그는 이 요소들이 서로 어울리고 작용하면서 역사나 문학의 특이점이 결정된다는 결정론을 펼쳤다. 이런 요소들은 앞에서도 언급했던 여섯 가지의 역사주의 비평 요건 가운데, 다섯 번째 요소인 '문화'와 여섯 번째 요소인 '관습'에 직접·간접으로 연결되는 성향을 띠고 있다.

1.5.2 문화적 조건

텐H. Taine이나 아놀드 같은 역사주의 비평가에게 '문화culture'는 중요한 조건으로 간주되었다. 텐의 비평에서 인종·시대·환경은 직접·간접적으로 '문화적 조건'과 연결되어 있다. 영국 근대문학에서 대표적인 시

32) 위의 책, 127~128쪽.
33) 위의 책, 128쪽.

인으로서 평론가인 아놀드 역시 문명과 문화적 조건을 매우 중시했다.

문화적 조건에 대한 설명에도 이 분야의 비평이론을 체계화한 그렙스타인의 견해가 참고할 만하다. 그는 역사주의 비평의 전체 원리에서 중심이 되는 것은 과거의식과 그것이 예술작품의 현존성에 주는 영향으로 보았고, 이는 문화를 통해 해명될 수 있다고 주장했다.

> 트릴링(Lionel Trilling, 1905~1975)은 예술작품이 다음과 같은 세 가지 점에서 다소 역사적인 데가 있다고 말했다. 첫째, 작품은 그 자체가 역사적 사실을 기록한다. 둘째, 작품 자체의 존재는 역사적 사실이다. 셋째, 작품의 미적 특성, 즉 신비감은 작품의 과거성과 불가분의 관계가 있다.
>
> 역사주의 비평가와 다르게 역사가 또는 사상적 역사가는 예술품을 그 자체가 중요하다고 생각하기보다 하나의 서증(書證)으로 중요시한다. 그는 한 시대와 하나의 문화 속으로 들어가기 위해 혹은 그것을 재구성하기 위해 예술품을 이용한다. 그에게 작품은 주로 문화의 '시대정신(Zeitgeist)'을 표현한 것이 된다. 그의 주요 관심이 '정신사(Geistesgeschichte)'의 기술(記述)이기 때문이다. 다른 한편 역사주의 비평가에게 있어서 역사는 결국 역사의 문학적 표현이 된다. 즉, 예술품의 창조는 역사적인 계기인 것이다.
>
> 비평가는 문학작품의 언어와 문학작품의 과거성, 현재성에 대하여 이중적 관심을 가지는 것과 마찬가지로, 작품 속에 전달된 가치와 이념에 관해서도 이중의 관심을 쏟는다. (…중략…) 역사주의 비평가에게 문학은 '인간성(humanists)'의 목소리이며, 그리고 그 목소리를 통해서 그는 단순히 교양뿐만 아니라 사람다운 교양을 열망한다.
>
> 그러나 비평가가 작품을 설명하기 위해 과거로 돌아가야 할 경우에, 그는 그 작품을 평가하기 위해 현재에서 기능을 다해야 한다. 즉, 이른바, '발생적 오류(genetic Fallacy)' — 문학작품의 원전의 연구를 작품의 현재적 가치의 설명으로 잘못 보는 과오에 빠지는 일이 없도록 조심해야 한다.[34]

---

34) 이선영 편, 앞의 책(김병걸 역), 22~21쪽.

모든 작품은 작가와 더불어 역사성을 지니며, 역사의 문학적 표현이라는 측면에서 문화를 그 바탕으로 하기 마련이다. 역사가가 예술작품을 통해 '시대정신'이나 '정신사'를 복원하려 한다면, 역사주의 비평가는 과거와 현재에 동시에 관심을 갖는다. 이를 통해 과거와 현재를 아우르는 '인간성'과 '미적 가치'를 열망한다. 그런 의미에서 역사주의 비평가는 인종이나 환경 및 시대적 요인을 아우른 문화를 중시하는 것이다. 텐H. Taine이나 아놀드가 그들의 비평에서 이런 문화적 조건을 중요시했던 이유도 여기에 있다.

1.5.3 문학적 관습

역사주의 비평의 여러 요건 가운데 하나인 문학적 관습literary convention은 앞에서 논의한 문화적 조건과 밀접하게 연관되는 요소이다. 인간들은 이미 축척해 온 문화적 환경을 이어받고 그것을 새로이 발전시켜 나간다. 문학은 문화를 반영하기도 하고, 그것을 굴절시키기도 한다.[35] 해리 레빈Harry Levin은 문학을 '도수가 있는 렌즈'로 비유했다. 그는 문학이 이 렌즈를 통해 세계를 과장되고 찌그러지게 바라볼 수 있다고 했다. 그러므로 문학은 문화의 단순 반영이 아니라, 문학적으로 변형해 재현하는 것이다. 문학은 사회 속에 존재하면서 그 자체의 역사인 문학사를 갖고 있다. 바로 이 내적 요소를 해리 레빈은 문학적 관습이라고 설명한다.

문학적 관습은 예술과 생활 사이에서 발생하는 차이로 인해 생겨난다. 예술은 형식의 제한, 표현상의 난점, 기술상의 문제 등으로 말미암아 인간 생활 자체와는 다른 형태를 띨 수밖에 없다. 예술가는 혼자서는 그런 장애물을 극복할 수 없으므로 독자의 도움을 받는다. 독자는 일정한 형식과 패턴화된 내용을 당연한 것으로 받아들이곤 한

---

35) H. 레빈, 이상섭 외 편주, 『*Selected Modern Critical Essay*』, 영어영문학회, 1969, 124쪽.

다. 독자들의 묵계는 인생의 가능성과 예술의 편법을 타협시키는 결과를 낳는다. 어떤 관습 없이 예술은 존재할 수 없다.[36]

문학적 관습에는 시간적으로 지속적인 것도 있고, 짧은 시간 존재했다 사라지는 것도 있다. 문학 장르의 경우, 고려 말기에 생긴 시조時調는 오늘날까지도 미약하나마 지속되고 있는 데 비해, 경기체가는 역사적 장르가 되어 버린 지 오래다. 이상섭은 경기체가와 3장 6구 45자 내외로 지어졌던 시조의 율격을 형식적 관습formal convention으로 설명한 바 있다. 중요한 것은 이러한 형식적 관습이 작품의 의미 생성이나 독자의 향유에 어떤 영향을 미치며 존재, 혹은 소멸했는가이다.

문학적 관습에서 일반적으로 논의되는 것이 장르의 관습이다. 장르는 예전의 원시혼합예술Ballad dance에서 현재처럼 분화된 것으로 본다. 시(노래), 소설(이야기), 희곡(놀이)은 그 분화의 대표적 문학적 형식이다. 우리나라의 경우, 판소리 같은 장르는 노래와 이야기, 그리고 놀이의 요소가 혼합된 것이어서 특이하다. 당시의 역사적 상황을 고려할 때, 판소리야말로 텐이 제시한 역사주의적 비평방법을 통해 접근할 수 있는 대상이 될 것이다.

역사적 비평을 정리해 보면 다음과 같다. 첫째, 전기적 비평을 주창했던 생트뵈브와는 대조적으로 역사적 비평은 텐에 의해 확립되었다. 둘째, 텐은 비평의 원칙으로서 인종la race, 환경le milieu, 시대le moment 세 가지 요소를 강조했다. 셋째, 인종, 환경, 시대라는 세 가지 요인을 결정론으로 간주했다. 넷째, 텐의 비평은 역사성과 밀접한 관계를 지니는 문화적 요소인 문학적 관습을 중시했다. 전기비평이나 원전비평의 원전, 언어, 전기, 명성과 영향에 비해 문화와 관습을 더 밀접한 요인으로 파악했다.

역사적 비평은 몇 가지 한계를 안고 있다. 첫째, 작품의 역사성에 치우친 나머지 문학작품 자체를 외면하는 모순에 빠질 우려가 있다. 둘

---

36) 이상섭 외 편주, 위의 책, 49쪽에서 재인용.

째, 텐의 인종·환경·시대에 의한 결정론은 제국주의적 성향과 인종의 적 편견 같은 지나친 독단론에 이를 위험성을 안고 있다. 셋째, 작품의 과거에 집착한 결과로 오히려 현재적 해석을 소홀히 할 소지가 있다.

1.5.4 역사주의 비평의 실제

역사주의 비평방법은 현대에도 작가의 전기적 사실을 언급하면서 일반적으로 원용되고 있다. 여기서는 염무웅이 쓴 「개인사에 음각된 민족사」[37]라는 이호철론에서, 어떤 방식으로 역사 전기적 비평이 활용됐는지 확인해 보기로 하자. 인용문은 글의 일부분이다.

> 이호철 문학의 뼈대를 이루는 것이 분단과 실향이라고 흔히들 말하는 우리 시대의 민족사적 운명이라 한다면, 그 운명의 중압을 뚫고 하루하루 살아가는 선량하고 힘없는 소시민의 사소한 일상의 세부들이야말로 그의 문학의 살이다. 그러나 그의 문학적 성취를 단순한 세태소설로부터 구별하게 만드는 것은 일상성의 늪에 매몰되는 것을 끊임없이 방해하고 간섭하는 이와 같은 어떤 원천적 시선, 근본적 물음이 있기 때문이다.
>
> 이호철의 문학세계를 이해하기 위한 방편으로 여기서 잠시 그의 이력을 간단히 훑어보기로 하자. 그는 1932년 함경남도 원산(시내가 아니고 좀 떨어진 농촌마을로서 후에 시로 편입되었던 듯하다)에서 중농 정도의 집안에 2남 3녀의 장남으로 태어났다. 어려서 한문을 배웠으나 별 재미를 붙이지 못한 듯하고 해방되던 해 원산공립중학에 입학, 이때부터 문학서적을 탐독하기 시작했다. 6·25가 발발하던 해 고등학교 졸업반이었던 그는 인민군으로 동원되어 전투에 참가했으나 총 한 방 제대로 쏘지 못하고 포로로 붙잡혔다. 북진하는 국군에 묻어 북상하다가 석방되었고 한 달 남짓 고향에서 지내다가 중공군의 참전으로 다시 후퇴할 때 단신으로 배를 타고

37) 염무웅, 「개인사에 음각된 민족사」, 『혼돈의 시대에 구상하는 문학의 논리』, 창작과비평사, 1995, 148~150쪽.

월남하여 부산에 닿았다(1950.12.9). 이로부터 이호철은 가족과 고향으로부터 격리되어 남쪽 땅에서 외롭고 고단한 삶을 살지 않으면 안 되었다. 피난 수도 부산에서 부두노동, 제면소 직공, 미군부대 경비원 등으로 전전하였고(이때의 경험이 장편소설 『소시민』에 총화되어 있다) 처음으로 소설습작에 손대어 「오돌 할멈」「권태」 같은 단편을 썼다. 1953년 서울로 올라왔고 55년 단편 「탈향」이 황순원의 추천으로 『문학예술』지에 발표되어 작가로서의 길에 들어섰다. 61년 「판문점」으로 현대문학사 신인상, 62년 「닳아지는 살들」로 동인문학상을 수상함으로써 그의 작가적 위치는 확고하게 자리잡혔다.

이상의 경력으로 미루어 알 수 있듯이 이호철은 스무 살 전후 한창 나이에 겪은 혹독한 격랑에도 불구하고 비교적 순탄하게 또 상당히 일찍 소설가로 입신하는데 성공하였다. 그러나 문인으로서 이름을 내는 것과 생활인으로서 사회에 뿌리를 내리는 것은 전혀 무관한 것은 아니라 하더라도 별개의 것임에 틀림없었다. 자라난 고향과 낳아준 부모형제를 떠나 단신 실향민으로 살아간다는 것, 그것은 이호철의 인생과 문학에 있어 근본적인 규정성이다. 그런 점에서 나는 단편소설 「큰 산」(1970)이 이호철 문학의 근원을 이해하는 데에 시사적인 작품이라고 생각한다.

어느 날 아침 깨어보니 첫눈이 내렸는데, 대문 옆의 블록담 위에 하얀 남자 고무신 한 짝이 놓여 있다. 아무것도 아니라면 정말 아무것도 아닌 이 일로 하여 '나'와 아내는 꺼림칙한 느낌에 휩싸인다. 가정의 단란함을 위협하는 어떤 불길한 손길이 다가오는 듯한 불안과 공포 속으로 빠져드는 것이다. 여기서 '나'는 어린 시절의 기억을 떠올린다.

> 우리 마을 서쪽 멀리 청빛의 마식령 줄기가 가로 뻗어갔는데, 마을 사람들은 이것을 '큰 산'이라고 불렀다. 내 경우 이 '큰 산'은 그곳에 그 모습으로 그렇게 있다는 것만으로 항상 나의 존재의, 나를 둘러싼 모든 균형의 어떤 근원을 떠받들어주고 있었던 것이다. 내가 태어난 뒤 가장 먼저 익숙해진 것은 어머니의 젖가슴이었겠지만, 두 번째로 익숙해진 것은 그 '큰 산'이었을 것이다. 아침저녁에

> 서 우리 집으로 정면으로 건너다보이던 그 '큰 산', 문만 열면 서쪽 하늘 끝에 웅장하게 덩더룻이 솟아 있던 그 청빛 '큰 산'.
>
> 그런데 이 '큰 산'이 구름에 가려 보이지 않게 되면 갑자기 주위의 야산들이 시커멓게 이상한 모습으로 변하고 들판도 의지할 데를 잃은 듯 썰렁해진다. 어느 날 '나'는 가을비 내리는 저녁때 혼자 집으로 돌아오다가 길가 무밭에 버려진 '지까따비'짝을 흘낏 보고 섬뜩한 공포감을 느낀 적이 있다. '큰 산'이라는 존재의 튼튼한 기반이 가려질 때 모든 사물들은 본래의 제자리와 분수를 잃고 안정감을 상실한다. 어머니의 품과 그 '큰 산'에서 멀리 떠나와 있는 오늘의 삶은 어떠한가. 무심코 지내는 일상생활의 균형과 안정은 지극히 사소한 외부적 힘의 개입에 의해서도 언제든지 허물어질 수 있는 허약함을 본질로 한다.

염무웅은 이호철의 성장사를 역사적 상황과 버무려 제시한다. 그의 작품 창작 계기를 전기적 사실에 비추어 설명함으로써, 그의 개성이 머무는 곳을 파악하려 했다. 염무웅은 이호철의 단편 「큰 산」(1970)을 구체적으로 제시하며 언급한다. 이를 통해 염무웅은 실향민으로서 혈혈단신 남한으로 넘어와 생활인으로 뿌리내리려 했던 이호철의 내면세계를 드러낸다. 역사주의 비평은 이렇듯 개인사와 역사를 함께 고려한 상태에서 작가의 내면세계와 문학적 개성을 해명하려 한다.

1.6 문제점 및 한계점

역사주의 비평은 19세기에 영국이나 독일에서 시작되어 프랑스에서 확립된 실증주의적인 문학 연구방법이다. 고대나 중세의 절대주의적 비평에 대한 반동으로 출발해 근대 과학정신을 중시한 비평으로 현대에까지 영향을 미치고 있다. 유럽 비평가의 문화유물론에 이어서

1980년대부터 미국의 스태판 그린블랫 등에 의해 신新역사주의 비평New Historical Criticism도 역사주의 비평과 관계가 있다. 미국의 제임슨F. Jameson과 화이트H. White, 영국의 윌리암스R. Williams나 이글턴T. Eagleton 등이 주장하는 신역사주의는 문학이 현존의 사회정치적 맥락에서 만들어진 언어적 서술의 체계라는 견해를 피력한다. 정치사회적 이념의 영향 아래서 문학과 비평의 기능을 이해하는 이들 작가나 비평가들은 지식인의 정치사회적인 참여가 필연적이라고 본다.[38]

역사주의 비평은 작품과 작가를 불가분不可分의 관계로 파악한다. 그래서 세 가지로 구분되는데, 원전비평, 전기비평, 역사비평이 그것이다. 원전비평은 비평의 대상이 될 원본을 확정하는 작업을 중시하는데, 특히 고전이나 번역 작품에서 그 중요성이 강조된다. 전기비평은 작품을 창작한 작가의 성장과정이나 교육 정도, 교우관계, 일상적인 버릇 등 전기적 사실을 조사하여 작품을 해석하는 비평방법이다. 역사적 비평은 인종, 환경, 시대 등의 결정요인을 중시해, 문화적 요소와 문학적 관습을 적극적으로 고려하는 비평방법이다.

전통적인 비평방법으로 간주되며 오랜 역사를 지닌 역사주의 비평도 몇 가지 한계점을 안고 있다. 첫째, 작품보다는 작품을 둘러싼 여러 문학文學 외적外的 요인에 치우쳐 문학 본연의 가치 파악을 소홀히 하는 경우가 발생하기도 한다. 둘째, 작가나 작품의 과거에 집착한 나머지 현재적 의미를 적극적으로 해명하지 못할 수도 있다. 셋째, 작품 출처에 대한 자료조사와 역사적 상황에 대한 의존도가 지나치면, 문학 연구의 목적과 수단에 혼동을 일으키기 십상이다. 넷째, 작가의 전기적인 사실과 사회역사적 관계에 대한 지나친 자료조사로 인해 문학작품에 대한 인상주의 비평으로 흐를 가능성이 있다.

---

38) 정정호, 「텍스트와 역사의 대화」, 『문학사상』(1993.1), 또한 『현대 영미 비평의 이해』, 탑출판사, 1989, 22쪽에 의하면 얼핏 보아 신역사주의자들은 전통적인 역사주의에 대한 반발을 보이지만 결국은 네오 맑시스트로 불릴 만큼 역사주의적인 계열에 드는 것임.

2장 문학사회학과 마르크스주의 문학비평

2.1 중요성 및 개관

문학은 그것 자체로 존재할 수 있는 자율성을 가진 예술인가, 아니면 현실 혹은 사회를 비추는 거울인가. 이런 물음은 문학의 본질을 논의하는 자리에서 항상 제기되는 중요한 문제이다. 문학의 자율성과 사회성으로 요약되는 이 두 대립적 입장은 대다수 문학관의 근간을 형성하는 것이기도 하다. 문학의 예술적 '자율성'과 '사회성' 가운데 어떤 측면에 중점을 두느냐에 따라 비평의 태도는 뚜렷하게 달라진다. 문학사회학文學社會學과 마르크스주의 문학비평은 문학의 사회성과 내용성에 근거하여 작품을 해석, 평가하고자 하는 사회학적 문학비평에 해당한다.

문학, 더 넓게 예술은 발생에서부터 사회와 밀접한 관련을 맺고 있었다. 고대사회에서 예술은 일정한 사회적 기능을 담당했고, 집단적 의식儀式의 일부로 간주되기도 했다. 예술은 한 개인에게만 국한되지 않는 사회적 기능 내지 유용성을 가졌다. 하나의 예술형식으로서 문학이 갖는 사회적 성격은 작품의 유통구조와 문학을 둘러싼 제도에서도 뚜렷이 확인할 수 있다.[1]

1) 김치수 외, 『現代文學批評의 方法論』, 서울대출판부, 1983, 114쪽.

문학의 사회적 기능이 미적 기능보다 중요하다는 인식은 플라톤 이후 계속 제기되어 왔다. 예술과 관습은 환경의 산물이라는 견해를 지녔던 비코Vico나 독일의 헤르더와 헤겔 역시 이러한 주장을 펼쳤다. 또 근대비평을 대표하는 텐H. Taine이나 아놀드는 물론이요 "문학은 사회의 표현"이라는 견해를 지닌 드 보날De Bonal 등도 마찬가지 견해를 가졌다.

문학사회학Sociology of literature은 문학작품 속에서 사회적 진실을 읽어내거나, 그 사회의 무의식적 욕망을 해석해 낼 수 있다고 보는 문학 연구방법이다. 이 접근방법은 '사회학'이라는 객관적이고 과학적인 태도와 문학 연구방법을 결합한 것이 특징이다. 문학에 대한 '사회학적' 접근은 20세기 들어서 이루어지기 시작했다. 사회학의 영역 가운데서도 정치사회학이나 경제사회학이 여타 사회학 분야에 비해 이론과 체계를 빨리 수립했다는 사실에 비추어 볼 때, 문학사회학의 전통은 역사적 전통이 길지 않은 편이다. 문학사회학의 이론과 체계는 여전히 형성되어 가는 과정에 놓여 있는 것으로 볼 수 있다.

문학사회학이 객관적 방법론 자체를 중시하는 학문적 성격이 강하다면, 마르크스주의 비평Marxist Criticism은 이념적 지향을 강조하는 정론성政論性을 지니고 있다. 마르크스주의 비평은 사회성과 관련되는 예술적 표현형식에 대한 아카데믹한 근접보다는 작품의 내용성을 작가의 정치적 의식으로 환원시키는 경향이 강하다. 특히 1917년의 볼셰비키 혁명 이후, 전 세계로 확산된 마르크스주의 비평은 러시아 형식주의 운동의 물결을 억누르며 사회주의 체제와 함께 성장했다. 북한문학이 주장하는 '주체문학론'도 마르크스주의 문학담론의 변형이라고 할 수 있다.

한국문학사에서 마르크스주의 비평은 1920년대 경향파 문학, 카프문학, 광복 이후의 좌익문학, 1980년대 노동문학 등의 근본원리에 영향을 미쳤다.

2.2 문학사회학

사회학적인 문학비평은 그 이론의 실제적인 적용방식에 있어서 조금씩 차이가 있다. 영·미를 중심으로 살펴본다면, 레이몬드 윌리암스Raymond Williams, 리차드 호가트Richard Hoggart, 이언 와트Ian Watt, 프랭크 커모드Frank Kermode, 케네스 버크Kenneth Burke, 메리 메카시Mary McCarthy 등의 비평이 문학사회학에 포함된다. 1960년대를 고비로 기능주의functionalism적이었던 문학 연구의 주도권이 문학사회학에 의해 허물어졌다. 유럽에서는 루카치G. Lukacs나 골드만L. Goldmann, 에스카르피R. Escarpit, 아도르노T. W. Adorno 등이 문학사회학의 범주에 들 수 있다.

루카치는 변증법적 유물론에 바탕을 두고 분열된 총체성의 재구성을 시도했다. 그에 비해 골드만은 사회구조와 소설구조 사이의 상동관계를 밝히기 위해 발생론적 구조주의를 제창하였다. 또한 에스카르피는 문학의 생산·분배·소비의 사회적 관련성을 실증적 방법으로 탐구했다.[2] 프랑크푸르트학파인 아도르노는 전체주의 이데올로기와 자본주의 문화논리를 비판하면서 문학예술의 자율성을 강하게 주장하는 태도를 취하기도 했다. 이들은 대체로 '문학작품은 사회구조적으로 조건지어진다"는 관점을 갖고 있었으며, 일부에서는 문학사회학적 접근방법을 신新마르크스주의로 범주화하기도 한다. 문학사회학은 미하일 바흐친Mikhail Bakhtin에 이르러 새로운 해석 가능성을 넓혔다. '민중의 언어와 카니발', '대화의 시학'으로 널리 알려진 바흐친은 "문학의 본질적 특성은 소설이 가진 다성적(多聲的) 구조와 관련을 맺고 있다"고 보았다.[3] 이는 문학이 어떻게 사회를 표현하는가에 대한 의미 있

---

2) 에스카르피 계통의 문학사회학은 작품보다도 문학의 사회적 현상에 관한 연구에 치중하고 있음. 앙케이트나 통계 같은 사회학적 방법에 의거하여 사회적·경제적 현상으로서의 문학을 최대한으로 규명하고자 함. 예를 들면 작가들의 출신, 연령, 수입 등을 조사, 연구하고 도표나 숫자의 도움을 받아 서적의 생산, 분배, 성공도, 소비 등을 분석하는 것임. 그의 문학사회학 관계 저서들로는 재판이 거듭된 『문학사회학』(1958), 『출판의 혁명』(1965) 등이 있음(김치수 외, 『現代文學批評의 方法論』, 서울대출판부, 1988, 144쪽).

는 발언이다.

이처럼 많은 비평가들에 의하여 사회학적인 문학 접근이 이루어져 왔는데, 그것들은 대략 다음과 같은 네 가지로 분류할 수 있다.[4]

① 사회경제적 제약과 예술의 관계를 따지는 유파
② 표현의 형식과 문학양식의 변화와 사회구조의 변화에 대한 상관성을 연구하는 유파
③ 작가의 출신 계층과 사회적 지위를 분석하는 유파
④ 독자에게 미친 영향과 그에 따른 효과의 분석, 혹은 테크놀로지의 발달에 따른 예술작품의 변화와 사회적·정치적인 귀결을 연구하는 유파

문학사회학의 영역은 작가의 직업과 계층, 문학적 세대 등을 문제 삼는 '작가 사회학', 통사론인 의미론적 차원에서 작품 내적 문제를 다루는 '작품 사회학', 작품의 수용과정에 관련되는 문제를 다루는 '독자 사회학'으로 나뉘기도 한다.[5]

이러한 각 유파는 그 나름의 방법론과 그에 따른 성과를 안고 있다. 특히 문학사회학의 가능성을 뚜렷하게 보여 준 발생론적 구조주의 genetic structuralism에 주목할 필요가 있다. 루카치 유형학에 이어 그의 소설이론을 더욱 객관화시킨 골드만이 '발생론적 구조주의' 방법을 주창했다.

2.2.1 루카치의 유형학

20세기 이후 성립된 초창기의 문학사회학에 크게 공헌한 이는 헝가리 태생의 철학자이며 비평가인 루카치Georg Lukacs(1885~1971)이다. 마르

---

3) 장 이브 타디에, 김정란 외 역, 『20세기 문학비평』, 문예출판사, 1995, 224~225쪽.
4) 김윤식 편저, 『文學批評用語辭典』, 일지사, 1986, 59쪽.
5) 김현, 『文學社會學』, 민음사, 1987, 132~138쪽.

크스주의 미학의 근간을 이루는 '예술작품은 현실의 미학적 반영이다'라는 반영이론을 주장한 이가 바로 루카치이다.[6] 루카치의 초기 저작 『소설의 이론Theory of Novel』(1915)은 문학사회학 분야에 있어 가장 중요한 문헌 가운데 하나이다. 『소설의 이론』은 호머의 서사시에 나타나는 시적 세계상황과 산문적 세계상황을 대비하여 설명한다. 루카치에 의하면 시적 세계상황의 특징은 내면세계와 외부세계가 분리되지 않은 형이상학적인 원의 세계이며, 그 세계는 총체성totality에 의하여 지배된다. 호머의 서사시 이후의 세계는 총체성이 상실된 세계이며, 소설 장르는 그러한 세계에 대한 향수, 동경, 추구의 표현으로 특징지을 수 있다.

서사시가 삶의 총체성을 형상화한다면, 소설은 숨겨진 삶의 총체성을 찾아내어 이를 재구성하려 한다. 소설은 "한 개인의 체험을 통하여 하나의 전체적 세계를 창조해야만 하고 또 개인에 의해 창조된 세계의 균형을 유지하지 않으면 안 될 정도의 무한한 높이로 개인을 고양"[7]시킨다. 이를 위해 소설은 역사적 상황이 그 자체 속에 내포하고 있는 모든 간극과 심연은 소설적 형상화 속에 흡수해야 한다. 또한 소설적 구성이라는 수단에 의해 역사적 상황은 감추어질 수도 없거니와 또 감추어져서도 안 된다.

루카치는 역사철학에 기반해 소설 형식의 미학적 특성을 총체성으로 해명했다. 그의 논의 속에서는 '근대modern'라는 사회적 상황이 깊이 있게 다루어지고 있으며, 소설 주인공의 심리와 내적 형식이 '문제적 인간'으로 지적되고 있다.

『소설의 이론』에서 이루어진 중요한 업적의 하나는 근대 소설의 유형학typology이다. 루카치가 제시하고 있는 소설의 유형은 주인공과 세

---

6) 루카치의 문학사상은 칸트와 헤겔을 토대로 한 초기의 것과 마르크스주의로 전향한 이후의 것으로 뚜렷이 구별됨. 여기서 그의 초기 사상을 잘 표현하고 있는 것이 헤겔의 미학을 바탕에 깔고 있는 '소설의 이론'임.

7) 게오르그 루카치, 반성완 역, 『루카치 소설의 이론』, 심설당, 1998, 89쪽.

계와의 관계를 통하여 삶의 외연적 혹은 내포적 총체성을 어떤 방식으로 제시하고 있느냐 하는 점에서 나누어진다.

루카치에 의하면 단테의 『신곡神曲』은 신神이라는 형이상학적 좌표가 여전히 존재하던 시대의 형식으로서 서사시와 소설의 중간 형태를 나타내고 있는 것이다. 진정한 의미에서의 소설 형식은 신이 완전히 사라지고 인간이 형이상학적 방향감각을 잃어버린 시대상황에서 발생한다. 그것은 현대적 의미의 시민사회의 형성과 깊은 관련이 있다. 여기에서 소설의 세 유형인 추상적 이상주의의 소설, 환멸의 낭만주의의 소설, 종합으로서의 교양소설이 구체적으로 제시되고 있다.

첫 번째 유형인 '추상적 이상주의' 소설은 세르반테스의 『돈키호테』가 대표적이다. 추상적 이상주의 소설의 주인공은 현실과 이상의 간격을 의식하지 못하고 현실 속에서 이상을 실현할 수 있으리라는 과도한 신념을 갖고 있다. 그는 신이 없는 세계에서 마치 자신이 신의 역할을 하려는 마성적인 내면성 때문에 외부세계를 잘못 판단하여 그야말로 돈키호테적인 모험을 감행한다. 추상적 이상주의 소설의 주인공은 "내면성이 외부적 삶의 산문적 통속성"[8]으로 향해 가는 시민사회에 대항해서 최초로 대결한 것이라는 데에 그 역사철학적 의미가 있다.

두 번째 유형은 '환멸의 낭만주의' 소설이다. 이러한 유형의 소설 주인공은 완전히 산문화된 현실 속에서, 이상理想을 실현할 수 없다는 사실을 처음부터 의식하고 오로지 내면세계로 후퇴하여 그 속에서 자신의 욕망을 실현코자 한다. 이 내면성은 실현의 불가능을 인식하고 있기에 자기 기만적인 동시에 세계상황에 대한 우수憂愁를 나타내는 서정적인 성격을 강하게 드러낸다. 플로베르의 『감정교육』이 이 유형의 중요한 작품이다. 환멸의 낭만주의 소설을 지배하고 있는 주인공의 내면적 세계는 너무 광대하고 주관적이기 때문에 소설 형식을 개

8) 위의 책, 114쪽.

인화·심리화하는데, 이것을 극복할 수 있도록 하는 소설적 장치가 바로 시간의 개념이다. 시간은 연속성을 가지는 것으로써 이 유형의 소설형식에 유기적인 통일성을 부여한다. 시간은 '그 자체로서 존재하는 하나의 구체적이고 유기적인 연속'이다. 시간 속에서 발견되는 희망은 "삶에 의한 좌절의 결과로서 더럽혀지고 삶으로부터 유리된 예술작품이 아니라 그 자체로서의 삶의 일부를 이루"[9]는 것이다.

세 번째 유형은 종합으로서의 '고양소설'이다. 괴테의 『빌헬름 마이스터의 수업시대』에서 잘 드러나 있듯이 주인공은 자신의 세계 상황 즉 외부세계와 내면세계의 간격을 인식하고 있지만 그 속에서 자신의 이상을 실현하고자 하는 노력을 포기하지 않는다. 따라서 무모한 행동을 하지도 않고 외부세계에 대한 행동을 완전히 포기하지도 않는다. 이러한 고전주의 소설이 내면성을 가능케 하는 것은 독일 고전주의 소설에 나타나는 공동체 의식과 교육적 이상, 즉 휴머니즘이다.

루카치는 이러한 유형적 분류를 마무리하면서 '위대한 서사시'에 관해 언급한다. 그는 톨스토이와 도스토예프스키의 소설을 언급하면서, "사회적 존재로서의 인간도 아니고 그렇다고 유리되고 순수한 추상적 내면성으로서의 인간도 아닌" 순수한 영혼적 세계를 갈망한다.[10] 그는 순수한 영혼적 세계를 단지 희망의 영역에 남겨 놓은 채 논의를 마무리하고 있다.

2.2.2 골드만과 소설사회학

루마니아 태생인 루시앙 골드만Lucien Goldmann(1913~1970)은 루카치의 소설이론을 계승해 보다 객관적이고 사회학적인 문학이론을 창안해 낸 인물이다. 골드만의 문학에 대한 사회학적인 접근은 발생론적 구조주의라는 방법론에 근거하고 있다. 이 발생론적 구조주의는 '모든 인간

9) 위의 책, 142쪽.
10) 위의 책, 174쪽.

행위는 어떤 특수한 상황에 의미 있는 대답을 주려는 시도이며 그것을 통하여 행동의 주체와 그 행동이 미치는 대상, 즉 주위의 외부세계와의 균형을 이루고자 하는 것'이라는 가설에 근거하고 있다.

발생론적 구조주의 문학사회학은 작품세계의 구조가 어떤 사회집단의 의식구조와 같거나 혹은 인지할 수 있는 관계에 있다는 문제의식에서 출발한다. 이와 같은 방법론을 적용하여 소설형식의 특성을 해명하고자 한 것이 골드만의 『小說社會學을 위하여Pour une socioloigie du roman』(1964)이다. 여기서 골드만은 소설의 구조를, 그것을 발생시킨 사회의 구조에 포괄시킴으로써 발생론적인 의미 탐구작업을 전개시켜 나갔다. 골드만은 소설의 발생론적인 근원에 해당하는 사회의 구조를 '시장'과 '교환가치'라는 개념으로 설명하였다. 그에 의하면 소설의 구조와 시장을 위한 사회의 구조는 대응관계를 가지게 되며, 비교되는 두 개 항의 내부적인 관계는 서로 유사한 관계, '상동성相同性, homology'을 띠게 된다.

이와 같은 관점에 서 있는 골드만의 입론은 현대소설의 성격과 발생사를 엄밀한 사회학적 개념으로 파악하고 있다는 점에서 주목할 만하다. 소설이 외형적으로 표현하는 지극히 복잡한 형식은, 사람들이 질적 가치 또는 사용가치를 추구하다가 점차 그 사용가치를 수량화해 교환가치라는 매개현상에 의존하면서 타락한 형태로써 표현되게 된다. 여기서 사물화에 따른 소외현상이 발생하는데, 사회적 관계 속에서 이루어지는 일상적 삶의 양식이 이를 반영하게 된다. 모든 가치가 직접성을 띠지 못하고 매개적 관계 속에서 훼손될 수밖에 없는 자본주의사회에서는 '직접적으로' 사용가치를 지향하는 모든 노력은 '문제적 개인들'을 만들어 낼 수밖에 없다. 그래서 중요한 창작 장르의 하나인 소설구조와 교환구조는 상이한 두 차원 위에 나타나는 동일구조라고 할 수 있을 정도로 아주 빈틈없이 서로 대응한다는 것이 골드만의 주장이다.[11]

골드만의 이러한 상동성 개념은 또 하나의 중요한 개념인 '세계관'

과 관련되는 것이다. 그는 문화창조의 주체는 개인이 아니라 사회계급이라고 하면서 작품 속에 나타난 집단의식 또는 사회집단의 정신구조를 '세계관'으로 집약시키고 있다. 루카치에 의하여 '가능한 의식의 최대치'로 표현된 바 있는 이 집단적 지향성으로서의 '세계관'은, 골드만에게 있어서는 삶과 형식이 상징적으로 연관되는 틀로 제시된다. 골드만은 파스칼과 라신의 작품을 분석한 그의 저작 『숨은 신(神)Hidden God』에서 이 세계관 개념에 보다 엄밀한 정합성을 부여해 문학사회학의 뚜렷한 한 가지 방법론을 정립했다.[12)]

2.2.3 프랑크푸르트학파의 비판적 예술론

프랑크푸르트학파Frankfurter Schule는 독일 프랑크푸르트대학의 '사회연구소Institut für sozialforschung'를 모체로 하여 1923년에 성립되었다. 이 사회연구소는 1920년대 독일 사회가 파시즘의 형태로 변화하는 시대 상황 속에서, 무엇이 인간의 자율성을 억압하고 무력하게 하는가를 해명하고자 노력했다. 그 구성원은 호르크하이머M. Horkheimer를 비롯하여 아도르노T. W. Adorno, 벤야민W. Benjamin, 프롬E. Fromm, 로웬탈L. Lowenthal, 마르쿠제H. Marcuse, 플록F. Pollock 등 저명한 학자들이었다.

벤야민과 아도르노, 마르쿠제 등은 철학적이면서도 사회학적인 이론을 바탕으로, 현대예술에 비판적 인식을 정립한 대표적 인물들이다. 프랑크푸르트학파의 예술론은 인간을 억압하는 산업사회의 문화적 기제들을 비판하는 데 집중되고 있으며, 새로운 이상적 사회건설과 예술 창조를 추구하고 있다. 이렇게 선명한 사회철학을 바탕으로 출발한 프랑크푸르트학파가 학계의 주목을 받으면서 현실적으로 중

11) 골드만, 조경숙 역, 『小說社會學을 위하여(*Pour une socioloigie du roman*)』, 청하, 1986, 23쪽.
12) Lucien Goldmann, *The Hidden God*, Trans., P. Thody(Routledge & Kegan Paul), 1977, pp. 3~21.

요한 영향력을 드러낸 시기는 1960년대에 이르러서다.[13]

아도르노는 예술이 사회를 단순히 반영할 수 없으며, 실제 세계 내에서 간접적인 종류의 인식을 낳는 하나의 자극제로서 작용함을 주장하였다. 이 형식에 대한 언급은 현대예술, 특히 모더니즘 예술론에 있어서 중요한 의미를 갖는 것이기도 하다. 아도르노의 예술론은 루카치와의 논쟁에서 예각적으로 드러난다.[14]

벤야민은 20세기 후반과 21세기에 이르러 각광받는 문예이론가이며 사상가이다. 그는 프랑크푸르트학파와 직간접적인 관계를 맺었으며, 아도르노와 갈등하면서도 동료적 관계를 유지하기도 했다. 그의 예술관 내지 문학관은 프랑크푸르트학파와는 조금 다른 맥락을 형성한다. 벤야민은 그의 사회학적 문학관이 잘 표현되어 있는 「기술복제시대의 예술작품」에서 영화, 라디오, 전화, 축음기 등 현대의 기술적 혁신이 예술작품의 원본적 가치를 완전히 변화시켰다고 주장하였다. 예술작품에 고유한 '아우라Aura'의 상실[15]에 대한 언급이 그것이다. 벤야민은 새로운 기술이 혁명적인 효과를 가질 수도 있는 반면에 이것에 대한 보장이 없음을 인식하고, 자본주의 상품으로 작품이 변화하고 있음을 냉철히 인식했다. 벤야민은 예술적 가치를 유지하기 위해서는 작가와 예술가들이 자신의 영역에서 '생산자'가 되는 것이 필요하다는 주장을 펼쳤다.

아도르노와 벤야민과는 세대가 달라 프랑크푸르트학파의 제2세대로 일컬어지는 마르쿠제는 예술을 사회적 관계 속에서 해명하려 노력했다. 그는 미적인 것이 그것 자체로 충분한 자율성을 가진다고 보았

---

13) 권기철, 「批判理論과 市民哲學」, 『人文學硏究』 19집, 중앙대, 1992, 109~156쪽. 그것은 1961년 독일사회학대회에서 아도르노 및 하버마스의 공격과 이에 맞선 포퍼 및 알베르트의 반론으로 야기된 이른바 실증주의 논쟁을 지칭함. 그러나 이들 프랑크푸르트학파의 구성원들은 하버마스를 제외하고는 작고하여 점차 쇠퇴하고 있는 실정임.

14) 루카치 외, 홍승용 역, 『문제는 리얼리즘이다』, 실천문학사, 1985 참조.

15) W. 벤야민, 「技術複製時代의 예술작품」, 반성완 편역, 『발터 벤야민의 문예이론』, 민음사, 1983, 202쪽.

다. 마르쿠제는 문화적 억압과 종속의 이면에 존재하는 예술과 문화의 긍정적인 힘을 중시한다.[16] 마르쿠제에 의하면 미적인 사회 실현은 억압 없는 자유의식에서 가능해진다. 인간은 쾌락원칙과 현실의 투쟁 속에서 종속적인 지위에 머무르는 존재가 아니라 역사적, 사회적, 현실적 억압에 대항하여 예술의 주체로 나설 수 있는 가능성을 지닌 존재이다. 아도르노와 함께 마르쿠제의 예술론은 현대사회의 전체주의화에 대한 비극적 인식의 날카로운 표현이라 할 수 있다.[17]

이와 같이 아도르노, 벤야민, 마르쿠제 등은 프랑크푸르트학파의 사회이론에 근거하여, 예술과 문학이 전체주의적 사회의 지배에 저항할 수 있다는 논지를 펼쳤다. 또한 해석학적 사회인식론의 태도를 지닌 하버마스J. Habermas도 유사한 견해를 드러내고 있다. 하버마스는 프랑크푸르트학파의 제3세대로 일컬어지는데, 그는 '의사소통의 합리성'에 기반해 '근대의 해방기획'이 완성될 수 있다는 논지를 펼쳤다.

2.3 마르크스주의 비평

마르크스주의 비평은 사회주의 사상가 마르크스Karl Heinrich Marx의 철학, 특히 예술론에 기반해 있다. 넓은 견지에서 본다면, 문학에 대한 사회학적 논의의 대부분은 마르크스의 유물변증법적 철학을 원용한 것이라고 할 수 있다. 이러한 의미에서 "마르크스주의는 문학의 사회학적 논의에 있어서 주류를 이루어 왔다"[18]는 지적은 타당하다.

문학사회학의 주요 이론가들이라 할 수 있는 루카치, 골드만, 마르쿠제, 아도르노, 벤야민 등도 부분적으로 마르크스의 영향을 받았다. 그러나 지금 논의하고자 하는 마르크스주의 비평은 그들과는 달리 마

16) H. 마르쿠제, 김동일 외 편, 『사회과학 방법론 비판』, 청람문화사, 1983, 63쪽.
17) 김현, 『文學社會學』, 민음사, 1987, 108쪽.
18) John Hall, 최상규 역, 『文學社會學』, 혜진서관, 1987, 11쪽.

르크스의 사상을 전면적으로 수용한 사회주의적 비평 경향을 지칭한다. 마르크스에서 출발하여 레닌에 의하여 실현되는 문학예술 노선에 따라 로젠탈M. Rozental과 키르포틴V. Kirpotin, 루나차르스키A. V. Lunacharskii, 누시노브I. Nusinov 등의 비평가가 등장했다.

마르크스주의 비평의 본질은 마르크스주의 문학예술 노선의 발전 과정을 수용한 것으로, 현실 사회주의에서는 '사회주의 리얼리즘'으로 정립되었다. 마르크스주의 비평가들에 의하면 자본가 계급문학은 관념론적 개체주의와 자유경쟁적 시장경제로 인해 필연적으로 공황의 길에 빠져들 수 없다고 한다. 그리하여 자본가 계급문학은 '허무주의적인 자아부정의 문학', '반동으로써 부식을 감추기 위한 문학', '퇴폐적인 자산계급의 문학'[19] 등으로 매도되는데, 이러한 문학관의 정립은 고전적 마르크스주의 문학이론, 레닌의 당문학, 현실 사회주의의 '사회주의 리얼리즘'으로 변화해 왔다.

2.3.1 마르크스의 문학예술론

마르크스주의의 근본원리는 유물론唯物論을 토대로 하고 있는데, 그것은 '변증법적 유물론辨證法的 唯物論'과 '사적 유물론史的 唯物論'으로 구체화된다. 변증법적 유물론은 헤겔의 변증법과 유물론적 세계관을 결합한 것이다. 변증법적 유물론에 의하면, 세계는 물질의 운동으로 구성되고 있으며 세계의 발전 또한 물질의 운동법칙에 의한다는 것이다. 사적 유물론은 변증법적 유물론의 원리를 사회현상과 역사 연구로 확대한 것이라고 볼 수 있다.[20] 사적 유물론은 '인간의 의식이 그들의 존재를 규정하는 것이 아니라, 반대로 그들의 사회적 존재가 그들의 의식을 규정하는 것'이라는 명제에서 출발하여 사회발전의 일반적인 법칙을 이끌어 낸다.

---

19) 장사선 외, 『文藝思潮』, 새문사, 1991, 147~148쪽.

20) 陣繼法, 叢成義 역, 『사회주의예술론』, 일원서각, 1985, 30쪽.

마르크스의 예술론은 예술을 노동행위와 관련짓는 데서 출발한다. 인간은 유적類的 존재로서 노동을 통하여 생산하는 활동적 존재이다. 인간은 자연에 대한 능동적인 노동행위를 통해서 자연을 정복하고 목적을 실현한다. 따라서 노동의 역사는 곧 생산수단의 발전을 통한 물질적 생산력의 증대 과정이었다. 노동이 자연을 인간화하는 것처럼 예술가는 인간의 정신적, 실천적 감각을 '미美의 법칙'에 따라 형상화 함으로써 미적 대상화對象化 작업을 행하게 된다. 인간은 스스로의 노동을 통하여 객관적 세계 가운데 위치하는 자신을 확인하고, 그 과정을 통해 자신의 창조성 또한 실현하게 된다. 마르크스에 의하면, 자아의 실현은 예술을 통해 표현될 수 있으며, 예술과 노동은 동일한 의미를 가지는 '창조적인 활동'[21]으로 평가된다.

개인 생활의 표현이 사회적 삶의 표현이라는 마르크스의 지적은 예술이 이데올로기적 내용을 가진다는 것을 의미한다. 마르크스는 이 이데올로기의 한 가지 형식으로써 예술이 가지는 특수성에 대해 이야기한다. '예술 상부구조론'으로 요약되는 이 이론은 경제적 토대를 의미하는 하부구조와 그에 기반해 성립된 상부구조라는 모델을 통하여, 다른 모든 이데올로기와 마찬가지로 예술이 사회적 의식의 한 형태임을 강조한 것이다.

이 이데올로기로서의 예술을 구체적으로 규정짓는 미적 범주가 바로 리얼리즘이다. 리얼리즘에 대한 논의는 마르크스 예술론의 핵심이라 할 수 있을 것이다. 마르크스와 그의 동료 엥겔스Friedrich Engels(1820~1895)는 인간의 미적 심성心性의 토대를 노동에 두었으며 궁극적으로 예술이 현실적 대상을 재생산한다고 보았다. 따라서 예술적 창조는 현실을 반영함과 함께 그것을 의식하는 하나의 방법이 된다. 이는 마르크스주의 비평에서 현실의 정확한 묘사描寫에 관한 문제인 리얼리즘론에서 집중적으로 논의되었다.

---

21) 쟈네트 월프, 이성훈·이현석 역, 『예술의 사회적 생산』, 한마당, 1986, 30쪽.

> 내가 생각하기에 사회주의적 경향 소설은, 그것이 현실상황의 충실한 묘사를 통해 현실사회를 지배하고 있는 관습적 환상을 타파하고, 부르주아 세력의 낙관주의를 뒤흔들어 놓으며, 기존의 것이 영원히 정당성을 가진다는 데 대해 회의를 필연적으로 느끼도록 하는 것, 그렇지만 그렇다고 스스로 직접 해결책을 제공하는 것은 아니며, 경우에 따라서는 심지어 노골적으로 당파를 취하지도 않을 때 자기의 사명을 완수하는 것입니다.[22]

예술작품에 대한 예술적 인식의 가치체계라 할 수 있는 리얼리즘[23]은 엥겔스의 위와 같은 견해에 의해 '리얼리즘의 승리'로 일컬어진다. 어떤 예술가가 자신의 이데올로기적 입장에도 불구하고, 리얼리즘적 태도에 충실할 경우에 그 이데올로기마저 극복될 수 있다는 것이다. 마르크스와 엥겔스는 위대한 리얼리즘 작가인 발자크에 관해 논의하면서, 리얼리즘은 단순한 이데올로기적 등가물等價物이 아니라 특정한 예술적 인식의 등가물라고 평가했다. 즉, 특정한 삶의 지배적, 전형적 특징들을 리얼리즘적 태도로 표현할 경우, 자신의 의도하지 않은 새로운 세계로 진입할 수도 있다는 것이다.

> 저는 어떤 것을 비판해야 할 때 이야기가 혹시 충분하게 리얼리즘적이지 못한 것은 아닌가 하곤 합니다. 제 생각으로는 리얼리즘은 세부의 충실성 이외에도 전형적 성격들의 충실한 재현을 의미합니다. 작가의 견해가 감추어져 있을수록 예술작품은 더욱 훌륭해집니다. 제가 말하는 리얼리즘이란 심지어는 작가의 견해에도 불구하고 드러날 수 있는 것이라야 합니다.[24]

---

22) F. Engels,「민나 카우츠키에 보내는 편지」, L. 박산달, S. 모라브스키 編, 김대웅 역, 『마르크스 엥겔스 문학예술론』, 한울, 1988, 146쪽.

23) 앙리 아르봉, 오병남·이창환 역, 『마르크스주의와 예술』, 서광사, 1988, 76쪽.

24) F. Engels,「마가렛 하크니스에게 보내는 편지」(L. 박산달·S. 모라브스키 편, 앞의 책), 146쪽.

엥겔스는 전형적인 것은 특정한 역사적 조건 아래서 각 시기마다 다른 것으로 존재하며 항상 새로운 성격과 사건에 의해서만 구체화될 수 있다고 보았다. 그는 보다 엄격한 의미로서의 리얼리즘적 전형성典型性을 언급하고 있는 것이다. 여기서 알 수 있는 점은 마르크스와 엥겔스는 예술이 가지는 상대적인 자율성을 인식하고 있었다는 사실이다.

마르크스와 엥겔스는 현실의 생생한 과정을 진실하게 반영하고 진보적인 사상과 세력을 확대시켜야 한다는 확신을 표명했으며 경향문학의 창조를 필연적인 것으로 보았다. 더 나아가 그들은 예술가들이 진보적인 사상에 입각하여 과학적으로 역사발전을 이해하고 표현해야 한다고 주장했다. 마르크스와 엥겔스의 관점은 이후에 레닌이 「당 조직과 당문학」에서 기술한 예술의 당파성黨派性 원리의 기초가 된다.

2.3.2 사회주의 리얼리즘

마르크스와 엥겔스의 예술관은 1917년 러시아 혁명 이후 성립된 현실사회주의에 계승되었다. 이 가운데서 중심이 된 것은 러시아의 마르크스주의 문학예술 노선이다. 이 러시아 마르크스주의 문학론은 레닌Vladimir Il'ich Lenin(1870~1924)과 스탈린I. V. Stalin(1879~1953)으로 이어지는 정치적 변화와 밀접하게 연관되어 있다. 20세기 초 러시아는 공산주의 혁명의 열기 속에서 '당문학黨文學'이라는 개념을 정립시켰다.

> 당문학의 이러한 원칙은 어디에 존재하는가? 문학활동은 사회주의적 프롤레타리아를 위해서, 개인이나 집단 이윤의 원천이 되어서는 안 된다는 사실에만 존재하는 것은 아니다. 문학활동은 프롤레타리아의 공동 대의와 무관한 어떤 개인적 과업일 수 없다. 당에 참여하지 않는 문학은 몰락할지어다! 문학상의 초인은 몰락할지어다! 문학활동은 프롤레타리아의 공동 대의의 일부분이 되어야 하며, 전 노동계급의 정치적으로 각성된 전체 노동

> 계급의 전위병에 의하여 움직이게 되는 단일하고 거대한 사회민주주의적 기계장치의 '톱니와 나사'가 되어야만 한다. 문학활동은 조직적, 계획적, 연합적인 사회민주주의적인 당작업의 구성요소가 되어야 한다.[25]

「당조직과 당문학」에서 제시된 내용 중에서 근본적인 것은 문학의 자율성에 대한 부정과 문학예술의 당에의 종속이라 할 수 있다. 마르크스와 엥겔스가 예술의 상대적 자율성을 인정했던 것과는 차이가 있다. 레닌은 당파성의 원리를 중심으로 예술의 시대적 과제를 강조했다. 1917년 러시아에서 일어났던 볼셰비키혁명의 성공은 레닌의 당조직과 당문학 노선의 실현을 의미하는 것이었다. 여기서 레닌의 당문학은 고전적 마르크스주의 문학비평에서 사회주의 리얼리즘 비평으로 전개되어 가는 과정의 전환기에 해당하는 문학이론이었다.[26] 레닌이 주도했던 이 당문학의 시기는 혁명 초기(1917~1920), 조정 시기(1920~1922), 통제 조정 시기(1922~1925), 실천 시기(1925~1928), 조직단일화 시기(1928~1932)[27]로 다시 나누어질 수 있다.

레닌 사후, 스탈린은 혁명적 과도기의 과제를 정리하고 소비에트 사회주의 건설이라는 새로운 정책을 수립했다. 그것은 종래의 프롤레타리아 문학에 대하여 소비에트 문학의 개념과 구체적인 창작 방법론을 정립하자는 것이었다. 여기에서 사회주의 리얼리즘 강령이 채택된다.

1917년 10월 혁명 직후의 시민전쟁시대에 잉태했다고 볼 수 있는 사회주의 리얼리즘은 사실 스탈린 집권 후 혁명과업 수행에 효과적으로 문학을 이용하기 위해 활용된 것으로 볼 수 있다. 1932년 4월 30일 소련공산당의 「문예단체개편에 관한 결의」 이후 그해 고리키의 저택에서 소집된 제1차 작가회의 석상에서 스탈린이 '사회주의 리얼리즘'을 제시하였다. 그리고 1934년 8월 17일부터 모스크바에서 개최된 제

---

25) 레닌, 「당조직과 당문학」, 이길주 역, 『레닌의 문학예술론』, 논장, 1988, 52쪽.
26) 오세영, 『文學硏究方法論』, 이우출판사, 1988, 173쪽.
27) 陣繼法, 앞의 책, 172~175쪽.

1차 전 소련작가대회에서 사회주의 리얼리즘을 사회주의 문예창작의 지도원리로 공식화한다. 그 내용에는 구체적으로 무산계급투쟁사를 예술창작에 반영하여 사회주의 건설에 적극 참여할 것과 과학적 방법으로 창작을 연구, 작품을 분석하며 공산당의 지혜와 영웅주의를 반영하는 위대한 작품의 생산을 촉진하고 각 국가 간에도 창작에 관한 조직적 협조를 이룩해야 한다는 것 등을 작가들에게 임무로 부과시키고 있다.

스탈린에 의해 채택된 '사회주의 리얼리즘'은 사회주의 문학비평의 근본적 원리 혹은 평가기준으로 볼 수 있다. 소련을 중심으로 한 사회주의 국가의 문학예술은 따라서 이와 같은 실천방법에 의해 규정되었다. 그들에 의하면, 사회주의 리얼리즘은 다음과 같은 것이다.

> '사회주의 리얼리즘'이라는 명칭 자체가 이 예술방법이 가지고 있는 두 가지 중요한 특징을 설명하고 있다. 첫째, 현실주의적인 것이다. 즉 항상 생활의 진정한 사회 내용에 따라 전면적으로 진실하게 생활의 예술을 반영하고 인식하는 것이다. 둘째, 공산주의 당성 예술이다. 즉 그것의 영혼을 구성하는 것은 공산주의의 승리를 위한 자각적인, 목적적인 투쟁의 진행이며 공산주의적 이상에서 생활을 고도로 평가하는 것이다. 사회주의 세계관과 공산당의 사상은 사회주의 리얼리즘의 기초다. 사회주의 리얼리즘의 예술창작은 생활과 신사회 건설의 실천과의 긴밀한 연결을 근거하고 있다.[28)]

여기에서 표명되고 있는 반영론적 미학관과 강력한 당파성의 예술관은 고전적 마르크스주의보다 정치적 이념성을 강화한 형태라고 볼 수 있다. 이것을 보다 구체화시킨 것이 인민성narodnost, 계급성klassavost, 당성partinost이라는 범주이다. 여기서 인민성은 무산계급의 감정과 사

---

28) 소련과학원 편, 『마르크스 레닌주의 미학원리』, 북경: 삼연서점, 1958; 陣繼法, 앞의 책, 131쪽에서 재인용.

상, 의지 등을 잘 담아내야 한다는 것이다. 계급성은 한 계급이 가지는 특정 입장을 표현하는 정치의식을 말한다. 당성은 문학예술이 당 정책의 노선에 따르면서 그 전위에 선다는 입장이다. 사회주의 국가의 모든 문학예술은 이러한 세 가지 범주 속에서 평가되며 또한 관철해야 할 예술적 목표로서 창작방법론을 지배하는 개념이 된다.

이 사회주의 리얼리즘은 혁명을 향한 열정을 칭송하고 있는 마르크스의 '혁명적 낭만주의'에 정치적 방향성을 더욱 확고히 한 것이다. 이와 같은 점에서 사회주의 리얼리즘은 '마르크스주의 비평'의 한 범주이면서도, 그와는 다른 맥락을 형성하게 되었다. 또한 서구에서 마르크스주의 비평론을 계승한 '비판적 리얼리즘'과도 구별되는 것으로 변화했다. 한국의 경우, 비판적 리얼리즘은 1920년대 전반에 있었던 프로문학 초기의 자연발생적이고 소박한 경향파적 수준에 대응한다. 북한의 경우, 사회주의 리얼리즘은 북한 정권 성립 이후 조직적인 형태로 진행된 코뮤니즘적인 단계라 할 수 있다.

북한문학에 있어, 소련의 사회주의 리얼리즘에 대응되는 개념은 바로 '사회주의적 사실주의'이다. 북한의 사회주의적 사실주의는 민족적 형식에 사회주의적 내용을 담는 것을 원칙으로 하는 혁명적 문화예술을 지칭한다. 김일성은 교시를 통해 "나는 우리나라에서도 사회주의적 사실주의라고 하면 민족적인 형식에 사회주의 내용을 담는 것을 말한다는 정의를 주었습니다"라고 했는데, 이는 특별히 민족적인 주체성을 강조한 것이다. "훌륭한 문학예술작품의 특징은 시대의 요구와 인민의 지향에 맞는 높은 사상예술성에 있습니다. 이러한 가치 있는 작품들은 현대의 유일하게 옳은 창작방법인 사회주의적 사실주의에 의하여서만 창조될 수 있습니다"라는 김일성의 언급에 따라 북한문학은 '주체문학론'(1992)이라는 새로운 이론을 정립했다.

> 우리 시대가 요구하는 문예관은 주체의 문예관이다. 주체의 문예관은 한마디로 말하여 사람을 중심에 놓고 문학예술을 대하는 관점과 립장이다.

주체의 문예관은 주체사상을 기초로 하고 있다.[29]

이처럼 북한의 '주체문학론'은 주체사상에 근거해 사회주의적 사실주의를 변형한 것이다. '주체문학론'도 사실주의적 문학예술의 창조를 강조하고 있는데, 눈길을 끄는 것은 "민족문학예술유산을 주체적 립장에서 바로 평가하여야 한다"면서 '유산과 전통'을 강조하고 있다는 점이다. 이는 북한의 문학예술이 민족주의적 성격을 각별히 강조하고 있는 것과 연결된다.

2.4 작품비평의 실제

사회적인 문학비평의 실천형태는 1980년대 한국사회에서 이뤄진 비평문을 통해서 확인할 수 있다. '민중의 시대'로 일컬어지는 1980년대에는 사회적 현실과 문학의 관계를 적극적으로 고려한 상태에서 문학의 기능을 규정했다. 한 예로 김명인이 발표한 「문제는 리얼리즘이다—'생짜 노동자' 전형을 찾아야 할 노동소설」[30]이라는 비평문의 전문을 살펴보자.

최루탄가스와 화염과 돌우박 속에 우리 노동자들이 다시 찾은 메이데이가 지나갔다.

재작년, 7, 8월 대투쟁 이후 노동문학이 괄목할 만한 발전을 이루었듯이 5월도 노동문학의 질적 도약에 커다란 분수령이 될 것으로 기대된다.

노동자계급의 세계관을 올바로 견지하고 그 기초 위에서 역사의 합법칙적 전개과정을 형상으로 포착하는 것이 노동문학의 핵심내용이라면 의당

---

29) 김정일, 『주체문학론』, 조선로동당출판사, 1992, 5쪽.
30) 김명인, 「문제는 리얼리즘이다—'생짜 노동자' 전형을 찾아야 할 노동소설」, 『희망의 문학』, 풀빛, 1990, 383~385쪽.

우리 노동문학은 노동자 대중이 자신의 생존권적 요구와 민족민주운동의 대의를 일치시켜 나가는 이러한 생생한 투쟁과정 속에서 솟아나야 한다.

그런데 여기서 오해의 소지가 생긴다. 다양한 형태로 터져나오는 투쟁들의 구체적 양상을 발빠르게 보고하는 보고문학 또는 그에 준하는 작업들도 거의 절대적 중요성을 갖는 것임에는 틀림없지만, 노동문학 하면 그것이 전부인 양 생각하는 경향이 일반적이다.

그리하여 쓰는 사람이나 읽는 사람이나 예컨대 울산 ○○중공업 투쟁기, 마산·창원 ○○산업 투쟁르뽀, 메이데이 행사보고라든가 그에 근거하여 약간의 상상력과 허구를 가미한 시, 소설 등이 곧 노동문학이라고 생각하는 것이다.

특히 그간에 발표되었던 노동소설들에는 대체로 르뽀나 수기적 수준의 사건 묘사에, 작가의 주관적 감상이나 의도를 등장인물들 속에 주입한 정도의 작품들이 상당수를 차지해왔다고 할 수 있다.

그러나 그 정도를 가지고는 우리 시대 계급 투쟁의 본질을 결코 포착할 수 없다. 투쟁의 현상들을 이것저것 나열하거나 당면한 '선전선동'의 목표에 얽매여 '인형극'을 만드는 것은 계급투쟁의 올바른 형상화가 될 수 없다. 문제는 늘 리얼리즘이고, 그중 가장 핵심적인 것은 생동하는 전형을 그려내는가의 여부이다.

이 전형을 통해 비로소 '객관적 현실의 총체성'은 현실의 피와 살을 얻게 되는 것인데 그간의 우리 노동소설들은 이 전형의 탐구에 소홀함으로 해서 내부적 비판에다가 적대적 문학관을 지닌 쪽으로부터의 온갖 악의적 비난까지도 함께 뒤집어쓰기 일쑤였던 것이다.

설사 전형문제를 의식했다 하더라도 전형의 두 축인 개성화와 개괄화 중에서 개괄화에 치중한 나머지 '생동하는 개성'을 잃고 그 인물이 그 인물인, 전형 아닌 스테레오타입을 양산해온 것이다.

돌이켜보면 1987년 이래 발표된 노동소설들에 등장했던 노동자 주인공들 중에서 진정 우리 가슴 속에 남아 있는 인물이 몇이나 있을지 모르겠다. 모두가 고만고만할 뿐이다.

정도상은 「새벽기차」의 순덕이를 끔찍이 사랑하지만 아무래도 주관적이고 「깃발」(홍희담)의 형자는 영웅적 전형이지만 전면적 애정과 공감을 받기에는 생동감이 부족하다.

「새벽출정」(방현석)의 여성노동자들의 투쟁은 감동적이지만 역시 '형자'에게서 받는 느낌을 벗어나기 힘들다. 「파도」(김남일)는 잘 짜여진 작품이지만 거기 등장하는 조선소 용접공들은 기억에 남지 않는다. 「함께 걷는 길」(김인숙)의 위원장 부인은 감동적인 인물이지만 그 개성엔 뭔가 소시민적 체취가 느껴지고 「성장」(김한수)의 창진은 2세 노동자의 전형으로서 갖출 것은 다 갖추었지만 사적인 회상과 기록 속에 매몰되어 읽는 이로 하여금 동일시를 쉽게 허락하지 않고 있다.

오직 정화진의 인물들만이 이 '생동하는 전형'에 걸맞는 개성을 제대로 갖추고 있는 것으로 보인다.

그의 데뷔작인 「쇳물처럼」의 천씨와 최근작 「우리 다시 한번」(월간 『노동문학』 1989년 3월)의 봉수라는 인물이 그렇다. 그들은 둘 다 '운동권'물이라고는 조금도 먹지 않은 '생짜 노동자'들이어서 '노동자가 주인되는 세상' 어쩌구하는 것 같은 말은 입에 올리지 않는 것은 물론이거니와 의식 속에 들어와 있지도 않다.

또한 그들이 겪는 사건이란 것도 고작해야 김장보너스 받아내기(「쇳물처럼」), 계산 틀린 임금 제대로 받기(「우리 다시 한번」)일 뿐이다. 말하자면 조합운동에도 못 미치는 가장 낮은 차원의 경제투쟁인 것이다. 그런데도 그들을 통해 보는 것은 미각성 노동자들의 개량주의적 소시민적 환상이 아니라 노동계급의 궁극적 승리에 대한 첫 발자국인 것이다.

그것은 왜인가? 그들은 자신의 삶과 운명 전체를 걸고 노동하며 싸우고 있기 때문이며 작가 정화진은 그들의 삶 전체를 껴안아 거의 완벽하게 형상화해냈기 때문이다. 그들의 운명은 곧바로 노동계급의 운명이며 그 운명은 계급투쟁에서 궁극적 승리를 이끌어낼 운명임을 이 두 단편은 여실히 보여준다. 이 두 인물 안에 개성화와 개괄화가 통일된, 살아 생동하는 전형이 구현되고 있는 것이다.

지금 우리 노동소설에 필요한 것은 이러한 인물들이 보다 예각화된 투쟁, 강력한 노동자조직과 독점자본이 대규모로 충돌하는 큰 싸움터에서 싸워나가는 모습을 보여주는 일이다. 작가들의 대분발을 기대한다.

—한겨레신문, 1989년 5월 5일

김명인의 글은 '문학운동적 관점'에서 노동자의 전형이 소설 속에서 창조되기를 촉구하는 비평문이다. 그는 1987년 이후에 발표된 노동소설을 평가하고 있는데, 여기서 거론된 「새벽기차」(정도상), 「깃발」(홍희담), 「새벽출정」(방현석), 「파도」(김남일), 「함께 걷는 길」(김인숙), 「성장」(김한수) 등은 모두 성과작으로 일컬어졌다. 그런데 김명인은 이들 작품에 대해 비판적 논평을 가하면서 정화진의 「쇳물처럼」과 「우리 다시 한번」을 높이 평가하고 있다. 이전 작품들이 노동자가 아닌 지식인 작가들의 의도적 노력의 소산이었다면, 정화진의 작품은 '생짜 노동자'의 목소리가 살아 있어 '생동하는 개성'을 느낄 수 있다는 것이다. 김명인의 계급투쟁적 관점에서 노동계급의 형상화를 주장하고 있으므로 마르크스주의 문학비평의 입장을 취한 것으로 볼 수 있다.

2.5 한계점 및 문제점

지금까지 살펴본 문학사회학과 사회주의 비평의 주요 내용을 요약하면 다음과 같다.

① 이 두 방법의 근본적 원리는 문학의 사회성 내지 내용성에 근거하여 문학을 해석·평가하고자 하는 데 있다. 즉 문학 내적인 방법이라기보다는 문학 외적 요인을 고려한 접근방법을 그 특질로 하고 있다.

② 문학사회학의 가능성은 루카치를 거쳐 골드만에 와서 정립되는 '발생론적 구조주의'에서 찾을 수 있다는 점이다. 이 발생론적 구조주의는 '상동성',

'세계관' 등 과학적인 개념을 활용해 문학을 분석하고자 한다.

③ 프랑크푸르트학파의 비평가들은 산업사회 속에 놓인 현대예술의 성격에 주목, 그 비판적 기능과 창조성을 탐구하였다. 이들은 공통적으로 예술과 문학이 전체주의적 사회의 지배에 저항할 수 있는 영역이라고 주장한다.

④ 마르크스주의 문학비평은 사상가 칼 마르크스의 유물론을 원용한 문학예술관이다. 마르크스의 예술론은 예술을 노동과 관련지으며, 사회적 의식의 한 형태로 여긴다. 그 미적 범주의 핵심은 리얼리즘이라 할 수 있다.

⑤ 사회주의 리얼리즘은 레닌의 당문학을 거쳐 스탈린에 의하여 채택되었다. 사회주의 리얼리즘은 인민성, 당성, 계급성을 주요 범주로 설정한다. 이 세 가지 범주는 사회주의 국가의 문학예술이 평가되는 틀이자 또한 예술적 목표로서 창작방법론을 지배하는 개념이라 할 수 있다.

이상의 논의를 토대로 생각해 볼 때, 문학사회학적 연구나 마르크스주의 문학비평은 사회성이라는 것을 작품의 내용으로 환원하는 방식을 취하고 있다. 텐H. Taine을 거쳐 마르크스에 이르러 정립된 문학사회학적 비평은 문학작품의 내용과 사회 집단의식 간의 관계를 해명하고자 하는 '내용內容 중심의 사회학'이었다. 이념적 차원이 강조된 사회주의 리얼리즘 비평의 경우, 그 내용중심주의는 당성과 인민성, 계급성이라는 문학 외적 요인을 중시해 문학 내의 미적 특성을 무시했다. 루카치에서 비롯되어 골드만에 와서 정립된, 작품세계의 구조와 집단의식의 구조 사이에 상동관계를 해명하고자 하는 '발생론적 구조주의'는 문학사회학 내에서 나름의 의미를 가진다. 이 문학사회학적 비평은 문학작품과 시대상황, 사회현실과의 밀접한 관련성에 초점을 맞추어 거시적인 차원에서 작품의 이해를 용이하게 한다는 강점이 있다. 반면에 문학사회학의 공통적 문제로는 문학 내적 요인인 문체, 이미지, 상징 등에 대한 이해와 설명을 결여하고 있다는 점을 지적할 수 있다.

현대문학이론의 역사는 우리 시대의 정치적, 이데올로기적 역사의 일부분이라고 지적한 이글턴은 "참으로 반대할 것은 문학이론이 가진 정치성의 내용"이라고 말한 바 있다.[31] 그 자신이 신마르크스주의자임에도 불구하고 '문학이론이란 것은 그 자체로서 지적인 탐구의 대상이 되는 것이 아니고 우리 시대의 역사를 바라보는 특정한 시각'이라는 견해를 지녔던 이글턴은 '문학의 정치적 도구화'를 반대했다. 문학이 정치적일 수는 있다. 하지만 문학이 정치적 수단화되는 것에 대해서는 비판적 입장을 분명히 할 필요가 있다.

31) 테리 이글턴, 앞의 책, 239~241쪽.

3장 정신분석학적 비평과 테마비평

3.1 개관과 특성

역사주의적 비평과 문학사회학적 비평이 문학작품의 외적 요인인 역사나 사회에 대한 고려 속에서 접근하는 방법이라면, 정신분석학적 비평psychological criticism과 테마비평은 작품 내의 무의식 등에 관심을 두는 비평이다. 인간의 무의식을 탐구하는 정신분석학적 비평이나, 작품 속에서 반복적으로 등장하는 상징이나 이미지 등을 탐구하는 테마비평은 모두 작품에 내재한 특성을 탐구한다. 정신분석학적 비평과 테마비평은 작품 자체의 내적 형식이나 언어적 표현에 집중하여 분석, 평가하는 형식주의나 구조주의에 대한 반발로써 출현한 비평방법이다.

3.2 정신분석학적 비평의 이론과 실제

3.2.1 개관 및 특성

20세기 철학과 사상에 가장 큰 영향을 미친 이로는 마르크스, 니체, 프로이트가 꼽힌다. 마르크스는 자본주의에 대한 과학적 분석을 해낸 사상가이고, 니체는 '힘에의 의지'를 중시하는 긍정의 철학을 창조했고, 프로이트는 무의식을 통해 인간정신의 심층을 탐구했다. 정신분석학 비평은 프로이트의 정신분석학을 이론적 근거로 해 탄생한 문학비평방법이다. 19세기 인상주의 비평이 비평가의 주관적 반응을 기술하는 데 그친 한계를 극복하려는 노력 속에서 정신분석학적 비평은 발전했다.

심리비평의 연원을 따지자면, 아리스토텔레스의 카타르시스 이론[1]으로 거슬러 올라갈 수 있다. 카타르시스는 비극이 관객에게 주는 효과를 설명하기 위해 아리스토텔레스가 '정화'와 '배설'이라는 의미로 사용했다. 비극을 통해 관객이 일종의 심리적 변화를 지칭하는 데 개념으로 사용된 것이다. 이렇듯, 문학예술이 독자의 정서에 미치는 영향에 관한 심리주의 비평의 흔적은 16세기의 시드니Philip Sidney, 그 이후 18세기의 흄T. E. Hulme, 콜리지S. T. Coleridge 등에서도 엿볼 수 있다. 이런 심리주의 비평의 노력들은 20세기에 넘어와서 지그문트 프로이트의 정신분석학의 확립과 더불어 본격적으로 문예비평의 방법론으로 사용되기 시작했던 것이다.

정신분석학의 태두인 프로이트는 히스테리에 대한 임상치료 경험에서 얻은 연구성과물을 1896년에 '정신분석학'이라고 명명命名했다. 이후 '꿈의 해석' 등을 통해 무의식의 세계를 구체화했으며, 프로이트의 심리학은 '정신분석학'이라는 이름으로 널리 쓰이게 되었다. 이런 프로이트의 이론을 원용援用해 정신분석학적 비평이 탄생했다.

정신분석학적 비평은 인간 무의식을 통해서 작가 자신이나 작품의 원인으로 파악하려 한다. 문학비평을 정서적 차원에서 임상 결과 등 과학적 차원으로 끌어올리기 위해 정신분석학적 비평(또는 심리주의 비평)은 심리학에서 사용되는 개념과 용어를 도입했다. 예를 들면 이드, 자아, 초자아, 콤플렉스, 리비도 등을 문학비평에 적용한 것이다. 이런 심리학적 비평이 유행하게 된 것은 20세기에 와서 인간 내면의 심

---

1) 아리스토텔레스는 그의 『시학』(BC 4세기)에서 비극을 정의하기를 "애련과 공포가 일어나는 사건으로서 그러한 감정의 카타르시스를 행한다"고 말했음.

층을 추구하는 현대 심리소설이 성행한 것과도 맥을 같이하고 있다.

정신분석학적 비평은 작가의 창작심리나 작품에 등장하고 있는 인물들의 심리, 그리고 작품을 읽고 반응하는 독자의 심리를 분석하고 평가한다. 따라서 정신분석학적 비평은 현상학적 비평, 신화비평, 의식비평 등으로 확장되어 현대비평의 중요한 방법으로 등장하였다.

정신분석적 접근이 현대비평의 큰 성과물로 부상할 수 있었던 것은 프로이트에서 출발하여 그 이후에 융C. G. Jung, 아들러, 에릭슨Erik Erikson (1902~1994) 등의 노력으로 심리학이 지속적으로 발전했기 때문이다. 특히 융 심리학의 뒷받침으로 신화비평 등의 이론적 토대가 든든해지기도 했다.

3.2.2 주요 이론 및 비평가

3.2.2.1 프로이트의 정신분석학

프로이트Sigmund Freud는 오스트리아의 정신과 의사이며 정신분석학의 창시자이다. 그는 빈에서 활동하며 최면에 의한 신경증환자의 치료에서 카타르시스 요법을 발전시켜, 자유연상법에 의한 정신분석을 확립했다. 그는 심리학적 병근病根을 푸는 열쇠가 꿈에 있다고 주장했다. 꿈의 내용은 과거에 있었던 체험이 상징의 형태로 나타나는 것이며, 이러한 무의식의 세계가 환자의 행동을 실질적으로 지배한다고 보았다. 그는 무의식의 세계를 설명하기 위해 꿈, 말실수, 의식의 구멍 등을 연구했다. 또 임상을 통해 중요한 기억의 대부분이 성적 경험인 것에 착안해 성적 장애와 무의식의 관계를 중심으로 이론을 구축했다. 프로이트가 무의식을 발견하고 리비도론을 확립한 것은 심리학 영역에서 높은 업적으로 평가된다.

프로이트 이론은 다음과 같이 요약적으로 제시할 수 있다.[2] 프로이트가 생각하고 있는 정신 영역은 세 개의 중요한 체계로 구성되어 있다. 이러한 체계는 이드id, 자아ego, 초자아super ego이다. 정신적으로 건강한 사람은 세 체계가 통일되고 조화롭게 작용한다. 프로이트는 이를 도표로 제시했다.

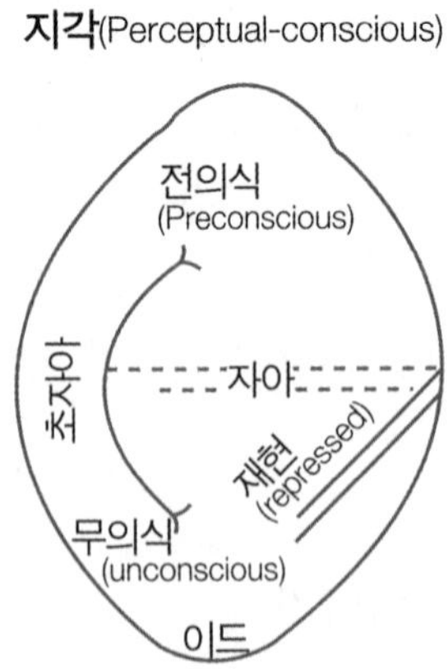

이드(ID): 본능적 욕구(쾌락원리). 성적 생명력의 원천, 리비도

자아(Ego): 인격의 집행자(현실원리). 이드와 초자아를 통제하며 현실탐색

초자아(Super Ego): 도덕적 이상아(도덕원리). 양심과 긍지의 저장소

여기에서 이드의 유일한 기능은 내적 또는 외적 자극에 의해 유기체 안에 생긴 많은 흥분(에너지 또는 긴장)을 직접 방출하는 것이다. 이드의 이러한 기능은 프로이트가 '쾌락 원리'라고 부른 원초적 또는 최초의 생활 원리를 실현시키는 것이다. 즉 쾌락 원리의 목적은 고통을 피하고 쾌락을 찾는 본능적 욕구이다. 이드는 정신적 에너지의 1차적 원천인 리비도가 자리잡고 있는 곳이다.

적응을 잘한 사람의 경우에는 자아가 인격의 집행자로서 이드와 초자아를 통제하고 지배하며 인격 전체와 그 광범한 욕구를 위해 외부 세계와의 교섭을 유지한다. 자아는 쾌락원리가 아니라 '현실 원리'의

---

2) 지그문트 프로이트, 박성수·한승완 역, 『정신분석학 개요』, 열린책들, 2004. 이 책에 포함되어 있는 「나의 이력서」를 참고하여 프로이트 이론을 정리했음.

지배를 받는다. 현실 원리의 목적은 욕구를 만족시켜 줄 실제 대상이 발견되거나 산출될 때까지 에너지의 방출을 연기하는 것이다. 이런 현실 원리의 설정이 쾌락 원리의 포기를 의미하지는 않는다. 쾌락 원리는 현실을 위해 잠시 보류될 뿐이다. 이런 자아의 발달은 경험, 훈련, 교육에 의해서 가능하다.

초자아超自我는 인격의 도덕적 또는 사법적 측면이다. 초자아는 현실적인 것보다는 이상적인 것을 지향하고, 현실이나 쾌락보다는 완성을 지향한다. 이런 초자아는 '이상아理想我와 양심'이라는 두 개의 하위체계로 이루어져 있다. 이처럼 이상아와 양심은 동일한 도덕률의 안팎이다.

따라서 이드는 생물학적인 자질의 심리적 대표자이고, 자아는 객관적 현실 및 보다 높은 정신적 과정이 상호작용한 결과이고, 초자아는 사회화의 소산이고 문화적 전통의 전달수단이다. 그리고 유의해야 할 것은 이 세 체계 사이에는 명확한 구별이 없다는 것이다. 이것은 모두 인격 전체의 내부에서 일어나고 있는 각기 다른 과정, 기능, 메커니즘, 역학관계를 나타내는 약어略語에 지나지 않는다.

종합적으로 살펴본다면 프로이트의 이론은 인간의 정신구조(이드, 자아, 초자아)와 이드에 숨어 있는 리비도Libido의 개념, 그리고 자아 속에 있는 자아 방어기제 등의 관계를 통해 형성되었다. 여기서 리비도는 성적 에너지를 말한다.

프로이트의 관점에서 보면, 인간의 모든 정신 현상은 리비도의 변화와 발전으로 해석된다. 본능보다 더 높은 차원의 문학적 목표를 지향하여 리비도를 발산시킬 때 승화작용이 나타나는데, 예술은 바로 이러한 승화작용의 결실이라는 것이다. 요컨대, 프로이트는 ① 개인의 정신과정 대부분이 무의식적이라는 것, ② 인간의 모든 행위는 궁극적으로 성욕에 의해 유발된다는 것, ③ 성 충동에 관련된 많은 사회적 금기로 인하여 열망과 기억이 억압된다는 견해를3) 지녔다.

이처럼 프로이트는 무의식의 중요성을 발견한 중요한 업적도 있지만 그에 대한 비판도 만만치 않게 제기되었다. 그중의 하나는 "프로이트가 더 이상 받아들여질 수 없는 19세기적 과학개념을 때때로 사용한다는 것은 사실인 것 같다. (…중략…) 우리가 이미 언급한 남녀차별주의적인 가치관이 적절한 예이다"[4]라고 말한 이글턴T. Eagleton의 문제제기이다. 프로이트는 과도하게 무의식의 원인을 성적인 것에서 찾음으로써, 결국 남녀의 성적 차이에 대한 편견을 고착화시키는 효과를 낳았던 것이다.

이런 프로이트의 정신분석학을 계승하고 그 노선에 따라 움직이면서도 그의 이론을 완전히는 받아들이지 않는 사람들을 신프로이트파라고 할 수 있다. 여기에 속하는 인물로는 호르나이K. Horney, 설리반Harry Staek Sullivan, 프롬E. Fromm 등이 있다.

또한 평생 동안 프로이트 저작의 해석자를 자처해 온 라캉J. Lacan은 정신분석을 구조주의화 내지는 언어학화한 점에서 프로이트와 상이하다. 프로이트 이론을 구조적으로 재구성하고자 노력했던 라캉은 '소망Wunsch'이라는 개념을 심적 논리의 중심으로 끌어올려 독특한 '욕망Begelsen, désir' 이론을 폈다.[5] 라캉은 현대에 이르러 가장 영향력 있는 정신분석학자로 꼽힌다. 그는 '프로이트로 돌아가자'라면서, '무의식은 언어처럼 구조화되어 있다'고 주장했다. 그의 논의는 무의식의 기제인 압축과 전치가 언어학에서는 은유와 환유와 동일하다는 논지를 펼쳤다. 이를 통해 정신분석학의 범위를 인간 존재 철학으로까지 확장했다. 그의 독특한 욕망이론은 '상상계, 실재계, 상징계'로 구분해 전개되는데, 논의의 요지는 "언어를 사용하는 순간 주체는 의식과 무의식으로 분열"되며, 이 분열의 간극 때문에 "끝없는 욕망의 변증법"이 시작된다는 것이다. 이 끝없는 욕망 변증법 속에서 "주체가 되기 위해, 사회 속에서 한 자리를 차지하기 위해, 정신병자가 되지 않기 위

---

3) 윌프레드 L. 게린 외, 최재석 역, 『문학비평입문』, 한신문화사, 1994, 121쪽.
4) T. 이글턴, 김명환 외 역, 『문학이론 입문』, 창작과비평사, 1986, 199쪽.
5) K. M. 보그달 편저, 『새로운 문학이론의 흐름』, 문학과지성사, 1994, 70~71쪽.

해, 주체는 결여와 거세에 기초한 인간의 상징체계"를 받아들일 수밖에 없다고 보았다.[6] 인간의 비극적 운명을 해석하기 위해 라캉은 정신분석학을 구조주의 언어학에 대입한 것이다.

3.2.2.2 융의 집단 무의식

스위스 태생의 정신과 의사이며 심리학자인 융Carl Gustav Jung은 인간의 성격을 내향성과 외향성으로 분류했다. 또 개인의 무의식 속에 역사적 배경을 가진 '집단 무의식'이 존재한다고 주장했다. 프로이트, 아들러와 함께 국제 정신분석학회를 창립했으나 후에 탈퇴하여 치료와 저작에 전념했다. 그는 한때 프로이트의 수제자였으나, 프로이트와 갈등한 후 독자적인 이론체계를 형성했다. 그의 저서로 『리비도의 변전과 심벌』, 『심리적 유형』, 『무의식의 형성』 등이 있다.

프로이트의 정신분석학 이론과 비교할 때 융의 심리학은 다소 상이한 양상을 보인다. 융 심리학에서는 인격 전체를 정신이라고 부른다. 근대 이전에는 영靈 혹은 혼魂이라고 불리던 것이 근대 이후에는 정신의 과학을 심리학이라고 부르는 것처럼 '정신'을 의미하게 되었다. 융은 심리요법의 목적은 '고난에 직면하고도 끄떡없는 이성적인 인내를 지니도록 돕는' 데 있다고 보면서 '인격'을 강조했다. 그에 따르면, "인격은 살아 있는 모든 사람들의 개성의 최고의 실현 형태다. 인격은 인생에 직면하는 고도의 용감한 행위며, 개인을 구성하고 있는 모든 요소의 절대적인 긍정이고, 보편적 생활조건에의 가장 훌륭한 적응이며, 그와 함께 있을 수 있는 최대의 자기 결정의 자유다"라고 했다.[7] 인간은 일생을 통해 문명의 분화, 일관성, 조화를 향해 발전시키는 것과 그것이 제각기 흩어져 제멋대로 움직이고 분열되는 것을 막는다. 이런 정신은 의식, 개인 무의식, 집단 무의식으로 이루어진다.

---

6) 아니카 르메르, 이미선 역, 『자크 라캉』, 문예출판사, 1998, 378~379쪽.
7) C. S. 홀 외, 최현 역, 『융 심리학 입문』, 범우사, 1999, 173쪽.

정신 속에서 개인이 직접 알고 있는 것은 의식뿐이다. 이런 의식의 개성화 과정에서 융이 '자아'라고 부르는 새로운 요소가 생겨난다. 이런 자아에 의해 인정되지 않은 경험은 융이 '개인 무의식'이라고 부르는 곳에 저장된다. 개인 무의식의 특징은 일군一群의 내용이 모여 하나의 집단을 형성하기도 한다. 그리하여 이 콤플렉스는 뛰어난 업적을 쌓는 데 있어 불가결한 영감靈感과 충동의 원천이 되고 있는 것이다. 융은 초기에 콤플렉스의 기원이 아동기 초기의 외상성 체험外傷性 體驗에 있다고 믿었다. 그러나 후에 융은 콤플렉스가 인간 본성 중 아동기 초기의 체험보다 훨씬 깊은 그 무엇으로부터 생기는 것임에 틀림없다는 사실을 깨닫게 되었다. 융은 이 깊은 무엇에 강한 호기심을 느껴 정신의 또 하나의 실체를 발견하고 그것을 집단 무의식이라고 불렀다.

집단 무의식은 융이 일반적으로 '원시적 이미지'라 부르고 있는 잠재적 이미지의 저장고다. '원시적'이란 '최초의' 또는 '본래의'라는 의미다. 따라서 원시적 이미지는 정신의 제일 첫 발달단계와 관련이 있다. 인간은 이러한 이미지를 조상 대대의 과거에서 물려받고 있다. 과거의 조상이란 인류로서의 조상뿐만 아니라 인류 이전의 선행 인류 및 동물의 조상도 포함하고 있다.

집단 무의식의 여러 가지 내용은 태고유형archetype이라 불린다. 그 동의어는 원형 'prototype'이다. 인생에 있어서 과거 경험의 기억과 같은 그것은 경험에 의해 현상現象되어야 하는 음화陰畵와 같은 것이다. 몇 개의 원형은 인격과 행동을 형성하는 데 있어서 대단히 중요하므로, 융은 그것들에 특별한 주의를 기울였다. 개성persona, 남성 속의 여성적 요소anima, 여성 속의 남성적 요소animus, 그림자shadow 그리고 자기self가 개개인의 심리 속에서 공동으로 작용하는 원형 중 가장 중요한 것들이다.

융은 다음과 같이 말한 바 있다. "원형[8]은 심리적 스펙트럼의 맨

---

8) 융의 원형개념은 이후, 여러 논자에 의해 발전되었음. 하이만은 원형은 핵심적인 인간 경험의 기본적이고도 오래된 유형이고, 그것은 특수한 정서적 의미를 가지는 어

끝에 있는 보이지 않는 자외선과 같은 것이다. 원형은 그 자체로는 재현 불가능한 것이다. 그것은 자신의 현시를 가능하게 하는, 즉 원형적 이미지들을 생성시켜 주는 힘을 의미하는 것인지도 모른다."[9] 이 말은 원형적 이미지란 시라든가 회화에서 의식적으로 꾸며진 이미지라기보다는 그것을 가능케 한 무의식의 한 패턴으로 인식해야 하는 점을 강조한 것이다. 융에게 있어 원형은 전승되는 대상이다.

퍼스나persona란 개인이 공개적으로 보여 주는 가면 또는 외관이기에 사회의 인정을 받을 수 있도록 좋은 인상을 주려고 한다. 융은 이렇게 가면(탈)이란 뜻의 그리스어인 퍼스나를 정신의 '외면'이라고 불렀다. 그것은 세계를 향한 얼굴이기 때문이다. 그리고 그는 정신의 '내면'에 대하여 남자의 경우에는 '아니마anima', 여자의 경우에는 '아니무스animus'라고 불렀다. 이 밖에 당사자 자신의 성性을 대표하고 동성同性인 사람과의 관계에 영향을 미치는 또 다른 원형을 융은 그림자shadow라고 지칭하고 있다. 이것은 모든 원형 중에서 아마도 가장 강력하고 사악한 악령적 요소일 것이다.

인격의 조직원리는 융이 '자기self'라고 부른 원형에 의해 이뤄진다. 태양이 태양계의 중심인 것처럼 자기는 집단 무의식 속의 중심적인 원형이다. 자기는 질서, 조직, 통일의 원형이다. 자기는 모든 원형과 콤플렉스 및 의식 속의 원형의 표현형태를 자기에게 끌어들여 조화시킨다.

인격이 작용하는 데 사용되는 에너지는 '정신에너지'라고 부른다. 융은 프로이트와 같이 리비도를 성적 에너지에 국한하지는 않았다. 그는 자연 상태에 있어서의 리비도란 허기, 갈증, 성욕과 같은 욕망으로 보았다. 의식적으로는 리비도가 지향하고 욕구하고 추구하는 것으

떤 시(또는 다른 예술)의 근저에 존재한다고 보았음. 또한 브룩스(C. Brooks)는 원형이란 근본적인 이미지, 집단적 무의식의 한 부분, 같은 종류의 무수한 경험의 심리적 잉여를 의미하고, 그리하여 인류의 상속받은 반응유형의 한 부분을 의미하게 된다고 보고 있음.

9) 마광수 편저, 『심리주의 비평의 이해』, 청하, 1980, 69쪽.

로 표현된다. 정신은 상대적 폐쇄계다. 정신은 주로 감각기관을 통하여 정신에 들어오는 경험에서 그 에너지를 끌어낸다. 제2의 원천은 본능 에너지이지만, 이 에너지의 대부분은 순수하게 본능적인 또는 자연스러운 생활활동을 위해 사용된다. 이런 정신 내부의 에너지의 배분은 두 원리에 의해 결정된다. 이 두 원리는 '등량의 원리'와 '엔트로피entropy'이다.

융의 구조적 개념에 대해 하나하나 논하면, 그것들이 서로 관계가 없는 별개의 것으로 생각될지 모르지만 실은 그렇지 않다. 그것들 사이에는 많은 상호작용이 존재한다. 융은 세 가지 상호작용을 논하고 있다. 그것은 어떤 구조가 다른 구조의 약점을 '보상補償하는' 경우, 어떤 요소가 다른 요소와 '대립되는' 경우, 그리고 둘 또는 그 이상의 구조가 '결합하여' 하나의 종합을 이루는 경우다. 이처럼 융에게 있어서 정신을 구성하는 요소와 전체로서의 정신은 역동적인 체계를 가지고 있다고 할 수 있다.[10]

3.2.2.3 에릭슨의 자아정체감

에릭슨E. Erikson은 현대 정신분석학의 대표적 이론가로 자아정체감自我正體感, ego identity 이론을 정립했다. 덴마크에서 유태인으로 태어나 미국으로 이주한 뒤 하버드대학 교수가 되었다. 아동의 유희, 인디언 수족과 유러크족 등을 연구했지만, 연령에 따른 성격발달 이론이 그의 두드러진 성과이다. 특히 그중에서 자아정체감의 이론은 심리학뿐만 아니라 문학, 사회학, 정치학 등에도 영향을 미쳤다.

에릭슨은 다른 자아 심리학자와 마찬가지로 자아ego의 발달과 기능에 큰 관심을 기울였다. 그래서 프로이트가 주장한 이드id와 초자아

10) 융의 심리학 이론은 정신분석비평에도 영향을 끼쳤지만, 그보다 신화비평(원형비평)에 더 지대한 영향을 미쳤음. 그것은 그의 이론 중의 하나인 '집단 무의식'이란 개념 때문이었음.

super ego에는 거의 관심을 기울이지 않았다. 에릭슨은 인간발달과 관련하여 최대의 관심을 기울여야 할 것은 자아라고 보고 자아정체감[11]을 특히 중시했다.

에릭슨의 기타 이론적 특징을 젤리L. A. Jelly, 지글러D. J. Zigler를 통해 살펴보면 다음과 같다.[12]

① 인간의 전 생애를 통한 발달 변화의 강조

② 병적인 것이 아닌 정상 혹은 건강한 것에 초점

③ 정체감 확립의 중요성을 특별히 강조

④ 성격구조를 설명함에 있어서 임상적 통찰력을 문화학·역사적 요인과 결부하려 한 노력

그중에서도 에릭슨의 '인간발달의 여덟 단계eight Ages of man'에 대한 논의는 성격이론에 대한 그의 가장 독창적이고 큰 공적이다. 그는 문화가 성격발달에 어떻게 영향을 미치는가를 설명하려고 시도했는바, 이것은 인간행동을 연구하는 이들에게 오늘날 인류가 직면한 중요한 심리학적 문제를 새롭게 이해하는 데 도움을 주었다.

문학비평에 있어서 에릭슨의 심리학 이론 중 자아정체감의 이론은 아직 전면적 활용이 활발히 이루어지지 않고 있다. 그 이유는 에릭슨 이론이 문학비평에 이용되는 데 있어 그리 체계적이지 못하기 때문이다.

11) 에릭슨은 자아정체감에 대한 명확한 개념규정을 피했음. 자아정체감 이론 자체가 그 개념 정의를 거부한다고 보았기 때문임. 이런 자아정체감을 필자가 소박하게 정의한다면 '내가 누구인가를 아는 것'이라고 할 수 있음.

12) L. A. 젤리 & D. J. 지글러, 이훈구 역, 『성격심리학』, 법문사, 1983, 141쪽.

3.2.3 정신분석학적 비평의 접근대상

앞에서 주요 심리학자의 이론을 소개했는데 정신분석학적 비평에서는 바로 이런 심리학자의 이론 및 용어를 활용해 문학작품을 해석하는 데 이용하고 있다. 그러나 정신분석학적 비평은 심리학과 관련이 있지만 심리학은 아니다. 심리학에다 예술적인 감각과 안목을 융합시킨 것이 정신분석학적 비평이다.

이러한 정신분석의 이론들은 현대에 이르러 다양하게 확산되었다. 금세기의 작가들이 성격 묘사나 주제 의식으로 활용하기도 하였다. 또한 이런 경향은 초현실주의, 표현주의, 내적 독백, 의식의 흐름, 부조리라는 모더니즘적인 문학운동으로 구체화되었다. 특히 문예비평은 물론 사회학이나 정치학에까지 심대한 영향을 끼쳤다고 할 수 있다.

특히 문예 비평에서 먼저 리처즈(I. A. Richards, 1893~1979)는 비평가는 한 문학작품과 관련되는 경험, 심적 상태를 확립하는 것이 그 임무라고 말했고, 홀란드(Norman Holland)는 문학작품의 진실한 동기나 상황, 그 잠재적 의미를 캐기 위해 정신분석학을 원용하여, 분석과정에서 그는 텍스트의 면밀한 검토, 역사적 자료들까지 사용하여 일종의 정신 분석학과 실증주의적 역사비평을 혼용하고 있기도 하다. 풀레는 현상학과 실존주의적 심리학으로 확대시켰다. 그것은 방법 위주의 심리학이 아니라 주제 중심의 심리학이며 인간을 타인과 세계와의 참된 그리고 본질적인 관계 속에 놓으려는 시도이기도 하였다. 바슐라르(G. Bachelard)는 인간은 근원적인 물, 불, 공기, 흙으로부터 만들어 내는 상상적인 심상을 통하여 제작된 작품에 있어 콤플렉스의 분석이 원전(原典)을 판단하는 훌륭한 도체(導體)가 된다고 주장하고 있다.[13]

---

13) 홍문표, 『현대시학』, 양문각, 1987, 465쪽.

심리주의 비평이 지니는 일반적 특징을 그렙스타인의 설명을 통해 요약·발췌하면,[14] 다음과 같은 세 가지 측면으로 정리할 수 있다.

3.2.3.1 작가의 창작 심리

심리학적 방법을 원용한 비평가는 작가에 대해 접근할 때, 역사전기적 방법론을 원용한 비평가와 비슷한 방식으로 일을 진행한다. 즉, 심리비평가는 작품 배후에 있는 창작가를 연구하기 위해서 그리고 창작과정 그 자체를 연구하기 위해서 정신분석학의 방법을 직접 도입하거나 그 자신의 필요에 맞게 그것을 뜯어고쳐 사용한다.

정신분석학적 비평가는 작가의 경험과 인간성이 그의 문체나 주제의 선택이나 인물묘사를 한정하는 것을 증명하려고 할 것이다. 그는 어떤 경위와 이유로 한 작가가 특정한 작품을 창작할 생각을 하게 되었는가를 설명하고 나아가서 삶이라는 원료가 예술로 변용하게 되는 창작의 여러 단계들을 재구성하는 일마저 하려고 할 것이다. 그렇게 함으로써 심리비평가는 작가의 사사로운 경험을 다른 사람들에게 전달 가능한 것으로 만들고 또한 의미 있는 것으로 만들어가는 과정, 특수한 것이 일반적인 것을 표현하게 되는 과정을 이해하려고 한다. 따라서 심리주의적인 비평방법을 별로 지지하지 않는 학자들이나 비평가들도 문학적 전기를 쓸 때나 비평적인 주장을 뒷받침할 전기적 증거를 추출할 때는 그들 자신도 모르는 사이에 그런 비평방법을 흔히 사용한다. 많은 비평가들은 의도적으로 그리고 능숙하게 심층심리학을 이용한다. 영국의 허버트 리드는 이 방면에 선구적 업적을 남긴 비평가이다.

이 항목에 해당하는 작가의 창작심리 경우는 널리 알려진 영국 시인 워즈워스W. Wordsworth(1770~1850)의 시창작 과정의 성쇠도盛衰度 분석에서

---

14) S. N. 그렙스타인, 「심리주의 비평서설」, 이선영 편, 『문학비평의 방법과 실제』, 삼지원, 1998, 288~291쪽.

도 좋은 참고가 된다. 허버트 리드에 의해 조사, 발표된[15] 이 내용에서는 미국의 조지 하퍼가 워즈워스의 연인과 사생아 딸을 추적한 사실과 함께 흥미롭다. 즉, 워즈워스의 생애를 통틀어 시적인 창조능력이 가장 왕성했던 때는 여자 문제로 번민하던 무렵이라는 것이다. 워즈워스는 프랑스 혁명 때 연상의 프랑스 여인인 발롱을 사랑하여 딸 케롤라인까지 출산했는데, 27세 무렵에 그녀를 놓아두고 양가집 규수와 영국에서 혼인했다. 리드는 워즈워스가 사랑하던 여인과 헤어지는 데서 자아가 이드와 조화된 주체를 이루어 창조력이 왕성했지만 안정된 결혼으로 인격자가 된 후에는 사회적으로 점잖은 인격자가 되려는 초자아의 요구로 성격이 굳어지면서 창조적 이드는 출구가 막히고 말았다고 분석했다.

3.2.3.2 작중인물 심리

심리주의 비평가는 작가를 다룰 때에는 외재적 접근방법을 사용하는 역사주의자와 비슷하지만, 작품을 다룰 때에는 그 절차에 있어서 내재적 접근방법을 사용하는 형식주의자와 유사하다. 즉 정신분석학적 비평가는 작가의 생애와 그의 창작이 부합되는 점은 거의 무시하지만, 문학작품 그 자체에 등장하는 인물들에 대해서는 정신분석학적 방법을 적용하는 것이다. 이때 그는 등장인물을 전적으로 작품의 맥락 속에서만 존재하는 자족적自足的인 실체로서 다루게 된다.

흔히, "심리주의 비평가는 그 조직이 복잡하고 내용이 풍부한 작품들을 즐겨 선택한다. 정신분석학자가 단순 명료한 심리에 흥미를 덜 느끼고 병적이랄 만큼 복잡한 심리에 흥미를 느끼는 것과 같다"고 말한다.[16] 작품의 복잡성은 단적으로 말해서 표면적 진술 이면에 감추어진 여러 층의 잠재적 의미에서 온다. 이러한 의미들이 서로 충돌하

---

15) H. Read, *Wordsworth*, London, 1949.
16) 박덕은, 『현대 비평의 이론과 응용』, 새문사, 1988, 156쪽.

고 화합하여 심리적 역학관계를 충만하게 실현하고 있는 현상을 포착하는 것이 정신분석학적 비평가가 하는 일이다.

그러므로 정신분석학적 비평가들은 정신분석학자들이 즐겨 사용하는 여러 가지 심리학적 개념들을 끌어다가 문학작품의 분석에 이용한다. '오이디푸스 콤플렉스'란 것은 프로이트가 처음으로 제시한 심리학적 개념인데, 그 후 문학작품을 분석하는 데 여러 차례 이용된 바 있다. 그 대표적인 예는, 문학 애호가이자 정신 분석학자인 어네스트 존스Ernest Jones가, 햄릿의 복수의 주저와 지연의 원인을 분석한 「햄릿과 오이디푸스」이다. 이것은 햄릿의 오이디푸스 콤플렉스에 입각하여 쓴 글이다.

정신분석학적 비평가들은 꿈의 언어와 그 기능에 대해 많은 관심을 기울인다. 꿈은 곧 무의식의 메커니즘으로 들어갈 수 있는 통로로 보는 프로이트나 융의 이론에 기초한 정신분석학적 비평가들은 상상이나 상징을 분석할 때 정신분석학자가 꿈을 다룬 경험이나 심미적 현상과 상당한 유사성을 지니고 있는 옮겨놓기displacement, 압축condensation, 분열splitting, 투사projection와 같은 심리 기제들의 도움을 받는다.

작품 속에 등장하는 인물의 심리와 상관된 보기로 「정읍사井邑詞」를 거론할 수 있다.[17] 여기에서 "달하 높이곰 도라샤"는 여성적인 성을 상징하는 이미지인데, 특히 "즌대를 드디올세라"와 "어느이다 노코시라"의 해석문제가 중요하다. 즉 '즌대'란 상식적인 진흙구덩이가 아니라 시골장터 주위에 있는 색주집을 가리키는 것으로 볼 수 있다는 것이다. 그리고 '어느이다 노코시라'는 무엇이든 그만두고가 아니라 누구한테 정을 쏟고 있느냐는 여성의 의부증疑夫症 의식으로 볼 수 있다. 이렇듯 작품 내의 무의식을 적극적으로 해석하는 것이 심리학적 비평의 특징이다.

---

17) 이상섭, 『문학연구의 방법』, 탐구당, 1973, 169~173쪽.

3.2.3.3 독자의 심리

정신분석학적 비평가는 작가와 작중인물들에 대한 관심뿐만 아니라 독자가 이것을 어떻게 받아들이고, 그런 독자들의 심리적 추이가 어떻게 되어 갈까에 관심을 가지고 있다. 이런 측면은 수용미학과도 연결될 수 있다. 즉, 한 사람(작가)의 개인적인 증언이 많은 사람들에게 의미 있게 되는 과정을 증명하려고 한다. 또한 이와 똑같이 정신분석학적 비평가는 한 작품이 어떤 개인 독자에게 호소력을 지니게 되는 비밀에 대해서도 탐색한다. 여기서 정신분석학적 비평가는 독자가 작품을 읽을 때 끌고 들어가는 자신의 사사로운 경험이 어떻게 환기되어 그 작품이 유발하는 특수한 정서에 반응을 하게 되며, 작품에서 전달되는 경험과 일체가 되는가를 알아내려고 한다. 이 시점에서는 어떤 사람의 경험도 완전히 독특한 것은 아니고 그의 시대와 사회에 사는 다른 사람들의 경험과 부분적으로 같기 때문에 정신분석학적 비평가의 관심은 사회·문화적 비평가의 그것과 상통한다.

그리고 정신분석학적 비평가의 관심이 반드시 독자의 의식적 반응에 국한되는 것은 아니다. 작품에 내재해 있는데 가시적으로 설명하기 곤란한 부분에 대해서도 정신분석학적 비평가는 관심을 가지고 이것의 분석에도 정열을 기울인다. 이러한 추구는 신화비평가의 그것과 유사하다고 할 수 있다.

문학비평에서 독자의 심리를 중요시하는 경향은 앞으로 더욱 강세 현상을 보이게 될 전망이다. 그것은 문학작품을 쓴 창작가 위주로 해석하던 재래의 이해 태도와는 다른 추세에 따른 불가피한 일이다. 이제는 글을 쓴 사람보다는 글을 읽는 독자 중심 비평으로 접근해 가기 때문이다. 이른바 수용미학적 태도가 그것인데 이는 다음 장에서 고찰하게 될 것이다.

3.2.4 정신분석학적 비평의 실제

정신분석학적 비평을 활용한 실제비평은 그 성과도 비교적 풍부한 편이다. 한국비평에서도 1950년대 중엽 이후 1960년대에 들어서면서 고전문학 작품이해에 정신분석학적 방법이 활용되었다.[18] 더욱이 1970년대에 와서는 현대문학 분야의 비평에서 정신분석적 접근 성과가 두드러졌다. 심리학적 연구의 절정기인 이즈음에는 문학비평가가 아니고 정신과 전문의인 김종은, 이부영, 이규동, 백상창 등의 활동[19]이 돋보인다. 특히 김종은의 이상李箱 문학을 통한 병적학적病跡學的 작가 연구와 한恨의 정신분석은 개성적 연구로 돋보인다.

1970년대에 이명재의 「체념과 저항의 시학詩學」[20]은 김소월에 대한 새로운 해석과 문제점을 제기한 평론으로서 눈길을 끌었다. 이 평론은 다분히 순응적이고 여성적으로 보이는 소월의 시세계 특성은 성장과정에서 비롯된 정신적 외상外傷의 표현임을 밝혀냈다. 그래서 소월시의 요체는 그 심층에 담긴 한스러움과 저항성임을 들어 김소월의 항일 민족시인적인 실체를 새롭게 추출, 정립한 것이다.

여기서는 박덕규의 「순결 지키기, 세태와 욕망 사이의 찢긴 자아—이상희 시집 『잘가라 내 청춘』」[21]을 정신분석학적 비평의 한 예로 제시한다. 이 글은 1987년 중앙일보 신춘문예에 시가 당선되어 등단한 이상희 시인의 처녀 시집 『잘가라 내 청춘』(1990)을 정신분석학을 원용해 비평하고 있는 글의 일부분이다.

이상희의 시들은 시어의 절제적 형상이라는 점에서 우선 돋보일 수 있

---

18) 여기서는 김용숙, 「사도세자의 비극과 그의 정신분석학적 고찰」, 『국어국문학』 19호, 1958; 서정범, 「고전문학에 대한 정신분석학적 시론」, 『현대문학』, 1961년 3월 등이 있음.

19) 김준오, 「한국문학과 정신분석」, 김열규 외, 『정신분석과 문학비평』, 고려원, 1992.

20) 이기준, 「체념과 저항의 시학」, 『신동아』, 1977년 2월. 신춘문예 입상평론인 이 글은 이 책의 저자 자신이 당시에 필명으로 발표했음.

21) 박덕규, 『문학과 탐색의 정신』, 문학과지성사, 1992, 123~238쪽.

다. “짧고 강렬하고 명확한 이미지”(이남호의 말)라는 평에 뒤이어 “일체의 불필요한 잉여의 곁가지들을 잘라내버리는 과감한 생략법, 그 언어의 투철한 경제적 사용과 명증한 상징적 조형력”(장석주의 말)이라는 격려가 행해졌거니와, 한두 개의 음보로 이뤄낸 시행, 비서술체 종결 구문의 잦은 배치 등에 의지한, 편편이 평균 15행을 넘기지 않는 그녀의 단시들은 이 시집의 구석구석에서 사회조건에 찌들린 섬세한 여성 심리를 잘 대변해준다.

(…중략…)

그녀의 시에 들어온 세태는 시에 들어와 있기는 하지만 실은 그것은 시에 반영시키고 싶지 않은 대상이다. 이상희의 시의 세태 반영은 그래서 짧고 순간적이며 그럼에도 다른 세태 반영 시들처럼 홍겹고 경쾌할 수 없다. 세태를 말하는 것이 두려운 게다. 반영시키기 싫은 세속적 삶을 하는 수 없이 노래할 때, 그 노래가 온전할 리 없다. 그 노래는 명사형 노래이고 그마저 의미 중심일 수 없다. 그녀의 짧은 시들은 그녀의 순결 콤플렉스를 반영하고 있다.

그녀가 기대하던 삶은 순결한 자아가 적응할 수 있는 세상, 순결한 자아가 온전히 제 순결을 유지할 수 있는 세계였다. 사실 그런 세계는 특별한 세계가 아니다.

> 쇠는 쇠였으면
> 나무는 나무였으면
> [……]
>
> (나는 사람이었으면)
> [……]
> 먼 하늘에 얼굴을 걸어놓고
> 불온한 바람 나무……로
> 우거진 나.

—「불온하게 우거진」에서

내가 사람일 수 있는 세상을 말한다. 그러면, “바람은 바람이고 꿈은 꿈이고” 내가 나일 수 있는 그 세상을 방해하는 것이 무엇인가. 이 시에서는 세속의 물신적 현상은 거론되지 않고 “먼 하늘에” “걸어놓”은 얼굴이라는 개인의 사회적 가면이 말해진다. 나는 “나무로 우거”져 나 아닌 존재가 되어 있다. 나 아닌 가식의 나가, 아니 내가 가면을 쓸 수밖에 없는 세상이 그 순결한 자아가 온전히 제 순결을 그대로 내세울 수 없도록 만들었다.

여기서 우리는 시인을 둘러싼 세속 도시의 물신적 면모가 어느새 가면이라는 개인의 사회 심리적 문제로 전이 집약되었음을 보게 된다. 그런데 이 가면이란 융의 가면person이 아니라, 초자아의 억압이 지대한 짓눌린 자아상일 것이다. 가면을 벗을 수 있는 세상이 곧 내가 사람일 수 있는 세상, 내가 나일 수 있는 세상이다. 가면을 벗고 내가 나로 드러나는 길은 그러니까 초자아의 억압 위에 이드의 잠재태를 현실태로 옮겨놓는 길이다.

세상의
상한 고기들
식탁 위에 쌓이고
푸른 입술
하얀 혀
미쳐가는
봄
밤

—「봄밤의 정경」 전문

관능적 이미지가 돋보이는 시, 제목이 ‘봄밤’에 관련되어 있으므로 시의 내용 그 자체로 봄의 생기를 관능의 몸이 달아오름으로 이미지화시켰다고 볼 수 있을 것이다. 그런데 봄밤의 미쳐 감을 말하는 화자 심리를 유추해 보자. 말초적 감각의 표상인 입술과 혀의 주체는 구문상으로는 봄밤이지만 실제적 의미는 봄밤의 만물, 봄밤의 사람들이다. 만물이 소생하는 봄밤,

잠재된 성욕이 살아나는 이 현장은, 이를테면 시인의 이성으로는 도저히 부응할 수 없는 순간이지만, 내부에서 그처럼 꿈틀대는 관능만큼은 어쩌지 못한다는 심리를 반영하고 있는 셈이다. 욕망을 억제하는 이성의 힘 사이로 그 욕망의 흔적이 나타나는 일은 흥미롭다. 그녀가 사람답게 사는 일은 순결을 유지하는 삶이기도 하면서 나아가 성적 충족, 성적 해방을 뜻하기도 하는 것이 아닐까.

난 텅 빈 동굴
축축하게 굶주린 魂
박쥐처럼 펄럭이는
눈먼 音樂을 위해
버려진 구멍이야

놀라서 벌어진 입 같지?
독수리가 파먹은 눈 같지?

하느님은 입술 위에
손가락을 세우시고
쉬이 쉿 하시지만.

—「비밀」 전문

초자아가 자아를 장악하던 형국의 그녀가 모처럼 비밀을 말하고 있다. 하느님도 "쉬이 쉿 하시"는 그 비밀은 무엇인가. 나는 "굶주린 혼"이다. 무엇에? 언표된 것에 따르면 굶주리는 대상은 "눈먼 음악"이다. "눈먼 음악"이라면 …… "텅 빈 동굴", "버려진 구멍"이 상징하는바, 리비도의 적극적 충족자를 찾아 헤매는 성적 결핍—성적 구애의 내면심리가 드러나는 순간, 초자아의 개입으로, "음악을 위해" 슬쩍 은폐된다. 음악에의 굶주림, 예술적 경지에의 갈구, 그러나 그것은 성적 충족의 갈구, 성적 해방의 갈구에 다름 아니며 그 갈구는 나다운 나가 되는 세상에의 희원과 맞물린다.

나의 성욕을 충족시키려는 그 구애의 면모는 그러나 부단한 초자아의 개입으로 지극히 은폐 변형의 길을 걷는다. 리비도의 가없는 억제를 보라!

적막한 사랑의
가없는
횡
단.
마른 종이처럼
미간이 접히고
출렁
눈물 바다를 걸어나와
사막의 천정에
하얗게 식은 뿌리를 꽂고
천형으로 아픈 이마
머리칼을 쏟으며
녹슨 우수의
추처럼
흔들리기.

—「마른 꽃 가게에서 2」 전문

그녀는 왜 마른 꽃이 되었나. 그것은 오염된 세속으로부터 순결한 자아를 지키려는 울음의 저항 때문이기도 하지만, 반면에 리비도에의 가없는 억제 때문이기도 하다. 울음이 마르고 욕망이 제어된 자아는 더는 물댈 수 없는 사막에, 원초적인 욕망을 애써 억눌러 식어버린 뿌리를 꽂은 '마른 꽃'에 비유된다. 시집에 산재된 사막의 이미지들은 그 순결 콤플렉스의 세태 혐오와 리비도의 은폐 변형이 집약되는 응축 형상이다. 그녀의 짧은 시들은 대체로 이런 내막과 깊은 것이다. 그리고 그 마른 꽃은 지향하고 기댈 그 무엇도 없이 흔들리고 있다.

3.2.5 그 가능성과 한계점

정신분석학적 비평은 문학과 예술의 텍스트에 자주 적용되기는 하지만 아직까지 미학적 가치에 관해 만족할 만한 이론을 내놓지 못한 것이 사실이다. 물론 인간의 내면세계를 추구하는 현대의 심리소설 분석 등에서 정신분석 이론을 활용한 비평이 새로운 가능성을 찾고 있지만, 언어미학인 문학세계를 접근하는 데는 한계가 있다. 문학비평에 대한 정신분석학적 방법의 결정적인 한계는 미학적으로 설명이 부적절한 경우가 많아 잘 만들어진 시나 걸작 소설의 아름다운 균형을 좀처럼 설명할 수 없다는 데[22]에 있다. 그것은 무엇보다도 문학비평과 심리학의 근본적인 문제의식이 상이한 데도 이유가 있다. 이런 점을 감안할 때 크루즈F. C. Creus의 다음과 같은 지적은 의미가 있다.

① 작가에 대한 정신병리학적 경향: 작가를 흔히 신경증 환자(neurotic)로 볼 위험이 있다. 프로이트 자신도 한동안 이런 선입견을 가지고 있다가 만년에는 작가의 창조력을 높이 평가하였다. 작가의 심리는 이상(異常) 심리가 아니라 비상(非常) 심리이므로 신경증은 파괴적이지만 작가 심리는 창조적이다.

② 문학의 형식과 기교의 면을 무시하고 심리적 내용만을 따지는 경향: 최근의 정신분석학적 예술 이론가들은 형식의 심리적 의의를 설명하기 시작하면서, 심미적 요소도 심리적 요인의 작용이라고 설명하려 하고 있다. 이렇게 되면, 문학의 미학적 요소보다는 심리적인 요인을 중시하여 주객전도의 모순에 빠지기 십상이다.

③ 이미 사망한 과거의 작가를 정신분석하고자 하는 경향: 충분한 근거(작품,

---

22) 위의 책, 118~119쪽.

수기, 일화 등)에 의거하지 않고 한 작가의 정신상태를 재구성하는 일은 최근 자못 위험한 행위라는 점이 주장되고 있다. 작고한 옛 작가를 정신분석하는 데 대한 불만은 이볼 벨라발도 제기한 바 있다.[23]

④ 문학의 무의식적 내용을 문학의 유일한 가치로 간주하는 경향: 정신분석학적 비평에서는 창작가의 문학정신이나 주관을 도외시하고 심리적 작용에만 기댄 모순을 범하기 쉽다는 점이다. 작품상의 인물성격이나 무의식적 행동은 일부분인 경우가 많으며, 예술세계에서는 부차적인 것이기도 하다.

⑤ 정신분석학적 비평이 지나치게 전문적 술어를 많이 쓰는 경향[24]: 정신분석학적 비평은 너무 현학적인 술어를 쓰는 폐단이 있다. 문학비평을 향유할 독자들에게 투사, 보상, 자리바꿈, 방어기제 등과 같은 용어는 독해에 지장을 주는 곤혹스런 면이 있다.

3.3 테마비평의 이론과 실제

3.3.1 특성 및 개관

테마비평主題批評, Thematic criticism이 1950년대 중반 이후 프랑스에서 유행한 프랑스 신비평 중의 하나이다. 이 비평이 조명을 받게 된 것은 뉴크리티시즘, 역사전기주의 비평, 마르크스주의 비평 등이 작품 해석과 동떨어져 있다는 반성 때문이었다. 김현은 이에 관해 다음과 같이 말하고 있다.

"의식의 비평, 동화의 비평, 발생론적 비평, 주제 비평 등의 다양한 용어로 불리는 제네바학파의 비평은 넓은 의미의 실존주의로부터 많은 전망을 획득한 비평인데, 그것이 극복하려고 애쓴 것은 랑송류의 역사적인 데 근

23) 최현무 외 공역, 『현대문학비평론』, 한신문화사, 1994, 372쪽.
24) 이상섭, 『문학연구의 방법』, 탐구당, 1992, 178~179쪽.

거를 둔 아카데미의 전통과 미국식 뉴크리티시즘의 객관적 전통이다. 간단히 말해서 그것이 비판하고 있는 것은 논리 실증주의적 태도이다."[25]

김현의 언급에서도 알 수 있듯이 테마비평은 이전의 역사주의 및 뉴크리티시즘 같은 객관적 틀에 의한 실증주의적 비평을 거부하고 작가의 의식에 치중한다. 테마비평은 작품의 줄기보다 뿌리에 관심을 두는 역사·진기비평과 기리를 두면서, 형식주의의 지나친 객관성과 달리 심리적 내면성에 관심을 갖고 비평의 창조성을 중시한다.[26]

현대의 테마비평가들은 과거처럼 테마를 작품의 중심 사상으로 보기보다는 작가가 의식적이든 무의식적이든 작품에 반복적으로 암시하고 있는 상징이나 이미지 등을 작품 내부에 내재한 특성으로 파악한다. 쿠르티우스E. R. Curtius는 테마에 관해 작품을 이끌어가는, 일종의 아리안의 실과 같은 꺼지지 않는 생성에너지라고 하였다. 프루스트Marcel Proust(1871~1922)도 한 테마를 한 인격체가 갖는 고유한 억양이나 일관된 호흡이라 규정하고, 그것만이 평론가의 추적대상이라고 주장하였다. 따라서 테마란 작품에 나열된 언어나 심상들보다는 훨씬 관념적이고 상징적인 의미의 총체이다. 테마는 경우에 따라 단순한 화제topic가 될 수도 있고, 신화·원형·주제subject·관념·상징이 될 수도 있다.[27]

테마비평의 전통은 프랑스의 경우 헤로도투스 등 고대까지 거슬러 올라갈 수 있겠지만, 그 개척자는 프루스트나 바슐라르G. Bachelard 등을

---

25) 김현, 「제네바 학파의 문학비평」, 『현상학』, 고려원, 1992, 85쪽. 제네바학파는 원래 소쉬르 등의 스위스 언어학자들을 가리키는 용어로 사용되었음. 그러나 문학비평 분야에서는 마르셀 레이몽, 조르주 풀레, 장 피에르 리샤르, 장 스타로벨스키, 장루세 등 제네바대학과 직간접으로 연결되어 있는 비평가 그룹을 지칭하고 있음. 이 학파(Ecole de Geneve)는 1930년대 스위스 제네바대학 중심으로 레이몽 등에 의해 출발했음. 키에르 케고르, 후설, 하이데거, 사르트르 같은 철학사상에 영향받은 이들은 가장 주관적인 비평태도를 지님. 이 비평가들은 장르 구분을 중시하지 않고 비평이 탐구해야 하는 것은 문학작품 내의 주제와 충동의 내적 유형으로 보고 있어서 특색을 이룸(김현, 『김현문학전집』, 문학과지성사, 1991, 229~230쪽).

26) 이형식, 「주제비평」, 김치수 외 공저, 『현대문학비평의 방법론』, 서울대출판부, 1983, 31쪽.

27) 홍문표, 『문학비평론』, 양문각, 1993, 211~212쪽.

꼽을 수 있다. 이외에도 자크 리비에르J. Riviere, 뒤보스Ch. Du Bos(1882~1939), 블랑쇼M. Blanchot(1907~2003), 마르셀 레이몽M. Raymond (1897~1984), 풀레G. Poulet, 리샤르J. P. Richard(1922~) 등을 들 수 있겠다.

테마비평은 작품의 내재적인 면을 중시해 접근하는 방법이다. 그런 점에서 보다 광범위하고 더 역사적인 문학주제학Thematologie 또는 Thematics[28] 과는 상이하다. 이런 테마비평을 현상학적 비평과 동일시하는 견해가 있고, 구별하는 이도 있는데 전자의 견해가 지배적이라 하겠다.

테마비평은 작품을 완전하게 파악하기 위해 내재적인 접근방식을 사용하기 때문에 "작품의 주인공이나 극적 사건, 작품이 내포한 이데올로기, 혹은 철학이 일차적인 모색대상이 되지는 못한다. 더구나 작가가 성장한 사회환경이나 시대, 그의 사생활 등이 고려의 대상이 될 수 없다는 것은 자명한 논리적 귀결이다"[29]라고 간주된다. 테마비평가들은 이런 작품 외적인 문제가 작품상에 표출되더라도 작가의식과 배치된 내용들은 무시하고 작가가 표현하고자 하는 것들의 심층구조에 주목하여 비평을 한다. 이 점에서 테마비평은 현상학적 비평이나 정신분석적 비평과 긴밀하게 연결이 된다.

프랑스의 신비평nouvelle critique에서 파생된 테마비평은 뉴크리티시즘에서 문제시되는 실존주의, 마르크스주의, 정신분석학, 구조주의 등의 네 가지 이데올로기 중에서 정신분석학을 그 모체로 하고, 구조주의의 영향을 받은 새로운 비평방식인 것이다. 그런데 테마비평과 정신분석적인 심리비평의 차이점은 탐구의 대상에 따라 다음처럼 나뉜다.

> 주제비평－의식 면을 탐구 (의식의 비평)
> 심리비평－무의식 면을 탐구 (정신분석적 비평)[30]

---

28) 이재선 편, 『문학주제학이란 무엇인가』, 민음사, 1996, 5~20쪽.
29) 이형식, 「주제비평」, 『현대문학비평의 방법론』, 서울대출판부, 1983, 41~45쪽.
30) 김용직, 『문예비평용어사전』, 탐구당, 1992, 243~245쪽.

여기에서 이미지의 구조가 무엇에 의하여 지탱되어 있느냐 하는 데 따라서 각각의 비평태도에 차이가 있다. 모롱C. Mouron의 경우 그것은 무의식이며, 바슐라르의 경우엔 원형原型이고, 제네바학파의 경우는 이미지가 태어나는 순간의 의식이며, 베베르의 경우는 유년幼年의 각인刻印이 된다.

모롱의 심리주의 비평의 구조는 무의식적 구조라는 점에서 바슐라르나 제네바학파와 구별된다. 조르주 풀레G. Poulet, 장 피에르 리샤르J. P. Richard, 장스타로벵스키 등으로 대표되는 제네바학파의 주제비평은 바슐라르의 절대적 상상력 이론에서 4원소로 표현되는 집단적 원형성을 보다 개인적인 차원으로 집중한다.

한편, 제네바학파의 테마비평은 의식의 비평이라는 점에서 지나치게 주관적이고 비과학적이라는 비판을 받는다. 또한 모롱의 다주체주의를 거부하고 단일주체주의를 내세운 사람이 『시작품의 기원』으로 널리 알려진 베베르J. P. Weber이다. 그가 관심을 갖는 주제는 예술작품에 일반적으로 무의식적으로 나타나는 유년시절의 정신적 외상trauma에 연결된 사건 혹은 정황들이다. 이처럼 그의 주제비평의 출발점은 유아기에 인간 성격 형성의 근원을 두는 정신분석학의 기본원칙에 입각하고 있다.

또한 테마비평은 확정된 방법론을 갖지 않고 각 분석자(독자나 평론가)의 기질, 감수성, 성격에 따라 평론의 형태가 무한히 다양화되어 나타난다. 그렇기 때문에 테마비평의 특징은 동화同化적, 수동적, 직관적, 회상적, 의식적, 발생론적, 창조적, 예술적, 주관적이라 할 수 있다. 결국 테마비평이란 작품의 표면에 있는 사건이나 주제가 아니라, 작품의 심층에 있는 작품의 주제, 작가의 인식 등을 주관적·직관적인 방법으로 파악하여 작품 해석에 도달하는 방법론이자 세계관이라 할 수 있다.

3.3.2 주요 비평가와 이론

3.3.2.1 마르셀 레이몽

레이몽M. Raymond은 제네바학파의 창시자라고 할 수 있는 비평가이다. 문학비평가로서의 레이몽의 뛰어난 기여는 작품의 형이상학적 이해에 있다. 그의 「보들레르에서 초현실주의까지」는 라왈이 형이상학적 역사주의라고 부른, 작품 속에 내재해 있는 인간적 질을 역사적으로 따지는 글이었다. 이 글을 통해 그의 대표적인 방법론이 형성되었고, 이후 제네바학파의 한 전통을 이룬다. 그러나 철학자가 아니었던 그는 엄격한 논리적 분석보다는 창조자의 내적 체험을 재창조하는 것이 더욱 바람직하다고 보았다.

레이몽은 1955년경에 프랑스, 특히 파리에서 그때까지도 위세를 떨치고 있던 역사주의와 실증주의를 떨칠 수 있도록 해준 장본인 중 한 사람이다.[31] 그의 박학에 의한 방대한 저술(13권의 문학비평, 21권의 단행본과 시화집 등)은 테마비평의 심화에 많은 기여를 했다. 그의 저작들을 살펴보면, 제네바학파의 추진력이 독일적 사상과 프랑스적 사상의 교차점에 위치함으로써 생겨난 것임을 알 수 있다.[32]

3.3.2.2 조르주 풀레

본디 벨기에 태생인 풀레Georges Poulet는 에딘버러대학과 존스홉킨스대학, 그리고 취리히, 니스 등에서 강의하며 비평했던 사람이다. 그는 특히 테마비평가로서 동화同化비평을 주장했다. 풀레의 주제 비평적 태도를 제일 잘 보여 주는 것이 인간적 시간에 대한 네 권의 연구서

31) 장 이브 타디에, 김정한·이재형·윤학로 역, 『20세기 문예비평』, 문예출판사, 1995, 95쪽.

32) 위의 책, 98~99쪽.

와 원의 변모에 대한 연구서이다. 거기에서 풀레는 그가 좋아하는 작가를 선별하여 연구되는 주제에 대한 그들의 언급을 찾아내었고, 그것의 의미를 분석하는 방법으로 작업했다. 물론 현상학적 비평과 테마비평은 큰 차이가 없지만, 풀레는 후에 테마비평에서 현상학적 비평으로 다가갔다.

> 그의 의식의 비평, 발생론적 비평, 주제 비평은 의식에 대한 의식의 비평이라는 점에서 동화의 비평이다. 「현대비평의 여러 갈래」의 머리글에서 풀레는 대뜸 새로운 비평이란 무엇보다도 참여의, 아니 차라리 동화의 비평이라고 단언한다. 그 비평은 남의 의식과 자기 의식을 합치려는 비평이다.[33]

그런데 구체적인 문학작품이나 책들은 과연 무엇인가? 그것이 바로 풀레와 M. 레이몽 사이의 아름다운 『서간집』 안에서 지속되었던 논쟁의 주제이다. 레이몽은 자신의 명쾌한 저술인 『비평의 의식』에서 이 논쟁에 관해 언급했다. 그는 '작품과 더불어 내면 속에 들어가는 동일화'를 주장한 풀레에 대해 '저자의 순수한 의식만을 주장'하며 강하게 비판했다.[34]

3.3.2.3 장 피에르 리샤르

바슐라르의 제자인 리샤르J. P. Richard는 역시 프랑스의 테마비평가로서 제네바학파의 일원이다. 리샤르의 첫 번째 저서인 『문학과 감각』(1954)은 의식비평과 연결되어 있다. 그는 내밀한 삶, 시간과 죽음에 대한 성찰, 사람들 사이에서 감각과 욕구, 또는 만남의 한가운데에 관한 관심 등을 통해 의식비평을 전개했다.[35] 김현은 리샤르를 다음과

33) 김치수 외 공저, 앞의 책, 117쪽.
34) 장 이브 타디에, 김정한·이재형·윤학로 역, 앞의 책, 117쪽.
35) 김정한·이재형·윤학로, 위의 책, 150쪽.

같이 설명하고 있다.

> 그(편집자 주: 리사르)를 통해 드러나는 것은 감각의 차원에서 작가와 세계가 처음 부딪치는 그 접촉이다. 그는 한 작품 속에서 빛, 냄새, 풍경, 물질, 소리 등에 관련된 모든 것, 다시 말해 저자가 환기시킨 모든 질과 실체를 찾아내 서로 다른 주제를 연결하여 하나의 체계를 재구성한다. 작가의 것이 아닐 수도 있을 여정(trait)을 재구축하는 것이다. 리샤르 분석의 정치학은 일반론의 풀레를 훨씬 앞지른다.[36]

이처럼 테마비평의 이론가는 논리적 체계를 구축하려고 이성을 사용하기보다는 대상을 직관적으로 보고 얻은 인식을 더욱 소중히 여긴다. 그렇다고 해서 이들의 이론이 허황된 논리를 구축하고 있는 것은 아니다. 다만 그들은 이성을 통해 구축해낸 기존의 이론에 반발하여 직관과 감성에 더 의존하는 이론을 생산해 냈던 것이다.

3.3.3 바슐라르의 상상력에 의한 비평이론

3.3.3.1 가스통 바슐라르

바슐라르Gaston Bachelard(1884~1962)는 제네바학파에 속하지는 않았지만, 상상력 비평[37]이라는 독창적인 체계론을 전개했다. 그의 문학이론의 핵심은 몽상을 통한 물질적, 역동적 상상력으로 작품의 의미를 파악하는 것이었다.

바슐라르는 상상력의 근거로서 물질적 현존이 필요하다고 보았다.

---

36) 김현, 「제네바 학파의 문학비평」, 『현상학』, 고려원, 1992, 90쪽.

37) 장 이브 타디에, 김정한·이재형·윤학로 역, 앞의 책, 141~149쪽. 여기에서는 바슐라르를 비롯하여 장 피에르 리샤르, 질 베로 뒤랑, 노드럽 프라이 등을 상상력 비평계열에 포함시키고 있음.

그 물질의 원형으로는 물, 불, 공기, 대지라는 4원소론을 제기했다. 이 물질들은 항상 인간의 원초적 무의식과 대응하고 있으며, 물질적 상상력은 상승의 이미지와 하강의 이미 속에서 시적 가치를 얻는다. 인간의 꿈은 이러한 네 가지 물질과 밀접한 관계에 놓이며 인간 심층의 원형을 표현한다. 바슐라르는 상상력에 하나의 체계를 부여한 것이다. 이처럼 물질 상상력을 통해 작품의 내재적 의미를 파악할 수 있다는 그의 인식은 융C. G. Jung의 정신분석과 연결된다. 정신분석은 과학적인 방법론을 통해 대상에 대한 분석이 가능하다는 입장을 취했는데, 바슐라르의 4원소론은 이러한 분석방법과 연결지어 이해할 수 있다.

3.3.3.2 물질적 상상력 이론

바슐라르는 우체국 직원, 전기기술자로 지내다 43세 때 소르본대학에서 박사학위를 받고 그 후 디종대학 교수를 거쳐 소르본대학에서 과학사와 과학철학 교수로 재직했다. 그는 『불의 정신분석』(1938), 『물과 꿈』(1942), 『공기와 꿈』(1943), 『대지와 휴식의 몽상夢想』 및 후기 삼부작인 『공간의 시학』(1957), 『몽상의 시학』(1960), 『촛불의 미학』(1961) 등의 저서를 내서 이 분야 이론을 정립시켰다. 그는 또 상상력이 투사되어 나타난 외계를 '4원소설(물·불·공기·흙)'로 보고, 프로메테우스 콤플렉스, 오필리아 콤플렉스, 요나 콤플렉스 등의 문화 콤플렉스로 설정하여 호응을 얻은 바 있다.

이런 상상력에서 중요한 것은 몽상夢想이다. 프로이트가 꿈을 중시한 데 비해 바슐라르는 몽상을 통해서 진리에 도달하고자 한다. 꿈은 너무 비인간적이며 자아가 꿈꾸고 있는 것은 아니라고 보았기 때문이다. 바슐라르가 사용하는 몽상이란 허황된 생각인 공상이나 기존의 예술가들이 말하는 상상과는 구별되는 '한 대상에 집중된 생각(글)'을 말한다. 그는 이런 몽상에 대한 억압이나 콤플렉스를 물질적 상상력으로 극복하고자 한다. 이때 바슐라르는 콤플렉스를 부정적인 것으로 보는 것이 아니라 물질적 상상력을 유발하는 긍정적인 존재로 파악한다. 억압이나 콤플렉스 등이 없었다면 몽상이나 몽상을 통한 상상력은 존재하지 않고, 진실을 파악하지 못한다고 보기 때문이다.

바슐라르는 이런 상상력을 크게 세 가지로 나눈다. ① 대상의 표면에 머무는 형식적(형태적) 상상력, ② 대상의 심층까지 파고드는 물질적 상상력, 그리고 ③ 상상력이 마침내 새로운 존재를 만드는 역동적 상상력이 그것이다. 바슐라르는 자신을 심리학자로 의식하지는 않았지만 실제로는 프로이트 정신분석학의 상징체계보다 더 융통성 있는 상징체계를 만들어 낸[38] 것이다.

3.3.3.3 문화적 콤플렉스

바슐라르는 자신이 주장한 4원소론으로 물질적 상상력 이론을 심리 및 현상학적으로 정리하여 여러 문화 콤플렉스Complexe de culture를 체계화하였다. 그것은 1938년, 바슐라르가 처음으로 문학적 상상력에 관해 쓴 『불의 정신분석』으로부터 시작하여 만년의 저작에 걸쳐서 계속되었다.

『불의 정신분석』에서 그는 불이 보여 주는 콤플렉스를 네 가지로 분석해 보았는데, 프로메테우스 콤플렉스, 엠페도클레스 콤플렉스, 노발리스 콤플렉스, 호프만 콤플렉스가 그것이다.[39] 이 네 개의 콤플렉스 외에도 물이나 공기 또는 흙 등에 상관된 중요 콤플렉스를 설명하고 있다.

① 프로메테우스 콤플렉스: 그리스 신화에서 프로메테우스가 연약한 인간을 구원하기 위해 신들만의 소유물인 불을 몰래 훔쳐내어 인간에게 나누어 주고

---

38) 엘렌느 튀제, 「가스통 바슐라르에 열린 문학비평의 길들」, 김붕구 역, 『현대 비평의 이론』, 홍성사, 1982, 13쪽.

39) 가스통 바슐라르, 이가림 역, 『촛불의 美學』, 문예출판사, 1995, 14~16쪽.

형벌을 받았다. 이것을 제우스의 입장에서 본다면 금지를 의미하는 것이지만, 인간의 입장에서는 지식을 보급한다는 두 개의 측면이 공존한다. 불로 상징되는 지식에 대한 인간의 갈망을 표현한 것으로, 스승이나 아버지 이상으로 지식을 알고자 하는 인간의 성향을 프로메테우스 콤플렉스라고 한다. 혹은 윗사람에 반항하거나 남이 더 나아지는 것을 금하고 꺼리는 경우도 포함된다.

② 엠페도클레스 콤플렉스: 삶의 본능과 죽음의 본능이 대립되는 현상을 말한다. 그리스의 철학자 엠페도클레스의 이름에서 빌려온 이 개념은 자신을 파괴하여 다시 재생의 기회를 얻는 것을 뜻한다. 엠페도클레스는 말년에 신이 되기 위해 에트나 화산에 뛰어들었다. 그는 이 세상과 저 세상을 연결시킨다는 생각과 신념을 가지고 자신을 파괴하여 재생의 길을 찾으려 한 것이다.

③ 노발리스 콤플렉스: 두 개의 사물이 마찰을 통해서 성적인 불 이 더 강렬해지며 열기를 얻게 된다는 것을 지칭한다. 이는 '성화(性化)된 불'로 지칭되며, 원초적 사랑의 요소이기도 하다. 독일의 대표적인 낭만주의 시인인 노발리스(Novalis, 1772~1801)는 불의 빛보다는 그 열에 더 반응했다. 여기서 착상해 바슐라르는 '노발리스 콤플렉스'라는 용어를 만들었는데, 남성와 여성 사이의 사랑도 마찰을 통해 성적인 불이 강렬해지는 것으로 보았다. 제라르 드 네르발의 『불의 딸』에 나타난 사랑의 세계가 바로 이러한 불을 가장 잘 보여 준 견본이라 할 것이다.

④ 호프만 콤플렉스: 불과 다른 요소와의 결합관계를 가리킨다. 이를테면, 불이 공기와 결합하면 상승하여 하늘로 올라가서 양(陽)이 되고, 대지와 결합하면 음(陰)이 된다는 것이다. 특히 알코올의 세계는 불이 물과 결합한 상태로서 그것이 사람의 몸에 스며들어 가면 나중에는 열이 되고 마침내는 몸을 태워 무(無)의 경지에 이르게 한다. 에드거 앨런 포의 사상 세계에서 이러한 현상이 강하게 표현된다고 한다.

⑤ 카롱 콤플렉스: 그리스 신화에 나오는 황천길의 뱃사공(카롱) 이미지를 통해 명명된 것이다. 흔히 바다 소설들에 등장하는 '사자(死者)의 배', '신비의

파수꾼인 뱃사공' 등에서 보는 '물결 위의 죽음' 같은 상상적 원형이다. 카롱의 배는 인간들이 파괴하지 못하는 숙명적 불행과 결부된 상징이다.[40]

⑥ 오필리아 콤플렉스: 문학에서 극적 가치 형성에 결정적인 요소인 자살을 물의 이미지와 연관시킨 것이다. 셰익스피어 희곡 『햄릿』에 등장하는 오필리아는 호수 속에 몸을 던져 죽은 후 물 위에 떠 있는 실연의 여인상이다. 바슐라르는 이 콤플렉스도 달과 물결의 일치를 상징화한 우주의 관계에까지 상승시킬 수 있다[41]고 보고 있다.

⑦ 요나 콤플렉스: 구약성서에 등장한 선지자인 요나가 여행 중 풍랑을 만나, 고래 뱃속에 들어가 사흘 동안 안전하게 지냈다는 상상력을 활용한 것이다. 바슐라르 스스로 이미지의 현상학을 행한다고 했던 『공간의 시학』에서 이 요나 콤플렉스는 '근원 회귀'의 원형적 이미지로 그려진다. 어머니의 태반 속에 있을 때의 안온함과 평화스러움을 느끼게 하는 내밀한 공간[42]으로 돌아가고자 하는 욕망을 지칭하는 경우도 많다.

바슐라르는 '불' 이외에도 물, 흙, 공기 등의 물질적 상상력으로 기존에 묻혀 있던 무명의 작품들까지도 발굴하여 그 의미를 열린 정신으로 파악하고 있다. 이런 상상력을 통해서 문학에 접근했던 바슐라르의 문학이론은 문학을 해석하는 비평가들뿐만 아니라, 실제 작품을 창작하는 작가들에게도 큰 영향을 끼쳤다. 그 당시 프랑스 신비평의 일류급 스타들인 풀레, 장 스타로빈스키, 리샤르 등의 테마비평에 바슐라르는 이론적 근거를 제공해 주었다.

3.3.3.4 상상력 이론의 활용성

바슐라르의 문화 콤플렉스에서 살펴본 상상적 이미지는 한국문학

40) 가스통 바슐라르, 이가림 역, 『물과 꿈』, 문예출판사, 1993, 113~115쪽.
41) 위의 책, 126쪽.
42) 곽광수, 『가스통 바슐라르』, 민음사, 1995, 161쪽.

의 작품비평에 자주 활용되었다. 고전문학 분야에서는 정병욱 등이 「구지가」 풀이를 바슐라르의 이미지 현상학으로 접근해 신선한 충격을 주었다. 현대문학의 경우 허미자의 한용운론이나 이기철의 이상화론 등을 거론할 수 있고, 학위논문들에서는 바슐라르의 방법론이 각광을 받기도 했다.

위에서 제시한 주요 문화 콤플렉스를 통한 이미지의 현상학은 다음과 같은 적용 가능성도 고려할 수 있다. 먼저 불 이미지의 경우, 프로메테우스 콤플렉스는 제우스신으로부터 불을 훔쳐다가 인간에 전해준 이야기를 풍자적으로 다룬 김성한 단편 「오분간」 등에 적용해 볼 수 있다. 또 노발리스 콤플렉스의 경우 오정희의 중편 『불의 강』이나 한승원의 중편 『불의 딸』 등에 원용이 가능하다. 호프만 콤플렉스는 서정주의 시 「화사花蛇」나 한용운의 시 「알 수 없어요」 등에 적용 가능하다. 그런가 하면 물 이미지에 상관된 경우, 카롱 콤플렉스는 오영수의 중편 『갯마을』이나 전광용의 단편 「흑산도」에 대입할 수 있다. 바슐라르도 지적한 대로 '암흑의 태양'을 꿈꾸는 '흰 이마의 미망인들'[43]의 모습이 선연하기 때문이다. 그리고 끝으로 근원회기의 안온한 공간 이미지를 나타내는 요나 콤플렉스 경우는 이상화의 시 「나의 침실로」와 최인훈의 장편 『광장』 등에 적용할 수 있다.

3.3.4 테마비평의 실제

테마비평은 작가 작품 속에서 반복적으로 사용하는 상징이나 이미지를 통해, 작가의 무의식이나 작품의 특징을 해명해 내는 것이다. 작가의 의식적 지향을 포착하는 테마비평은 특히 시비평에서 많이 활용된다. 고봉준은 김신용의 시집 『몽유 속을 걷다』를 비평한 「바다로 가는 빈집－김신용론」[44]에서 '빈집'의 이미지를 도출해 내고 있다. 시

---

43) 가스통 바슐라르, 이가림 역, 앞의 책, 109쪽.
44) 고봉준, 『반대자의 윤리』, 실천문학사, 2006, 160~163쪽.

인이 내면세계를 응시하는 방식과 '집'의 공간이미지를 접합시킨 고봉준의 비평도 테마비평의 적용된 사례로 볼 수 있다.

> 지금－여기의 삶이 위기에 노출되어 있는 존재들은 종종 과거라는 시·공간에서 심리적 보상을 구하려 한다. 『몽유 속을 걷다』(실천문학사, 1998)에서 뚜렷해지는 과거에 대한 기억과 귀향의 모티프들은 이러한 심리적 작용을 보여준다. 그러나 「어두운 기억의 거리」 연작에 등장하는 "초량·텍사스"의 잿빛 풍경이 말해주듯이, 열네 살 때부터 '거리'에서 생활해온 그에게 유년은 현재를 위로할 수 있는 어떠한 추억도 간직하고 있지 않다. 유년의 풍경 속에는 노가다의 아버지와 폐경기의 어머니가 "허기처럼 노오랗게"(「풍경·幼年의 꿈」) 떠오를 뿐이다. 이런 점에서 『몽유 속을 걷다』는 하나의 시적 분기점이라고 할 수 있다. 그것은 세상에 대한 막연한 분노와 절망이 "곡괭이로 시를 쓸 수 있는 세계를 향해"(「내 뼈의 가지에 寒苦鳥」) 방향을 전환하고 있음에서 확인할 수 있다. "그 불특정 다수를 향한 살의처럼 살아왔다. / 이제 마침표의 잎새들을 매달고 싶다"(「등나무 앞에서」)라는 진술은 이러한 방향 전환을 확인시켜준다. 그는 인식의 전환을 계기로 지금－이곳의 삶에 대한 새로운 시각을 확보하기 시작하는데, 그것은 단적으로 내면세계에 대한 응시와 '집'이라는 공간에 대한 인식을 통해 형상화된다.
>
> 땅끝을 지나, 빈집에 들어서야 / 내가 빈집 속의 빈집이었음을 // 알겠네. 땅 끝에 매달려 / 저기, 수척한 바다처럼 누워 있는 // 사람, 그 바다에 / 나는 얼마나 많은 섬들을 띄워놓았던가 // 말의 섬들, / 햇살 속에 온갖 魚族의 비늘들로 반짝이던 // (…중략…) // 몸, 이제 이 땅의 끝까지 지나왔지만 / 저기, 赤潮에 잠겨 // 잡풀 우거진 빈집으로 누워 있는 사람, / 그 빈집에 들어서야 // 내가 빈집 속의 빈집이었음을 알겠네
>
> －「빈집 속의 빈집」 부분

> 나의 生은 여관의 삶이었다 / 나는 수많은 여관을 거쳐 이 길 위에 서 있다 / 그러나 저 구름장 여관으로 가는 길은 모른다 / 내가 마지막으로 머물러야할 저 여관, / 그곳에서의 하룻밤으로 내가 無化 되어야 할 곳!
>
> —「구름莊 여관」 부분

『몽유 속을 걷다』에는 유독 '집'의 이미지가 자주 등장한다. 시집 도처에 등장하는 '집'은 여전히 존재의 거소가 되지 못하는 "빈집"들이다. 이는 '거리'에서 시작된 그의 시적 여정이 「길」에서 명확하게 드러나는 것처럼 '가내工員—철창—청계천—담—철문—공사판—함바'라는 주변적 삶의 전형적 사이클을 거쳐 마침내 '집'에 도달했음을 보여준다. 그러나 「빈집 속의 빈집」, 「빈집지기」, 제비집, 〈제비집〉 등에서 확인되는 '집'은 어떠한 인간적 가치도 포함하지 않는 "모래의 집"(「불알 두 쪽」)에 불과하다. 이처럼 '빈집'은 일상적 삶을 영위할 수 있는 안정적 주거공간이 아니라 "나의 生은 여관의 삶이었다"(「구름莊 여관」)에서 암시되듯이 황폐화된 내면을 상징한다. "나는 언제나 혼자였고, 혼자 살아남아야 했다"(「구름莊 여관」)나 "이미 폐허가 된 몸, / 나는 내가 가공된 자연임을 안다"(「섬·斷想」)라는 뼈아픈 자각은 시인의 '내면'과 '섬'과 '빈집'을 하나로 계열화시킨다. 이 텅 빈 집에서 그는 자신의 내면을 돌아보는 '一人 전쟁'을 벌인다. 그 속에는 "내가 빈집 속의 빈집이었네"라는 실존적 자각도, 그리고 "나는 얼마나 많은 섬들을 띄워놓았던가 // 말의 섬들"처럼 시작(詩作)에 대한 성찰도 포함되어 있다. 그런데도 그의 시선은 세상을 향한 분노가 아니라 내면을 돌아보는 응시의 시선으로 바뀌어 있다.

'집'에 대한 인식의 전환은 곧 '거리'에 대한 인식의 전환이기도 하다. 시인은 "그래, 사람에겐 저마다 살고 싶은 生이 있으리라 / 그 꿈을 찾아, 무수한 길을 걸어 나는 이 길 위에 서 있다"(「내 뼈의 가지에 寒苦鳥」)에서 드러나듯이, '거리'와 '길'에 신생의 의미를 부여한다. 빈집이 결코 절망적으로 느껴지지 않은 이유도 여기에 있다. 이를테면 「내 뼈의 가지에 寒苦鳥」에서 시인은 "희망은, 길의 끝에 무덤을 만든다 / 모든 길의 끝에는 무덤이 있다"라고 말한다. 그러나 이 시에서 무덤은 죽음의 공간이 아니라 새로운 가치가 탄생하는, 즉 "자궁이 되는 무덤"이다. 이러한 인식의 반전은 「연탄불을 지피며」의 "너는 무덤 속에서도 살아 오르는구나 / 네 몸 가둔 감옥이 도리어 생명의 집이었구나"에서도 거듭 확인된다. 그렇다면 "자궁이 되는 무덤", "생명의 집"이 되는 '감옥'이란 과연 어디인가? 그것은 시작(詩作)의 차원에서는 "곡괭이로 시를 쓸 수 있는 세계"이며, 존재론적으로는 "떠도는 물방울끼리 만나" 마침내 도달하게 될 '바다'이다. "바다는, 언제나 우리의 꿈이었다"(「구름莊 여관」)와 "내 죽으면 머리통을 쪼개보라, 거기 자갈치가 꽃피어 있을 것이다"(「꽃의 자갈치」)는 시인의 귀향 의지가 얼마나 간절한 것인지를 보여준다.

3.4 상이점과 한계점

정신분석학적 비평과 테마비평은 작품의 내면에 숨어 있는 심층의 의미를 파악하기 위해 과학적 체계를 활용한다는 측면에서 비슷하지만 서로 상이한 측면도 있다. 그러므로 정신분석학적 비평과 테마비평, 그리고 현상학적 비평관계를 비교하여 한계점을 파악해 볼 필요가 있다.

테마비평은 작품을 완전하게 파악하기 위해 내재적인 접근방식을 사용하기 때문에 "작품의 주인공이나, 극적 사건, 작품이 내포한 이데올로기, 혹은 철학이 일차적인 모색대상이 되지 못"하며, "작가가 성장한 사회환경이나 시대, 그의 사생활 등이 고려의 대상이 될 수 없다는 것"은 자명하다."[45] 테마비평가들은 이런 작품 외적인 문제가 작품에 표출되더라도, 작가의식과 배치되는 것들은 무시하고 작가가 표현하고자 하는 것에 한정해 작가의 심층구조를 비평한다. 이 점에서 테

---

45) 이형식 외, 앞의 글, 4~5쪽.

마비평은 현상학적 비평과 긴밀하게 연결이 된다.

현상학적 비평에서는 심층구조를 파악하기 위해 모든 것들에 대한 판단중지를 하여, 이것을 괄호 속에다 집어넣고 작품에 접근한다. 이것을 후설E. Husserl은 '환원'이라고 설명하면서, 대상에 대한 환원과 대상을 파악하는 주체에 대한 환원으로 구분했다. 후설이 주장한 것은 "의식이라고 하는 일원적인 행위를 통하여 사고를 하는 주체와, 주체가 지향하는 또는 의식하는 대상은 상호 연루되어 불가분리의 관계를 맺는다"는 사실이다. 여기서 의식의 지향성이 생기는데 "이 지향성은 의식하는 주체 혹은 작용과 객체 혹은 대상과의 상관관계 속에서 의식이 일정하게 움직이는 것"[46]을 말한다. 이처럼 현상학적 비평에서는 작품의 내재적 의미를 파악하기 위해서 판단 중지, 환원(대상적 환원, 주체적 환원), 그리고 주체와 대상과의 상호 지향성을 통해 작품 파악을 한다.

그런데 테마비평은 작품 해석에 있어 내재적 의미를 중시한다는 측면에서 현상학적 비평과 동일하지만, 그것을 파악하는 데는 체계화된 방법론보다는 직관과 주관에 더 의존하고 있어 현상학적 비평과 구별된다. 또한 현상학적 비평이 작품의 심층구조에 표출된 작가 의식을 중요시한다면, 테마비평은 현상학적 비평에 비해서 작품 자체의 심층의미를 중시한다. 이것을 다르게 표현하면, 테마비평은 현상학적 비평보다는 더 다양한 작품의 의미 해석이 가능하다고 볼 수 있다.

앞의 글을 정리하면 다음과 같다. 정신분석학적 비평은 프로이트 등의 심리학 이론을 문학비평에 거의 그대로 수용하여 작가, 작품에 나타난 작중인물, 그리고 독자들의 의식과 무의식을 과학적으로 분석하여 작품의 심층구조에 도달하려는 비평방법이다. 반면에 테마비평은 과학적인 방법보다는 직관과 주관에 더 의존하여 작품의 심층구조에 도달하는 방법론이다. 어떤 의미에서 테마비평은 기존의 객관적,

---

46) 홍문표, 앞의 책, 509쪽.

과학적 방법론 등을 활용한 작품 분석이 오히려 작품 해석에 지장을 초래했다는 반성적 인식에서 출발했다고도 볼 수 있다. 그리고 현상학적 비평은 테마비평의 비체계성에 비해 판단중지, 대상적 환원, 주체적 환원 등의 방법론적인 체계를 세워 작품 해석에 접근했다. 이런 부분에서 작품의 심층구조에 도달하려는 현상학적 비평과 테마비평은 구별된다.

4장 신화·원형비평

4.1 개념과 특성

신화·원형비평Mythological and Archetypal Criticism은 정신분석학적 비평이나 테마비평과 관계를 맺으며 현대비평의 한 주류를 형성했다. 정신분석학적 비평이 개인 무의식에 중점을 두는 방법론이라면, 신화·원형비평은 문학 연구의 여러 방법들을 다 포용하면서도 문학을 단일한 근원으로 환원시키려는 야심만만한 기획이다.[1] 사실 신화·원형비평은 인류학, 종교학, 민속학 등의 학문과 관계를 맺고 있을 뿐만 아니라, 심리학(심층 심리학) 및 언어학과도 연관되어 있어 복합학문적 성격을 지니고 있다.[2]

신화·원형비평방법론은 제2차 세계대전 이후인 1940년대 후반기부터 1960년대 중반 무렵까지 미국을 중심으로 크게 유행했다. 이러한 지적 흐름은 당대를 지배하던 형식주의, 역사 전기주의 비평에 대한 비판적 자각과 인류학과 심리학의 발달 등의 영향 속에서 형성되었다. 또한 전후前後의 정신적 황폐화와 당대를 풍미하던 실존철학實存哲學, 문학에서 나타난 현대인의 소외의식 등이 신화·원형비평을 유행하게

1) 박덕은, 『현대문학 비평의 이론과 응용』, 새문사, 1989, 198쪽. 신화형성 비평이 '야심적'이란 지적은 S. N. 그렙스타인도 언급한 바 있음.
2) 김열규, 「신화비평론」, 신동욱 편, 『文學批評論』, 고려원, 1984, 219쪽.

하는 시대적 분위기로 작용했다. 왜냐하면 신화·원형비평은 개별적인 여러 방법론을 통합할 수 있는 보편적 방법론으로 각광을 받았기 때문이다. '신神은 죽었다'고 간주되는 현대문명 속에서 개인은 자신을 포용해 줄 수 있는 공통의 감각, 시원에 대한 갈망을 갖게 마련이다. 이러한 근원에 대한 희구가 신화·원형비평의 등장과 시의적절하게 들어맞았다. 한마디로 신화비평가들은 과학기술문명을 불신하고 정신의 중요성, 인류공동체의식, 원초적 인간으로서의 본래적인 자연의 가치를 강조했던 것이다. 신화비평가는 "'기술에 대한 불신, 영혼의 의미작용 추구, 공동사회의 아이디어에 대한 은밀한 집착, 인간의 근본의식에 대한 지속적인 관심'을 갖고 있다는 특징을 공유한다".[3]

4.1.1 생성과정과 특성

신화·원형비평은 구전口傳되는 신과 인간의 이야기인 신화神話, myth와 인간 전래傳來의 원초적 원형原型, archetype을 추적해서 분석·비교하는 문학비평방법론이다. 신화·원형비평가들은 동서고금의 여러 작품에 공통적으로 발견되는 원형적 유형들이 개별적 작품 속에 효과적으로 형상화될 때 독자의 감동을 불러일으킨다고 보았다.

신화·원형비평은 20세기 초엽, 영국의 케임브리지대학 문화인류학자인 프레이저James George Frazer(1854~1941)의 방대한 저서인 『황금가지』와 여성비평가인 모드 보드킨M. Bodkin의 논문 「시詩에 있어서의 원형적 유형Archetypal pattern in poetry」(1934)이 발표된 이후 보편화되었다. '원형'이란 용어는 프랑스 문화인류학자인 방 제네프Van Genep가 처음 사용했다고 전해지는데, 그는 인간이 태어나서 죽을 때까지 거치는 탄생, 성년, 혼인, 장례 등에 수반되는 의례에 주목했다. '원형'은 조상 때부터 인류에게 끊임없이 반복하여 체험된 원초적인 경험들이 인간정신의 구

3) V. B. 라이치, 김성곤 외 역, 『현대 미국 문학비평』, 한신문화사, 1993, 148쪽.

조적 요소로 교착되어 일반화된 기본적 상징이다. 이 상징이 이미지와 모티프로 작품에서 표현되어 보편적인 인물상人物像이나 전형적인 행동양식을 만들어 낸다.

이러한 원형은 신화로 연결되어 이야기의 구조, 인물 유형, 이미지 등의 요소를 파악할 수 있는 근거를 마련한다. 프레이저는 『황금가지』에서 신화 속 이야기가 미신 또는 단순한 비유, 은유가 아니라, 인류 문화 의식의 표본이라고 주장했다. 신화에 선행先行했던 제식祭式 등이 점차 종교적 관습으로 쇠퇴하여 놀이play가 되거나 사라져 버렸지만, 신화는 남아 이러한 원형의 양식적 유사성을 보여 준다는 것이다.

현대비평 접근방법 중에서 고전문학과 현대문학, 또는 시대와 장소가 떨어져 있는 작품들 사이에서 발견되는 유사성을 설명하는 데 있어 이만큼 유효적절한 방법론은 아직 발견된 적이 없다. 그만큼 이 방법론은 보편적이면서 설득력이 있다. 물론 이런 지나친 보편성으로 말미암아 작품의 개별성을 소홀히 한다는 비판을 받기도 했지만, 원형(신화)비평이 발견한 '원형상징'은 인류의 공통감각을 해명하는 데 유용하다는 평가를 받는다. 신화비평가는 "자기의 관심이 신화와 제의(祭儀, ritual) 그 자체에 있지 않고, 신화와 제의가 궁극적으로 예술의 형식으로 구현된 것으로서의 문학에 있다"고 주장한다. 그래서 신화비평가는 "정밀한 원문(原文)분석, 특히 이미저리와 상징의 해설에 손댈 경우"[4]가 많다고 한다.

신화·원형비평의 개념은 한마디로 다음과 같이 요약될 수 있다. "신화비평이란 문학을 신화체계 내의 한 존재로 보고, 문학 속에 내재해 있는 신화체계를 밝히려는 비평을 가리키고 있다."[5] 이처럼 신화·원형비평은 주로 작품 속에 반영된 내용들이 신화의 내용과 어떤 연관성을 가지고 있는가를 밝힘으로써 — 그것은 원형으로 나타난다 — 작품을 분석하는 방법론이다. 이때 원형은 다시 상징과 이미지로 독

4) 홍문표, 『현대시학』, 양문각, 1987, 501쪽.

5) 위의 책, 500쪽.

자에게 표현되기 때문에 원형비평가들은 원형의 이미지와 상징을 해석함으로써 작품에 접근한다.

4.1.2 신화와 원형비평

신화비평은 원형비평이라고 불린다. 문학작품 속에 내재해 있는 신화적 요소가 신화적 원형을 이루고 있으며, 이러한 원형이 반복되거나 확대된다는 견해에서 신화비평과 원형비평은 혼용된다. 신화는 원래 집합적이고 공공의 것이며, 종족이나 국가가 이러한 공통된 심리적이고 정신적인 활동 속에서 일체감을 형성했다.[6] 신화체계가 다양하지 못할 경우, 신화비평보다는 인류 공통의 집단 무의식으로서의 원형비평으로 접근하게 된다. 그런 까닭에 신화비평은 원형비평이란 용어에 비해 다소 작은 틀로 여겨진다. 프라이N. Frye도 신화비평보다는 원형비평이란 용어를 선호했다.

원형비평가는 기교 면에 있어서는 다원론자이나, 비평적 신념에 있어서는 일원론자로 규정할 수 있다. 신화비평가가 신화적 모티프와 유형들이 시대와 작가에 따라 어떻게 다른가를 설명하기 위하여 전기적 정보, 문화적 전통 등을 이용한다면, 원형비평가는 형식비평가의 태도를 가지고 개별작품의 장르 및 유형의 형식과 구조를 연구한다. 이때 원형비평가들은 신화 등 그 자체에 관심이 있는 것이 아니라 신화 등이 예술이라는 형태로 형상화된 것으로서의 문학에 더 큰 관심이 있다. 원형비평가는 특히 정신분석학적 비평처럼 심층 심리학에도 관심을 지니고 있다. 정신분석학적 비평이 개인 무의식에 관심을 둔다면, 원형비평은 집단 무의식에 관심을 표명한다. 이들 원형비평가는 다양한 방법론을 이용하여 문학에 나타난 원형을 추출하여 작품을 분석하고자 한다.

---

6) 윌프레드 L. 게린 외, 최재석 역, 『문학비평입문』, 한신문화사, 1994, 151쪽.

4.2 주요 이론가들

원형비평은 다윈Charles Darwin(1809~1882)의 진화론에서 그 출발점을 찾을 수 있다. 진화론은 역설적으로 신화에 대한 학문적이고도 비판적인 관심을 되살리는 데 공헌을 했다. 타일러Edward B. Tyler(1832~1917)는 「원시적 문화Primitive Culture」(1871)를 발표하여, 인간의 문화, 제도, 예술작품 등이 과거 사회에서 유형적 반복을 지속해 왔다는 견해를 피력했다.

4.2.1 프레이저의 『황금가지』

인류학자 프레이저James George Frazer의 저서인 『황금가지The Golden Bough』(1890)[7]는 본격적인 원형비평의 출발로 여겨진다. 이 저서는 세계 각처의 신화, 설화, 전설 등을 집대성한 12권으로 이루어져 있다. 프레이저는 신화가 단지 비현실적인 이야기이나 미신 또는 우주의 신비를 알려주기 위한 비유나 풍자라는 통념을 뒤엎고, 신화를 구성하는 힘이 동서고금의 인간의 공통된 '원형'이라는 사실을 발견한다. 그리고 초개인적 사회와 우주와의 의미 있는 대화를 위한 형식적 행위, 한마디로 제식祭式이 언어의 형태로 나타난 것이 곧 신화라고 보았다. 세계의 주요 신화들이 단순히 우연이라고 보아 넘길 수 없을 만큼 많은 공통 요소를 공유하고 있다는 것이 그의 주장이다. 그는 이러한 사실에서 "단위 민족의 문화뿐 아니라 인류 문화 자체를 한 덩어리로 생각할 수 있는 기틀을 마련"했다.[8]

결과적으로 이 책은 인류학뿐만 아니라 고고학, 종교학, 민속학, 사회

---

7) James George Frazer의 『*The Golden Bough*』는 세계 각처에 산재해 있는 선교사 등에게 앙케이트 등을 보내서 세계 각지 민족의 민속신화 등을 조사, 수집한 책임. 1891년에 그 제1·2권이, 제3권은 1900년에 출판되었고, 1918년에 『황금가지』 전 12권이 완성되었으며, 그 마지막 권은 1937년에 출판되었음. 우리나라에서는 을유문화사에서 1975년에 발췌본을 번역, 출판한 바 있음.

8) 이상섭, 『문학연구의 방법』, 탐구당, 1980, 179~180쪽.

학, 정치학 등 광범위한 분야에 영향을 미쳤다. 20세기에 들어 3대 문예비평담론으로 꼽히는 것이 마르크스주의 비평, 프로이트의 정신분석학적 비평, 그리고 프레이저로부터 기원한 신화생성적 비평Mythopoetic criticism이다. 그의 역저 『황금의 가지』에는 한국의 사례도 일부 언급되어 있다.[9]

4.2.2 융의 심층심리학

신화·원형비평에 두 번째로 광범위한 영향을 미친 것은 융C. G. Jung의 심층 심리학과 해리슨J. E. Harrison이 소속한 영국의 케임브리지 인류학자 및 고전주의자들의 연구를 꼽을 수 있다. 해리슨은 셰익스피어의 햄릿을 원형으로 분석한 「햄릿과 오이디푸스」라는 글을 발표한 연구자로 유명하다.

이 중에서 융의 이론은 프로이트의 정신분석학보다 덜 결정론적이다. 초기의 프로이트는 재능 있는 작가를 정신이상자로 보는 듯한 태도를 보였지만, 융은 예술가의 창조적 재능에 큰 존엄성을 부여했다. 그래서 신화·원형비평에 관심을 표명한 작가나 비평가들은 프로이트의 사상보다는 융의 사상을 훨씬 더 열의를 갖고 수용하였다.[10] 융의 개념인 아니마anima, 아니무스animus, 퍼스나persona 등의 개념은 아직도 신화·원형비평에 사용되고 있음이 이를 증명한다. 또한 융에게 있어 명작名作이란 집단적 무의식과 개인적 무의식이 융합된 작품인데, 집단 무의식의 반영인 '원형무의식'[11]이 작품 속에 잘 반영되었을 때 성

---

9) 유병석, 『20세기 韓國文學의 이해』, 한양대출판원, 1996, 134~167쪽. 유병석은 『황금의 가지』 13권(1권은 보유편)의 영·불·독어본에서 참조. 인용한 24개의 사례를 들고 있음.

10) S. N. 그렙스타인, 「신화비평이란 무엇인가」, 김병욱 역, 『신화와 원형』, 고려원, 1992, 16쪽.

11) 융이 주장하는 원형무의식(Archetypal unconsciousness)이란 인류의 조상 때부터 반복하여 체험된 원초적인 경험들이 인간정신의 구조적 요소로 고착되어 집단 무의식을 통해서 유전되고 신화나 종교, 꿈, 환상 또는 문학에 상징적인 형태로 나타나는 정신 작용을 말함.

공적인 작품이 된다.

또한 신칸트학파 철학자인 카시러Ernst Cassirer의 『상징 형태의 철학』, 『언어와 신화』와 같은 저서도 인간 실제의 통제력에 핵심이 된다고 보는 상징적 형태로써의 정신적 이미지들에 관해 논의하고 있다. 카시러는 신화의 언어를 객관적·과학적 언어에 앞서는 것으로 파악하여 "실제에 대한 인간 직관의 근본적 형태"[12]로 보았다. 이런 카시러의 영향을 받은 이는 휠라이트Philip Wheelwright와 슈마커Wane Shumaker이다.

4.2.3 프라이의 사계四季의 원형

선행 연구자들의 논의를 종합 내지 비판하여 원형비평의 틀을 확립한 사람은 프라이N. Frye다. 그의 비평 작업은 19세기 및 20세기 여러 학자, 비평가들의 문학비평을 비판한 후, 그 바탕 위에 자신만의 독특한 문학이론을 전개하는 방식으로 전개되었다. 그는 원형비평의 시학詩學이라고 평가받는 『비평의 해부Anatomy of Criticism』(1957)를 통해 흔히 소설novel이라고 부르는 무정형의 장르에는 네 개의 이야기 범주와 형型이 있다고 보았다. 그것을 도표화하면 다음과 같다.[13]

12) S. N. 그렙스타인, 김병욱 역, 앞의 책, 17쪽.

프라이는 고대 신화, 종교, 계절의 변화 등이 인간의 근본적 경험에 관계해 작품 서사에 투영된다고 보았다. 그래서 모든 문학의 근저에는 희극, 로맨스, 비극, 아이러니와 풍자 같은 네 개의 이야기가 각기 봄·여름·가을·겨울이라는 신화소mythoi, 神話素와 연결된다고 했다. 이를 프라이의 자연신화自然神話, nature myth라고도 한다. 그가 파악한 춘하추동春夏秋冬의 순환적·변증법적 원리의 내용은 다음과 같이 제시된다.

① 봄의 미토스(mythos): 희극(comedy)
② 여름의 미토스: 로맨스(romance)
③ 가을의 미토스: 비극(tragedy)
④ 겨울의 미토스: 아이러니와 풍자(irony and satire)[14]

이 사계의 자연신화는 자연과 동화되고 조화를 이루는 견지에서 파악하고 정리되었다. 순차적이고 순환적인 질서의식에 따라 희극, 로맨스, 비극, 아이러니와 풍자로 짝 지어졌다.

이 자연신화 내용과 원리를 더 자세히 살펴보면 다음과 같다.

① 새벽, 봄 그리고 출생의 단계: 영웅의 탄생, 부활과 소생, 창조의 신화(네 단계가 하나의 주기를 이룸)와 죽음, 겨울, 어둠의 힘, 패배의 신화, 부속적인 등장인물—아버지와 어머니, 로맨스와 디티람보스, 서사시의 원형
② 절정, 여름 그리고 결혼 혹은 승리의 단계: 신격화, 신성한 결혼, 낙원 입장의 신화, 부수적 등장인물—친구와 신부, 희극, 목가, 전원시의 원형
③ 황혼, 가을 그리고 죽음의 단계: 시들고 죽어 가는 신, 사고로 인한 사망과 희생, 영웅의 고립의 신화, 부수적 등장인물—배반자와 요정, 비극과 엘레지

13) N. Frye, *Anatomy of Criticism*, Princeton Univ. Press, 1973; 임철규 역, 『비평의 해부』, 한길사, 1982, 227~228쪽.

14) N. Frye, *Anatomy of Criticism Four Essays*, New Jersey Princeton Univ. Press, 1973, pp. 163~239.

의 원형

④ 어둠, 겨울 그리고 해체의 단계: 승리의 신화, 홍수와 혼돈의 되풀이, 영웅의 패배의 신화, 신들의 몰락의 신화, 부수적 등장인물—도깨비와 마녀, 풍자의 원형[15]

신화·원형비평은 정신분석학적 비평과도 밀접한 관련이 있는데, 프라이도 융의 영향을 받았다. 프라이는 융의 학설에 따라 신화의 원형적 패턴을 삶과 죽음의 재생이라는 순환적 형식에서 찾았고, 여기에서 순환운동의 여러 가지 형식들을 생각해 냈다. 그는 자연현상이나 인간생활 양태에서 볼 수 있는 순환의 여러 형식을 문학의 여러 원형에 견주어 보려고 했다.

신화는 단순하고 전형적인 의미에 있어서 신이나 신성한 존재에 대한 이야기이다.[16] 따라서 이야기를 해석할 때에는 신화를, 의의를 해석할 때에는 원형을 쓰는 것이 편리할 수도 있다. 그러나 보통은 신화가 곧 원형이라고 본다.[17]

4.3 신화와 원형

신화myth란 원래 그리스어 미토스mythos에서 유래했는데, 이것은 '사람이 하는 이야기'라는 의미를 지녔다. 미토스는 처음에는 '진실한 이

---

15) N. Frye, "The Archetypes of Literature", D. Lodge ed., *20th Century Literary Criticism*, London: Longman, 1972, p. 429; 이선영·권영민, 『문학비평론』, 한국방송통신대출판부, 1992, 117쪽에서 재인용. 그런데 여기서 문제되는 것은 봄과 여름에 해당되는 희극과 로맨스가 뒤바뀐 사실로서 이상섭의 앞의 책, 194~195쪽과 일치한다는 점임. 하지만 확인을 위해서 Robert de Beaugrande, *Critical Discourse*, New Jersey, 1988, p. 61의 표나 설명을 보면 분명히 봄의 Mythos에는 코미디, 여름에는 로맨스로 되어 있음.

16) N. Frye, *Literature and Myth*, Relations of Literary Study, 1967, p. 27.

17) 김우종·김혜니, 『문학비평론』, 범우사, 1984, 337쪽.

야기'라는 뜻으로 쓰였는데, 나중에는 '지어낸 이야기'라는 의미로 더 많이 쓰이게 되었다. 신화와 문학의 관계에 대해 프라이는 "문명사의 관점에서 보자면 문학은 신화보다 뒤처져 따라온다"고 보았다. 그는 "신화는 인간적 세계와 비인간적 세계를 동일시하는 상상력의 단순하고도 소박한 노력"이라고 하면서, "신화가 만든 가장 뚜렷한 결과는 신(神)에 대한 이야기"라고 했다. 덧붙여, "훗날 신화는 문학에 합류하기 시작했고, 신화는 이야기 문학의 구조적 원리를 이루게 된 것"이라면서, 결국 "문학이란 신화의 연장이며 문학의 구조적 원리란 신화에 불과하다"는 입장을 취했다.[18]

이것을 토대로 하여 신화·원형비평에서 사용하는 신화의 개념을 정리하면 다음과 같다.

① 신화는 의식의 언어적 형태이고 의식을 전달하는 수단이다.
② 신화는 상상력이 기본적인 정신적 심상들을 연결하고 질서화한 언어이다.
③ 신화는 최고의 진실된 표현과 계시의 한 틀이다. 그것은 사실에 대한 진술이 아니라 가치에 대한 진술이다.
④ 신화는 문학에 유사한 구조물이고, 문학에서와 같이 의식과 무의식의 사이에서 미적 창조를 매개한다.
⑤ 신화는 하나의 이야기이거나 설화(서사)인데, 그 기원과 성격에 있어서 불합리하고 직관적이다. 따라서 본질적으로 신화는 논의적이고 논리적이고 체계적인 것과는 다르며, 또 논의·논리·체계적인 것에 선행한다.[19]

신화와 문학은 플롯과 인물, 주제와 이미지를 지니고 있다는 점, 문화적으로는 지식과 지혜를 전달하는 이야기라는 점에서 유사하다. 하지만 역사적으로 볼 때, 신화는 문학에 재료와 사례를 제공함으로써 문학적 해석을 얻어냈다. 이제 신화 속에 나타난 원형의 개념을 살펴

18) 홍문표, 앞의 책, 500~501쪽.
19) 신동욱, 「신화비평론 서설」, 『신화와 원형』, 고려원, 1992, 32쪽.

보기로 한다.

신화·원형비평에서 사용되는 원형Archetype의 개념은 처음 융C. G. Jung이 처음 사용했던 원형의 의미와는 약간 달라졌지만 아직도 그의 개념은 원형비평을 이해하는 데 유효하다. 그는 "원형은 결코 쓸모 없는 고대의 잔존물이거나 유물이 아니다"라고 말한다. 그가 보기에 원형은 "살아 있는 실체이고, 신령사상의 전승이며, 철학적 성찰의 일종"이다. 그러므로 "원형은 본능의 활동 영역에 속하고 그와 같은 의미에서 그것은 심리적인 형태를 물려받은 것"으로 보았다.[20]

이에 비해 현재 통용되고 있는 원형의 개념에 대해 하이먼Stanley Edgard Hyman은 '중심적인 인간체험의 오래된 기본적 유형'으로 보았다. 그것은 특수한 정서적 의미를 지니는 어느 시의 근원에도 가로놓여 있기도 하다. 브룩스C. Brooks는 원형은 원시적인 심상이고, 집단적인 무의식의 한 부분이며, 같은 종류의 무수한 경험들의 영적 잔여라고 보았다. 그리고 "종족의 유전적 반응 유형이다"[21]라고 언급했다.

이렇게 작품 속에 내재해 있는 집단 무의식으로서 원형은 독자들에게 상징과 그런 상징을 통해서 느끼는 이미지로 다가오게 된다. 그러므로 원형을 분석한다는 것은 작품에 나타난 집단적, 종족적, 보편적 상징과 이미지를 분석한다는 것이 된다. 이에 비해 정신분석학적 비평은 개인적, 특수적 상징과 이미지를 고찰하는 것이라 할 수 있다.

4.4 휠라이트의 원형상징

상징은 하나의 이미지가 다른 하나의 관념을 암시하거나 환기하는 것이다. 그렇게 함으로써 의미망은 더욱 확대되어 인간의 정신 영역도 동시에 넓혀지게 된다. 랄랑드A. Lalande에 의하면 상징이란 "부재해

---

20) S. N. 그렙스타인, 김병욱 역, 앞의 책, 17쪽.
21) 위의 책, 30쪽 재인용.

있거나, 지각하기 불가능한 그 무언가를 자연스런 관계에 의해서 표현해내는 구체적인 모든 기호"이다. 융은 상징에 대해 "비교적 미지의 것이어서 우선, 보다 확실하고 특징적인 방법으로 지칭할 수 없는 대상을 가능한 한 최선의 방법으로 형상화시킨 것"이라고 했다.[22]

인간의 과학적 인식이 발달한 것과 비례하여, 이런 상징의 영역은 근대에 점점 축소되어 왔다. 하지만 과학문명에 대한 회의, 신 존재의 부재 등으로 인해 현대인의 소외의식이 확대되자, 현대인을 통합시키기 위한 노력의 한 방편으로서 상징은 다시 강력하게 소생하였다. 이때의 '상징'[23]은 원형상징으로서 미지의 것, 원시적인 것, 집단 무의식을 담을 수 있는 방법으로 채택되었던 것이다.

휠라이트P. E. Wheelwright는 그의 저서 『은유와 실재』에서 시간적으로나 지리적으로 상당히 거리가 있어 역사적으로 어떤 영향을 주고받거나 인과의 관련성이 전혀 없는 이질문화 사이에 공통성이 존재한다는 사실을 밝혀냈다. 그것은 아버지인 하늘, 어머니인 대지, 광명·피·위아래·바퀴축 등의 상징들이 거듭 사용된다는 사실에서 증명되었다. 이러한 상징들이 부단히 나타나는 이유는 그 의미가 모든 인간들에게 유사하게 다가오기 때문이다. 이 상징들이 나타내는 유사성은 특히 물질적 측면과 심리적 측면에서 고찰된다.

---

22) 질베르 뒤랑, 진형준 역, 『상징적 상상력』, 문학과지성사, 1983, 15~16쪽.

23) 필립 휠라이트는 상징어를 크게 다섯 가지로 나누고 있음. 첫째, 유형으로 문학적 혹은 문화적으로 어떤 계보에도 속하지 않으며 관련 시 밖에서는 작용력이 없는 상징(특정 시의 주도적 이미지), 둘째, 유형으로 개인 상징, 셋째, 잠재적인 연상력을 지니며 작품의 배경을 떠도는 것으로 조상 전래의 활력 상징어, 넷째, 어떤 공동체나 종교적 숭배 또는 비교적 큰 종교단체 혹은 비종교단체에 속하는 사람들에게 중요한 생명력이 있는 상징들로서 문화의미론적 상징, 다섯째, 인류 전체나 그 대부분의 사람들에게 동일하거나 유사한 의미로 통하는 원형상징 또는 원형이 있음을 『은유와 실재』에서 밝히고 있음.

4.4.1 상하up-down의 원형

상향운동은 성취의 관념과 결합되며, 드높음이나 상승의 의미를 지니는 여러 이미지들은 탁월함, 왕권, 지배 등의 개념을 연상시킨다. '상'의 관념과 결합되는 이미지들인 비상하는 새, 공중으로 쏘는 화살, 별, 산, 돌기둥, 자라는 나무, 높은 탑 등은 성취의 희망을 의미하고, 선의 의미 속에 놓인다. 반면에 '하'의 이미지는 상과 정반대의 뜻을 함축한다. 나쁜 버릇에 빠지거나 파산지경에 빠지는 것이지 올라가는 것은 아니다. 종교적으로는 지옥, 심연의 이미지다.

이렇게 상하의 원형들은 다른 관념이나 이미지와 혼합되어 나타남을 알 수 있다. 또한 상하의 상징적 의미는 신화적 사상 속에 나타난다. 곧 하는 꽃핀 광활한 대지, 모든 생물의 궁극적인 어머니를 지향한다. 상하의 대비가 천지관계의 구체적인 형식으로 드러날 때는 그 자체가 의인화의 형식이 된다.

4.4.2 빛의 유형

빛의 특성을 세 가지로 유추해 낼 수 있다. ① 빛은 가시성을 가진다는 점이다. 곧 어둠을 추방하여 사물을 명료하게 인지케 하며, 이러한 특성은 은유적 단계에서 지적 공간화를 상징한다. ② 빛은 신화적 단계에선 시각적 실체로 정의되지 않는다. 따라서 빛은 지적 명료성의 상징이면서 동시에 불의 은유적 내포가 된다. ③ 빛은 우리의 상상력을 자극하는 물질로서의 불의 특성을 환기시킨다. 그러나 불의 규제된 유형으로는 '불꽃'이 있다. 상의 개념과 결합되어 상의 상징적 내포인 선을 지향한다. 지상의 불은 궁극적 근원인 태양을 상기할 때, 선을 내포하며 동시에 상향의 관념과 결합된다.

하지만 빛의 또 다른 심원한 특성은 '빛이 지나치면 장님이 된다'는 데서 찾을 수 있다. 곧 빛은 암흑과 결합된다. 따라서 빛과 암흑은 상호보완적인 관계며, 이 둘이 전체 세계를 형성한다. 동양에서의 음양陰陽 상징도 이러한 보완적 성격과 관련이 있다.

빛은 특수하게 정신에 대한 중심적·상상적 상징으로써 정신의 의미론적 매개가 된다. 끝으로 신성의 단계에서 빛은 바로 신성의 상징이 된다. 신은 빛이 되는 것이다.

4.4.3 피의 원형물

원형상징으로 '피'는 유난히 긴장되고 역설적인 특성을 나타낸다. 특히 피는 물이면서 불의 이미지로 변용 내지 변형되는 속성도 지니고 있다.

① 피는 선과 악의 두 요소로 구성되며, 선의 관념일 때는 명료하나 악의 관념일 때는 모호하다.
② 긍정적인 면에서는 생을 함축하지만, 사회적으로는 불길한 의미와 결합된다. 마술의 붉은색은 힘의 상징을, 반대로 금기의 경우는 지나친 출혈이 죽음을 초래하기에 '죽음'의 상징이 된다.
③ 피는 처녀성의 상실, 여성의 월경과 관련되어 한편에서는 금기로, 다른 편에서는 탄생의 암시로 이어진다.
④ 자연적 논리에 따르면 피는 무서운 형벌을 의미한다. 따라서 맹세의 파기는 두 사람의 혈연을 더럽히는 것이고, 피를 흘림으로써 하나의 형벌이 된다.
⑤ 피는 죽음, 탄생, 사춘기(월경), 결혼 등의 육체적 양상, 전쟁, 건강, 힘 같은 일반적 관념과 결합되므로 의식(儀式)과 원시관념의 공동관계를 함축한다. 이는 죽음이면서 바로 재생인 동시성으로 나타나며, 이것은 모든 사건을 전환적 사태로 인식함을 뜻한다.

4.4.4 물의 원형

물은 형태를 해체하고 폐기하며 죄를 씻어 버리고(정화하고) 새로운 삶을 부여한다.[24] 물에 들어가는 것은 형태 이전으로 되돌아감, 완전한 재생, 새로운 탄생으로 역행하는 것을 상징한다.

물은 역사를 무無로 돌려보내고, 일순간일지라도 최초의 완전함을 회복시켜 주기 때문에 정화하고 재생하는 일을 한다.

물의 리듬과 달의 리듬은 동일한 패턴이 되기에 적합하다. 양자는 모두 주기적이다. 이미 구석기 시대에도 나선螺旋은 물과 달의 풍요성을 상징하고 있다.

물에 의한 세정식洗淨式은 세계가 치유되는 한순간의 도래를 기원하는 목적으로 행해진다. 특히 물에 잠기거나 물을 끼얹는 세례洗禮는 많은 종교에서 행해져 왔는데, 그것은 정신적인 면에서 질적으로 다른 삶으로의 정화, 이행이다.[25]

4.4.5 원의 원형

원형상징 가운데 철학적으로 가장 성숙된 상징은 원과, 원의 구현체인 바퀴다. 원은 이 세계에서 가장 완벽한 형태다. 헤라클레이토스는 '원의 시작과 끝은 한 가지다'라고 할 정도이다.

수레바퀴의 살은 태양의 광선을 상징한다. 살과 광선은 둘 다 중앙에 자리하는 생명력의 원천에서 시작해 우주 만물을 향해 창조적 영향력을 발산한다는 상징성을 갖는다.

살의 회전은, 그 축이 편안할 때는 살과 가장자리의 운동은 완전히 정상적인 것이다. 이러한 상태는 '영혼의 고요한 중심이 경험과 행위의 평정한 질서를 낳는다'는 인간적 진리를 상징한다.

그러나 수레바퀴는 앞의 원형들처럼 '상극적인 특성'을 내포한다. 부정적인 면에서 수레바퀴는 서양에서는 운명의 장난, 동양에서는 죽

---

24) 김우종·김혜니, 앞의 책, 347쪽에서 재인용; M. 엘리아데, 이은봉 역, 「물과 물의 상징」, 『종교형태론』, 형설출판사, 1979 참조.

25) 아기자·올리비에리·스크트릭, 장영수 역, 『문학의 상징-주제사전』, 청하, 1990, 148쪽.

음과 재생의 끊임없는 윤회를 상징한다. 긍정적인 면에서 수레바퀴는 힌두교의 달마, 곧 신성의 법칙이며, 불교의 법[空]이 된다.[26]

4.5 원형 이미지

원형상징은 다음 같은 이미지를 통해서 독자들의 분열된 가슴을 하나로 연결시키고 있다. 이들 이미지들을 W. L. 궤린 등이 제시한 바를 통해 살펴보기로 한다.[27]

4.5.1 태양(불과 하늘이 밀접하게 관련됨)

창조하는 힘: 자연의 이치: 의식(사고, 각성 내지 지혜, 정신의 비전)을 지니고 있다. 달과 지구는 여성 내지 모성母性의 원리는 지니고 있다.

① 아침해: 탄생: 창조: 각성

② 저녁해: 죽음

4.5.2 색채

① 빨강: 피: 희생: 격렬한 열정: 무질서

② 초록: 성장: 희망: 다산(풍부): 부정적인 의미로는 죽음과 몰락을 연상시키기도 함

③ 파랑: 고도로 적극적인 면에서는 진리, 종교적 감정, 안정성, 영적 순수성을

---

26) 김우종·김혜니, 앞의 책, 348쪽.

27) 윌프레드 L. 궤린 외, 정재완 역, 『문학의 이해와 비평』, 청록출판사, 1987, 169~171쪽과 원서 A. *Handbook of Critical Approaches to Literature*, New York, 1979, pp. 157~161을 대조하면서 부분적으로 발췌 정리하였다.

연상시킴

④ 검정(어둠): 혼돈: 신비: 미지: 죽음: 근본의 지혜: 무의식: 사악: 우울

⑤ 흰빛: 긍정적인 면에서는 고도로 복합적인 의미로서의 빛, 순수성, 순결, 영원과 관련됨: 부정적인 면에서는 죽음, 공포, 초자연적인 것, 불가사의한 우주적 신비의 현혹되는 진리

4.5.3 원(구체, 전체성, 통일)

① 만다라: 영적인 통일과 정신적인 전일(全一)에의 갈망(고대의 Shri-Yantra 蔓茶羅의 불교적인 표지를 참조)

② 계란(타원체): 생의 신비와 생식(출산)의 힘

③ 음양: 양(남성의 원리, 빛, 활동성, 의식)과 음(여성원리, 어둠, 피동, 무의식)의 반대되는 힘이 화합함을 나타내는 중국의 상징

④ 오우로보로스(Ouroboros): 뱀이 제 꼬리를 문 고대의 상징, 삶의 영원한 순환, 음양과 같은 상반하는 세력의 통일, 원초의 무의식을 의미

4.5.4 뱀(또는 지렁이 같은 벌레)

'리비도' 같은 순전한 힘의 상징: 사악, 부패, 관능성, 파괴, 신비, 지혜, 무의식

4.5.5 숫자

① 셋: 빛, 영적인 깨달음과 삼위일체 같은 통일: 남성원리

② 넷: 순환, 삶의 순환: 네 계절과 관계됨: 여성원리, 지구, 자연: 네 원소(地, 水, 火, 風)

③ 일곱: 온갖 상징적인 숫자 가운데서 잠재력이 있는 숫자—셋과 넷의 통합을 의미하고 순환의 완전성과 오롯한 질서를 뜻함

4.5.6 정원

낙원, 천진무구, 특히 여성의 순결미, 풍요를 상징한다. 정원은 야생적인 벌판과 달리 잘 가꾸고 밀폐된 장소로서 안정되어 있는 유년의 마법적 공간이기[28] 때문이다.

4.5.7 나무

우주의 조화, 성장, 번식, 생산과 재생의 과정 그것이다. 다함 없는 삶과 영원성의 상징적 등가물이다.

4.5.8 사막

정신적인 삭막함=죽음=니힐리즘, 절망을 상징한다.

이와 같은 신화·원형비평의 이미지 역시 원형상징과 더불어 동서고금을 통한 인류들에게 반복되고 일반화된 원초적 심상이다. 그것이 오늘의 작품들에도 활용되고 우리 인식의 공간에 자리하여 문학적으로 연결되는 요인인 것이다.

4.6 원형비평의 실제

신화·원형비평은 실제 비평에서 광범위하게 활용된다. 하지만 신화의 이야기나 원형상징이 기계적으로 비평언어에 대입되는 것은 아니다. 대부분의 신화·원형비평은 '원형상징'의 문제의식을 원용해 자신

28) 아기자·올리비에라·스크트릭, 앞의 책, 203쪽.

의 언어로 표현하는 방식을 취한다.

예문으로 홍기돈이 권혁웅의 시를 비평한 「제의의 시간, 태양의 사제司祭－권혁웅의 『황금나무 아래서』[29]에 대하여」와 궤린Wilfred L. Guerin이 '앤드루 마아벨Andrew Marvell의 「수줍은 연인에게」'를 분석한 글을 제시한다. 인용문은 글의 일부분이다.

4.6.1 홍기돈의 「제의의 시간, 태양의 사제司祭－권혁웅의 『황금나무 아래서』에 대하여」[30]

권혁웅은 상징적인 죽음을 통해 다시 살아왔다. 검은 강을 건넌 것이다. 거듭난 존재는 다시 시작하는 존재이기에 세상을 달리 바라볼 수 있게 된다. 다시 시작한다는 것, 그것은 겨울을 보내고 봄을 맞는 것처럼, 어둠을 견디고 아침을 맞이한 것처럼 변화하는 것이 아닐까. 이러한 변화의 찬란한 순간을 권혁웅은 「돼지가 우물에 빠진 날」을 통해 기록해두고 있다.

「돼지가 우물에 빠진 날」은 여름에서 시작하여 가을, 겨울을 거쳐 봄에 이르는 계절의 순환을 바탕으로 하고 있다. 이러한 계절의 순환은 신화적인 시간을 연상시킨다. 존재의 변화를 암시하고 있기 때문이다. "그해 여름"으로 시작되는 상황의 설정은 시인의 연령층을 환기시키면서 "중돈"이라는 상징으로 이어진다. 시인은 1967년생이니 어리지도 않지만, 그렇다고 완전히 늙은 것도 아닌 나이이다. 그러니까 직선적인 시간의 흐름에 갇혀 속수무책 나이 들어가는 존재를 돼지에 비유하면서 스스로를 중돈이라 칭한 것이다. 직선적인 시간을 순환적인 시간으로 구부려 죽음과 재생의 신화를 복원시키기 위해 중돈/시인은 우물 속으로 "우아하게 몸을 날렸다". 상징적 죽음을 선택한 것이다.

우물이 종종 성찰의 상징으로 사용된다는 사실을 염두에 둔다면, 우물에 비친 제 얼굴을 보면서도 곧바로 부정해버리는 사람들에게 성찰의 자

---

29) 홍기돈, 『인공낙원의 뒷골목』, 실천문학사, 2006, 246~249쪽.
30) 위의 책, 246~249쪽.

세가 결여되어 있다는 것을 알 수 있다. 성찰은커녕 우물의 입구를 돌과 흙으로 덮어버림으로써 그들은 상징적 죽음의 가능성을 적극적으로 봉쇄해버리지 않는가. "사람들은 물속의 제 그림자를 들여다보고는 슬픈 얼굴로 혀를 찼다 틀렸어, 저 퉁퉁 불은 얼굴 좀 봐 겨울이 가기 전에 사람들은 결국 입구를 돌과 흙으로 덮었다." 그들은 아직 검은 강을 건널 준비가 안 된 사람들인 것이다. 그들은 겨울을 건너갈 수 없다.

우물을 통해 스스로를 응시하는 시인의 모습은 자신의 내밀한 체험 속에서 향기 나는 나뭇가지를 물어오는 시작(詩作) 태도를 연상시킨다. 『황금나무 아래서』는 바로 그렇게 해서 지어진 불사조의 둥우리이다. 그러고 보면 스스로를 향한 권혁웅의 시선은 검은 강을 건너면서도 시종일관 유지되어왔다. 그는 "손으로 입을 막"은 자세로 검은 강을 건너오지 않았던가. 그러면서 유지하는 자기 응시의 시선은 "고개를 떨군 나를 검은 강 아래서 / 한 남자가 입을 가린 채 쳐다보고 있었어요"(「공무도하가」)라는 진술 속에서 드러난다. 한 마리 중돈 / 시인이 "봄이 되자 작고 노란 꽃들"로 피어날 수 있는 힘은 여기에 있다. 자, 이제 봄, 정말 봄이 아닌가.

> 칼들은 녹이 슬었고 식욕은 사라졌다 사람들은 어디에 우물이 있었는지 기억할 수도 없었다 그러나 봄이 되자 작고 노란 꽃들이 꿀꿀거리며 지천으로 피어났다 초록의 床 위에서, 紙錢을 먹은 듯 꽃들이 웃었다 숨어 있던 우물이 선지 같은 냇물을 흘려보내는, 정말 봄이었다
>
> —「돼지가 우물에 빠진 날」 3연

새롭게 봄날을 맞이한 이는 먼지처럼 날리는 고양이털에서조차 희망을 읽어낸다. "아스팔트 위 타이어가 그어놓은 일탈의 끝에서" 그는 이렇게 노래한다. "햇살의 이편과 저편이 솜털 속에서 섞이네 압착된 육신을 벗어버린 껍질이 자유롭네"(「봄은 고양이로다」). 그는 이제 "길고 긴 타이어 자국" 속에 갇혀 먼지와도 같은 삶을 절망하던 시인이 아닌 것이다.(나는 개를 먹고 개처럼 짖고 / 개털은 나리고 나를 따라 / 먼지는 이 방에서 저 방

으로 옮겨다니고 / 내가 손을 흔들어도 / 버스는 떠나가고 비행기는 활주로에 / 길고 긴 타이어 자국을 남긴다―「지문」). 그러니 그는 더는 "네가 누었던 자리에 먼지가 따라와 눕는다 / 먼지로 만든 침대, 먼지로 만든 몸, 먼지가 되어 / 흩어지는 얼굴"(「코끼리」)이라며 죽음(겨울)의 가치를 따라가지 않을 것이다.

이제 나는 새롭게 되살아온 권혁웅을 기념하기 위해 태양의 신 아폴론의 주술로써 이 글을 마무리하고자 한다. 죽음과 재생의 제의를 통해 여생을 얻는 불사조가 태양신의 새이고 보면, 태양신의 주술로써 새롭게 되살아온 자를 기념하는 것이 당연하게 느껴지기 때문이다. 아마 아폴론의 주술은 시인으로부터 "태양의 오벨리스크, 태양의 司祭"라고 칭송받는 '황금나무'의 앞에 바치면 좋으리라. 불사조의 낡은 육신이 재가 되어 묻힌 곳이 태양신의 신전이라면, 권혁웅의 낡은 육신이 묻힌 곳은 바로 황금나무 아래일 것이기 때문이다. 아폴론의 주술을 빌려 저 나무, 황금나무에 이른다.

"영원한 청춘이야말로 내가 주재하는 것이므로 그대는 항상 푸를 것이며 그 잎이 시들지 않도록 해주리라."

4.6.2 궤린의 「A. 마아벨의 「수줍은 연인戀人에게 - 시간과 불멸성의 원형」[31]

신화비평적 접근의 짤막한 문학형식인 서정시보다는 희곡이나 장편소설에 적용되기 알맞다고 할지라도 이들 짧은 작품들에서도 신화적인 요소를 발견할 수 있다. W. 블레이크, W. B. 예이츠와 T. S. 엘리엇 같은 신화를 만드는 많은 작품들의 구조를 신화 위에 세웠다. 이 밖에 시인들도 의도하고 있거나 않거나 간에 원형으로서 기능하는 이미지와 모티프를 가끔 채택한다. 앤드루 마아벨(Andrew Marvell)의 「수줍은 연인에게」가 후자에 속할 것 같다.

31) 윌프레드 L. 궤린, 정재완 역, 앞의 책, 182~184쪽.

어떤 문학적 고전도 단순히 솜씨 좋거나 잘 씌어졌다고 해서 길이 남지는 못한다. 무언가 보편적인 성질을 띠어야 하며, 원형적인 요소를 포함하고 있어야 한다. 신화비평의 입장에서 마아벨의 시에 대해서 원형적인 내용에 대한 눈을 지니고 음미해 보자. 피상적으로는 연시(戀詩)인 「수줍은 연인에게」는 깊은 뜻으로는 시간성에 대한 시이다. 신화의 기본적인 모티프인 불멸성과 관련된다.

첫 연은 시간의 제약에서 벗어나 어떤 낙원의 상태로 이르는 반어적인 표현이다. 하지만 완전하고 영원한 지복(至福)은 화자가 가정법으로 원형적인 정원에서 무한한 크기로 서서히 자라는 기이한 식물적인 성숙으로 사랑을 묘사해 제시함으로써 어리석은 망상이 되어 버린다. 극적인 대조로서의 둘째 연은 이 세상의 자연적인 시간성으로 사막의 원형을 나타낸다. '시간의 날개 달린 전차(Time's winged chariot)'로 호소되는 태양상징을 주의한다면 제2연은 가차 없는 자연법칙에 의해 지배되는 시간에 대해서 쓰여지고 있음을 알 것이다. 이를테면 부패와 죽음과 육체의, 사멸의 법칙에 지배되는—첫 연이 실현 불가능한 이상화(理想化)라면 둘째 연은 그와는 아주 달리 철학적인 현실주의를 써놓고 있는 것이다.

마지막 연에서는 어조(tone)가 급격히 바뀌어 시간의 세 번째 종류인 순화하는 시간으로 도피하고 그로써 불사의 호기(好機)를 표현한다. 또다시 태양상징을 만나지만 이는 영혼과 절박한(instant) 불타는 정열의 태양이다. 이 구체(球體) 이미지는 근원적인 전체성과 완전성의 상징이다. 엘리아데(Mircea Eliade)는 『신화와 실재(Myth and Reality)』에서 불멸성의 신화에서 가장 널리 퍼진 모티프 중 하나는 창조의 근원에의 복귀, 즉 삶의 상징적 자궁에의 복귀(regress ad Uterus)임을 지적했다. 또한 그는 이 같은 복귀는 어떤 철학자들, 예를 들면 도교(道敎)를 신봉하는 사람들에 의해 연금술의 화학적인 불로 상징화할 수 있는 것으로 생각되었음을 지적했다.

금속이 용해하는 중에 도교도(道敎徒) 연금술사는 창조 이전에 존재하던 원초적인 혼돈 상태를 재생시키기 위해서 '하늘과 땅'이라는 두 우주의 원리의 융합을 자기 몸 안에서 이루고자 한다. 이 원초적인 상태는 계란

(즉 원형적인 구체)이나 태아와 창조 이전의 세계의 낙원과 같은 순결무구한 상태와 일치한다.

마아벨이 도교철학자(道教哲學者)와 유사하다거나 의식적으로 불사(不死)의 원형을 구사했다고는 말하지 않는다 하더라도 시간과 불사라는 해묵은 딜레마를 지적함으로써 그가 신화적인 의미로 가득찬 일군의 이미지들을 채택했다는 것을 지적할 수 있다. 그의 시인풍(詩人風)의 화자인 연인은 자연질서의 시간을 패퇴시키는 방법으로 연금술을 제공하는 것처럼 느껴진다. 화자의 사랑은 자연의 구원한 순환, 극도로 강화되고 신비로운 리듬에 참여하는 수단이 되고 있다. 삶이란 어떤 철학자가 이야기했듯이 질질 끄는 것이 아니라 그 강도에 의해서 측정되어지는 것이라면 마아벨의 연인들은 최소한 사랑의 행위를 하는 가운데서는 시계바늘이 알리는 시간의 법칙('시간의 날개 달린 전차')을 초월함으로써 또는 시간을 '게걸스럽게 먹어치움'으로써 어떤 불사의 지경에 이르게 될 것이다. 그리고 이 연금술적인 변질이 원초적인 구체(ball)로 연인들을 녹일 만한 뜨거운 불을 필요로 한다면 그것은 태양 자체를 용해시키고 태양을 달아나게 할 만큼 뜨겁게 달아오를 것이다.

신화적인 의미에서 위와 같이 마아벨의 시에 나타난 성에 대한 강조가 심원한 형이상학적 통찰, 즉 시간과 영원의 신비를 꿰뚫어 보려는 철학자와 과학자들을 오래오래 매료시킬 만한 통찰을 보여 주고 있는 것이다.

4.7 신화·원형비평의 문제점

앞에서 언급했듯이 원형비평은 제2차 대전 이후에 미국 등의 서구사회에서 각광을 받은 비평방법론이다. 원형비평은 파편화되어 버린 현대인의 감수성과 고독감, 그리고 언어의 소통불능 상황 속에서 소통을 꿈꾸는 현대인을 '원형상징'으로 묶으려 했다.

따라서 원형비평이 원형을 추출할 수 있는 방법이라면 형식주의적,

역사전기주의적, 사회문화주의적, 정신분석학적 비평방법을 끌어들이는 것에 대해 주저하지 않는다. 원형비평은 다른 비평방법론에 비해서 열린 체계를 가지고 있다. 이것은 원형비평의 장점이기도 하지만 동시에 단점이 되기도 한다.

이 밖에 원형비평은 작품의 개별성을 무시하거나, 작품의 형식적 측면을 소홀히 하기도 했고, 일종의 복음주의적인 종교의 성격을 띨 위험성도 다분히 있다. 어떤 원형비평가는 기독교의 성경이 원형비평의 모든 것이라고 언급하기까지 했다.

각기 다양한 견해들이 중구난방으로 전개될 때, 그들의 견해를 하나로 종합하는 것이 필요하다. 그러나 그것이 작품의 개별성을 완전히 무시하는 방향으로 나아간다면, 원형비평은 또 다른 도그마dogma를 생성해 내어 작품과 독자를 분리하는 결과를 낳을 수도 있다. 이제 마지막으로 원형비평의 장점과 단점을 주장하는 논자의 의 의견을 제시하려 한다.

김양호는 원형비평의 장점을 다음과 같이 제시하고 있다.[32]

① 작가를 모르는 고전문학작품을 분석해 낼 때 유용할 수 있다.
② 역사를 두고 계속 반복되어 온 원형적 패턴을 분석하여 작품의 기본틀을 제시할 수 있다.
③ 시공을 넘어서 감동을 주는 작품의 의미를 원형으로 설명해 낼 수 있다.

그렙스타인S. N. Grebstein[33]은 원형비평의 문제점을 다음과 같이 지적하고 있다.

① 원형, 단일신화(기본신화), 또는 문학의 '대원리'를 추구하다 보면, 신화형성

32) 김양호, 『한국 현대소설과 비평의 만남』, 한불문화출판, 1993, 23쪽.
33) 이선영 편, 『文學批評의 方法과 實際』, 삼지원, 1991, 330~331쪽. 여기에서 그렙스타인은 신화비평의 오용이나 위험성을 들고 있음.

비평은 어느 일정한 동일성이나 예상성에 빠질 수 있다.

② 작품의 기교나 예술로서의 작품 특징보다도 주제나 소재에 치중한 나머지 가치평가적인 면이 드물다.

③ 문학작품을 때로는 원시적 표현의 한 형식으로 환원해 버리고 예술가를 어린이나 원시인과 동일한 것으로 그려놓고 있다.

신화·원형비평은 이처럼 장점과 단점을 공유하고 있는 방법론이다. 하나의 완벽한 방법론이란 존재할 수 없다. 그것은 신의 영역에 속하는 문제이다. 인간의 영역에 속하는 비평방법은 불완전한 것이 숙명이다. 그 불완전성을 인식하고 끊임없이 수정해 나감으로써, 인간 존재의 이유를 계속 확인할 뿐이다. 신화·원형비평은 이런 과정에서 나타난 것으로서 다양한 방법론을 하나의 체계로 설명하고자 한 야심만만한 방법론이다. 한국문학에 있어서도 신화·원형비평방법론은 고전문학과 현대문학, 더 나아가 한국문학작품과 외국 문학작품의 비교에 이르기까지 폭넓게 이용될 수 있을 것이다.

5장 형식주의와 뉴크리티시즘

5.1 개관 및 특성

형식주의形式主義와 뉴크리티시즘은 다음 장에서 논의할 구조주의構造主義비평과 함께 문학 외적 요소보다는 작품 자체the work itself 내의 형식적 요건을 중요시해 분석, 평가하는 비평을 말한다. 형식주의 비평formalistic criticism은 문학이 언어의 예술이라는 점에 주목하며, 언어 형식 속에 미적 실체가 있다고 간주한다. 형식주의 비평가들은 작품의 내적 구조, 스타일, 양식, 문체, 운율 등 작품 자체의 구조를 집중 분석한다. 재래의 전통적인 문학 연구방법이던 역사주의 비평에 반발하여 제기된 비평방법이다.

형식주의와 뉴크리티시즘은 르네 웰렉이 강조하듯 이전에 행해지던 문학 연구의 비본질적이고 외적인 접근the extrinsic approach을 버리고, 본질적이며 내적인the intrinsic 연구를 해야 한다[1]는 관점에서 출발했다. 반反역사주의적 비평이라 할 수 있는 형식주의 비평은 문학작품에서 역사·정치·경제·사회적인 면보다는 작품 자체 내의 구성요소를 중시한다. 작품 각 부분들의 배열관계 및 전체와 부분의 관계, 문체, 상징성 등을 분석하고 평가한다. 형식주의 비평가들의 목적은 문학작품이

1) R. Wellek & A. Warren, *Theory of Literature*, New York, 1956.

감동을 주는 열쇠를 언어의 조직과 그에 따르는 의미분석을 통해 발견하는 것이다. 따라서 작품 밖을 둘러싸고 있는 작가의 전기나 시대 환경 및 문화 조건은 경원시된다. 형식주의 비평가들은 문학이 사회나 정치적 맥락에서 해석되는 것으로부터, 문학을 독립적인 위치로 끌어올리려는 의도를 갖고 있었다.

문학예술의 형식적 특징을 더욱 강조했던 형식주의와 구조주의 비평은 문학예술에 대한 미적 평가를 중심으로 한다는 점에서 의미가 있다. 그리스의 아리스토텔레스의 『시학』이나 로마의 호라티우스 등 고전주의 문학에서도 형식은 중요하게 다루어졌다. 그러던 것이 18세기 말엽부터 낭만주의의 영향으로 상대적으로 소홀히 다뤄져 왔던 형식적 아름다움의 가치를 되찾으려는 노력이 현대에 이르러 다시 생겨난 것이다.

형식주의를 처음 주창한 이는 러시아의 슈클로프스키Victor Shklovsky였다. 1914년 페테르스부르크에서 발표된 논문에서 그는 이렇게 적고 있다.

> 지금 낡은 예술은 죽었다. 그러나 아직도 새로운 예술은 태어나지 않았다. 모든 것이 죽어 있다. 현실에 대한 느낌마저 우리는 상실하였다. 오직 새로운 예술 형식의 창조만이 우리에게 세상에 대한 각성을 되돌려 주고, 사물을 부활시키며, 비관주의를 치유할 수 있을 것이다.[2]

이 논문은 형식주의에 대한 최초의 서문으로 간주되고 있다. 이 글로 인해 알렉세이 크루체니치와 빅토르 흘레브니코프가 미래파로 명명되는 이론적 틀을 갖게 되었고, 러시아 형식주의의 탄생을 알리는 계기가 되었다. 러시아 형식주의는 '문학성文學性'이라는 개념을 통해 보다 과학적이고 체계적인 문학담론이 되었다.

---

2) D. Lodge, *20th Century Literary Criticism*, London Longman, 1972; 윤지관 외 역, 『20세기 문학비평』, 까치사, 1984, 25쪽.

그럼에도 불구하고 당시 러시아에서는 사회주의 사상이 지배담론이어서 이런 기법적인 운동을 펴는 사람들을 비꼬아 형식주의라 칭했다. 야콥슨은 문학이 진정한 과학적 이론을 얻고자 한다면, '장치'라는 것을 과학의 '주인공'으로 삼아야 한다고 주장했을 때, 그것은 그가 문학성의 변별적인 본질에 관심을 가졌기 때문이었다. '러시아 형식주의자'라는 말은 실상은 그 그룹에 속한 이들이 붙인 것이 아니고, 그 그룹의 적대자들이 붙인 것이었다.[3]

초기의 형식주의 운동에 이바지한 영국의 리처즈I. A. Richards와 엘리엇T. S. Eliot의 역할도 참고할 필요가 있다. 엘리엇은 『문예비평의 원리Principles of Literary Criticism』(1924)와 『실천비평Practical Criticism』(1929) 등에서 해석과 판단의 기초가 되는 정밀한 분석방법 및 문학작품의 언어에 대해 관심을 집중하였다. 엘리엇의 『성림聖林, The Sacred Wood』(1920)이란 평론집에 포함되어 있는 「전통과 개인적 재능Tradition and the Individual Talent」은 20세기 형식주의의 경전으로 꼽힌다. 이 글에서 형식주의자들의 기본적인 태도로 다음과 같은 세 가지가 제시되었다.

① 문학전통 — 함축적으로는 문학사 — 은 결정적이거나 변경할 수 없는 것이 아니라, 새로운 작품의 출현에 따라 끊임없이 재조명된다. 과거는 결국 현재가 되는 것이며, 또 현재에 의하여 갱신되는 것이다.

② 실제적이든 상상적이든, 예술가의 체험은 결국 그의 작품 속에 응축되어 있다. 그러므로 독자의 진정한 관심사가 되는 것은 작품을 만든 사람이 아니라 작품 그 자체이다.

③ 예술가의 정서와 개성은 그 자체로서 중요한 것이 아니라 예술작품 속에 융합되어 있을 때 중요해진다.

---

3) A. Jefferson & D. Rokey ed., *Modern Literary Theory*, Bames & Noble, 1982; 김정신 역, 『현대문학이론』, 문예출판사, 1991, 31쪽. 또한 33쪽에서는 "러시아 형식주의는 문학연구를 독자적인 기반 위에 세우려는 체계적인 시도를 한 그리고 문학연구를 하나의 자율적이고 특수한 분야로 만든 가장 첫 운동으로 꼽힌다"고 언급하고 있다.

엘리엇은 흄과 더불어 '낭만주의자들이 예술을 표현으로 보았던 견해'를 논박했다.[4] 이 형식주의 비평은 여러모로 구조주의 비평과도 연결된다. 이후 러시아 형식주의는 프라하학파와 프랑스 구조주의, 기호학 등에 영향을 미쳤다. 이런 측면에서 러시아 형식주의 비평의 이론은 현대문학비평의 조류 중에서 가장 복잡한 양상을 띠었다고 볼 수 있다. 이미 1910년대에 출발한 형식주의가 세계 문예사조의 중심을 이루면서 오늘에 이르고 있을 뿐만 아니라, 탈구조주의적인 해체주의의 비평담론批評談論에까지 이어져 있다. 이 이론의 범주에 오르내리는 인물들의 이름도 다채롭고 그 영향력이 미친 공간적인 영역도 동서양에 걸쳐 있다.

형식주의 비평운동은 다음과 같은 역사적 과정을 거쳤다고 정리할 수 있다. 이 운동은 1920년대 전후의 러시아 형식주의로부터 시작하여 1930년대에 체코 구조주의 내지 1960년대에 부활된 소련 기호학記號學과 맥이 닿아 있다. 이어서 1940~50년대 영미 중심의 뉴크리티시즘New Criticism과 1950년대 전후의 프랑스 구조주의에 영향을 미쳤다. 뿐만 아니라 1970년대 이후는 후기(脫) 구조주의나 해체주의解體主義란 이름으로 형식주의와 구조주의의 법통이 논의된 바 있다. 여기서는 형식주의 문예비평운동의 시간적 발생순시에 따라 러시아 형식주의와 영미의 뉴크리티시즘을 주로 다룬다. 다음 장에서는 형식주의와 본질상 유사성을 지닌 구조주의와 기호학에 대해 다루려 한다.

---

4) S. N. 그렙스타인, 「형식적 방법」, 박철희·김시태 역, 『문학의 이론과 방법』, 이우출판사, 1984, 132쪽.

5.2 러시아 형식주의

5.2.1 역사적 전개과정

1914년 슈클로프스키V. Shklovsky가 미래파 시에 대한 논문 「언어의 부활」을 발표하면서 러시아 형식주의는 세계적인 비평의 큰 흐름에 진입했다. 형식주의 이론은 학생들로 구성된 두 개의 소규모 문학 연구 그룹이 회합이나 토론의 결과물을 간행하면서 구체화되었다.[5] 그 하나는 1915년에 모스크바대학의 학생들이 창립한 '모스크바 언어학회Moscow Linguistic Circle'이다. '모스크바 언어학회'에는 야콥슨Roman Jakobson 등이 시어 분야에 관심을 갖고 연구했다. 다른 하나는 1916년에 페트로그라드(레닌그라드)에서 결성한 '시언어연구회OPOJAZ'인데 여기에 슈클로프스키와 보리스 아이켄바움Boris Eikhenbaum 등도 끼어 있었다. 이들 회원들은 이전의 막연한 정신주의 및 신비주의에 빠져 있는 상징주의자들에 대항해, 문학은 내용보다 형식(기교)이라며 문학의 언어를 객관적·과학적으로 파악하려는 방법론을 채택했다.

이들은 문학 연구의 독자적인 입장을 정립하기 위해 노력했다. 아이켄바움은 형식주의의 목표가 특수성을 띤 문학적인 재료를 연구하는 독립된 문학과학을 창조하는 데 있다고 말했다. 러시아 형식주의 운동은 마침 일어난 볼셰비키 혁명의 소용돌이 속에서 정치적 탄압을 받아 곤란을 겪기도 했다. 러시아 형식주의는 제1차 세계대전 중에 형성되었으나, 1930년경 스탈린의 독재로 와해되었던 까닭에 그들 학파의 작업과 연구 내용은 제대로 조명을 받지 못했다. 그 후, 빅토르 얼리치Victor Erlich의 『러시아 형식주의Russian Formalism』(무통, 1955)와 츠베탕 토도로프가 번역·편집하여 펴낸 『문학의 이론Théorie de la littérature』(세이유, 1965)이 출판되고 난 이후에야 비로소 서유럽과 미국에 알려지게[6] 되

---

5) 앤 제퍼슨 외, 김정신 역, 앞의 책, 31쪽.
6) 장 이브 타디에, 김정란 외 역, 『20세기 문학비평』, 문예출판사, 1995, 19쪽.

었다. 러시아 형식주의는 지역적으로 유럽에서 떨어져 있음에도 불구하고, 비평담론에서 세계적인 영향을 미쳤다. 러시아에서도 형식주의와 마르크스 전통을 결합시킨 '바흐친학파'[7]로 그 전통이 계승되었다.

5.2.2 주요 비평용어

러시아 형식주의 비평가들은 나름대로의 선명한 문학론을 세웠다. 그들이 비판의 대상으로 삼은 것은 퇴폐적인 부르주아 문화와 영혼탐구적인 자기 분석에 치중하는 상징주의 운동, 그리고 문학에서 사상성을 중요시하던 재래의 문학관 등이다. 미래파 예술가들을 포함한 러시아 형식주의자들[8]은 무엇보다 참신한 표현과 표현기법 등 문학성을 강조한다.

① 낯설게 하기: 형식주의의 선구자인 슈클로프스키가 1910년대에 주창한 이론이다. 그는 문학은 언어와 문자에 의한 예술이므로 표현에 있어서 낯설게 하기(러: Ostranenie, 영: defamiliarization)가 요구된다고 주장했다. 예술은 삶의 경험에 대한 감각을 새롭게 하는 것이기에, 습관적이고 일상적인 것을 탈피하는 언어를 사용하는 일이 바람직하다는 견해이다.
비유하자면, 일상 언어는 마치 자판기에서 나오는 상품처럼 자동적으로 발음되는데, 시의 언어는 비스듬하고(oblique), 어렵고(difficult), 끝이 뾰족하고(attenuated), 비틀린(torturous) 것이어야 한다[9]는 것이다.
이런 견해는 「기교로서의 예술」(1917) 등에서 '문학이란 그것이 사용된 모든 스타일상의 기교의 총화'[10]라는 그의 주장과도 연결된다.

---

7) '바흐친학파'란 러시아 형식주의의 후시에 형식주의와 마르크스주의를 효과적인 방법으로 결합시킨 미하일 바흐친, 피텔 매드베데프, 발젠틴 볼로쉬노프 등을 지칭함. 그들은 문학의 언어적 구성과 동시에 이데올로기를 분리시킬 수 없다고 보고 말(發話, slorve)의 사회성을 강조하였음.

8) 레이먼 셀던, 『현대문학이론』, 문학과지성사, 1995, 19~20쪽.

9) 앤 제퍼슨 외, 김정신 역, 앞의 책, 36~37쪽. 문학은 어떤 재료들과 차이를 낯설게 하기(Ostranenie) 또는 소원화(defamiliarization)라 말하고 있음.

② 문학성(文學性): 형식주의자들은 문학을 언어의 특수한 예술 영역으로 보고, 문학적 언어는 일상 언어와 변별된다고 했다. 실용적, 지시적, 과학적, 산문적 언어는 청자에게 어떤 메시지나 정보를 전달하기에 의사소통적이다. 문학적 언어는 스스로에게 집중하는 '자기 초점적(self-focused)'이라는 특징을 지닌다. 그 기능은 의미를 지시하는 것이 아니라, 자체의 형식적 자질에 의해 언어적 기호이며 환기적인 효과를 자아낸다. 야콥슨은 "문학과학의 연구대상은 문학이 아니라 일상언어와의 변별적 자질(distinctive feature)로서 하나의 작품을 문학작품으로 만드는 문학성(literariness)"[11]이라고 했다.

③ 전경화(前景化, foregrounding): 티냐노프와 무카로프스키가 슈클로프스키의 '낯설게 하기' 개념을 발전시킨 용어이다.

문학작품이란 음운적, 사회적, 주지적인 여러 요소들과의 상호작용인데, 그 중에서 일군의 지배소(dominant)를 앞에 드러내서 전경화하고 나머지 요소는 후경(background)으로 삼아 전체를 체계화한다는 것이다. 한 편의 작품에서도 지배소는 시대에 따라 종속관계가 뒤바뀜으로써, 문학 발전을 이룬다고 보았다.

한편 토마셰프스키는 산문 양식에서 낯설게 하기와 전경화의 관점을 도입해, 사건(event)과 구성(construction)을 파불라(fabula)와 슈제트(syuzhet)라는 용어로 설명하고[12] 있다.

5.2.3 형식주의 비평의 실제

김현은 서구문학비평을 다양하게 원용하면서도, 작품의 실제에 밀착한 평론가다. 그의 비평을 '형식주의 비평'으로 한정할 수는 없지만, 언어의 문제를 통해 작품을 해석한 한 글을 제시하려 한다. 정현종의 시세계를 비평한 「술취한 거지의 시학－정현종의 문학적 자리」[13]는

---

10) 레이먼 셀던, 앞의 책, 21쪽.
11) 박덕은, 『현대문학 비평의 이론과 응용』, 새문사, 1989, 114쪽.
12) 홍문표, 『비평문학론』, 양문각, 1993, 271~272쪽.

'형식주의 비평'의 한 측면을 포함하고 있다. 인용문은 비평문의 일부분이다.

> 통사론적으로 보자면 그의 시의 큰 특색은 서구식 어법이며, 어사론적으로 보자면 한자어이다. 한문 번역투의 글에서 가장 혼란이 많은 것은 조사이며, 한문 대가들의 번역을 잘 읽어낼 수 없는 것은 그 조사의 오용 때문인 경우가 많다. 한문 번역 문장처럼 한자를 많이 사용하면서, 조사의 정확을 기하면, 이상하게도 그 문장은 서구어에 가까워진다.
>
> 不足으로 끼룩대는 空腹을
> 大海魚類 등의 접시로도 메꾸고
>
> —『거지와 광인』, 나남출판, 1986, p. 24
>
> 의 시행에서, 부족으로 끼룩대는 속, 대해어류 등의 접시 등은 그 좋은 예이다. 한자를 많이 쓴다고 해서, 조사의 정확을 기하면, 그 문장이 반드시 서구어에 가까워지는 것은 아니다. 그 한자가 동양고전의 무게를 갖고 있으면, 김관식의 시에서처럼 한문에 가까워지지만, 그것에 동양 고전의 무게가 없으면, 한문과 오히려 멀이진다.
>
> 山中宰相은
> 臨終할 때도 그린 듯한 눈썹에 또렷한 눈매
> 運身이 自由로워
> 잠자듯 꿈꾸듯 고운 顔色 그대로
> 香내음새 날을 두고 피어나리라
>
> 라는 김관식의 「山中宰相」에 나오는 자유와 향은,

13) 김현, 『분석과 해석』, 문학과지성사, 1988, 12~16쪽.

靈魂의 집일 뿐만 아니라 香油에
젖은 살은 半身임을 벗으며 鴛鴦衾을 덮느니,

낳아, 그래, 낳아라 거듭
自由를 지키는 天使들의 오직 生動인 불칼을 쥐고
바람의 核心에서 놀고 있거라(p. 25)

라는 정현종의 「獨舞」의 자유와 향과 완전히 다르다. 이 예는 같은 어휘라도 그것이 서로 다른 문맥 속에 위치할 때는 다른 의미를 얻게 된다는 의미론의 한 원칙을 보여 주는 예로 기록될 수 있겠지만, 정현종의 한자어들은,

세월을 佩物처럼 옷깃에 달기 위해(p. 24)

라는 그의 시의 한 이미지를 빌리면, 패물처럼 그의 시 속에서 반짝이며, 가장 동양적이며 가장 서양적인 양가적 가치를 발휘한다. 그 양가적 가치를 발휘하는 데 큰 역할을 맡고 있는 것이,

[생각하겠지 하늘은]
亡者들의 눈초리를 가리기 위해
밤 映窓의 해진 구멍으로 가져가는
확신과 熱愛의 손의 運行을(p. 23)

의 시행에서 볼 수 있는 '의'의 사용이다. 조사 '의'는 동작을 명사화시키면서 그 동작의 윤곽을 확실히 한다. "손은 확고하고 열렬히 움직인다"와 "확신과 열애의 손의 운행"은 동작의 관념화라는 차원에서 상당한 차이를 드러낸다. '움직인다'는 관념화되기 전의 움직임이며 '운행'은 관념화된, 혹은 관념화하고 있는 움직임이다.

통사론적으로 보자면, 그의 시의 큰 특색 중의 하나는 서구식 어법인데,

그것은 인칭대명사·소유형용사·관계대명사적 용법, 서구식 문장 배치 등의 빈번한 이용의 결과이다. 가령

때때로 내가 밤에 깨물며
의지하는 붉은 사과 (p. 29)

의 내가나,

그대의 숨긴 極致의 웃음 속에
지금 다시 좋은 일이 더 있을 리야
그대의 疾走에 대해 궁금하고 궁금한 그 외에는
그대가 끊임없이 마루짱에서 새들을 꺼내듯이
살이 품고 있는 빛의 갑옷의
그대의 서늘한 勝戰 속으로
亡命하고 싶은 그 외에는 (pp. 26~27)

의 그대의 등은, 정현종이 얼마나 인칭대명사·소유형용사에 민감한가를 잘 보여 준다. 보통의 한국사람이라면 '때로 심심풀이로 먹는 붉은 사과'나 '그대가 숨긴 극치의 웃음', '질주에 대해 궁금하고 궁금한 그 외' 등으로 표현하였을 것들이, 정현종의 의식 속에서는 서구식 문장으로 재배치되어 나타난다.

金인 시간의 비밀 (p. 31)

이나,

그 잎 위에 흘러내리는 햇빛과 입맞추며
나무는 그의 힘을 꿈꾸고 (p. 81)

따위의 관계대명사적 용법이나,

한 처녀가 자기의 눈 속에서
나를 내다본다

나는 남자와
풍경 사이에서 깜박거린다

남자일 때 나는
말발굽 소리를 내고

풍경일 때 나는
다만 한 그루 나무와 같다

달도 돌리고 해도 돌리시는 사랑이
우리 눈동자도 돌리시느니

한 남자가 자기의 눈 속에서
처녀를 내다본다 (p. 196)

와 같은 시에서 볼 수 있는, 주어-자동사, 주어-목적어-타동사의 단순한 구조를 그대로 따르는 어법 등으로 그의 시는 더욱 서구적으로 드러난다. 문화적으로 순수주의자들이나 전통복귀론자들의 눈에는 견딜 수 없는 폭력으로 느껴질지 모르지만, 그것은 서구적 문법체계에 의해 한국어를 배우고—우리에게는 전통적인 어법으로 비치는 개화 초기의 어법에 대해 환현은 그것이 일본 문법에 의거한 것이라고 준엄하게 질타한 바 있다!—중학교 때부터 내내 영어(불어 혹은 독일어)와 부딪쳐온 세대의, 그것도 비교적 공부 잘한 세대의, 당연하다고는 할 수 없으나, 자연스러울 수 있는 문장 감각이다. 다시 말해 그것은 어쩔 수 없이 그것 역시 한국적이라고 인정해야 할 문형이다.

5.2.4 형식주의 비평의 문제점

문학외적 요소에 치중하던 역사주의 비평과는 다르게 형식주의 비평은 문학작품의 내적 요소인 언어나 짜임새 등을 주로 다루려는 성향을 띠고 있다. 러시아 형식주의는 1930년대 초에 정치적 사정에 의해 곤란을 겪었다. 그러자 체코의 프라하 언어학파 중심의 구조주의가 생장한다. 다시 체코의 프라하 언어학파도 정치적 어려움으로 말미암아 국외로 추방되었다. 소련이 해빙기를 맞은 1960년대에 소련 기호학이 한동안 소생하기도 했지만, 전반적으로 숱한 고난을 겪으면서도 형식주의와 구조주의 운동은 꾸준히 계속되어 왔다. 특히 슈클로프스키, 야콥슨, 무카로프스키, 웰렉 등이 세계적으로 끼친 공로는 적지 않다.

하지만 형식주의의 한계점도 지적되고 있다. 첫째, 시작품들에 대한 문학 내적 비평으로 세부적인 것에 성공한 대신 장편과 드라마의 분석에는 실패했다. 둘째, 형식주의 비평은 형식에 몰두하는 나머지 감정을 간과하고 정서적인 부분에서 냉담하다.[14] 셋째, 르네 웰렉의 지적처럼 형식주의는 유럽문학을 너무 한정적으로 다루고 있으며, 역사적 안목이 결여되어 있어 문학사를 무시하는 경향이 있다. 문학사적 측면에서 미학적 근거가 아직 충분히 개발되지 않았으며, 문체론적 분석기법과 현대 언어학을 결합하는 데 무리가 있었다.

문학에 대한 기법적 관심은 형식주의자의 핵심적 특징이다. 그들은 '창작자'라든가 '천재' 대신에 문학생산자를 등장시켰다. '직관' 대신에 예술수단(예술적 처리 수법)을 중시한 것이다.[15]

---

14) 월프리드 L. 게린 외, 정재완 역, 앞의 책, 129~130쪽.
15) 페터 뷔르거, 김경연 역, 『미학이론과 문예학 방법론』, 문학과지성사, 1987, 112쪽.

5.3 영미英美의 뉴크리티시즘

5.3.1 뉴크리티시즘의 전개와 특성

영미Anglo-American의 신비평New Criticism은 형식주의와 구조주의 계열의 현대비평이론에서 커다란 흐름을 형성했다. 뉴크리티시즘 역시 이전의 전통적인 실증주의에 입각했던 역사주의 비평이나 사회적인 이데올로기에 치중한 태도에 반발해 생성되었다. 작품 외적外的 요소인 작가의 전기傳記적 사실과 역사적 맥락에 중점을 두던 방법과는 달리, 문학의 내적 요소인 작품text 내의 언어를 분석하고 평가해야 한다는 것이 뉴크리티시즘의 문제의식이다. 형식주의의 한 유파로 볼 수 있는 신비평은 일면 언어비평言語批評 또는 분석비평分析批評이라고도 부른다. 여기서는 영미의 신비평을 프랑스의 신비평과 구분하기 위해 뉴크리티시즘이라는 용어를 쓰기로 한다.

신비평은 제1차 대전을 전후한 무렵부터 시작된 문예운동이었다. 1920년대 들어 엘리엇의 「전통과 개인의 재능」, 리처즈I. A. Richards의 『문예비평의 원리』와 『실천비평』에서 형식주의에 관한 주장이 드러난다. 러시아 형식주의 운동보다는 다소 늦게 시작된 셈이지만 문학비평의 기본 태도에서 텍스트의 언어를 중심으로 삼았다는 점에서 양자는 유사하다. 1940년대 이후에는 미국에서도 성행하게 되면서 흔히 영미 형식주의Anglo-American Formalism로 불리게 되었다. 신비평이란 명칭은 비평가 랜섬John Crowe Ransom이 출판한 『신비평New Criticism』(1941)에서 비롯되었다는 것이 일반적인 견해이다.

이런 사실은 로비David Robbie의 설명에서도 나타난다.

> '신비평(New Criticism)'이라는 용어는 전쟁 전 영국에서 리차즈(I. A. Richards)와 엘리엇(T. S. Eliot)의 활동과 더불어 시작된 문학이론과 비평을 두고 대개 일컫는 말이고, 그 후 이 활동은 미국에서 40년대, 40~50년대

및 60년대에 존 크로우 랜섬(John Crowe Ransom), 윔서트(W. K. Wimsatt), 클린드 브룩스(Ckeanth Brooks) 그리고 앨런 테이트(Allen Tate) 등과 같은 인물들에 의해 계승되었다. 이 연구 활동은 앞의 두 장에서 논의된 러시아 형식주의와 프라하학파의 구조주의 이론과는 아주 별개로 진전되었지만 그 두 운동은 본질적인 유사성이 있다. 양자 모두 실증적인 문학연구를 거부하고 문학으로서의 문학에 대한 하나의 새로운 주의를 요청했다.[16)]

신비평의 성격을 설명할 때 종종 거론되는 하나의 포인트는 그것이 주요 대학의 대학원 연구실 밖에서, 남부의 소규모 대학(단과)들에서 주로 형성되었다는 사실이다. 이는 특히 랜섬처럼 시인이면서 비평가였던 앨런 테이트의 활동에서 그렇다. 그는 전통적인 타입의 학자가 아니었다. 테이트는 문학 텍스트가 '텍스트의 시간과 장소, 또는 작가의 개성'을 표현하고 그 이상은 아니라는 실증주의적인 주장을 하는 '대학원의 수도원 같은 사적 연구'를 맹렬히 비판한 비평가였다.[17)]

주요한 신비평가들New Critics에는 방금 인용한 사람 외에도 윈터스Ivor Winters, 웰렉Rene Wellek, 워렌A. Warren, 엠프슨William Empson, 블랙머R. P. Blackmur 등을 꼽을 수 있다.

뉴크리티시즘은 작품을 다른 조건에 의해서가 아니고, 작품 자체의 조건에 의해서 이해하고 해석하고 평가하고자 한다. 비평은 작품 그 자체를 대상으로 내부적인 접근을 해야 하며 사회적 조건이나 가치평가의 기준에 의한 외부적인 접근에 의해서 평가하는 것을 배제한다. 그러므로 신비평은 말콤Malocm이 지적했듯이 '꼼꼼히 읽기close reading'라는 말로 표현되기도 한다. 뉴크리티시즘의 이와 같은 관점은 스피처L. Spitzer가 "작품비평은 작품에 내재한 것이 아니면 안 된다"라고 말한 것과도 연결된다. 러보크P. Lubbock는 "비평의 시작은 올바르게 읽는 일이

---

16) 앤 제퍼슨·데이비드 로비, 김정신 역, 『현대문학이론』, 문예출판사, 1991, 108쪽.
17) 위의 책, 120쪽.

다. 바꿔 말하면 될 수 있는 대로 작품에 접근하는 일이다"라고 했고, 몰턴R. G. Molton도 "문학작품을 상대로 하는 것 외에는 여하한 가치평가도 인정하지 않는다"라고 말했다. 이는 작품을 어떻게 썼느냐 하는 언어적 측면을 중요시한 것인데, 이런 요소는 그대로 영미英美의 뉴크리티시즘에 이어졌다.

5.3.2 비평용어들

신비평은 어디까지나 구체적인 작품을 대상으로 한다. 따라서 유기체로서 예술작품을 파악해 짜임새나 문체, 상징성, 모호성, 표현기교 등에 주목한다. 신비평에서 활용되는 전문용어로는 객관적 상관물, 의도의 오류, 감동의 오류, 조직과 구조, 모호성 등이 있고, 역설이나 '반어反語' 같은 일반용어가 특수하게 활용하기도 한다. 신비평에서 자주 쓰이는 비평용어 몇 개를 검토해 보면 다음과 같다.

5.3.2.1 객관적 상관물

1919년에 엘리엇이 「햄릿과 그의 문제들」에서 셰익스피어의 『햄릿』에 대해 불만을 표하면서 사용한 용어를 일반화시킨 것이다. 실생활에서의 정서와 예술표현의 차이를 지적한 언어라고 할 수 있다. 그는 객관적 상관물objective correlative은 '어떤 특별한 정서를 나타낼 때 공식이 되는 한때의 사물·정황·일련의 사건으로서, 바로 그 정서를 곧장 환기시키도록 제시된 외부적 사실들'이라고 정의한다. 즉, 시적 정서의 주관성을 객관화하기 위해서는 그 상황에 맞는 적절한 형태의 정서를 창조하는 능력이 필요하다. 이때 창작자의 의도와 흡사한 외부 이미지가 객관적 상관물이 된다. 예를 들어, "내 마음은 호수요, 그대 저어오오"와 같은 시적 표현은 사랑의 정서를 '호수'를 통해 표현한 것이다. 이때 호수는 객관적 상관물로 볼 수 있다. 객관적 상관물이라는 용어에 대한 비판도 제기된다. 객관적 상관물 자체가 정서를 직접 만드는 것이 아니라, 그 객관적 상관물을 사용하는 창작자의 표현방식에 의해 정서가 형성된다는 것이 그 비판의 대표적인 사례이다. 하지만 감정의 직접적인 진술에 거리를 두려는 경향이 있는 현대시에서는 여전히 객관적 상관물이라는 용어를 선호한다.

5.3.2.2 모호성

애매성 혹은 다의성多義性으로 불리기도 한다. 엠프슨W. Empson의 저작인 「모호성의 일곱 가지 유형」에서 제시된 개념이다. 모호성은 과학용어의 명백성과 대조되며, 문학예술(특히 시)에서 불분명한 언어사용이 오히려 시적 효과를 창조하는 경우를 지칭한다. 한용운의 시에서 많이 등장하는 '님'이나, 이상의 「오감도烏瞰圖」 '시 제1호'에 나오는 13이란 숫자 등이 그런 예이다. 언어에서의 이런 모호성은 엠프슨의 스승인 의미론자 리처즈가 주장했던 것을 제자가 계승, 발전시킨 것이다. 언어학자들은 하나의 표면적 문장구조에서 두 가지 이상의 심층문장구조deep structure를 발견할 수 있다고 말한다. 이러한 언어의 다의적 성격이 애매성을 만들어 낸다.

5.3.2.3 의도의 오류intentional fallacy

작품 창작에 임하는 작가의 창작의도가 곧 그 작품의 의미와 직결되는 것이 아니라는 이론이다. 역사주의 비평이 추구하는 창작의도와 작품 해석을 직접 연결시키는 연구경향에 대한 비판의 의미를 담고 있다. 이 용어는 윔세트W. K. Wimsatt와 비어즐리Monroe C. Beardsley에 의해 제안되었다. 그들은 두 사람의 공동 논문인 「의도意圖의 오류誤謬」라는 글 속에서, 작가의 본래 의도와 작품에서 성취된 의미 사이에는 근본적인 차이가 있다고 보았다. 이 둘 사이의 간격을 혼동하는 데서 작품의 이해와 평가에 오류가 발생한다는 것이다. 그들은 다음과 같이 말한다. "시는 비평가나 작가의 소유물이 아니다. 작품은 그것이 탄생되는 순간 곧바로 그 작가의 통제력이 미치지 않는 세계 속으로 떠나가 버린다. 시는 공중(公衆)에 속하는 것이다." 이런 견해는 작가 위주로 작품을 풀이하려는 전통적인 방법에서 벗어나 작품을 수용하는 독자를 주목한 현대 형식주의 비평의 한 경향을 보여 준다.

5.3.2.4 감동의 오류affective fallacy

'감정의 오류' 혹은 '영향의 오류'라고도 한다. '감동의 오류' 역시 윔세트와 비어즐리가 『스와니 리뷰』지(1949)에 발표했던 논문에서 주장한 것이다. '감동感動의 오류'란 문예작품의 의미나 가치를 그 작품에 대한 독자들의 정서적 반응의 강렬함에서 찾으려는 역사주의자들의 태도는 오류(그릇됨)라는 것이다.

존재하는 작품과 그것이 독자들의 마음속에 작용하는 결과를 혼동하기 때문에 이러한 오류가 발생한다. 즉 "감정에 관한 오류는 시 작품과 그것이 낳는 결과를 그것이 있는 바의 것과 그것이 하는 바의 것을 혼동하는 것이다. (…중략…) 그것은 비평의 기준은 시가 낳는바 심리적 효과에서 이끌어 내고자 하는 것에서 시작하여 인상주의나 상대주의가 되어 끝난다"[18]는 것이다. 이런 신비평적인 주장은 오늘날의 베스트셀러 작품이 곧 명작은 아니라는 문제와도 관련이 있다.

5.3.2.5 구조와 조직structure and texture

랜섬이 시를 "모순된 국부적 조직을 가진 느슨한 논리적 구조"라고 파악한 데서 사용한 언어다. 그에 의하면 구조structure는 문학작품에 있

---

18) 이선영·권영민, 『문학비평론』, 한국방송통신대출판부, 1992, 68~69쪽.

어서 전체와 부분의 합리적 통일성coherence을 의미한다. 이에 비해 조직texture은 결이나 짜임새인데, 시의 사상 내용인 구조와 대조를 이룬다. 이러한 조직의 요소로는 상황, 비유, 운율, 이미지, 어조, 각운 등을 거론할 수 있다.

5.3.2.6 긴장

앨런 테이트Allen Tate가 창안한 개념으로써 외연外延, extension과 내포內包, intension라는 두 개의 단어에서 접두사인 in과 ex를 제거한 후 남은 것이 '긴장tension'이다. '긴장'이라는 용어는 '문학언어는 작품 외부를 향한 문자적 의미와 작품 내부를 향한 비유적 의미의 충돌에서 비롯되는 긴장을 품고 있다'는 뜻을 지닌다. 테이트가 강조하고자 한 것은 밖과 안이라는 반대방향에서 서로 당기는 팽팽한 힘이 문학언어에 있다는 점이다. 그에 의하면 훌륭한 작품은 바로 그러한 의미의 힘을 가지고 있으며, 그 힘은 한 단어 내에서 서로 반대되는 세력들의 밀고 당김 속에서 발생한다. 테이트는 훌륭한 시의 의미는 그러한 의미의 긴장 관계, 즉 "그 시 안에서 발견할 수 있는 모든 외연과 내포의 완전한 조직체"라고 말했다.

5.3.3 뉴크리티시즘의 쇠퇴

뉴크리티시즘은 1957년 프라이N. Frye의 『비평의 해부Anatomy of Criticism』의 출판과 함께 시들었다. 르네 웰렉은 뉴크리티시즘이 "61년에는 탈진상태에 이르렀다"고 말했다. 1940년대에서 1960년대 중반까지 전성기를 이루었던 뉴크리티시즘이 쇠퇴한 대신에 그동안 뉴크리티시즘에 눌려 왔던 현상학적 비평이나 페미니즘 비평 등이 부상하게 되었다.

이런 경향은 다음과 같은 영문학 전공 교수들의 증언을 통하여 확인된다. 그동안 신비평가들이 추방했던 작가를 회복시킨 풀레G. Poulet의 현상학적 비평과, 페미니스트 비평은 작가와 독자를 동시에 복원시켰다. 그리고 역시 뉴크리티시즘이 단죄했던 독자를 복원시킨 웨인 부스Wayne C. Booth의 시카고 비평이나 컬러Jaques Culler의 구조주의 비평도 새롭게 각광을 받았다. 데리다Jaques Derrida(1930~2004)의 이론을 더욱 발전시킨 폴 드 만Paul de Man, 밀러J. Hillis Miller 등의 '예일 마피아'들과 그들이 제시한 '새로운 뉴크리티시즘'인 해체비평, 이저W. Iser의 현상학적 비평이 뒤를 이었다. 뿐만 아니라 피시Stanley E. Fish(1938~)의 영향론적 문체론, 독자 지향적인 홀랜드N. Holland의 정신분석적 이론, 가다머의 주관적 해석학 등과 같은 독자반응비평 등이 계속 생성되기도 했다. 마지막으로 신비평이 경멸했던 그린블랫S. Greenblat의 신역사주의New Historicism 등, 대부분 유럽 철학에 그 뿌리를 둔, 비평이론들이 뉴크리티시즘 쇠퇴 이후 우후죽순처럼 등장했다.[19]

5.4 방법상의 특징 및 한계점

뉴크리티시즘은 작품의 내적 형식을 중심으로 접근하기 때문에 작품의 짜임새나 문체, 모호성, 상징성 등에 유의한다. 뉴크리티시즘은 비평용어를 개발해 활용했는데, 객관적 상관물, 감동의 오류, 의도의 오류, 모호성, 구조와 조직 및 반어irony, 역설paradox 등이 바로 그것이다.

뉴크리티시즘의 관점과 방법상의 특성을 들면 다음과 같다.[20] 첫째, 시詩는 시 자체로서 다루어져야 하고 독립적이며 자주적인 객체로 간주되어야 한다고 주장했다. 둘째, 한 작품을 구성하고 있는 요소들의 복잡한 상호관계와 애매성(다의성)을 상세하고 정밀하게 분석하는 '정해精解 또는 정독精讀'을 강조했다. 셋째, 신비평의 원칙은 근본적으로

---

19) 이명섭, 「뉴크리티시즘: 반실증주의적인 창조적 로고스」, 인문과학연구소 편, 『현대문학비평이론의 전망』, 성균관대출판부, 1994, 5쪽.

20) 박덕은, 『현대문학비평의 이론과 응용』, 새문사, 1989, 123~124쪽.

언어적이라는 점이다. 그래서 주로 단어, 비유 그리고 상징 등의 의미와 상호작용을 다루고 있으며, 구조와 의미의 유기적有機的 통일성을 중시한다.

뉴크리티시즘의 세계적 흐름이 맨 처음 소개된 것은 최재서의 「비평과 과학」(1934)을 통해서였다. 하지만 뉴크리티시즘은 1950년대 중엽 한국에서 백철이 「뉴크리티시즘에 대하여」[21] 등을 발표하면서 본격적으로 소개, 수용되었다. 그 후 영문학 전공자들이 선호하는 비평 방법론으로 각광을 받았다. 이 가운데 구체적인 작품 분석에 적용한 것으로는 정병욱의 「쌍화점고雙花店考」(1962)와 오랫동안 잡지에 연재하다가 단행본으로 펴낸 송욱의 『시학평전詩學評傳』을 들 수 있다. 1960년대 이후에는 뉴크리티시즘이 한국에서도 시들해지는 형세에 접어들었는데, 그 한계점은 대개 다음과 같은 요소들이라 볼 수 있다.

① 너무 지나친 학문성, 고답성(高踏性) 및 일종의 귀족성을 보였다. 이것은 일부 식자층 위주의 전문술어를 쓰는 강단비평식의 현학성을 띠어 독자들에게 곤혹감을 주는 면이 있었다.

② 언어적 조건에 매달린 나머지 언어 이상의 사상이나 정열을 외면하려는 경향이 있었다.

③ 시작품을 분석하되 다른 외부적 요소는 참고하지 않고 구절과 시행 하나하나를 정밀하게 검토함으로써 시 자체의 의미를 무화시키는 경향이 있었다. 엘리엇은 「비평의 한계」(1956)라는 논문에서, 그런 태도는 레몬의 본래 성분이 없어질 만큼 한 방울도 남기지 않고 지나치게 그 대상을 짜내는 압착기(lemon squeezer)에 비유된 바 있다.[22]

④ 철저하게 작품 위주의 언어분석에 치중한 나머지, 정작 비평가나 독자의 창

---

21) 백철, 「뉴크리티시즘에 대하여」, 『문학예술』, 1956년 9~10월; 「I.A. 리처즈 씨와의 문학대화」, 『思想界』, 1958년 5월; 「뉴크리티시즘의 제문제」, 『思想界』, 1958년 11월; 「뉴크리티시즘의 행방」, 『思想界』, 1966년 2월.

22) 백철 편, 『비평의 이해』, 민중서관, 1974, 305~308쪽. 위의 첫째, 둘째, 셋째 한계점은 여기에 준한 것임.

의성 발휘를 억압하고, 비평의 안목을 좁게 만들었다.

⑤ 작품이 미치는 사회적 효용이나 반향을 차단한 결과, 작품의 역할을 폐쇄적으로 한정하는 오류를 자초했다. 웰렉이 지적한 바 있듯이, 신비평은 문학사를 외면한다는 불만 또한 여기에 해당된다고 볼 수 있다.

6장 구조주의와 해체비평

6.1 개관과 전개과정

구조주의 비평Structural Criticism은 실존주의實存主義 몰락 이후인 1950년대 중엽부터 프랑스에서 문화인류학자인 레비스트로스Claude Levi-Strauss에 의해 창시創始되어 1970년대 초엽까지 성행한 문학비평 이론이다. 러시아의 형식주의나 영미의 뉴크리티시즘보다는 늦게 시작되었지만 전통적으로 문학 밖의 요소에 치중하는 역사주의에 반대하고 작품 자체 내의 요소에 치중하는 면에서는 동일한 성격을 지녔다. 그리고 그 생성이나 발전과정에 예의 형식주의 운동은 물론이요 체코의 구조주의와 소련이나 프랑스의 기호학과도 영향관계가 있었음을 알 수 있다. 또한 러시아 형식주의의 계승자[1)]인 이 구조주의는 탈구조주의를 생성시키고 '해체비평'으로까지 이어졌다.

6.1.1 계보상의 순서

문학의 내적 요소인 형식이나 구조를 중요시하는 비평의 계보를 알기 쉽게 정리해 보면 다음과 같다. 그 연대나 속성을 고려하여 대강

---

1) R. Scholes, 위미숙 역, 『문학과 구조주의』, 새문사, 1991, 12쪽.

의 발전과정에 관한 윤곽을 살펴보기 위한 것이다.

형식주의와 구조주의 계보

1910~20년대	1930년대 전후	1940~50년대
러시아 형식주의 ⇨	체코 구조주의 ⇨	英美 뉴크리티시즘
1915 모스크바 '언어학회' 1916 페트로그라드 '시언어연구회(OPOJAZ)'	러시아에서 옮겨가서 프라하 '언어학회' 결성	영국 의미론자 등과 미국 신비평가들

1960년대	1960년대 전후	1970년대 이후
⇨ 蘇佛 기호학 ⇨	프랑스 구조주의 ⇨	佛美 해체비평
스탈린 사후 형식주의 부활 슬라브 및 발칸문제연구소의 구조언어학을 활용	소쉬르의 구조언어학 레비-스트로스의 인류학	자크 데리다 주창 예일학파 등이 추종

이런 발전과정이나 성향의 유사성들은 이글턴Terry Eagleton의 다음과 같은 언급에서도 확인할 수 있다.

> 야콥슨, 얀 무까르조프스끼(Jan Mukařovskŷ), 펠릭스 보디쮸까(Felix Vodiĉka) 등의 프라하 언어학파는 러시아 형식주의에서 현대 구조주의로의 이행의 한 모습을 보여준다. 그들은 형식주의자들의 생각을 다듬었지만, 그것을 소쉬르의 언어학의 테두리 안에서 더 엄격하게 체계화시켰다.2)

이글턴은 러시아 형식주의와 프라하 언어학파의 상관성에 관해 언급하고, 이러한 경향이 뉴크리티시즘이나 프랑스 구조주의와 연결되었다고 말한다. 구조주의는 형식주의와 연동하면서도 차이점을 드러내며 현대비평의 한 흐름을 형성해 왔다.

2) T. 이글턴, 김명환 외 역, 『문학이론 입문』, 창작과비평사, 1995, 126쪽.

6.1.2 구조주의와 형식주의의 상이점

프랑스 구조주의가 러시아 형식주의와는 어떻게 상이한가에 대해 확인할 필요가 있다. 그 중요한 핵심을 적절하게 파악해서 간추린 견해인 것이다.

> 러시아 형식주의와 프랑스 구조주의는 많은 유사성을 가지고 있지만, 형식주의가 문학체계 전체(랑그)에 비추어 개별예술작품(빠롤)을 밝히는 일에 주로 관심을 쏟는 데 비해, 구조주의자들은 '랑그' 전체 즉 기호체계 자체를 총체적으로 밝혀내려는 방향을 취한다. 따라서 구조주의자들의 활동은 자연히 상부구조에 대한 연구, 이데올로기에 대한 연구가 되는 경향이 있으며 인간의 의식적인 사회적 삶을 무의식적으로 규정하는 가치체계나 기호체계들에 대한 총체적 분석으로 나아간다. 그렇기 때문에 구조주의의 연구업적 속에는 마르크스주의에서 제기된 상부구조와 토대의 문제가 어떤 식으로든 다루어지게 마련이다.[3]

형식주의가 개별작품에 집중해 체계에 접근한다면, 구조주의는 전체체계 자체의 규명에 관심을 표명한다. 따라서 개별작품 속에서 언어 전체나 기호체계 자체를 도출하고 해명하려는 경향이 있다. 구조주의가 토대와 상부구조, 이데올로기, 사회적 가치규범 등에 연관되는 이유가 여기에 있다.

레비스트로스는 1955년에 「슬픈 열대」라는 글에서 현상학現象學과 실존주의에 대한 환멸을 표현한 바 있다. 그러면서 그의 은사들이 베르그송의 논문에 너무 집착하고 있는 반면 소쉬르Ferdinan de Saussure(1857~1913)의 『일반언어학개론』(1915)은 읽지 않는다고 비판했다.[4] 그 즈음부터 소쉬르의 언어학 이론을 원용한 비평운동이 프랑스를 중심으로 일어

---

3) 위의 책, 327쪽.

4) D. W. 포케마 외, 정종화 역, 『20세기 문학이론』, 을유문화사, 1985.

났다. 그리고 구비평을 대표하는 레이몽 피카르와 신비평을 대표하는 롤랑 바르트의 문학논쟁[5]이 치열했던 1965년에 구조주의는 큰 성황을 이루었다. 바르트의 비평은 레비스트로스의 문화인류학적 구조주의 계열에 가까운 것이다.

6.2 프랑스 구조주의

프랑스 구조주의는 소쉬르의 언어학의 영향으로 정립[6]되었다. 구조주의와 소쉬르의 관련성은 제퍼슨Ann Jefferson의 언급에서도 분명하게 제시되어 있다. 그는 소쉬르의 저작을 구조주의적 사유의 형성에 있어서 하나의 혁명을 불러일으킨 책[7]으로 거론했다.

프랑스 구조주의는 기호의 일반과학이라는 소쉬르의 꿈—기호론Semiology—의 한 실현이다. 그는 모든 표현체계의 가장 복합적이고 가장 특징적인 것이 언어라고 보았다. 그럼에도 불구하고 언어는 구조와 조직에 있어서 사회행위와 유사성을 갖고 있다. 언어의 표본적인 지위 때문에 언어는 '기호론의 모든 지론枝論들에서 주 유형master pattern'이 되어야 했다. 구조주의 언어학의 외연 확장으로 인해 거의 모든 인문과학이 중요한 관점의 변화를 겪어야 했다.

이는 더 이상 경험적으로 검증될 수 있는 데이터의 문제가 아니었고, 실증주의적 태도로 세계를 해석하는 문제도 아니었으며, 어떤 고유한 자질에 따라 의미를 파악하는 것과도 달랐다. 구조주의 언어학은 관습·관계·체계들에 그 의미가 의존해 있는 기호로서 표현형식들을

5) 피카르는 저서 『신비평인가 아니면 사기극인가』(1965)에서, 바르트는 「역사인가, 문학인가?」(1963)에서 큰 논쟁을 벌여 유럽 문단을 떠들썩하게 했음(위의 책, 89~91쪽).

6) Robert Scholes, *Structuralism in Literature*, Yale Univ. Press, 1974, pp. 13~21. 이 책에서는 구조주의가 소쉬르의 언어학에서 시작하여 야콥슨과 레비스트로스의 시학에 연결되었다고 논하고 있음.

7) 이 책은 Benoist가 1976년에 펴낸 『구조주의의 혁명(*La rêvolution structurale*)』임.

파악하는 것을 의미했다. 이러한 인문학적 관점의 전환에 가장 먼저 응답한 사람은 '구조인류학'이라는 학문을 창시한 레비스트로스였다.[8)]

6.2.1 소쉬르의 이론

프랑스 구조주의를 올바르게 이해하기 위해서 소쉬르 언어학이론을 고찰할 필요가 있다. 소쉬르는 즈네브대학에서 오랫동안 비교언어학과 산스크리스트학을 강의했으며, 구조주의 언어학을 정립한 이다. 그가 작고한 2년 뒤에 출간된 『일반언어학개론』은 구조주의 언어학의 개념적인 골격을 보여 준다.

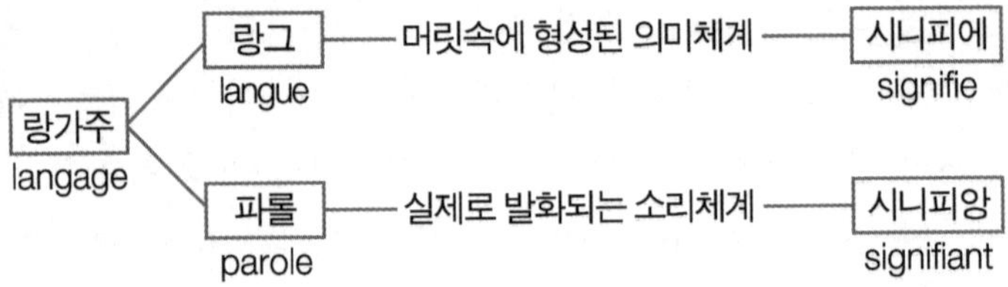

소쉬르는 언어(랑가주)를 의미체계인 랑그와 소리체계인 파롤로 나누었다. 랑그는 사회일반적인 약호略號로 파롤은 개인적인 구체적 행동으로 지칭되었다.

일종의 집단적 관습으로서의 의미체계인 랑그에 이어지는 씨니피에는 한자의 '人'이나 '山' 경우처럼 언어의 내용 면에 해당한다. 소리체계인 파롤에 이어지는 시니피앙은 사람(또는 man)이나 산, 뫼(또는 mountain)의 경우처럼 표현적인 형식 면에 해당된다. 이럴 때, 랑그는 집단적 관습이므로 변경되기 어렵지만, 파롤은 개인적인 행위이므로 개성적이며 자유롭게 변화하는 속성을 지녔다.

이런 이론에 대한 부연과 소쉬르 언어학이 널리 채택, 활용되는 과

8) 앤 제퍼슨·데이비드 로비, 김정신 역, 『현대문학이론』, 문예출판사, 1991, 140~141쪽.

정은 다음 글에서 살필 수 있다.

랑그가 일반적인 문학을 구성하는 법칙이 된다면, 파롤은 그 일반법칙에 변형이 가하여 이루어진 개별적인 문학작품이 된다. 소쉬르는 '구조'에 대해서는 언급한 적이 없었다. 그는 언어가 조직되는 내적 법칙을 지칭하는 체계라는 어휘를 사용했다. '구조'라는 어휘는 제1회 '슬라브 문헌학자 대회'(프라하, 1929)에서 언어학의 용어로 사용된다. 거기에서 익명의 선언문이 발표되는데, 선언문을 기초한 사람들은 러시아 언어학자인 야콥슨R. Jakobson, 카르체프스키Karcevskij, 트루베츠코이Trubetzkoy였다. '구조'의 개념은 체계 안에서 형성되는 '관계relation'와 밀접하게 연결되어 있다.[9]

나머지 속성이나 개념파악은 6장의 기호학적 비평에서 설명할 것이다. 그런데 여기에서 프랑스 구조주의와 러시아 형식주의의 상이점을 살펴볼 필요가 있다.

6.2.2 대표 이론가들과 특성

프랑스 구조주의 이론가들은 1950년대의 초창기부터 오늘날에 이르기까지 많은 사람들이 거론될 수 있다. 우선 구조주의로 일종의 문학혁명을 일으킨 문화인류학자 레비스트로스와 그 이론의 언어적 모델이 된 소쉬르를 꼽을 수 있다. 또 크게 논쟁을 벌였던 롤랑 바르트R. Barths와 루시앙 골드만, 르네 지라르도 프랑스 구조주의 이론가 그룹에 포함될 수 있다. 이 밖에 마란다, 빈델반트, 그레마스, 푸코M. Foucault 등이 있다. 이 가운데 바르트와 그레마스는 다음 장에서 다루는 기호학에도 해당되고, 푸코는 정신분석학적 비평과도 연관이 있다.

프랑스 구조주의 이론가들 사이에는 그 주장이나 비평방법에서는 차이가 있지만, 이들은 문학이 근본적으로 현실의 모방이라는 모방비

9) 이선영·권영민, 『문학비평론』, 한국방송통신대출판부, 1992, 84쪽.

평 태도에는 반대하고 있다. 또한 이들은 문학이 우선적으로 저자의 감흥이나 기질을 표현하는 것이라는 역사주의적인 표현비평에도 반대한다. 뿐만 아니라 문학이 저자와 독자 간의 의사표시 방식이라는 어떤 견해에도 반대하여 각각의 작품은 고정된 공적公的인 의미를 부여받은 독자적 어휘로 보는 분석비평(신비평)의 견해에도 반대한다.[10]

> 먼저 구조주의는 문학에 대한 가차없는 '탈신비화'를 뜻한다. (…중략…) 인간적 의미의 '만들어진 것임(人爲性)'에 대한 구조주의의 강조는 커다란 진전을 뜻한다. 의미는 이제 사적(私的) 경험도 아니고 신이 내려준 것이 아니었다. 그것은 어떤 공유된 의미작용체계의 산물인 것이다.[11]

프랑스 구조주의 비평에 드러난 특성들은 다음과 같이 정리할 수 있다.

① 문학작품은 순전히 문학적 관습과 법칙들에 따라 다양한 요소들이 작용하여 이루어진 저작(著作)의 한 방식으로 파악하고 있다.

② 구조주의 비평의 초점을 독서행위에 두고 있다. 독서란 필수적 관습과 약호들을 작용시킴으로써 문학적 의미를 만드는 것으로 본다.

③ 개개의 작가나 테마는 물론이요, 구성 역시 창작하는 데에는 주도권도 의사권도 없는 대신, 의식의 자아는 대명사 '나'를 사용하는 하나의 구성체로 파악한다.

④ 이전의 비평 용어를 사용하지만 구성, 장르, 등장인물, 상징 등의 의미를 상이하게 사용하고 있다.

⑤ 프랑스 구조주의자들은 영미 신비평가들과는 대조적으로 시보다는 산문(픽션)에 많은 관심을 보였다.

---

10) 이 단락의 내용은 필자가 읽고 참고한 여러 저서나 논문을 검토하고 혼합해서 독자적으로 간추린 강의 노트의 일부임.

11) T. 이글턴, 김명환 외 역, 앞의 책, 134~135쪽.

6.2.3 구조주의의 한계

위에서 구조주의의 여러 면모와 가능성을 프랑스 중심으로 살펴보았는데, 그 취약성도 다음과 같이 지적되고 있다.

① 구조주의는 기본적으로 작품의 구조에 집착하는 데서 오는 공허하고 분명치 못한 보편성을 지니고 있다. 그래서 프레드릭 제임슨은 구조주의를 언어의 감옥이라고 비판했다.[12]
② 반 역사주의적인 성향으로 인해 문학의 배경 등에 작용하는 입체성을 부정하고 있다.
③ 언어구조 등에 치우치는 데서 오는 탈사물화(脫事物化) 요소를 포함하고 있다.

이런 취약성을 내포하고 있는 프랑스 구조주의는 그 약점을 의식, 보완하면서 후기 구조주의 내지 해체주의로 이어졌다. 따라서 구조주의의 본질이나 발전과정 및 성과를 파악하기 위해서는 탈구조주의(해체주의)나 포스트모더니즘 등을 고려해 입체적으로 이해해야 할 것이다.

6.3 구조주의 비평의 실제

여기에서는 구체적인 비평의 보기로 허윤진의 글을 제시하기로 한다. 허윤진은 '구조주의의 복권을 위하여'라는 테제 속에서 「다시, 읽다-자기재현적 네트워크로서의 문학 텍스트」[13]라는 글을 발표했다. 인용문의 글의 도입부의 일부분이다.

---

12) 프레드리 제임슨, 윤지관 역, 『언어의 감옥-구조주의와 형식주의 비판』, 까치, 1972.
13) 허윤진, 『5시57분』, 문학과지성사, 2007, 92~97쪽.

차를 마시며 시를 읊는 전통적인 시간. 우리는 의자에 앉아 있다. 그런데, 우리가 앉아 있는 의자는 '동일한' 의자일까? 당신은 '의자'라는 말에서 어떤 속성을 가진 실체를 떠올리고 있는가? 당신이 생각하는 의자는 혹시, 짙은 고동색에 나무 소재이고 등받이와 팔걸이가 모두 있는 딱딱한 의자인가? 나도 그 의자를 생각하고 있다고 하자. 그때의 '고동색'은 '어느 정도의' 색깔이며, 나무는 어떤 나무이고, 등받이는 어떤 모양이며, 팔걸이는 또 어떤 모양인가? 크기와 높이는? 우리가 의자에 앉아 지금 함께 마시고 있는 '차'는 어떤 맛과 향기를 지녔는지 말해줄 수 있을까? 이런 식의 질문을 계속하는 것이 우리의 대화라면 그 대화는 끝날 수가 있을까?

비트겐슈타인은 대상들의 완전한 동일성이란 존재할 수 없으며, 우리가 가정하는 동일성이란 마치 가족 구성원들의 모습처럼 속성이 부분적으로 상호 간에 겹쳐지는 현상과도 같다고 보면서 이러한 유사성을 "가족 유사성(family resemblance)"이라고 지칭한다.[14] 개념 자체가 지니는 속성은 모든 개체들에 편재할 수도, 일반적일 수도 없다. 이처럼 불완전한 개념을 언어로 다시 재현하는 작업, 즉 '번역'하는 작업은 동일성의 영역에서 더 멀어지는 작업일 것이다. 재현된 개념과 재현하는 언어 사이에는 근본적인 간극과 불일치가 존재한다.

현실의 영역에서도 언어로 무엇인가를 규정하고 명명하는 행위가 이처럼 협의 불가능한 의미의 불균일한 장을 생성해내는데, 언어로 허구적인 세계를 구성하고 그것을 감상하는 문학의 행위는 하물며 어떠하겠는가? 만일 어떤 문학작품이 재현하려는 세계를 완벽하게 동일하게 재현했다고 가정한다 해도, 문학작품을 매개로 이루어지는 의사소통 과정은 볼프강 이저의 말처럼 '텍스트'와 '독자'의 관계로서 생성되기 때문에, 재현과 의미는 그 관계 사이에서 비대칭적으로 고려될 수밖에 없다. 텍스트의 소통 과정에서는 언어 기호의 조직체를 심리적이며 상상적인 세계로 재구성해내는 독자의 참여가 절대적이다. 여기에서의 독자는 롤랑 바르트 식으로 작가

---

14) Ludwig Wittgenstein, *Philosophical Investigation*, G. E. M. Anscombe, tr., Prentice Hall, 1958, p. 32.

를 포함한 개념이다. 모든 텍스트의 최초의 독자는 그것을 기술(記述)하면서 동시에 읽는 존재인 작가일 수밖에 없기 때문이다. 이런 전제 아래서, 우리는 작가를 포함한 모든 독자가 궁극적으로 텍스트를 의미 있는 대상으로서 창조하는 존재라고 정의할 수 있을 것이다.

그런데 개별 독자들은 동일한 정체성과 동일한 사유 방식을 갖고 있지 않다. 그/녀가 경험한 세계와 그/녀의 구성적 정체성은 개체에 따라 다를 수밖에 없다. 개인의 정체성 역시 개념과 마찬가지로 가족 유사성의 측면에서만 그 닮은꼴을 이야기할 수 있다. 문학적 관습을 포함해서, 개인을 구성하고 개인이 구성하는 아비투스 역시 개인이 어떤 공동체들에 속해 있느냐에 따라 다른 양태로 작용할 수밖에 없다. 이저의 내포 독자(implied reader)나 조너선 컬러의 이상적인 독자(ideal reader)처럼 문학적 관습에 대한 지식으로 충만한 '완벽한' 독자와, 그/녀처럼 '완벽하지 못한' 독자가 동일한 독서 행위를 수행할 수 있겠는가? '정치적으로 올바른' 현대의 수많은 문학 이론이 증명하고 있는 것처럼 개인의 성적 정체성, 인종, 계급 등의 조합과 재조합에 따라 독서 행위의 과정과 결과는 다양한 양태로 나타날 수밖에 없다. 그리고 매번 일회적으로 발생하는 독서 행위의 사례를 보아도, 독자 개인의 육체가 수행하는 행위 역시 매번 다른 행위라고 말할 수 있다. 이것은 물론 독서 행위가 지속되는 시간 자체가 일직선적으로 전개되며 불가역적이기 때문이기도 하다. 어쨌든 독서 행위와 독서 행위자의 차원에서 생성되는 문학 텍스트라는 것은 임시로 지어진 일종의 가건물과도 같은 셈이다. 언제든 부서지고 새로운 구조물로 재탄생할 수 있는 가능성이 잠재한 임시의 구조. 극단적으로 말해서 문학 텍스트에서 재현되는 현실은 독자가 참여해서 의미를 만드는 과정 자체일 뿐이다. 수용 미학과 독자 반응 비평은 현대 문학 이론으로서 우리에게 이런 전제를 수긍할 수 있는 토대를 마련해주었다.

언어가 이처럼 가-설(假-設)적이라는 인식이 대두된 것은 20세기의 인식론적 혁명이라고 할 수 있는 구조주의가 탄생한 즈음의 일이라고 할 수 있다. 기호가 기표와 기의의 '자의적' 결합으로 구성된다는 소쉬르의 선언적인 명제는 언어와 음성과 의미가 유연적(有緣的)으로 고정되어 있다고 보는 본질론적인 견해에 충격을 주었다. 언어행위에 참여한다는 것은 무엇인가? 소쉬르에게 언어활동은 제츠 게임과 같다. 판을 조직하고 있는 어떤 법칙과, 그 법칙대로 말(!)을 움직이는 행위자가 존재할 때 언어 행위가 이루어질 수 있다. 행위자는 법칙을 존중하지만 말을 움직이는 것은 분명히 그/녀의 '의지'이다. 체스 게임이 진행되는 동안 중요한 것은 법칙이라기보다는 말과 말의 관계, 행위자와 행위자 간의 대결이다. 퀸(수호되는 말)과 그 밖의 말(수호하는 말) 간의 의미론적 대립이 있어야만 게임은 지속된다. 여러 가지 의미론적인 이항 대립 관계 중에서 체스 게임을 추동하는 것은 기본적으로 삶과 죽음의 대립이다. 다른 말들의 죽음으로써 퀸의 죽음을 유보할 수 있다면 그리하라. 여왕을 수호하라. 죽음으로써 삶을 유지시킨다는 역설적인 상황이 체스 게임이라는 것을 소쉬르는 무의식적으로 의식했던 것이 아닐까? 레비스트로스가 『신화론』 1권인 『날것과 익힌 것』(Plon, 1964)에서 북아메리카와 남아메리카의 인디언 신화를 주요 판본과 부수적 판본의 이분법적 위계 구조로 보지 않고, 오히려 개별 신화들을 서로서로의 변주곡 혹은 변이형으로 파악하는 방식 역시 구조주의적 사유의 가능성을 재발견하게 한다. 통시성 / 공시성이라는 시간의 축을 비롯해서 여러 층위에서 이항 대립적인 관계를 통해 실정된 요소들 간의 '차이'가 구조를 만든다는 구조주의적인 명제는 그 자체로 가설적이다. 또한 신화론을 기술하면서 책의 각 장들을 모두 음악적 양식들(서주, 변주곡, 소나타, 교향곡, 푸가, 칸타타, 인벤션, 캐논, 협주곡 등)의 체계로 구성하면서 음표와 건축을 시도하는 모습 역시 저작을 일종의 자기재현적인 예술의 체계로 만든다는 점에서 인상적이다.

이런 점에서 바르트의 『S/Z』(seuil, 1970)는 구조주의의 가설 실험의 최정점에 있는 동시에, 구조주의의 확산과 변화를 예고하는 수축점에 있기도 하다. 그는 이 저작에서 발자크의 소설 『사라진(*Sarrasine*)』을 5개의 약호 code를 분석적 틀로 삼아 정전적인 해석을 거부한 채, 텍스트 자체를 약호의 구조로 재편성한 바 있다. 역사주의적 비평의 감독 아래 획일적인 공사

현장에 방치되었던 『사라진』은 언어 기호의 작용이 어떤 텍스트보다도 활성화된 텍스트로서 스스로를 재현하기에 이른다. 『S/Z』에는 텍스트를 요소들의 관계망으로 재편하고자 하는 욕망이 극단화되어 있다. 이런 맥락에서 바르트나 줄리아 크리스테바를 '탈구조주의자'라고 부르는 것은 옳지 않다. 프랑스어 'post-structuralisme'에서 'post'라는 접두사는 어원상 '탈(脫)ㅡ', '후(後)'의 뜻을 모두 지니고 있다. 바르트나 크리스테바의 이론은 구조주의에 대한 반대급부로 나타난다기보다는 역으로 언어가 곧 가설이라는 구조주의적인 명제의 심연에 접근하는 측면이 있기 때문에 그들의 이론에는 '후기 구조주의'라는 말이 더 자연스러울 것이라고 본다. 구조주의적인 사유 방식은 현대의 문학 이론에 여전히 기입된 채로 이론의 무의식적 지층을 형성하고 있다.

'구조주의'라는 말에서 어떤 경직성을 떠올린 채 굳어져버린 이들에게 말한다. 구조란 레고 블록에 지나지 않는다고. 블록이 담긴 상자에서 하나의 요소를 선택해보라. 초록색의 작은 블록이 나왔다. 이 블록은 자연의 체계에서는 나무의 잎사귀나 풀이 될 수 있겠지만, 주거의 체계에서는 빨강머리 앤이 살았던 그린 게이블즈의 일부도 될 수 있을 것이다. 아니, 어쩌면 이런 선택 방식 역시 문화에 길들여진 자의 고정관념을 폭로하고 있을지도 모르겠다. 체계를 가설적으로 설정하는 것은 역설적이게도, 초월적이고 특권화된 존재로부터 확고한 에티켓이 도래하는 것이 불가능한 상황에서 보편적 가치의 네트워크에 자발적으로 걸려들어 가고자 하는 인간의 의지를 드러내고 있다. 체계가 불가능한 시대에 체계를 설계해보려는 욕망, 그것이 구조주의가 현대의 철학이자 이론으로서 우리에게 남겨준 유산이다. 이런, 차는 식었고, 우리는 아직 시를 제대로 읊어보지 못했다. 전통의 시간은 이제야 찾아올 모양이다. 그런데, 당신은 어떤 시를 읽으려 하는가? 내가 생각하는 시와 당신이 생각하는 시는 동일할 수 있을까? 아마도, 나의 책에 끝이 없는 것처럼, 당신의 책에도 끝은 없으리라.

6.4 해체비평론의 이해와 그 한계

6.4.1 개관 및 특성

해체비평Deconstructive Criticism은 전통적인 작품 읽기나 해석방법을 부정하고 새로운 텍스트 읽기를 주장한다. 그렇다고 해체비평이 이성 중심주의에 기반한 모든 합리성의 전통을 부정하고 파괴하는 데에 목적을 둔 비평방법론이라고 볼 수는 없다. 해체비평은 어떤 대상의 기원을 파악하여, 그 본성과 역사를 다시 사유하는 것에서 시작한다. 이를 통해 현재 대상의 본성으로 간주되던 것이 역사적으로 배제하거나 억압했던 것을 다시 해석해 내려 한다. 기성의 지배체제에 균열을 가하고 해체하여, 새로운 방식의 사유를 도출해 내려는 급진적 비평방법이 해체비평이다. 해체라는 용어는 해체 대상을 전제로 하는데, 해체비평이 그 대상으로 삼은 것은 이항대립적 체계로 이뤄진 서구의 로고스 중심주의 형이상학이었다. 일명 후기 구조주의 또는 탈脫구조주의라 부르는 해체비평은 다분히 포스트모더니즘적인 비평방법으로 일컬어지기도 한다.

해체비평은 소쉬르와 그에 바탕을 두고 있는 구조주의 기호학에 의해 발달된 개념들을 사용하면서 동시에 그 모태들을 무너뜨리는 성격을 띠고 있다. 이 비평방법은 신비평이나 구조주의 대신에 현대 서구 사상계에 큰 영향을 발휘하는 철학 및 문학이론의 하나인 것이다.

해체비평[15]의 선구자는 프랑스 철학자인 데리다J. Derrida(처음에 구조주

15) 여기에서 유의할 바는 해체비평의 용어 문제인데 일부에서는 '해체주의'라는 용어를 사용하지 않는다는 점임. '해체'라는 용어는 하이데거의 '해체적·파괴적(destructive)' 분석이라는 개념에 대응하여 데리다가 만들어 낸 것으로서 무언가를 새로이 구축한다는 뜻을 암시하고 있음. 'deconstruction'은 추상적이고도 포괄적인 본질론을 가리키는 'ism'으로는 사용할 수 없다는 견해임(정정호, 『현대영미비평의 이해』, 탑출판사, 1989, 429쪽 참조). 그러나 김욱동은 미국 예일학파 이론가들이 '해체주의'라는 용어를 회피라는 말 대신, 네덜란드의 한스 베르란스나 영국의 데이비드 하비 같은 이론가는 '해체주의'라는 말을 즐겨 쓴다며 '해체주의'라고 명명해도 무방하다는 주

의 추종자였다가 기호학을 제창)이다. 그는 36세의 무명학자였던 1966년 10월에 미국의 존스홉킨스대학에서 열린 '비평과 언어의 인문학'이라는 주제의 국제 심포지엄에서 논문을 발표하면서 일약 스타로 부상했다. 그의 논문 「인문학의 언술행위言術行爲에 있어서의 구조, 기호 그리고 유희」는 세계적인 구조주의 석학들을 놀라게 했으며, 이듬해 프랑스에서 3권의 역저力著를 발표해 세계적인 영향력을 확대했다.[16] 이 저서가 당시 뉴크리티시즘에 대한 회의와 불만으로 새것을 찾고 있던 미국 비평계에 소개되었다. 미국의 젊은 학자들인 폴 드 만Paul de Mann, 밀러J. Hillis Miller, 허트만Geoffrey Hartman, 해럴드 블룸H. Ballroom 등은 데리다의 영향 속에서 예일학파를 형성했다. 해체비평가들의 문학적 텍스트에 대한 치밀한 분석은 신비평을 연상시킨다. 이로 인해 이들(해체비평가)을 'New New Critics'라 부르는 사람들도 있다.

6.4.2 해체적인 글 읽기와 비평적 글쓰기

데리다를 비롯한 해체비평가들은 이전의 이성중심주의가 확신하는 언어의 확정성에 회의를 품고 기성의 작품 해석이나 주장들을 일체 부정했다. 해체론을 추종하는 그들은 텍스트의 해체적 글 읽기와 기존 서술에 대한 비판적이면서도 비평적인 글쓰기 태도를 취한다. 해체주의는 신비평주의자들에 의해 이미 사용된 '정독' 혹은 자세히 읽기 방법을 통해 주어진 어느 한 텍스트를 '분석'하는 데 그 목적이 있다. 데리다의 이론을 미국에 전파하는데 크게 기여한 바버러 존슨의 지적대로 '해체'는 '파괴'의 의미보다는 오히려 '분석'이라는 말이 더 가깝다.[17]

장을 펴고 있음(『현대예술비평』 창간호, 315쪽).

16) 이들 저서는 1967년에 데리다가 발간한 『저술과 차연』, 『문자학(文字學)에 대하여』, 『음성과 현상』이다.

17) 김욱동, 「해체, 해체주의」, 『현대예술비평』 창간호, 1991년 여름호, 307쪽.

밀러는 "모든 독서는 오독(誤讀)이다"라고 설파하고 허트만G. Hartman 또한 "해체이론은 텍스트의 구조를 해체하는 것이 아니라 텍스트가 이미 스스로를 해체해 버렸다는 것을 보여주는 것이다"라는 파격적인 발언을 할 정도였다.

그들의 해체적인 글 읽기에 대한 열정은 매우 강렬했다. 젊은 해체적인 비평가들은 이제 비평의 지위를 격상시켰으며 독서의 중요성을 제기하고 있다. 이런 면모는 다음과 같은 김성곤의 글에서도 찾아볼 수 있다.

> "우리는 이제 비평에 대한 창작의 우위성에 도전할 수 있는 시대에 접어들었다."[18]라는 하트만의 1975년 선언은 드디어 창작과 비평의 구분이 없어지고 모든 것이 저술(écriture)로 집약되는 새로운 시대의 도래를 천명한 것이었다.[19]

주목해야 할 또 다른 개념이 바로 '독서'와 '해석'이다. 얼마 전부터 비평가들은 비평이라는 말 대신 '독자reading' 또는 '해석자the interpreter'라는 말을 사용해 오고 있다. 지난 십여 년 동안 서구의 비평계에서 가장 많이 사용되어 온 용어 중의 하나가 바로 이 '독서'와 '해석'일 것이다. 에이브럼스M. H. Abrams가 적절하게 지적하고 있는 것처럼 현대는 '비평의 시대'라기보다는 차라리 '독서의 시대the Age of Reading'인지도 모른다.

---

18) Geoffrey Hartman, *The Fate of Reading and Other Essays*, Chicago: Univ. of Chicago Press, 1975, p. 17; 김성곤, 「해체이론에 대한 논의」(『현대시사상』, 1990년 겨울호)에서 재인용.

19) 김성곤, 위의 논문, 112~113쪽.

6.4.3 신비평 및 포스트모더니즘과의 관계

해체비평의 분명한 성격을 파악하기 위해 해체비평과 다른 비평 등과의 상이점을 살펴볼 만하다. 앞에서 해체비평은 '뉴크리티시즘'이라고 했지만, 신비평가들이 객관적 의미를 추구하였다면 해체비평가들은 객관적 의미의 불확정성에 따르는 언어의 역할 그 자체에 원인을 두었다.[20] 이런 면이 신비평의 유사한 점이면서 동시에 상이한 점이다.

또한 새로운 글 읽기나 파괴적인 해설을 주로 하는 해체비평은 직간접으로 모더니즘과 연결되고 있다. 이글턴Terry Eagleton은 "실제로 구조주의와 탈구조주의 비평을 최초로 탄생시킨 것은 모더니즘이라는 문학"이라고 하면서, "바르뜨와 데리다의 후기 저작들 중에 몇몇은 그 자체가 실험적이고 수수께끼 같고 아주 애매한 모더니즘의 문학텍스트였다"[21]고 지적했다. 1차 대전 때의 다다이즘 제창자들처럼 혁신적인 문학표현을 지향했다 해서 해체비평을 '데리다다이즘Derridadaism'[22]이라고 부른 허트만G. Hartman의 지적도 참고할 만하다.

해체주의와 포스트모더니즘과의 관계는 다음의 견해에서처럼 비평과 창작문학과의 초장르beyond genre적인 상관성에서도 드러나고 있다.

> 창조적 비평의 문제 그것은 비평을 〈제2의 창작〉으로 간주하는 포스트구조주의자들, 그 가운데에서도 특히 해체주의자들에 의하여 보다 본격적으로 논의되기 시작하였다. 해체주의자들은 비평을 의미하는 〈크리티시즘(criticism)〉이라는 용어와 창작을 의미하는 〈픽션(fiction)〉이라는 용어를 만들어 낼 만큼 비평에 창조성을 부여했던 것이다. 문학과 비평 장르가 이렇게 서로 통합되는 현상을 지적하기 위하여 로절린드 크라우스는 〈패러

---

20) 정정호 외 편, 앞의 책, 428쪽.
21) 테리 이글턴(김명환 외 역), 앞의 책, 172쪽.
22) 김욱동, 「해체, 해체주의」, 『현대예술비평』 창간호, 1991년 여름호, 312쪽.

> 리터러처(준문학)〉라는 용어를 사용하기도 한다. 그런데 여기에서 〈패러리터러처〉는 포스트모더니즘 문학을 특징짓는 가장 중요한 문학 형태 중의 하나이다.[23]

김욱동이 지적했듯이, 포스트모더니즘은 모더니즘의 논리적 계승이며 발전인 동시에, 모더니즘에 대한 비판적 반작용이며 의식적 단절이기도 하다.[24] 이합 하산의 지적에서처럼 모더니즘은 본질적으로 형식에 있어서는 권위주의적이고, 문화정신에 있어서는 귀족주의적인데 반해 포스트모더니즘은 형식에 있어서는 파괴적이고, 문화정신에 있어서는 무정부주의이다. 서구에서는 이미 1970년대부터 구체적인 문예개념으로 논의되어 온 포스트모더니즘이 우리나라에 처음 소개되기 시작한 것은 1980년대 중엽부터다. 처음에는 백낙청 등에 의해 포스트모더니즘의 부정적인 면에[25] 대한 비판적 언급으로 인해 한국에 소개되었다. 그 후 문학·예술은 물론이요 문화부문에서 획기적인 이론으로 받아들여지며 확산되었다.

하지만 포스트구조주의와 해체이론은 동의어가 아니므로 구별해서 사용해야 한다. 사실, '구조주의의 몇몇 입장을 비판하고자 하는 포스트구조주의'라는 개념적 우산 속에는 데리다의 이론은 물론이고 푸코의 사회이론이나 역사이론, 라캉J. Lacan의 이론 그리고 장-프랑수아 리오타르Jean-Francois Lyotard의 철학이론 등이 포함되어 있다. 이런 점에서 해체주의는 어디까지나 포스트구조주의의 하부개념[26]에 속하는 것이다.

---

23) 김욱동, 『포스트모더니즘의 이론』, 민음사, 1994, 338~339쪽.
24) 위의 책, 87쪽.
25) 위의 책, 441~442쪽.
26) 위의 책, 312쪽. 레이먼 셀든 등도 탈구조주의 비평 속에 롤랑 바르트, 크레스테바, 라캉, 데리다의 해체이론 및 미셸 푸코, 에드워드 사이드 등을 포함시키고 있음.

6.4.4 데리다의 차연

데리다J. Derrida는 소쉬르적인 서구의 이원론적인 사고에 반기를 들었다고 이야기된다. 그는 불변의 진리라고 믿어 오던 전통적인 서구의 로고스 중심주의 형이상학을 부정한다. 데리다는 플라톤 이후 서양 철학의 로고스 중심주의logocentrism를 해체하기 위해 '차연差延; différance'이라는 개념을 설정하여 활용한다. '차연'은 공간적 개념인 '차이difference'의 의미와 시간적 개념인 '지연deferment'의 의미를 함께 내포하는 용어다. 이 단어는 말이란 글을 전제로, 글은 말을 전제로 해서 상호 보완적으로 얽혀 있으므로 둘 사이는 이중개념(차이와 지연)으로 바라보아야 한다는 데리다의 사상을 함축하고 있다. 데리다는 이 용어를 통해 언어가 비결정적이고 비종결적인 특성을 지녔다는 사실을 강조한다.

해체비평은 소쉬르의 이론을 계승하면서도 거부하고 있을뿐더러 프랑스 철학자들과 미국의 예일학파 주창자들 사이에도 견해가 상이하다. 하지만 대체로 작품(텍스트)의 이론과 분석을 주로 하는 한 양식으로서 전통적인 것들을 전복하고 기호, 언어, 텍스트, 문맥, 작자, 독자, 해석 작업에 관해 새롭게 접근하려는 비평이론이다.

6.4.5 해체비평가들의 상이점

해체비평의 두 산맥을 이룬 프랑스의 구조주의 전통과 미국 예일학파의 상이점을 참고해야 한다. 이는 위에 든 데리다의 저술 외에 다음 같은 예일학파 이론에서 그 차이점들이 드러난다. 폴 드 만Paul de Man의 『눈멂과 통찰』(1971), 『책읽기의 알레고리』(1979)와 선배 문인들의 작품을 오독하기 위해 투쟁한다는 블룸H. Ballroom의 『오독의 지도』(1975) 등을 참고할 수 있다. 재래의 학문적이고 상식적인 비평에 반발한 허트만의 『형식주의를 넘어서』(1970), 『책읽기의 운명』(1975), 『광야에서의 비평』(1980)과 함께 제네바학파의 현상학에서 영향받고 픽션에 초점을 맞춘 밀러J. Hillis Miller의 『픽션과 반복』(1982) 등의 다양한 저술들도 해체주의 이론 전개에 기여했다.

그리고 이들 프랑스 구조주의자들과 미국의 해체비평가들의 차이점은 아래처럼 상이한 그들의 성격에서도 발견된다.

> 데리다는 레비스트로스를 공격한 후 1967년 3권의 책을 동시에 출간하고 누구보다 일찍 미국으로 건너가 예일대학에서 강의를 한다. 그에 의해 형성된 예일그룹은 폴 드 만을 선두로 하여 힐리스 밀러, 해롤드 블룸, 그리고 제프리 하트만이었는데, 그 가운데 밀러는 이들의 대변인 격이었다. 폴 드 만은 언어의 비유성에 근거하여 모든 독서는 오독을 피할 수 없다고 말하며 이를 알레고리라 이름 붙인다. 블룸은 해체론을 계몽주의 이후 영미시의 역사에 적용하며 후배 시인이 어떻게 선배를 억압하고 귀환시켜 강한 시인이 되는지 오독의 지도를 통해 보여준다. 루소의 글을 읽은 데리다를 다시 해체하는 폴 드 만의 방식이 언어에 중심을 둔 정교한 수사비평이라면, 프로이트의 '억압된 것의 귀환'을 문학사에 적용시킨 블룸의 이론은 무의식과 수사를 결합시켜 조금은 추상적이다. 밀러는 1950년대 중반에서 1960년대 중반까지 제네바 현상학파의 우두머리격인 조르쥬 풀레의 계승자였다. 그는 1960년 중반부터 '현존'의 형이상학에 대한 충성을 버리고 1970년 초부터 '차이'로 돌아선다. 그러나 그의 해체비평은 풀레의 의식비평 위에 덧쓰인 인상을 준다. 이론보다 실제 비평을 선호한 그는 독자가 차근차근히 기대와 좌절을 맛보면서 이미 해체되어 있는 텍스트를 되밟는 과정을 보여 주기 때문이다. 아무리 충성심을 버렸다 해도 그의 의식에는 이미 풀레가 새겨져 있었고 해체는 그 위에 덧쓰인 것이다. 이런 의미에서 그는 데리다의 '흔적' 이론을 스스로 드러낸 셈이다.[27]

미국 해체론과 프랑스 해체론 간의 두드러진 차이의 하나는 비평적

---

27) 권택영, 「밀러의 해체비평」, 『현대시사상』, 1990년 겨울호, 63쪽.

글쓰기의 양식에 있다. 예컨대 데리다와 바르트가 때로(특히 1970년대 이래로) 파편화되고 장난스러운 담론을 선보이는 데 반해, 폴 드 만과 밀러 그들은 잘 짜인 관습적 텍스트를 내놓는다. 메타언어의 문제들을 다루는 것은 프랑스 해체론자들에게 훨씬 더 긴요하며 중요한 것처럼 보인다. 미국 해체론자들은 텍스트성의 자유 유희를 주창하면서도 전통적인 담론 양식을 실천한다. 반면 프랑스 해체론자들은 온갖 형태의 파열된 스타일을 시도한다[28]는 점들이 그것이다.

6.4.6 해체비평의 한계점

프랑스와 미국을 비롯해서 세계 지성계를 풍미했던 이 해체주의(포스트구조주의)이론의 힘도 1980년대 후반부터 약화되었다. 그것은 해체주의 자체 내에 적지 않은 취약점을 안고 있었기 때문이었다. 한국에는 뒤늦게 소개된 이 비평이론은 아직 은근한 기대 속에서 유지되고 있지만, 시구에서는 사양길에 접어든 셈이다.

그 원인이 된 해체주의의 한계점은 다음과 같이 지적된다.

① H. 블룸의 불만에서처럼 해체비평 이론은 극단적이고 회의적이다.
② 에이브럼스는 '일종의 부조리 철학인 해체이론이 텍스트의미의 불확정성을 주장함으로써 텍스트 해석을 불가능하게 만들었다'고 했다. 해체비평의 전복성이 우리의 일상체계와 상식을 뒤흔들어 놓아 혼란을 자초했다.
③ 해체라는 매우 부정적인 개념으로 인해 반(反)물질에 관한 사상인 흔적이론들로 연결돼 일반인들의 상식과 인내에 죄를 범하고 있다[29]는 평가도 있다.
④ 버틀러도 블룸처럼 데리다 등의 '해체비평'의 기본 입장이 너무 회의적이고 주관적이라고 평했다.[30]

28) V. B. Leitch, *Deconstructive Criticism*, New York: Columbia University Press, 1983; 권택영 역, 『해체비평이란 무엇인가』, 문예출판사, 1988, 323쪽.
29) 위의 책, 315쪽.

특히 예일학파 대부격이던 폴 드 만마저도 1983년 사후 과거 친나치적인 글을 썼던 비행이 드러나서 그가 주창해 온 '해체적 글 읽기' 자체부터 해체해야 한다는 여론의 반격을 받았다. 이런 해체주의의 한계점 때문에 신역사주의新歷史主義 주창자들은 해체주의와 마르크스주의를 모태母胎로 하면서 동시에 극복하려는 지적 모색을 추구했다.[31]

---

30) 정정호 외 편, 앞의 책, 286~290쪽. Donald Kessey, *Contexts for Criticism*, Mountin Univ. C. A.: Mayfield Published Co., 1987에 의해 형식주의나 신비평 등을 작품 지향적 비평으로 다루고 있으나 Kessey도 자신의 도식에서 유보하고 텍스트 상호비평으로 다루고 있음. 같은 책, 479쪽.

31) 정정호, 「텍스트와 역사의 대화」, 『문학사상』, 1993년 3월, 186~189쪽. 여기에서는 돈웨인의 주장과 엘리자베스 폭스 제노비노의 견해를 참고했음.

7장 기호학적 비평

7.1 개관 및 특성

기호학semiology이란 상징체의 기본으로, 우리의 일상생활 전반에 관여하는 기호에 관해 체계적으로 연구하는 학문을 지칭한다. 기호sign는 의사전달을 수행하기 위한 일정한 의미를 가진 것이고, 스스로는 존재하지 못하며 반드시 기호의 체계에 소속되어야 한다. 여기서 체계란 구조를 내포한 개념으로 기호들이 서로 의존하고 있는 그 집합 내에서의 일정한 원리에 의해 이루어진 통일된 전체를 뜻한다. 따라서 기호학이란 의사전달의 일반적인 현상을 나타내는 구조를 이론적인 연구로서 밝혀내는 것으로 의사전달행위를 전제로 한다.

의사전달이 수행되기 위해서는 반드시 발신자와 수신자가 있어야 한다. 이때 발신자와 수신자 사이의 의사전달을 위하여 존재하는 매개체가 '기호'이다. 의사전달에 사용되는 기호에는 여러 가지 종류가 있다. 가장 대표적인 한글 자모字母 간은 언어기호를 비롯해서 과학 분야에서 사용되는 원소기호나 그리스의 문자, 교통, 표지, 상표, 암호, 지도, 사진 등 셀 수 없을 정도로 많다. 그렇다고 의사전달에 쓰이는 매개체가 모두 기호로 된 것만은 아니다. 기호가 되기 위해서는 그 사회나 집단에서 공통되는 약속을 바탕으로 할 때 그 기호가 인정된다. 이때 약속된 규약을 일반적으로 약호略號, code라고 한다. 이것은 어떤 표현을 기호화시키는 기본 요건이다.

인간의 행위는 따지고 보면 의사소통을 통해 이뤄지는 경우가 상당히 많다. 사피아Sapir의 말을 빌리면, 문화적 패턴이나 행동 하나하나는 모두가 명시적으로든 암시적으로든 의사소통을 수반하고 있다[1]는 것이다. 이와 같이 모든 메시지는 기호記號로 되어 있다. 그러기에 기호학이라고 불리는 기호의 과학은 모든 종류의 기호구조를 밑받침하고 있는 일반 원칙을 다루고 있다. 또한 기호학은 메시지 안에서 기호를 이용하는 방식을, 또 가지각색의 기호체계와 여러 가지 종류의 기호를 사용하는 다양한 메시지의 특성을 다루게 되는 것이다.

현대 기호학의 발전은 역시 구조언어학의 발전에 힘입은 바 크다. 구조언어학이나 기호학은 거의 소쉬르F. de Saussure(1857~1913)의 개념에 토대를 두고 있다. 소쉬르는 언어를 가장 체계적인 기호로 보고, 자율적인 언어체계가 내재적으로 지니고 있는 법칙을 발견하려고 했다. 또한 소쉬르와 같은 시대 사람으로 기호학의 초석을 마련한 미국의 철학자 퍼스C. S. Peirce(1839~1914)가 있다. 소쉬르는 기호의 사회적 기능을 강조하였지만, 퍼스는 그 논리적 기능을 강조하였다. 소쉬르가 기호들의 삶을 연구하는 학문을 '기호론semiologie'이라 정의할 때, 퍼스는 기호들의 과학을 '기호학semiotic'이라 명명했다. 그러나 사실 기호학과 기호론은 사실상 동의어다. 불어권에서는 기호론, 영어권에서는 편의상 기호학으로 불리고 있기 때문이다. 중요한 것은 이 두 학자가 서로 모르는 처지에서 영향을 주지도 받지도 않았다는 사실이다.

현대 기호학의 방향은 크게 전달의 기호학과 의미작용의 기호학의 두 갈래로 나눈다. 이 구분은 프리에토Luis Prieto의 논문 「기호학」(1963)에서 사용되었는데, 뷔상스와 프리에토는 전달의 의도가 분명한 넓은 의미의 기호를 신호로 규정하고 이를 그 연구 대상으로 한정하려고 했다. 무넹Georges Mounin은 프리에토의 이분법二分法을 확대·발전시키면서

---

1) 테렌스 호옥스, 오원교 역, 『구조주의와 기호학』, 신아사, 1988, 175쪽.

문학의 기호학은 의미작용의 기호학이 되어야 한다고 주장한다.[2)]

사실 프리에토도 기호로서의 의미작용을 해독解讀하려는 바르트의 방대한 기호학에 대해 비판했지만, 나중에는 그 자신도 의미작용의 기호학에 관심을 가질 수밖에 없었다. 왜냐하면 기호에 의한 전달이 가능하게 되는 것은 의미를 전달하는 의미작용을 전제로 하지 않을 수 없기 때문이다. 이렇게 해서 바르트로 대표되는 의미작용의 기호학은 전달의 기호학을 토대로 해서 광범위한 분야까지 심도 있게 파고들 수 있었다.

7.2 문학기호학

7.2.1 구조주의와 기호학

구조주의와 기호학은 역사주의와 해석학 연구방법들에 반대하여 형성되었다. 구조주의의 토대가 되었던 것은 그 이전의 러시아 형식주의이다. 문학성 자체를 연구하는 러시아 형식주의는 문학에 대한 과학적인 접근방법을 보여 주었는데 슈클로프스키, 토마셰프스키, 티냐노프, 야콥슨 등이 대표적 인물이었다. 1930년대 초 소련 공산당에 의해 탄압을 받게 된 러시아 형식주의는 동구권으로 옮겨가 체코의 프라하 언어학파로 계승되었다. 이들이 바로 야콥슨, 무카로프스키, 트루베츠코이 등이다. 이 같은 작업은 프랑스에서도 일어나 인류학, 언어학의 발전에 힘입은 구조주의의 성립과 함께 구조주의적 문학이론으로 발전한다. 레비스트로스, 롤랑 바르트, 그레마스, 주네트, 토도로프의 이론가들이 여기에 지대한 영향을 준 것이다.

1960년대를 전후하여 확산되기 시작한 구조주의는 문학 연구에 커

---

2) G. 무넹, 김화영 역, 『프랑스 현대 비평의 이해』, 민음사, 1984, 99~100쪽.

다란 역할을 하게 된다. 바르트는 「기호학의 요소」(1967)에서 소쉬르의 사상을 문화 연구와 문학 연구의 총체적 변혁을 위한 원리로 사용하였다. 또한 「신화론」(1972)에서는 이 원리를 다양한 당대의 화제와 주제에 적용함으로써 구체적인 방법론을 정립했다. 그러나 1960년대를 통하여 발전하던 '구조주의'는 그 이후에 '기호학'이라는 용어로 대체된 셈이다.

그렇다면 구조주의와 기호학의 관계는 어떤 것일까. 박이문은 구조주의가 인문사회과학의 '관점觀點'의 특수한 성격을 가리키는 개념인데 반하여, 기호학은 그러한 관점에 의해서 이룩된 인문사회과학의 '대상對象'의 특수한 성격을 나타내는 개념이라고 구분했다.[3] 그러나 구조주의는 기호에 대한 이론으로서 모든 기호는 구조를 전달하는 이론이라는 점에서 구조주의와 기호학은 혼동될 수밖에 없다.

이렇게 볼 때 구조주의는 하나의 방법론으로 기호의 관계를 결정해주는 동인으로 봐야 할 것이다. 그러니까 기호학은 구조주의를 포괄하는 광의의 개념으로 '구조'를 바탕으로 하여 다양한 의미 생성을 연구하는 이론이 된다.[4] 어떤 현상이 의미를 가질 때 그것은 그저 단순한 현상이 아니라 기호가 되며, 개별적인 각각의 기호들은 반드시 어떤 구조 내에서만 의미를 갖게 된다. 즉 구조와 기호는 뗄 수 없는 관계로, 구조를 전제하지 않은 기호는 상상할 수도 없고 기호를 전제하지 않은 구조는 이해할 수 없는 것이다.

구조주의 방법론을 토대로 한 기호학의 분야는 기호를 상호간의 관계를 규명하는 통사론, 기호와 의미의 상호관계를 연구하는 의미론, 기호와 기호 사용자 간의 제반관계에 주목하는 화용론 등으로 세분될 수 있다.

---

3) 박이문, 「구조주의와 기호학」, 『세계의 문학』, 1977년 여름호 참조.
4) 김치수, 「구조주의와 문학연구」, 이승훈 편, 『한국문학과 구조주의』, 문학과비평사, 1988, 259쪽.

7.2.2 문학의 기호학적 접근방법

문학작품은 일종의 기호체계이며 전달의 한 진술 단위이다. 곧, 기호학에 있어서 하나의 문학작품이란 발신자(작가)에게서 수신자(독자)에게로 전달되는 기호의 체계인 것이다. 그러므로 체계의 개념은 기호학에 필수적이다. 체계는 구조를 내포하며 상호 관련된 어떤 자료군도 이들 개념 없이는 이해될 수 없다. 가장 일반적인 의미에서 구조기호학은 '체계의 사상'[5]이라고 정의할 수 있다. 그러므로 작가에 의해 약호화되어 있는 작품의 의미구조를 약호로 해독하기 위해서는 총체적인 구조적 독서 행위가 불가피하다. 왜냐하면 한 작품의 구조는 작품 내에서 언어의 특수한 조합체계에 의해 밝혀지는 것이기 때문이다.

문학작품에 있어서 '단위'와 '규칙', '문법'을 찾으려고 하는 기호학의 방법은 문학 연구의 객관성을 시사해 준다. 또 이 객관성이 문학 연구의 과학화, 즉 문학 과학의 길을 열어 주고 있는 것이다. 소쉬르는 기호론을 논하면서, 문학작품의 언어적 의미는 보이지 않는 언어의 관계성이며, 그것은 공시적인 관계 속에서 파악되어야 한다고 강조했다. 소쉬르는 언어를 사고의 표현으로 간주했던 이전의 언어 이론들과는 대조적으로 언어를 기호들의 체계로 이해했던 것이다. 소쉬르는 이 체계 내에서 시니피앙記標과 시니피에記憶 사이의 자의적 관계를 이끌어 낸다. 여기서 언어의 자의성이란 어떤 사상事象을 가리키는 음성의 연속과 그것이 나타내는 개념과의 사이에서는 아무런 자연적, 내적 관계가 없다는 것이다. 이를 테면 '나무'의 기호 표현, 곧 [ㄴ]+[ㅏ]+[ㅁ]+[ㅜ]라는 음성의 연속과 '나무'라는 실제 사물 사이에는 필연적이고 내적인 관계가 없음을 말한다.

기호는 세 가지 기본 요소로 이루어지는데 그것은 기표, 기의, 그리

---

5) 유리 로트만, 유재천 역, 『詩 텍스트 분석: 詩의 구조』, 가나, 1987, 12쪽.

고 기호 자체이다. 기호 자체는 기표와 기의가 연합하여 만들어 낸 새로운 요소가 된다. 그림으로 표기하면 다음과 같다.

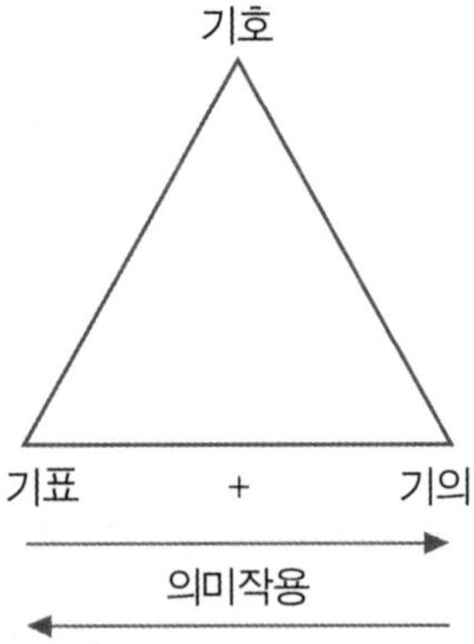

기표와 기의를 결합시키는 작용을 의미작용 또는 의미화라고 부른다. 의미작용은 기호를 만들어 낼 때에만 일어나는 것이 아니고, 기호의 의미를 풀이할 때도 생긴다.[6]

흔히 기표를 메시지 또는 전언이라고 하는데, 메시지의 수신자 쪽에서 보면 의미를 재생산해 내는 작용이 된다. 발신자와 수신자를 연결하는 것은 전달된 기표뿐이고 전달된 기표는 수신자에게 의미를 재생할 기회를 제공한다. 결국 외부세계가 공급하는 기표, 마음이라고 하는 내부세계가 공급하는 기의, 이 두 가지가 합성되어 표상의 세계에 편입하는 기호가 탄생한다. 그러므로 라캉J. Lacan이 말하는 것처럼,

---

6) 이해를 돕기 위하여 가장 쉬운 예를 들어 보자. 갑돌이가 갑순이에게 사랑한다는 의미를 전달하려고 하는 경우를 가정할 수 있다. 이때 갑돌이에게는 기표와 기의가 필요하다. 갑돌이 머릿속에 있는 '사랑'은 정신적 의미로 추상적 관념을 나타내는 것이다. 이것이 갑돌이가 생각한 기의라고 할 수 있다. 기의를 나타내기 위해서는 의미의 운반체가 필요하다. 의미의 운반체가 기표가 된다. 갑돌이는 그 기표로서 장미꽃을 골랐다. 갑돌이는 '내가 너를 사랑한다'라는 기의를 자료인 장미꽃에 담은 것이다. 갑돌이는 갑순이에게 기표로서 장미꽃이 사랑이라는 기의와 결합됨으로써 하나의 기호가 되는 것이다. 발신자인 갑돌이가 의미작용으로서, '사랑'의 의미를 담은 장미꽃을 보냈지만, 수신자인 갑순이가 이 장미꽃을 받고 의미작용을 일으킬 때는 갑돌이와 같은 의미로 해석할 수도 있고 다른 의미로 받아들일 수도 있다.

인간은 기표의 세계에서 끊임없이 미끄럼을 타는 존재인 것이다.[7]

문학적 기호는 다중多重 의미체이다. 그러한 다중 의미성은 기표와 기의가 자의로 연결되는 경험에 따라 그 기호는 여러 가지 뜻을 불러일으킨다. 예를 들면 '집'이라는 기호의 외연적 의미는 '사는 곳'이다. 외시外示적 의미는 객관적이고 구체적이어서 모호한 데가 없다. 이것은 기호 속의 기의가 누구에게나 똑같이 알려져 있을 때 알게 되는 의미이다. 그러나 '집'은 외시적 의미 외에 여러 가지 함축 의미를 가지고 있다. 함축 의미는 그 사람이 집에서 어떤 문화적 경험을 했느냐에 따라 달라진다. 어떤 사람에게는 '집'이 '낙원'일 수도 있고, 다른 사람에게는 '지옥'일 수도 있는 것이다.

이와 같이 자연언어로 된 1차 모델링 체계[8]는 발신자가 보낸 메시지를 수신자는 별다른 변경 없이 거의 그대로 수용한다. 이것이 이른바 전달의 기호학이다. 2차 모델링 체계인 문학 언어는 고정적인 약호체계를 일탈하여 다각적인 약호체계의 창조에 참여한다. 이 약호체계는 초월적이고 일탈적인 성격을 강하게 띤다. 이와 같은 텍스트의 연구를 가리켜 의미작용의 기호학 또는 분석적 기호학이라 명명한다.[9]

일반적으로 문학기호학은 의미작용의 기호 현상에 중점을 둔다. 이러한 분석방법은 주로 소쉬르가 제기한 구조 언어학의 주개념이 되는 랑그langue와 파롤parole,[10] 시니피앙記標과 시니피에記意, 연합관계와 통합

---

7) 김경용, 『기호학이란 무엇인가』, 민음사, 1994, 27쪽.

8) 유리 로트만, 앞의 책, 14쪽. 로트만(Yuri M. Lotman)에 의하면 자연언어, 즉 일상언어를 1차 모델링 체계라고 명명함. 그에 비해서 시적 또는 순문학적 언어와 다른 예술형식들은 2차 모델링체계를 구성한다는 것임. 사실상 인간의 인지와 이해의 모든 측면은 어느 정도 이 1차적 해석체계에 의해 이루어짐. 다만, 문학 텍스트는 1차 모델링 체계를 기초로 하여 겉으로 나타낸 2차 모델링 체계로 구성되는 것임.

9) 정효구, 『현대시와 기호학』, 느티나무, 1989, 25쪽.

10) 언어학의 분석 대상이 랑그인데, 그 랑그는 언어활동의 사회적 측면을 나타내고 빠롤은 개인적 측면을 나타냄. 다시 말하면 랑그는 어휘적이며 통사론적인 양식들의 공통적인 창고, 자율적이며 사회적인 관습에 의해서 규약화되고 약정된 집합들을 말함. 그리고 빠롤은 이러한 공동체적 자산 속에서 개인이 그 능력을 행사하는 개별적이고 일회적인 표현을 말함. 언어가 진정한 약호가 될 수 있는 이유는 랑그에 있음. 그러므로 파롤은 기호를 창조하지 못하고 약호의 체계와 그 법칙에 따라 기호를

관계 등이다. 문학 텍스트에 나타난 언어는 파롤에 의해 산출된다. 따라서 언어의 개인적 변용 행위를 가리키는 파롤은 언어체계 속에 들어 있는 기호들을 선택하여 의미 있는 메시지를 만든다.

메시지를 산출하는 파롤은 기본 행위는 '선택'이라는 연합관계와 '조합'이라는 통합관계의 원리를 따른다. 파롤, 즉 언술은 개인 단위의 행위이기 때문에 기호의 변용은 천차만별로 일어난다. 그러나 그러한 변용에도 나름대로의 규칙과 코드가 있다. 이러한 규칙과 코드를 분석하는 것이 바로 문학기호학이다.

또한 소쉬르의 '차이' 이론도 문학기호학의 기초 이론을 제공한다. 소쉬르는 언어를 차이의 체계로 보았다. 하나의 독립된 기호는 그 자체로 무의미하다. '밤', '밥', '발'이 각기 의미를 갖는 것도 사실은 차이 때문이다. /ㅂ/ㅁ/ㄹ/ 사이의 차이 때문에 서로가 다른 의미를 갖는다. 그러므로 기호학의 기본을 이루고 있는 것은 차이差異이고, 차이는 이항二項대립적 관계에서 비롯된다.[11] 예를 들어 '뜨겁다'라는 단어의 의미는 대립항인 '차다'라고 하는 단어가 있기 때문에 가능하다. 남과 여, 음과 양, 위와 아래, 미와 추 등 헤아릴 수 없이 산재해 있다. 말하자면 일체의 모든 것들은 '차이의 놀이'에 의해서 그 의미를 획득한다. 이러한 관점에서 본다면 언어로 구성된 문학작품의 분석과 그 의미의 산출은 작품 내의 관련망을 통한 이른바 '차이의 놀이'를 인식할 때 제대로 이루어질 수 있겠다. 이러한 이항 대립의 개념은 주로 공간 기호학 비평에서 중요한 원리로 사용된다.

그러나 소쉬르의 구조 언어학 이론을 그대로 문학기호학 비평이라고 할 수는 없다. 롤랑 바르트가 명확하게 지적하고 있는 것처럼 언어학이 다루는 것은 하나의 문장을 이루고 있는 여러 가지를 그 기능에 따라 밝히는 것이다.[12] 따라서 언어학은 문장보다 상위의 대상을

결합시킬 따름임.

11) 이사라, 『시의 기호론적 연구』, 중앙, 1987, 21쪽.

12) 김치수, 앞의 책, 262쪽.

다루지 않는다. 왜냐하면 한 문장을 넘어서면 거기에는 다른 문장들이 있기 때문이다. 그것은 마치 '꽃을 연구하는 식물학자가 꽃다발을 묘사하는 데 종사할 수 없는' 것과 마찬가지이다. 그러니까 언어학자는 문장 하나하나를 별도로 다루게 되지만 문학 연구가는 꽃다발에 해당하는 여러 개의 문장을 동시에 대상으로 할 수 있다. 문학 연구에서 다루는 하나의 작품은 그것을 구성하고 있는 여러 문장들의 집합에 의해 이루어진 것을 대상으로 한다. 그래서 문학기호학은 언어학과 방법론적인 유사성의 관계를 유지하면서 동시에 언어학을 뛰어넘는 독자적인 영역을 개척하고 있는 것이다.

따라서 문학기호학은 텍스트의 문학적 특성에 대한 기술에 초점을 맞출 뿐만 아니라, 문학 텍스트가 스스로의 기호체계를 생성해 내는 특수한 방식으로까지 파고든다.

7.3 기호학 이론의 전개양상

7.3.1 야콥슨의 시적 기능

로만 야콥슨Roman Jakobson(1896~1982)은 본질적으로 언어학자로서의 태도를 견지하는데도, 그의 주된 관심사는 언어의 시적 기능을 해명하는 데 있었다. 시의 연구에 관한 야콥슨의 공헌들 가운데는 시 텍스트에 대한 시론적 분석과 시의 기능에 대한 일반적인 이론들이다. 그가 레비스트로스와 함께 쓴 보들레르의 「고양이들」이라는 논문은 시에서 실행 가능한 기호학적 접근방식을 확립하려는 노력의 징표였다. 야콥슨은 은유/환유의 의미론적 양분법을 바탕으로 그의 시학을 전개한다. 즉 양극성과 등가성의 개념이 그것이다.[13]

---

13) 로만 야콥슨, 「언어의 두 양상과 실어증의 두 유형」, 심문수 편역, 『문학 속의 언어학』, 문학과지성사, 1989, 92~116쪽 참조.

양극성이라는 개념은 소쉬르로부터 유래한 것인데, 이것은 언어 운용의 연합적 축과 통합적 축을 말한다. 이 양극성의 원리에 의하여 하나의 문맥, 나아가 텍스트가 구성된다. 여기서 전자는 선택의 영역이며, 후자는 결합의 영역이다. 이러한 선택과 결합은 언어체계 안에서 각각 독자적 가치를 나타나게 할 뿐만 아니라, 인간의 정신활동의 두 형태에 상응하는 것이기도 하다.[14)]

그러므로 선택과 결합은 언어행위의 근본적인 배열방식이 된다. 예를 들어 '어린이'가 메시지의 화제라면 화자는 어린이, 아이, 젊은이, 꼬마 등에서 동일한 의미를 갖는 현존하는 단어 중에서 하나를 선택할 것이고, 그 다음에는 이 화자에 대한 언급을 하기 위하여 의미적으로 동족관계의 동사들—자다, 졸다, 낮잠 자다, 꾸벅꾸벅 졸다 중에서 하나를 선택한다. 이렇게 선택된 두 낱말이 언술하는 지점에서 결합되는 것이다. 이때 선택의 근간은 등가성, 유사성과 상이성, 동의어와 반의어 따위가 있고 결합, 곧 배열의 순서를 이루는 밑바탕은 인접성이다. 바로 시적 기능은 등가의 원리를 선택의 축에서 결합의 축으로 투사하는 것이다.[15)] 그러므로 선택과 결합은 양극적인 것이면서 서로의 질서를 존중하는 상호 보완적인 속성을 갖게 된다.

야콥슨은 실어증 연구에서 선택과 결합의 원리가 은유와 환유에 의해 성립된다는 사실을 발견한다. 즉 '유사성' 장애를 겪고 있는 환자는 언어의 수직적 차원인 선택의 영역이 불가능하고, '인접성' 장애를 겪고 있는 환자는 언어의 수평적 차원인 결합의 영역이 불가능하다는 것이다. 이것을 수사학상의 비유에 연관시키면 '유사성'의 환자에게는 은유가 맞지 않으며, '인접성'의 환자에게는 '환유'가 맞지 않는다는 사실이다.

이 두 차원을 다음과 같이 표시할 수 있다.

---

14) 문덕수, 「구조주의 비평」, 『현대의 문학이론과 비평』, 시문학사, 1991, 163쪽.
15) 로만 야콥슨, 「언어학과 시학」, 앞의 책, 61쪽.

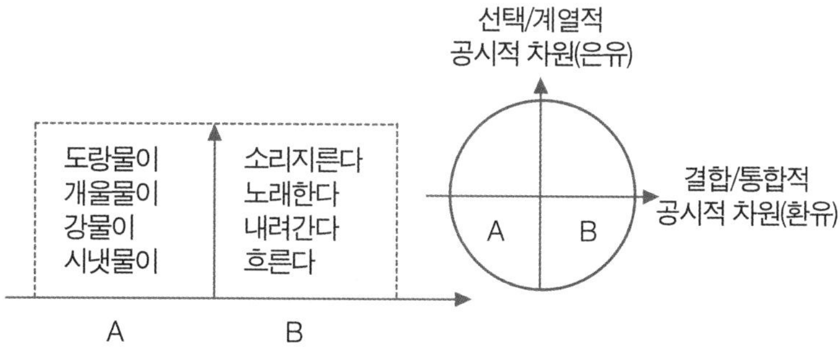

이 그림에서 A와 B를 결합하여 문장을 완성해 가는 것이 수평적 차원으로 환유에 의해 이루어진다. 반면에 앞에서 살핀 것처럼 A에 해당되는 언어 저장고에서 또는 B에 해당되는 언어 저장고에서 오직 한 단어만 선택하는 것이 수직적 차원인데, 이것은 은유에 의해 이루어진다.

야콥슨은 이렇게 은유와 환유를 이항대립의 양극성을 지닌 특징적인 양식으로 본다. 이 양자가 존재함으로써 선택과 결합이라는 두 겹으로 된 언어기호의 형성과정이 성립될 수 있다. 이렇게 양극성에 의해서 완성된 문장은 의미작용의 양식을 서로 구별하게 해 주는 중요한 방법이 된다. 야콥슨은 이러한 은유양식은 시에서 '전경화'[16]가 잘 되고, 환유양식은 산문에서 전경화가 잘 되는 경향이 있다는 것이다. 이와 같이 은유와 환유는 기호가 의미를 나르는 가장 기본적인 두 가지 수단이다. 은유가 연상법칙에 따라 만들어지는 기호라면, 환유는 연속법칙에 의해 만들어지는 기호가 되는 것이다.[17]

야콥슨의 양극성을 근거로 하여 언어 전달 행위에 6가지 언어 기능들이 있다고 주장한다. 이것을 도식화하면 다음과 같다.[18]

---

16) 전경화(前景化)는 무카로프스키가 주장한 개념임. 전경화라는 것은 정상적인 언어 규범 혹은 사회적으로 수용되는 규범으로부터 의식적으로 이탈함을 뜻함. 그러나 언어의 정상적인 규범을 파괴하고 낯설게 만들지만, 그 나름대로의 규범을 지님. 이러한 전경화의 기능은 일상적 의미를 넘어선 신선하고 충격적인 시적 의미를 독자에게 부여해 줌.

17) 김경용, 앞의 책, 74쪽.

18) 로만 야콥슨, 「언어학과 시학」, 앞의 책, 54~61쪽 참조.

관련 상황(지시 기능)
메시지(시적 기능)
발신자(감정표시 기능) ------------------- 수신자(능동적 기능)
접촉(친교 기능)
약호체계(메타언어적 기능)

발신자가 수신자에게 전달하기 위해서는 관련 상황(지시대상)이 있어야 한다. 그 다음에는 발신자와 수신자가 서로 이해할 수 있는 공통적인 약호체계, 즉 코드code가 필요하며, 마지막으로 발신자와 수신자 간의 물리적 회로 및 심리적 연결이 되는 접촉이 있어야 지속적인 의사소통을 유지할 수 있다. 그러므로 의사소통에 있어서 단 하나의 기능만으로 성립하는 언어 메시지란 거의 없다. 다만 의사소통의 과정에 있어서 어느 기능이 더 지배적이냐에 따라 위계 순서가 정해질 뿐이다. 물론 대다수 언어 메시지의 주요 임무는 지시 대상을 지향하는 기능을 나타낸다. 곧 관련 상황에의 동향인 외연적 기능에 의해 수행된다는 뜻이다. 그러나 여기에 부수되는 다른 기능들 역시 분석의 중요한 고려의 대상임을 잊어서는 안 될 것이다. 예를 들어 '오늘 아침은 비가 올 것 같군'의 문장은 감정 표시 기능이요, 관련 상황인 지시대상은 '비'가 된다. '마셔라', '보아라' 등의 메시지는 수신자를 향한 능동적 기능을 나타낸다. '식사 하셨어요', '안녕하세요' 등의 의례적인 인사말은 친교적 기능을 나타낸다. 이에 비해 '내 마음은 호수'라는 문장은 시적 혹은 미적 기능이 우세해진다. 여기서 언어의 미적 용법은 메시지가 어떤 '현실'이나 '지시대상'에 우선 관계하는 것이 아니라, 메시지 자체 내의 구조로 지향하려는 것을 말하다. 즉 기호와 지시대상을 1:1의 외연적 관계로 파악하는 것이 아니라, 기호들의 상호관계성 속에서 제2차적인 내포적 의미를 파생시키는 것을 말하는 것이다.

언어의 시적 기능은 기호학의 중요한 연구 대상이 된다. 야콥슨은 실제로 보들레르의 소네트 「고양이들」을 기호학적으로 분석하여, 언어의 시작 기능을 상세히 고찰했다. 야콥슨의 이런 분석은 리파테르

Michael Riffaterre(1924~2006) 등 많은 기호학자들에게 지대한 영향을 주면서 동시에 비판을 받기도 했지만 시 분석에 있어서 효과적인 주요한 모델을 제시했다. 야콥슨이 제기한 시적 기능의 특징을 세 가지로 요약해 보면 다음과 같다.[19]

첫 번째는 언어 메시지 그 자체에 대한 강도 높은 관심, 두 번째는 지시적 기능을 모호하게 하려는 두드러진 경향, 세 번째로는 음운론, 형태론, 통사론, 어휘론 등 모든 언어학적 층위에서 평형을 지향하려는 강한 충동이다. 이러한 시적 기능의 특성은 기호와 대상 간의 근본적인 이분성을 심화시키는 것이다.

7.3.2 바르트의 신화체계와 메타언어

바르트Roland Barthes(1915~1980)는 1960년대와 1970년대의 프랑스 기호학 이론가들 중에서 가장 재기 넘치는 인물이었다. 프랑스의 신·구비평 논쟁에서 신비평의 옹호자로 나섰던 그는 여러 번 기호학의 이론 방향을 수정했지만, 언제나 이론의 중심적 주제는 의미화의 과정이었다. 그러므로 실질적으로 의미작용의 기호학을 처음으로 전개한 것은 바르트에 의해서이다. 소쉬르의 구조 언어학과 레비스트로스의 구조 인류학을 토대로 해서 의미작용의 기호학 이론으로 응용 전개해 나간 것이다.

그 첫째 산물이 『신화론』의 제2부 「오늘의 신화」이다. 신화도 하나의 전달체계이며 또한 의미작용의 양식이라는 전제에서[20] 의미작용의 기호학이 가능하다는 가설을 세운 것이다. 이런 인식에서 출발한 바르트의 기호학 이론은 『기호학의 원리』(1964)에서 본격적으로 시도되는데, 이 이론은 언어기호를 넘어선 일반 기호현상에까지 확대 적

---

19) Vincent B. Leitch, 김성곤 외 공역, 「구조주의와 기호학」, 『현대미국문학비평』, 한신문화사, 1993, 308쪽.

20) Roland Barthes, *Mythologies*, Paris: Seuil, 1957, p. 193.

용한 비언어체계의 기호학 이론이었다. 즉, 바르트는 소쉬르의 일반 언어학에서 채용된 분석 개념을 원용하여 비언어적 기호를 분석하는 방향을 취하게 되었다는 말이다. 그러나 소쉬르와 바르트가 언어를 바라보는 시각에는 큰 차이가 있다. 소쉬르는 언어가 기호학의 영역 중에 한 부분을 차지하고 있다고 보는 데 반하여, 바르트는 오히려 기호를 언어학의 일부분으로 보고 있다.[21] 왜냐하면 모든 비언어적 기호가 의미화 작용을 하기 위해서는 어쩔 수 없이 번역되어야 하기 때문이다. 가장 쉬운 예로 A가 하트 모양을 그려 B에게 전달했다고 하자. 이때 비언어체계인 하트의 그림이 나타내는 의미는 그 자체로는 생길 수 없다. 그 의미는 언어기호로 '사랑'이라고 번역될 때만 가능해지는 것이다.

바르트에 따르면, 의미작용에는 두 수준의 질서가 있다. 제1차 질서는 현실의 수준, 또는 자연의 수준이며, 제2차 질서는 문화의 수준이다. 제1차 질서는 기호가 현실을 대표하는 기초적 표상의 세계에 대한 것으로 기표와 기의가 결합하여 기호를 이루는 기본적 의미작용이 일어나는 수준이다. 이 수준에서 기호는 모호함이 없는 객관적, 직접적 자연의 의미를 배태한다. 의미작용의 제1파 질서는 기호가, 그것이 표상하는 현실의 외연적 의미만을 생산한다. 그리므로 제1차 질서는 기호의 사회적, 축어적 해석만을 허용한다. 제2차 질서는 두 가지로 되어 있다. 하나는 함축의 질서이고, 다른 하나는 신화myth의 질서이다.[22] 함축은 기표의 제2차 의미작용을 나타내는 것으로, 기표가 기호의 형태를 결정한다. 이 기표는 모든 사람의 문화적 배경과 체험에 따라 천차만별의 함축 의미를 일으킨다. 예를 들면, 한 알의 '모래'일 경우, '담벼락'을 상상하는 사람도 있을 터이고, '우주가 보인다'고 상상할 수도 있는 것이다. 시인이자 화가인 블레이크는 '한 알의 모래에서 우주를 본다'라고 했다. 신화란 바로 이런 함축적 기의들로 엮인

---

21) Roland Barthes, *Flements de Semiologie*, in Communication 4, Paris: Seuil, 1964, p. 2.
22) 김경용, 앞의 책, 166~168쪽.

고리의 체계를 말한다. 이렇게 바르트는 신화를 '함축 의미의 체계'라고 정의하는데, 이 신화는 끊임없이 변형을 시도한다.

그러므로 여기서 신화라는 것은 고전적인 신화체계를 말하는 것이 아니다. 이것은 '하나의 이야기' 혹은 '하나의 특수한 언술'을 가리키는 것이다. 다시 말하면 기호의 '의미체계'를 형성하고 있는 섬유조직 자체와 같은 것으로 보면 된다. 신화에 의한 의미작용의 모델을 나타내 보면 다음과 같다.

<table>
<tr><td>1. 기표</td><td>2. 기의</td><td></td></tr>
<tr><td colspan="2">3. 기호
Ⅰ. 새로운 기표</td><td>Ⅱ. 새로운 기의</td></tr>
<tr><td colspan="3">Ⅲ. 기호</td></tr>
</table>

이 도식에서 제1차 수준의 의미작용은 기표와 기의가 결합하여 기호가 되면서 일어난다. 이 일차 기호는 기호가 지니는 직접적이고도 명확한 자연적 의미, 즉 객관적이고 외연적인 의미를 품고 있다. 제2차 수준의 의미작용은 이러한 일차 기호의 의미를 바탕으로 새롭게 형성된다. 일차 기호의 기의와 기표를 빌려 형성된 이차 기호의 기표는 새로운 기의를 배태하는 것이다. 바르트는 이차 기호의 기표를 수사적인 것으로, 이차 기호의 기의를 신화로 본다.[23] 이러한 신화작용에 의하여 의미작용은 꼬리와 꼬리를 물면서 복잡해지는 것이다. 즉, 일차 기호는 말해지고 있는 것 자체를 의미하는 것이지만, 이차 기호는 말해지고 있는 것 이외의 다른 무엇을 의미하는 일이 된다. 이차 기호는 언어의 문학적 내지 미학적 사용을 나타내는 것으로, 결국 메타언어가 되는 것이다.

23) 위의 책, 178쪽.

제1차 대상 언어에 대해 당당하게 작용하는 제2차 언어는 메타언어이다. 메타언어는 외연적(1차) 의미체제 자체를 내용으로 삼아, 그것을 표현한다. 이때의 표현은 하나의 과학적 조작이 된다. 이런 조작에 의하여 어떤 메타언어라도 결국엔 제2차 언어의 위치에 놓일 수밖에 없고, 또 다른 메타언어에 의해 신문을 받게 된다. 이렇게 되면 궁극적인 메타언어는 존재할 수가 없다. 바르트도 「유행의 체계」에서 이런 점을 인정했다. 바르트는 모든 메타언어의 권위를 파괴하는 무한한 회귀aporia를 보게 된다. 이렇게 되면 문학 언어는 밑창 없는 언어이고 텅빈 의미에 의해 지탱되는 순수한 애매성과 같은 것이 된다.[24]

후기에 접어들면서 바르크는 구체적으로 텍스트의 의미를 해명하는 방법론에 대한 관심을 기울인다. 이와 같은 저서들이 「저자의 죽음」(1968), 발자크의 소설 『사라진Sarrasine』에 대한 연구인 『S/Z』(1970), 『텍스트의 즐거움』(1973) 등이다. 사실 이러한 바르트의 문학과학을 위한 구조기호학의 탐색 이론은 한편으로는 그레마스, 주네트, 토도로프 같은 기호학자들에 의해 심화되고 있다. 그레마스의 「구조적 의미론」(1966), 「기호학과 사회과학」(1976), 주네트의 「문체비평」, 토도르프의 「산문시학」(1971) 등이 그것이다.

7.4 기호학적 비평의 실제

기호학적 비평은 이론적인 프로젝트에 가깝다. 한국에서는 기호학적 비평에 대한 이론적 논의는 이뤄졌으나, 실제비평의 적용 사례는 드물다. 문학 연구에서 '이상 시의 기호학적 접근'과 같은 몇몇 사례들이 있을 뿐이다. 예문은 황진이黃眞伊(성종~중종)의 시조인 「동짓달요(謠)」를 대상 작품으로 삼아 정유화가 기호학적 비평을 실험해 본 것이다.

24) T. 이글턴, 김명환 외 역, 『문학이론 입문』, 창작과비평사, 1986, 169쪽.

동지ㅅ달 기나긴 밤을 한 허리를 버혀내어
춘풍 니불 아래 서리서리 넣었다가
어른 님 오신 날 밤이여드란 구비구비 펴리라.

먼저 이 작품의 구조를 그레마스가 제시한 기호학적 사각형이라는 모형에 적용하고자 한다. 모든 이야기는 부정적 상황과 긍정적 상황이라는 이항 대립으로 치환될 수 있다. 이러한 대립과 부정의 인식은 인간의 가장 기본적인 개념 양식이다. 미와 추, 이별의 만남, 선과 악, 밤과 낮, 길고 짧음 등등 많은 것들이 이항대립을 이루고 있다.

황진이의 시조에서 특히 대립되는 어휘소들은 밤과 낮의 시간적 대립이다. 이것을 기호학적 사각형에 배치시켜 보면 아래와 같다.

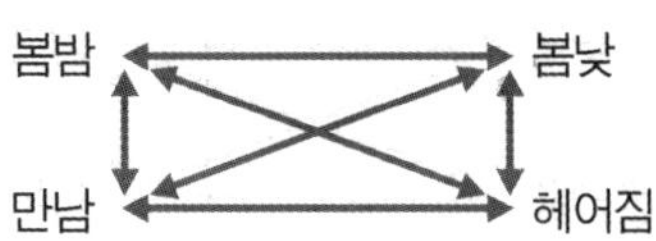

이 작품의 화자話者가 님과 함께 하는 시간은 밤이다. 그러나 만남의 시간인 밤은 너무나 짧기만 하다. 시간성으로 볼 때 동지冬至의 밤은 봄의 밤보다 훨씬 길지만 딱하게도 홀로 지내게 되는 밤이다. 그래서 화자는 그 긴 시간성을 잘라다 보드라운 이불 속에 넣어 시간성의 확장을 꾀한다. 그러므로 시적화자詩的話者는 님과의 만남을 준비하고 그 만남을 오래도록 지속시키려고 한다. 그러면 만남을 다시 기호학적 사각형에 배치시켜 보자.

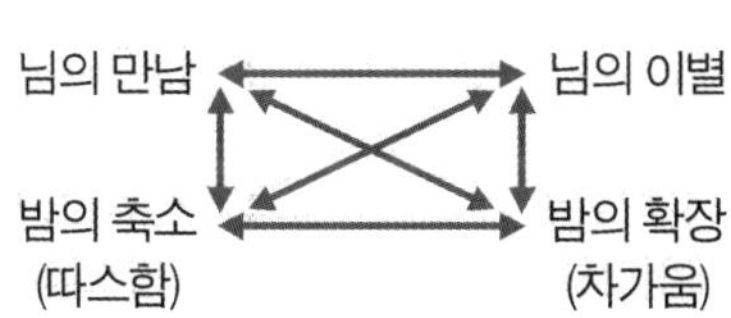

밤의 시간은 낮과의 대립성을 나타낸다. 특히 동지의 밤과 봄의 밤은 대립과 동시에 공간의 차가움의 따스함이라는 대립구조를 이룬다. 즉 이별의 장에서는 '차가움', 만남의 장에서는 '따스함'이 생성된다, 그러므로 이 기호학적 사각형은 따스함과 차가움의 대립을 나타낼 뿐만 아니라, 따스함의 시간성을 확장하려는 구조를 드러낸다. 여기서 수직 축의 양항兩項은 모두 화자인 나(홀로 있음)를 주체로 삼고 있다. 님과의 만남의 주체도, 님과의 이별의 주체도 화자인 나인 셈이다.

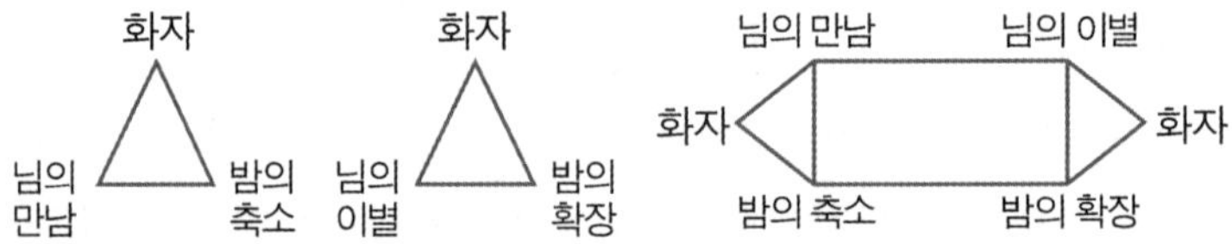

이것을 행위자 모델로 보면 다음과 같다. 이 작품에서 화자가 탐색하고 추구하는 객체客體는 이불이다.

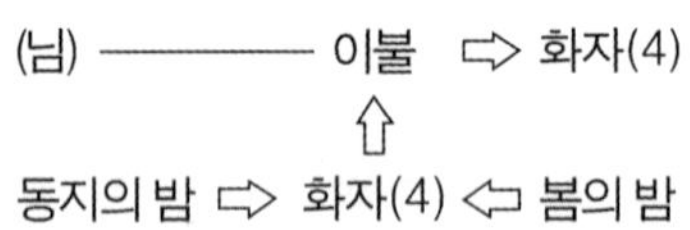

이불은 님과 함께 실존할 수 있게 해 주는 실현의 장으로 만들어 준다. 이러한 이불의 공간은 밤의 확장을 꿈꾼다. 그러므로 여기에서 봄의 밤은 방해자이고 동지의 밤은 조력자의 역할을 한다. 세속적인 입장에서는 봄의 밤이 조력자일 것 같지만, 밤의 확장이고 싶은 화자의 욕망 때문에 오히려 방해자로 바뀌게 된다.

이 텍스트를 선택과 결합이라고 하는 계열축과 통합축이라고 하는 입장에서 분석해 보자. 앞서 밝힌 바와 같이 선택은 은유이고 결합은 환유이다. 이 텍스트 역시 비유적 표현으로 되어 있다. 동짓달의 밤은 길고, 봄의 밤은 짧기만 하다. 여기서 밤이 지니고 있는 시간성, 즉 길고 짧음의 대비가 님과 만나는 시간의 길고 짧음으로 비유된다.

그러나 동지와 밤은 유사성에서, 즉 선택축으로 된 것이 아니라 결합축으로 되어 있다는 사실이다. 동지는 낮이 짧지만, 봄은 낮이 길다. 이러한 개념을 상기할 때에 동지와 밤은 유사성을 갖지 않는다. 동지와 밤의 개념이 결합할 때에 근접성近接性으로서 동지와 밤이 의미상관을 맺는다. 그러므로 동지와 밤은 선택축이 아니라 결합축에서 생겨나며 봄의 밤도 유사가 아니라 근접성을 갖는다.

따라서 이 텍스트 전체는 환유구조로 형성되어 있다. 그러한 언어들을 결합시키고 있는 통합축의 체계는 '버혀내다', '넣다', '펴다'라는 동사에 의해서 만들어진다. 통사축으로 인하여 시간성이라는 동지와 봄은 의인화가 될 뿐만 아니라 '서리서리', '구비구비'의 반복으로 시간성의 확장을 꿈꾸면서 동시에 시간성을 공간성으로 변형시키는 다층적 텍스트가 된다.

이상과 같이 문학기호학의 일반적인 이론과 황진이의 시조 한 편을 기호학적 개념에서 살펴보았다. 소쉬르의 언어체계에 대한 기호학을 바탕으로 한 기호학적 문학 비평은 바르트, 그레마스, 크리스테바Julia Kristeva 등등의 이론가들에 의하여 광범위하고도 깊이 있게 연구되어 왔다. 그들의 문학기호학 비평은 문학기호를 하나의 기호체계로 본 공통점을 가지고 있음에도 불구하고 의미작용의 기호학을 실제 분석할 때의 관점에 있어서는 미묘한 태도의 차이를 나타낸다.

7.5 기호학적 비평의 문제점

여기에서 문학기호학이 갖는 문제점 및 한계점을 간략하게 짚어 보기로 한다.

① 문학기호학의 연구방법이 광범위하여 다른 여타의 비평방법과의 뚜렷한 구별이 모호하다.

② 문학기호학이 주로 공시적 관점에서 이루어지는 고찰이므로, 통시적 고찰을 간과하고 있다.

③ 문학기호학적 접근방식이 어떤 법칙이나 구조를 내세우기 때문에, 이런 방식이 하나의 구조로 굳어질 수 있다.

④ 문학기호학은 전기적 사실, 문학과 문화의 역사, 그리고 독자를 무시하고 있다.

⑤ 문학작품의 미학적 기능을 도외시하고 있으며, 수신자와 발신자 그리고 텍스트 사이에 어느 쪽을 대상으로 하고 있는지 모호하다.

⑥ 개인이나 심리적인 면을 고려하지 않고 있으며, 기호의 대상으로 랑그만 해명했지, 파롤 부분을 해명하지 못하고 있다.

⑦ 기호의 대상으로 기표와 기의는 두 부분으로 인위적으로 나눌 수 없다.

이처럼 기호학이 가지고 있는 문제점에도 불구하고 기호학은 더욱 발전되고 있는 실정이다. 이러한 기호학적 문학 연구가 한국문학에서도 상당히 다각적인 접근의 시도로 진행되고 있다. 물론 서구의 기호학 성과에 기계적인 접근으로 기댄 점이 있지만, 차츰 기호학에 대한 인식의 확산으로 주체적 시도를 하고 있으며, 그 성과 또한 새로운 면모를 보여 주고 있는 것이 사실이라 하겠다.

8장 수용미학과 독자반응비평

8.1 명칭과 차이점

수용미학Rezeptionsästhetik과 독자반응비평Reader-Response Criticism은 독자와 텍스트 사이의 관계를 독자의 능동성을 강조하며 접근하는 문학비평방법이다. 이 비평방법은 영향미학적으로 작가와 작품을 파악하기보다, 수용미학적인 독자를 문학 연구의 중요 요소나 문학 연구의 중심에 놓고자 한다. 이 이론은 수용미학受容美學, 수용이론, 독자반응비평, 그리고 독자중심비평 등이 구별 없이 거의 공통적으로 함께 쓰이고 있는 실정이다. 굳이 이 개념을 구별해 본다면 수용미학이나 수용이론이라는 것은 독일을 중심으로 한 유럽권 문학이론에서 사용되고 있으며, 독자반응비평은 미국 비평계를 중심으로 사용되었다.

그러나 홀럽Robert C. Holub은 수용미학, 수용이론, 독자반응비평을 구별하려 했다. 또한 홀럽은 1960년대 말 서독에서 독자의 수용적 측면을 지향하거나 중시하는 독일의 문학이론 일반을 수용미학 또는 수용이론이라 지칭했다. 이 중 수용미학은 야우스Hans Robert Jauss(1921~1997)의 초기 이론적 저술만을 한정하는 용어로 사용했다.[1] 독일의 수용미학과 수용이론은 결속력 있는 의식적이고 집단적인 비평운동의 성격을 띠

1) Robert C. Holub, "preface", *Reception Theory*, London and New York: Muthuen, 1984, p. vii.

었다. 1980년대 무렵, 미국에서 시작된 독자반응비평(독자중심비평)은 비운동성, 비집단성, 비학파성이라는 성격을 지녔기에 수용미학·수용이론과 구별된다. 그러나 이러한 구별에도 불구하고 양자가 독자 및 독서 행위에 초점을 두는 공통점을 갖고 있으므로 같이 논의해도 큰 차이는 없을 듯하다. 다시 말하면 독일의 수용미학과 미국의 독자반응비평이 서로 연결되어 있다는 것이다.

수용미학(수용이론)	독자반응비평(독자중심비평)
독일의 불문학자 H. R. 야우스가 정립 W. 이저가 체계화시켜 구현 1960년대부터 유럽에 파급 의식적·집단적 문예운동	독일의 영문학자 W. 이저가 주창 미국의 J. P. 톰킨스 등이 보급 1980년대 이후 미국서 성행 비의식적·비집단적 비평 운동

8.2 개관 및 특성

수용미학독: Rezeptionsästhetik, 영: aesthetics of reception 또는 독자반응비평은 독자의 독서경험을 중시하는 문학 텍스트의 연구방법론이다. 이 방법론은 러시아 형식주의, 신비평, 또는 프랑스의 구조론 등과는 차이가 있다. 이들 비평이 작가의 의도, 작품의 내용이나 구조, 내용과 형식의 일치 등에 관심이 있었다면, 수용미학 등은 문학 텍스트와 독자 사이의 교감 과정에 관심을 기울인다. 그러니까 이 이론의 초점이 작품에서 독자 쪽으로 옮겨진 독자지향이론reader oriented theory인 것이다. 또한 작가를 중심으로 작품의 영향미학이나 작가의 표현미학독: Darste llungstästhetik을 중시했던 기존의 비평방법론과도 차별된다. 따라서 이 이론의 관심은 문학 텍스트의 무엇을 해석하느냐에 있는 것이 아니라 어떻게 해석하느냐에 있다.

야우스는 1967년 서독의 개혁적인 신설 대학인 콘스탄츠대학에 취임하면서 「문예학의 도전으로서의 문학사」[2]라는 강의논문을 발표했다. 야우스는 작가나 문학비평가, 문학사가들도 독자라는 신분에서 출발한다는 사실을 강조했다. 문학작품의 역사성은 수용자의 능동적인 참여 없이는 생각조차 할 수 없으며, 문학사는 작품과 독자 간의 대화對話의 역사로 씌어야 한다고 주장한 것이다. 수용미학의 이론적 논의의 기반은 1917년 독자의 수용 면을 중시한 슈클로프스키V. Shklovsky의 '낯설게 하기' 이론이었다. 그 후 무카로프스키의 콘스탄츠학파를 거쳐 유럽과 미국 쪽에서 여러 학자들에게 영향을 미쳤다. 이러한 형식주의의 영향 아래서 야우스는 '독자'라는 해석 지평을 발견한 것이다.

독자는 단순히 수동적으로 행위하는 것이 아니라, 역사 형성의 힘을 갖고 있다. 문학작품의 역사적 생명은 독자의 능동적인 참여 속에서 연속성과 재생산성을 가질 수 있다. 따라서 문학의 역사는 작품의 전달적 기능과 마찬가지로 독자와의 대화적 기능을 전제로 하여야 한다. 그래서 야우스는 문학작품의 일차적인 조건으로 작품의 수취인受取人이며, 문학사의 능동적 주체인 독자를 적극적으로 고려해야 한다고 보았다. 즉, 독자는 작가－작품－독자의 삼각관계에서 수동적으로 반응하는 것이 아니라, 문학사를 형성하는 원동력이라 보았던 것이다. 야우스는 지금까지의 문학 연구가 독자의 미학적 위치를 소홀히 하였기 때문에 문학의 미적 기능과 사회적 기능을 제대로 해명할 수 없었다고 보았다.

수용미학이 새로운 문학비평방법으로 각광을 받았던 만큼, 이에 대한 반발이나 비판의 목소리도 높았다. 한편에서는 변증법적 발전 이론을 근원에서부터 거부하며 자본주의적 세계관을 정당화하는 논리로 간주되어 배척하기도 했고, 다른 한편에서는 수용미학 속에는 유물론이 잠재해 있는 것은 아닌가 의심을 하기도 했다.

---

2) 1967년 4월 13일 강연된 이 논문은 처음 『*Konstanzer Universitätsreden*』(G. Hess 편찬, Nr. 3, 1967, alc Nr. 6, 1969)에 수록되었고, 나중에 『*Rezeptionsästhetik*』(R. Warning 편찬, 1975, UTB 303)에 요약되어 발표됨(장영태 역, 『도전으로서의 文學史』, 문학과지성사, 1983도 있음).

수용미학은 이론적 측면에서 역사학, 해석학, 구조주의와 연관되어 있다. 야우스는 역사학자 같은 인상을 주고 있으며, 무카로프스키의 형식주의를 참고한 것은 구조주의와 관계가 있고, 볼프강 이저W. Iser는 해석학으로부터 영향을 많이 받았다.[3]

수용미학의 영향으로 오늘날 문학 연구는 문학작품의 수용과 영향[4]을 작품 이해의 중요한 요인으로 파악한다. 문학작품을 읽는 독자의 입장을 고려해 문학작품 내지 문학사에 해석하고, 그 가치를 평가하는 것은 문학 연구에 있어서 지평의 확대라고 할 수 있다.[5]

일종의 '독서의 사회학'[6]인 독자반응비평은 미국 템플대학 교수인 톰킨스J. P. Tompkins의 책이름[7]에서 유래했다. 1980년 무렵부터 미국 비평계에서 널리 사용되기 시작한 독자반응비평은 1930년대의 형식주의와 1950년대 뉴크리티시즘에 대한 비판으로부터 촉발되었다. 하지만 독자반응비평은 수용미학에 비해 조직적인 문학운동으로 이어지지는 않았다.

8.3 이론 형성과 주요 이론가

수용미학이나 독자중심비평의 이론 형성에 기여한 비평가들은 너무 많고, 그 주장의 갈래도 복잡하다. 러시아의 슈클로프스키와 프라하학파인 무카로프스키의 형식주의가 이론 형성에 자극을 주었고, 이

3) D. W. 포케마·E. 쿠네 입쉬, 정종화 역, 『20세기의 문학이론』, 을유문화사, 1985, 214쪽.
4) '수용'이라는 것은 독자 내지는 수취인이 결정적인 역할을 하는 부분. 즉 창작 텍스트가 수용자에 의해서 구체화될 때 수취인(독자)이 결정적인 작용을 하는 측면을 가리키는 것임. '영향'이라는 것은 문학작품이 구체적으로 읽혀질 때 텍스트 자체가 가지는 영향력의 측면을 가리키는 것임.
5) 박찬기 외, 『수용미학』, 고려원, 1992, 11쪽.
6) 장 이브 타디에, 김정란·이재형·윤학로 역, 『20세기 문학비평』, 문예출판사, 1995, 233쪽.
7) J. P. Tompkins, ed., *Reader-Response Criticism: From Formalism to Post-Structualism*, Johns Hopkins University Press, 1980.

후 잉가르덴Roman Ingarden(1893~1970), 피시Stanley E. Fish, 라파테르, 야우스, 볼프강 이저 등의 이론가들이 주요 이론가로 꼽힌다. 여기서 논의하지 않은 비평가만 해도 깁슨G. Gibson, 바인리히H. Weinrich, 컬러J. Culler, 프린스G. Prince, 에스카르피R. Escarpit, 홀랜드N. Holland, 풀레G. Poulet 등이 있다. 다음에서는 잉가르덴 등 중요한 몇 사람만 들어서 소개하고, 수용이론을 대표하는 야우스와 독자반응비평을 대표하는 이저의 이론을 상술해 보기로 한다.

8.3.1 잉가르덴의 층이론

잉가르덴R. Ingarden은 예술작품이 스스로 완결적이고 사회로부터 자율적인 것이 아니라, 수용자의 의식에 의존한다고 보았다. 이는 현상학적 태도와 연결된다. 그는 폴란드 태생으로서 독일 철학자 후설의 제자[8]이며, '현상학적 예술 이론'의 입장에서 문학 텍스트를 해석했다. 그래서 수용미학에서는 작가가 창작해 놓은 인쇄물을 '텍스트'라 부르고, 독자의 읽기 활동을 통해 '작품'이 실현된다고 보았다. 독자의 수용이라는 관점을 중시해 작품을 우선 '텍스트'로 규정했다. 그리고 독자의 독서 행위가 '텍스트에서 작품을 실현'하는 결정적 요인이라고 본 것이다.[9] 수용미학의 입장에서는 '작품은 수용자(독자)가 텍스트를

8) 김용권 외 공역, 『현대문학비평론』, 한신문화사, 1994, 301쪽.

9) 텍스트는 라틴어 'testus'를 어원으로 하며, 그 의미는 '실로 짜인(waven)'임. 이는 텍스트의 구조적 성격을 보여 주는 것으로, 쓰기와 읽기, 의미하는 국면과 의미되는 국면이 상호 교환·반전되는 장소라는 뜻을 포함함. 텍스트는 작가의 의도에 따라 어떤 하나의 보편적 의미를 지니는 것이 아니라, 독자의 읽는 행위를 통해 부단히 짜였다가 풀리고, 풀렸다 짜이는 의미의 직물임. 수용미학이 '작품은 독자의 수용활동에 의해 텍스틀 구체화함으로써 실현된다'고 하는 반면, 롤랑 바르트는 좀 더 적극적으로 '텍스트와 작품'의 차이를 밝혀 '텍스트' 이론을 발전시켰음. 바르트에 의하면 '텍스트와 작품'은 다음과 같이 구분됨. 1) 작품은 서점, 연구 목록 등으로 한정할 수 있으나, 텍스트는 언어적 차원에서 읽는 행위, 독서 행위, 또는 쓰는 행위를 통해 경험될 수 있을 뿐임. 2) 작품은 장르 규정이 가능하나, 텍스트는 장르로 분류할 수 없음. 3) 작품은 표현된 기호의 내용에 닫혀 있고, 텍스트는 유희의 관점에서 발생하는 기호의 표현 자체의 무한성으로 열려 있음. 4) 텍스트는 작품에 비해 다의성을

구체화한 것이다'라고 주장한다.

그는 문학작품을 다층적 구조물로 보았다.

첫째는 낱말소리와 발화 형성체의 층위, 둘째는 의미 단위의 층위, 셋째는 주제를 묘사하는 대상의 층위, 넷째의 도식화의 층위가 그것이다. 작품 속에는, 즉 작품의 층에는 아직 분명히 표현되지 않은, 따라서 앞으로 그 내용이 확정되어질 '불확정적인 부분'이 있다고 했다. 바로 이것은 문학 텍스트를 읽어나가는 독자들이 실현해 나간다고 보았다.

잉가르덴의 '층이론層理論'에 의하면 텍스트 속의 모든 불확정적인 부분이 텍스트의 '의미층'과 일치됨으로써 여러 가지 양식으로 채워질 수 있다고 한다. 불확정적인 부분을 채워 넣는 구체화 과정은 능동적인 독서 행위에서 일어난다. 여기서 구체화란 도식화된 문학 텍스트(작가의 의도 또는 창작 텍스트와 독자가 일치를 이루는 견해)의 구조 속에 있는 '빈틈'이나 '불확정적인 부분'을 의미로 채우는 것이다.

가령 소설 속의 어떤 인물이 살아 움직이게 하기 위해서는 독자가 작품 속의 빈 자리를 채우고 불확정적인 부분을 확정지어야 한다. 다만, 이때의 독자 역할은 작가의 의도나 작품의 내용을 정확히 파악하는 네 맞춰져 있어 제한성을 지닌다.[10] 그런데 잉가르덴의 수용론은 작품에 대응하는 독자의 체험에 의해 그 존재가 조건 지어지지만, 그것은 동시에 작품에 의해서 결정된다. 문학작품은 구체화를 거쳐 표현되었을 때만 미적 대상을 구성하지만, 구체화의 최종 결정권을 여전히 작가가 가지고 있는 듯이 보인다. 어떤 작품에 대한 구체화는 다양한 양상을 띤다고 볼 수 있으나, 작품 자체는 고정되어 있다는 것

지님. 5) 작품의 발생적 근원은 외적 세계와의 연관에서 파악하는 연결성, 작품과 작품 사이의 논리적 연관성, 작가와 맺어져 있는 작품의 위치로 파악하지만, 텍스트는 발생적 근원 조건 없이 발생할 수 있음. 6) 작품은 독자의 소비 대상이나, 텍스트는 쓰기와 읽기 사이의 거리를 좁히는 유희활동임. 7) 텍스트에 접근하는 최종적 방법으로 쾌락이 강조됨. 텍스트의 쾌락은 작가와 독자의 분리 속에서 나타나는 작품의 소비 쾌락과 대비됨.

10) 잉가르덴의 문학작품 존재양식론은 신비평의 원리에도 영향을 주었음.

이 잉가르덴의 입장인 듯하다. 여기서 잉가르덴은 안정된 구조를 가지고 있는 작품과, 그 구조를 미적 대상으로 구체화하는 독자의 활동을 명백히 구별하고 있다.[11] 이러한 잉가르덴의 수용론인 '빈틈'이나 불확정성의 개념은 볼프강 이저의 독서 이론에 밑거름이 되었다고 할 수 있다.

8.3.2 피시의 정통독자

미국의 피시Stanley E. Fish는 "내게 있어서 독서(그리고 일반적 이해)는 하나의 사건이며, 폐기되어야 할 부분이 아니다. 이 사건을 통해 의미는 현실화된다"[12]고 말했다. 그는 「독자 속의 문학: 감정문체론」(1970)이라는 논문에서 독자를 의미 형성의 중심에 놓았다. 독서행위를 하나의 사건으로 보았고, 읽는 과정에서 발생하는 체험이 바로 문학적 의미를 생성한다는 것이다.

피시는 의미는 밤송이에서 밤알을 끄집어내듯이, 한 편의 시에서 추출될 수 있는 것이 아니라고 보았다. 오히려 의미는 누구나 독서과정에서 체험할 수 있는 경험에서 발생한다고 했다. 결과적으로 그는 문학을 고정적 의미의 결집체로 본 것이 아니라, 독자의 마음속에서 발생하는 일련의 사건으로 간주했다. 이와 함께 문학비평의 목적은 독서 행위에 대한 충실한 설명, 즉 하나의 독서와 그 다음의 독서가 같은 의미를 생성할 수 있도록 돕는 상세한 해설에 있다고 보았다.

피시는 바람직한 독자의 상으로 '정통 독자'라는 개념을 제시했다. 정통독자는 알아야 할 것을 다 알고 있는, 깊이 있는 독자(나)이며, 그 자신을 정통하게 만들기 위해 최선을 다하는 독자이다. 그러니까 그가 제시한 독자는 문학적, 언어학적 능력을 충분히 갖고 있는, 일종의

---

11) 문덕수 외, 『현대의 문학이론과 비평』, 시문학사, 1991, 292쪽.
12) Stanley E. Fish, *Literature in the Reader: Affective Stylistics*, Jane P. Tompkins, 1970, p. 86.

복합적인 존재이다. 충분한 문학적 능력을 가진 독자라는 점에서 '능력 독자'라고도 일컬어진다.

8.3.3 리파테르의 초독자

리파테르Michael Riffaterre(1924~2006)는 독자의 수용기능을 인정하기는 하지만, 여전히 텍스트의 기능을 더 강조했다. 독자가 텍스트를 읽고 어떤 문학적 의미를 깨닫게 되는 것은, 그 의미가 이미 텍스트의 언어 속에 내재되어 있기 때문으로 본 것이다. 리파테르는 뜻meaning과 의미significance를 구별하여, 먼저 뜻을 발견하는 첫 단계를 거친 후, 그 다음 단계에서 의미의 해석으로 넘어간다고 주장했다.

시에 있어서는 비문법성이 의미화하는 복합체의 단계를 거쳐 기호화하는 통일체의 단계로 이어진다. 즉, 시가 더욱 발전된 체계로 전이될 때, 이러한 과정을 세미오시스semiosis라고 했다. 세미오시스는 대상을 그대로 복사하는 미메시스가 아니라, 주관에 의한 구성적 재현을 통해 새로운 의미를 창조하는 것을 말한다. 이러한 기호화記號化 과정은 실제로 독자의 마음속에서 일어난다. 그리고 그것은 재독再讀의 결과로 생겨나는 것이다. 시詩의 기호학을 이해하자면 독서의 두 수준 내지 단계를 세심하게 구분해야 한다.[13] 왜냐하면 의미에 도달하기 전에 독자는 모방을 뛰어넘어야 하기 때문이다. 그래서 그는 '뜻'에서 '의미'로 넘어가는 과정에 '해석소'의 개념을 도입했다. 그러다 보니 텍스트에 대한 뜻 → 해석소 → 의미의 해석과정은 시종 텍스트에 의존하고 있는 셈이다.

리파테르는 '초독자super reader'라는 개념을 제시한다. 초독자는 몇 번

13) M. 리파테르, 「문학비평과 기호학」, 박철희·김시태 역, 『문학의 이론과 방법』, 이우출판사, 1984, 171~173쪽. 제1단계는 '발견적 독서'로 최초의 해석인 뜻을 이해하는 단계임(단어나 문장의 뜻 비유를 아는 것). 제2단계는 '소급적 독서'로 진정한 해석학적 독해임(이차적 해석 또는 구조적 독해라고 함. 텍스트의 의미 발생을 아는 것).

이고 통상적인 독서과정을 정확히 거쳐서, 시의 언어적 형상이 진술한 대로 문장을 따라 해석해 낼 수 있다. 그러나 초독자는 독자의 주관적인 자의성이 배제되어야 한다는 관점을 갖고 있으나, 현실에서 그 실제 가능성은 희박하다.[14]

8.3.4 야우스의 수용미학과 기대지평

야우스H. R. Jauss는 러시아 형식주의자들의 문학이론과 함께 독일 철학자 가다머Hans G. Gadamer의 해석학을 결합해 수용미학을 정립했다.[15] 야우스의 '수용이론'은 문학작품을 수용하는 독자의 측면에서 문학 내지 문학사를 재해석하는 데 초점이 맞춰져 있다. 그는 문학작품의 예술성과 역사성이 수용자의 작품 경험에 내재해 있다고 보고, 수용자의 '심미적 경험'을 통해 문학 텍스트를 의미화하려고 했다.

야우스의 수용미학에서 주요한 논점을 살펴보면 다음과 같다.

8.3.4.1 수용자 중심의 문학 연구

수용미학은 현대사회의 다원화와 개인의식의 심화 속에서 발생했다. 서독의 경우 1960년대 말, 옛것의 답습을 극복하고 '자기인식'으로 학문을 성찰해야 하는 논의가 활발하게 전개되었다. '68혁명'의 영향으로 대학에서는 학문적 연구가 '현실인식'을 중시하는 태도를 회복했고, 이러한 분위기가 수용미학을 낳게 한 동인動因이 되었다. '수용자'는 '독자'라는 범주를 넘어서 문학가, 비평가, 문학사가, 문학교수, 작가, 일반 독자 등은 물론 청취자, 기자, 연출자, 관객 등 어떤 형식으로든지 문학작품에 관여하는 모든 수취인을 가리킨다.[16]

---

14) 박덕은, 『現代文學批評의 理論과 應用』, 새문사, 1989, 267쪽.
15) 페터 뷔르거, 김경연 역, 『미학이론과 문예학 방법론』, 문학과지성사, 1987, 155쪽.
16) 차봉희 편저, 『수용미학』, 문학과지성사, 1988, 28쪽.

읽히지 않는 문학작품은 무의미하므로 작품은 수용자를 위해 존재한다. 따라서 문학작품의 연구는 그것이 어떻게 받아들여지는가 하는 수용과 영향을 포함하지 않을 수 없게 되었다. 문학작품을 다루는 데 있어 '영향'은 텍스트에 의해 제약되는 요소이고, '수용'은 작품 수취인에 의해서 제약되는 요소이다.[17] 그래서 문학작품과 독자와의 관계는 심미적 연계성과 역사적 '내포성'을 함께 지니게 된다.

8.3.4.2 문학 텍스트와 기대지평

수용은 수용자의 상태에 따라 받아들여진다는 해석학적 원칙과 독자들의 기대가 창작 텍스트의 구성요소가 되고 있다는 '기대지평'이 작용한다. 야우스는 작품 수용에서 '기대지평(또는 期待의 地平線)'[18]을 제시했다. 기대지평에는 수용자의 이해를 구성하는 모든 요소(선험적 지식 / 체험적 지식 / 기대의 한계 등)들이 포함된다. 따라서 수용자의 기대지평이 작품의 기대지평과 일치할 때 작품은 수용자에 의해서 온전히 받아들여진다. 그러므로 기대의 영역에 대한 개념은 야우스의 이론에서 중요한 역할을 한다. 여기서 '기대'란 카를 만하임이 사회학적 분석에서 사용한 용어를 빌려 수용자가 지니고 있는 바람, 선입견, 이해 등을 총망라한 개념어이다.[19]

한 편의 작품을 이해하고 받아들이는 데에는 이러한 수용자의 기대

---

17) H. R. Jauss, *Racines und Goethes Iphigenie-Mit, einem Nachwork über die Partialität der Rezeptionsästheische Methode*, in: Rezeptionsästhetik, a.a.O., S. 383.

18) 기대의 지평(Erwartungshorizont)은 독자가 하나의 새로운 문학작품을 대할 때는 자기가 과거에 읽었던 다른 작품 또는 독자 자신의 체험이나 관점 등에 따라 새로운 작품이 대략 어떠하리라는 기대를 가지게 됨. 지평선(Horizont)이란 용어는 시계라고도 하며 독일의 철학자 헤겔이 인식이나 이해, 사고 등의 범주를 의미하는 단어로 사용한 바 있었음. 여기서 야우스는 수용자의 입장에서 작품에 대한 이해의 범위와 그 한계를 지칭하는 것으로 지평선이란 개념을 도입한 것임. 그리하여 기대의 지평선은 수용자의 이해를 구성하는 요소들, 즉 선험적이거나 체험적인 지식, 거기서 발생하는 기대의 한계가 포함됨.

19) 홍문표, 『문학비평론』, 양문각, 1993, 394쪽.

지평이 작용하고 있으며, 이 기대지평에 반응하는 작품의 상태와 영향의 정도에 따라 작품의 예술성이 결정된다. 더불어 '상상의 독자'와 '실재의 독자'를 구별해 볼 수 있다. '상상의 독자'는 작가가 창작할 때 가정했던 독자이다. '상상의 독자'는 창작단계에서 작가의 구상에 모티프를 주지만, 작품의 실제적인 효과의 구성요인으로 간주할 수는 없다. 반면에 '실재의 독자'는 작품을 수용하는 독자이다. 이 '실재의 독자'는 작품의 영향을 논할 때 중요한 요소일 수밖에 없다. 이와 같이 수용미학적인 문학작품 연구는 수용자의 의식·입장·견해·성향 등 '기대지평'을 이루는 제반 여건 및 요소들을 밝히는 것을 작품 이해의 첫 단계로 본다. 즉 작품 수용이란 작가의, 작품 당대의, 수용자의 '기대지평'들을 재구성하는 것이다.[20)]

또한 작품의 수용은 '지평의 전환'을 통해서 이루어진다. 새로운 작품을 수용한다는 것은 수용자의 '친숙한 지평'이 새로운 작품의 '지평'에 부딪쳐 변화한다는 것을 말한다. 야우스는 이미 주어진 '기대지평'과 새로운 작품의 출현으로 발생하는 '지평' 사이에서 생겨나는 거리감에 대한 인식에 주목했다. 그는 새로운 작품이 일단 이루어져 있는 경험을 부정하거나 재의식하게 함으로써 '지평 전환'을 초래한다고 보았다. 이때의 거리감을 '심미적 차이'라고 표시한다. 이와 같이 창작작품과 '기대지평' 간의, '친숙한 지평'과 '지평 전환' 간에 생기는 거리는 한 작품의 예술성을 수용미학적으로 결정한다.

한 편의 문학 텍스트를 읽고 이에 관해 글을 쓰는 행위는 곧 이 작품의 수용사受容史에서 수용자로서 한 자리를 차지하는 것이다. 그리고 문학 텍스트는 수용자의 변화된 사회·문화적 조건에 따라(예컨대 동일한 텍스트가 동일한 수용자에게서도) 계속 다르게 수용될 수 있기 때문에, 어떤 문학 텍스트든지 계속 새롭게 또는 다르게 의미화될 수 있다는 가능성이 전제되어 있다.

---

20) 차봉희, 앞의 책, 35쪽.

8.3.5 볼프강 이저의 수용미학과 독서이론

야우스의 수용이론을 주도적으로 발전시킨 사람은 독일 콘스탄츠 대학의 영문학자 볼프강 이저Wolfgang Iser(1926~2007)이다. 이저는 작품은 독자의 독서 행위를 통해서 완성된다는 수용미학적 작품관과 작품 체험의 과정을 중시하는 심미적 독서이론을 폈다. 그의 정교수 취임 논문인 「텍스트의 호소 구조」(1970), 연이어 발표된 「독서과정」(1971~1972), 「내포된 독자」(1972), 「독서의 행위」(1976) 등에서 지금까지의 작가, 작품 중심적인 문학이론과 구별되는 논의를 펼쳤다. 그는 창작 작품인 문학 텍스트는 독자에 의해서 다시 탄생한다는 견해에 입각해 작품과 텍스트를 구분하였다. 작품이란 텍스트가 독자의 의식 속에서 재정비되어 구성된 것이라고 보았다. 그는 문학 텍스트가 역사 속에서 변하는 것이라면, 이는 시대와 상황에 따라 텍스트가 수용자에게 무엇을 해주느냐에 대한 새로운 인식이 필요하다고 주장했다.

8.3.5.1 문학 텍스트와 작품

이저는 문학 텍스트와 문학작품을 구별하려고[21] 하는데, 이 구별은 문학 텍스트가 독자의 독서행위를 통해서만 완성된다는 수용미학적 견해에 따르는 것이다. 작가가 창작해 놓은 지시적 제시물인 창작품을 문학 텍스트라고 하고, 이것을 독자가 읽고 이해하여 새로운 경험으로 만들어 낸 것을 문학작품이라고 한다. 이렇게 볼 때 문학 텍스트는 여러 독자들에 의해서 상이한 문학작품으로 태어날 수 있으며, 시간과 상황에 따라 같은 독자에 의해서도 다른 작품으로 나타날 수

21) Wolfgang Iser, "Interaction between Text and Reader", *The Reader in the Text*, ed. by Susan R. Suleiman and Inge Crosman, Princeton Univ. Press(1980), pp. 106~119. 이것은 결국 문학작품은 작가에 의해 만들어진 예술적인 면과 독자에 의해 실현된 심미적인 면을 함께 공유하는 셈임.

있다는 말이 된다.

이제는 문학 텍스트란 독자에게 작용하고 영향을 미치는 계기를 품고 있는, 즉 텍스트 구조에 얽힌 채 짜여 있는 가능성을 지닌 지시물이라고 본다. 텍스트는 그것을 읽는 독자의 상상을 위해 미리 제시된 지시의미론과 같은 지시성을 지니고 있기 때문에 소통의 필요성을 야기시킨다. 요컨대, 텍스트는 수용자와의 소통과정을 통해서 '작품'으로 탄생되므로 이제는 문학 텍스트를 '소통 담지자'라고 정의한다. 고전주의적 의미의 '작품work'이 문학의 자율성을 강조한 개념이라면, '텍스트text'는 수용자와의 소통과정을 통해서 '작품'으로 탄생되는 것을 지칭한다.22)

8.3.5.2 내포독자와 빈자리 메우기

독자에게 중요한 것은 문학 텍스트의 잠재적 구조를 어떻게 선택하여 구체화하느냐이다. 이러한 독자의 선택과 구체화 작업은 독자의 취향에 따라 이루어지는 것이고, 독자는 친숙한 역사적·문화적 코드에 따라 제약을 받으며 텍스트를 해석한다.23) 이러한 실현 과정에서 독자는 필연적으로 여러 가지 갈등을 겪게 마련이다. 이 갈등은 사회적·문화적 코드와 문학 텍스트의 사건적 특성 사이에서 일어난다. 그러나 독자는 텍스트에 제시된 모든 요소들(사회적·문화적 요소)을 새롭게 해석할 수 있다는 의미에서 창조자이다. 물론 이 창조자는 자유분방한 창조자가 아니라, 텍스트의 영향을 받고 있는 제한된 창조자이다.24)

그러면 독자는 텍스트의 예시적 잠재력을 어떻게 수용하며, 구체화

---

22) 차봉희, 「현대문예학과 수용미학」, 박찬기 외 공저, 『수용미학』, 고려원, 1992.
23) Wolfgnag Iser, "Reader Response Criticism in Perspective", *Changes and Challenges: Proceedings of the International Symposium*, Seoul: Hanyang Univ. Press, 1989, p. 229.
24) 이성호, 「영향과 수용의 상호소통」, 『문학사상』, 1992년 3월, 344쪽.

하는 것일까. 이저는 문학 텍스트의 구체화가 이루어지는 현장을 '독서과정'으로 보고, 이것을 해명하고 있다. 그는 문학 텍스트의 독서과정은 인간의 '경험구조'를 지니고 있다는 독서이론을 편다. 독자의 의식 속에서 이루어지는 창작 텍스트의 이해가 인간의 실재 세계에서 이루어지는 경험구조를 따른다는 것이 그의 견해이다.

독서과정의 경험구조, 이것은 문학 텍스트의 불확정성인 특수성의 영역을 심미적으로 구체화하는 작업이다. 바로 이러한 독자의 직접적인 반응을 통해서 문학 텍스트는 존재하고, 또 그렇기 때문에 독자에게 살아 있는 경험으로 수용되는 것이다. 텍스트의 의미는 이러한 독자구조와 텍스트 구조 간의, 작가와 독자 간의 '의식 상호관계'에서 구체화되기 때문에 사실적인 것으로 경험될 수 있다. 그러므로 하나의 텍스트를 구체화하는 것은 독자의 상상력을 필요로 하며, 독자는 텍스트에 기록되지 않는 부분인 빈 자리(gaps 또는 blank)[25]와 미결정성[26]의 영역을 자기 자신의 경험으로 채우게 된다. 이저의 이런 '빈자리' 견해는 잉가르덴의 층이론에 제기된 '빈틈'을 더 심화시킨 것이라고 볼 수 있다.

이저는 독서과정을 통해 텍스트의 잠재력을 실현할 수 있는 요소로 내포독자implied reader[27]를 제기했다. 이것은 독자의 형태·역할 등이 미리 결정지어져 있지 않고, 텍스트의 구조로 인해 생겨나게 될 '연루된 독자'를 가리킨다. 내포독자는 사실 실제독자와 암시된 내포독자와의 알력을 거쳐 자신의 위치를 구체적으로 결정짓게 된다. 그러므로 내포독자는 텍스트의 수용자에게 주어진 가장 적극적이며 능동적인 구성행위를 할 수 있다. 이와 같이 수용미학에서는 독자의 반응구조와

25) 이를 주장자에 따라서는 '간격'이나 '공백' 또는 '틈' 등으로 지칭하고 있다.
26) 레이먼 셀던, 현대문학이론연구회 역, 『현대문학이론』, 문학과지성사, 1995, 172쪽. 이는 잉가르덴이 주장했던 작품 중에서의 '미확정 부분(unbestimmtheitsstelle)에 해당된다.
27) Wolfgnag Iser, *The Implied Reader: Patterns of Communication in Prose Fiction from Bunyan to Beckett*, Baltimore: Johns Hopkins Univ. Press, 1974, p. xii.

텍스트의 효과구조가 상호작용함으로써 이루어지는 문학 텍스트의 구체화를 주장한다. 이에 따르면, 독자는 자신의 체험이나 주관에 의해 스스로 작품의 빈자리를 채우며 독서하는 과정에 이르게 된다.

8.3.5.3 문학 텍스트의 영향과 수용

문학 텍스트와 독자 사이의 역동적 관계를 기술하기 위하여 이저는 두 개의 기본 개념인 텍스트의 영향적 요소와 독자의 수용적 요소를 구분한다.

문학 텍스트의 영향적 요소는 텍스트 구조가 독자의 반응을 유발시키고 진전시켜 주는 잠재력과 관계가 있으며, 독자의 수용적 요소는 텍스트의 이러한 잠재력을 활성화시키는 선택력과 관계가 있다.[28] 그러나 이것은 텍스트의 영향적 요소와 독자의 수용적 요소가 상호작용을 함으로써만 가능하다. 이저는 영향적 요소와 수용적 요소의 소통관계를 가능케 하는 요인으로 '수용'을 내세우고 있다. 그는 '해석'과 '수용'을 구분하여, 해석이 의미론적인 과정이라면, 수용은 상상적인 것이 텍스트 내에 작용하여 경험되는 것으로 본다.

한 편의 문학 텍스트를 읽고 구체화하는 경우, '텍스트가 무엇을 의미하는가' 하는 질문을 내세우기보다는 '텍스트를 통해 무엇을 경험했는가'에 관해 성찰하는 것이 중요하다. 이것은 곧 텍스트의 '수용'과 '영향'의 과정이며, 작가—텍스트—독자—작품 간의 소통과정에서 완수되는 과정이기도 하다.

---

28) 이성호, 앞의 글, 340쪽.

8.4 독자반응비평의 실제

현대비평에서는 독자반응비평이 '독자의 욕망'을 읽는 방식으로 펼쳐진다. 독자의 취향 변화를 통해 시대를 읽고, 시대가 만들어 낸 독자의 욕망이 작품 속에 어떻게 투영되는가를 살피기도 한다. 이명원의 「위안의 서사, 문학적 대중주의－오늘의 한국 소설이 보여 주는 반인간주의에 반발해 공지영을 찾는 독자들」은 공지영의 소설 『우리들의 행복한 시간』(2005)이 독자대중의 욕망과 어떻게 만나는가를 살피고 있다. 그는 공지영 소설의 '위안과 연민의 서사'가 문학적 대중주의를 실현하고 있다고 비평했다. 이명원의 평론은 독자 대중의 반응을 통해 한국소설의 현재를 반성하는 태도로 이어지고 있어 인상적이다.

> 어느 심포지엄 자리에서 문학평론가 임헌영은 공지영 소설이 한국 장편소설의 미래라고 말했다. 신문기사를 통해서 들은 이야기인지라, 그 발언의 정확한 맥락을 알 수는 없지만 나는 다소 다른 생각을 갖고 있다. 나는 공지영의 문학이 한국 문학의 미래일지는 알 수 없지만, 적어도 한국 문학의 중요한 현재성을 보여주고 있다고 생각한다. 문학적 대중주의의 실현이라는 차원에서 보자면, 역시 공지영은 한국 문학의 중요한 현재성을 보여준다.
>
> 한국문학의 중요한 현재성
>
> 공지영의 소설이 대중들에게 폭넓은 호소력을 발휘하고 있다. 그 원인은 체계적으로 분석될 필요가 있지만, 특히 공지영 소설이 보여주는 '위안의 서사'가 중요한 역할을 하고 있는 게 아닐까 생각하게 된다. 한국 소설의 심각한 위기 속에서도 유독 공지영의 〈우리들의 행복한 시간〉이 선전하고 있다. 이 소설은 한 사형수와 방황하던 중산층 여성의 우연한 만남과 사랑, 그리고 사형수의 죽음을 통한 이별이라는 스토리라인을 갖고 있다.

한 철없는 중산층 여성이 절대빈곤으로 유발된 범죄의 순환고리에서 빠져나오지 못하고 결국은 살인범으로 전락, 이제 사형수의 운명으로 전락한 수용자를 만나게 된다. 물론 그런 수용자를 만나고 있는 이 여성 역시 인생에 대한 비관 때문에 수시로 자살을 연출했던 사람이라는 점에서는 정서적 한계상황에 봉착한 문제적 인물인 것이 사실이다. 한 사람은 경제적 빈곤이 인생을 파국으로 이끌었고, 그를 바라보는 한 여성은 내면의 파탄이 파국 일보 직전까지의 상황으로 그를 내몬 셈이다.

이런 상처받은 두 인물이 죽음을 눈앞에 둔 한계상황에서 서로의 지나온 삶을 온전히 껴안으면서, 급기야는 마술적 감정이라 해야 마땅할 사랑에 빠지게 되고, 당연한 결과지만 그 사랑이 실현되지 못하고 결국 수용자가 사형당하게 되자, 여자는 절규하게 되는 것이 이 소설의 간단한 스토리다.

공지영이 이 소설에서 그리고 있는 두 남녀의 만남은 마치 바보 온달과 평강공주의 극적인 만남을 극화한 이야기처럼, 현실에서는 지극히 실현되기 어려운 판타지의 실현 가능성과 그것의 실패를 보여주는 것처럼 보인다. 리얼리티라는 측면에서 보자면, 이 여자의 갑작스러운 사랑에의 몰입은 '연민'의 극대화에서 발생하는 갑작스런 선택이다. 그런데 바로 그것이 대중독자의 눈물샘을 자극하고, 공지영 소설에 대한 대중적 환호를 이끌어내는 주요한 요소가 되고 있다. 위안의 수사학인 것이다.

공지영의 소설을 비판하는 많은 평자들은 그의 소설에서 반복적으로 발성되는 감상주의의 흔적들을 발견한다. 공지영의 초기 작품에 속하는 〈무소의 뿔처럼 혼자서 가라〉 역시 세간에서 화제가 되었던 페미니즘에 대한 격렬한 인식론의 밑에서 오히려 도도하게 울려퍼졌던 것은 청춘의 감상주의였다고 말하기도 한다. 특히 공지영이 〈봉순이 언니〉와 같은 작품을 통해 하층계급 여성들의 생에 대한 태도를 공감적으로 서술할 때조차, 그것은 '연민'이라는 대중적 감상에 호소하는 것으로 느껴지고, 또 이것이 봉순이 언니를 둘러싼 현실의 모순에 대한 날카로운 의식을 역설적으로 무디게 한다는 지적은 그것대로 타당한 비판이라고 생각한다.

대책 없는 선량한 태도

작가의 독일 체류 시절이 많은 부분 함축되어 있는 〈별들의 들판〉 역시, 소설 속에는 현실에 상처받은 다채로운 인물, 특히 역사로부터 청춘을 박탈당한 다양한 인물들이 등장하지만, 그러한 인물에 대한 작가의 태도는 일관되게 연민을 동반한 공감의 제스처로 나타나고 있다. 공지영은 그의 소설을 통해, 페미니즘으로부터 마르크스주의, 또 사회적 빈곤과 이에 따른 삶의 전락을 배경으로 배치하고 있지만, 중요한 것은 그러한 구조적 원인이 아니고 그러한 구조 속에서 상처받은 자들의 내면에 대해 서술자나 주동인물이 혼연일치의 감성으로 동화되고 있는 장면을 자주 연출한다는 데 있다.

그런데 흥미로운 것은 이러한 위안의 수사학, 공감적 연민의 증폭, 갈등적 상황을 파생시키는 구조적 해결책이 아닌 마음의 교류와 같은 양태에 대한 고백적 서사가 공지영 소설에 대한 대중적 읽기를 확산시키고 있다는 점이다. 공지영 소설의 인물들은 최근작에 올수록 감성적으로 개방되어 있고, 사람에 대한 마음가짐 역시 일종의 '착한 사람 신드롬'에 빠져 있는 것으로 보이며, 무엇보다도 세속적인 고통에서 벗어나는 길은 구조적 모순의 척결이 아닌 가장 낮은 곳에서의 대상에 대한 공감에서 비롯된다는 식의 의식을 노출시키고 있다.

그것은 한편에서 연민의 대상이 되고 있는 인물을 정서적으로 대상화함으로써, 한 평범한 인간이 갖기 마련인 무거운 부채의식과 죄의식의 해소로 이어진다는 점에서, 소설이 날카로운 현실에 대한 각성을 가능케 할 불편한 장르라는 세인의 통념을 무력화한다.

실제로 내가 만날 수 있었던 많은 독자들, 특히 그 가운데는 공지영이 소설 속에서 묘파한 교도소의 재소자들도 다수 있었는데, 그들이 가장 만나고 싶어하는 작가가 공지영이었다는 점은 흥미롭게 느껴졌고, 공지영의 소설이 특히 젊은 학생들과 오피스걸을 포함한 젊은 여성들에게서 열광적인 공감을 얻고 있는 부분은 시사적이라고 생각했다.

지금까지의 논의를 요약하면 공지영의 소설이 뿜어내는 매력은 내면적으로 또는 상황적으로 고립되어 상처에 지속적으로 노출되어 있는 인물들에게, 거의 대책 없다고 표현해야 마땅할 연민과 위안의 시선을 던져주는 선량한 태도에서 온다고 할 수 있다. 우리는 그것을 일컬어 위안의 서사라 할 수 있을 것이다. 이를 통해 공지영은 문학적 대중주의를 실현하고 있다.

이 극대화된 위안의 서사학, 감상주의 또는 문학적 센티멘털리즘을 통해 세상을 바라보는 공지영의 시각에 동의할 수 없는 전문가들은 한국 문단에서도 대다수를 점유하고 있을 것이라고 판단된다. 또 연민이 아닌 인간의 존엄으로 대상인물을 상승시키려는 의지가 부족한 채, 오히려 대상을 타자화함으로써 소설가의 부채의식이 휘발되는 것이 아닌가 하는 비평가들의 우려와 비판도 정당하다고 생각한다.

심원적인 인간 탐구로 견인하는 계기

문제는 공지영의 소설에 열광적인 동의를 표하고 있는 독자들의 태도를 마냥 비판할 수는 없다는 점에 있다. 나는 공지영의 소설에 대한 대중독자들의 뜨거운 반응이, 역설적으로 오늘의 한국 소설이 보여주는 일상적인 현실에 대한 냉소와 비꼼, 또 인간이라는 종 자체에 대한 환멸에서 비롯된 반인간주의로 나아가는 것에 대한 반동적 독서의 일환이라고 생각하는 편이다.

그런 점에서 공지영의 위안의 수사학, 문학적 대중주의 노선은 한국 본격문학의 대중으로부터의 거의 완벽할 정도의 결여에서 파생된 것이면서도, 동시에 낮은 단계에서의 인간에 대한 긍정으로부터 시작해 좀더 심원한 소설적 인간 탐구로 독자를 견인하는 계기로 기능할 수 있다는 점에서, 한국 문학의 중요한 현재형을 보여준다고 생각한다. 공지영 소설은 깊은 대중주의의 출발점인 것이다.

8.5 문제점 및 한계점

수용미학과 독자반응비평은 문학의 외적 연구(역사적·실증주의적 방법)와 내적연구(고전적·인문주의적 연구와 형식주의적·심미적 연구)의 대립을 '독자'라는 존재를 제기함으로써 방향전환을 시도한 비평방법이다. 종래의 작가 및 작품을 중심에 놓는 비평방법에서 독자를 중심에 놓는 비평방법을 택함으로써 '텍스트의 중요성'을 새롭게 제기한 것이다.

독자반응비평에 와서야 문학적 구성요소에서 독자의 위치가 격상되었고, 독자의 설정 없이는 문학 연구나 문학사 자체가 불가능하다는 인식의 전환이 이뤄졌다. 그만큼 문학예술 세계에 일종의 민주화 현상이 일어났고, 독자의 역할도 능동적으로 변화했다.

그러나 수용미학과 독자반응비평에도 난점이 없는 것은 아니다. 제기되는 문제점이나 한계점을 살펴보면 다음과 같다.

① 작품이 한 개인의 경험적 독서에 의하여 구체화될 때, 과연 그것이 보편성을 지닐까라는 의문이 제기된다.

② 독자의 의식이 개인적 또는 집단적인지, 또는 독립적인지 사회구조에 의한 것인지 판단 근거가 애매하다.

③ 텍스트를 작가와 독자가 공동으로 창작할 때 작자의 심미적 체험이 경시될 수 있다.

④ 한 작가의 여러 작품을 여러 독자가 수용할 때, 독자의 기대지평과 작자의 기대지평은 큰 편차가 나기 쉽다.

⑤ 훌륭한 작품을 수용미학적 입장에서 어떻게 가려낼 수 있겠는가 하는 질문이 제기된다.

⑥ 자칫하면 해석의 홍수 속에 파묻힐 수 있다.

⑦ 독자반응비평이 형식주의 등을 비판하지만, 방법론으로 볼 때 그 속성을 잇고 있다.

특히 보수적 인문주의자인 에이브럼스M. H. Abrams의 다음 같은 지적은 의미가 짙다. 그는 1979년에 발표한 논문 "How to Do Things with Text"에서 오늘날 '비평의 시대'가 '독서의 시대the Age of Reading'로 되었다면서 독자반응 위주의 접근을 경고했다. 그는 급진적인 독서이론은 전통적인 독서방법에 영향을 끼쳐, 독자들을 조직적으로 비인간화하고 있다는 견해를 피력했다. 더욱이 푸코M. Foucault나 롤랑 바르트 같은 후기 구조주의자들은 '작가의 소멸이나 죽음'을 선언하고 작가의 공민권을 박탈했다고 보았다. 에이브럼스의 견해에 따르면, 데리다J. Derrida, 피시Stanley E. Fish, 블룸H. Ballroom과 같은 새로운 독자들new reader 때문에 "우리가 인간에 의한 인간을 위한 인간에 관한 의미를 결정지을 수 있는 텍스트로서의 문학의 무한한 가능성을 잃어버리게 될 것"[29]이라고 우려를 표명했다.

29) 정정호·장경렬·박거용 편, 『현대영미비평의 이해』, 문학과비평사, 1989, 198~210쪽.

9장 여성주의 문학비평

9.1 페미니즘, 페미니스트 비평, 페미니스트 문학비평

페미니즘feminism에 바탕을 둔 여성주의 비평은 강력한 자기주장과 실천적 의지를 드러내는 급진주의적 비평운동이다. 여성주의 비평은 설명보다는 변화를, 개선보다는 변혁을 추구하는 실천적 목표, '성차性差, gender'의 정치학을 지향한다. 페미니즘이라는 전체 운동의 한 형태로서 페미니스트 문학비평Feminist Literary Criticism은 실천성을 중시하기에 문학 연구에 있어서도 혁명적 함축성[1]을 지녔다. 여성주의 문학비평은 탈근대라는 우리 시대의 뚜렷한 시대정신에 뿌리를 두고 있으며, 이론적 '완성'보다는 태도의 '형성'을 향해 있다. 그래서 '성차'와 여기에 근거한 '여성적 관점'을 통해 세계를 바라보는 근본적 태도의 변화를 추구한다.

일레인 쇼월터의 「황무지에 있는 페미니스트 비평」이라는 표현처럼, 여성주의 문학비평을 이해하기 위한 효과적인 통로가 따로 있는 것은 아니다. 안네트 콜로드니Annette Kolodny는 문학 연구에 있어서 '페미니스트 비평'이라는 용어를 1) 주제가 무엇이든 여성이 쓴 비평, 2) 남성이 쓴 저서에 대하여 정치적 혹은 페미니스트의 관점에서 쓴 비

1) K. K. 루더반, 김경수 역, 『페미니스트 문학비평』, 문학과비평사, 1989, 19쪽.

평, 3) 여성의 작품이나 일반적으로 여성작가에 대해서 여성이 쓴 비평을 의미한다고 보았다.[2]

콜로드니가 말하고 있는 여성주의 비평은 매우 포괄적이고 일반적이어서 페미니즘적인 사고와 표현을 담고 있는 모든 텍스트에 관한 비평을 포함한다. 여기서 페미니즘과 문학비평은 구체적인 것으로 나누어지지 않고 있다. 이보다 좀 더 명확한 형태의 여성주의 문학비평에 대한 개념이 체리 리지스터에 의해 제기되었다. 그에 의하여 페미니스트 문학비평은 1) 주로 남성작가의 작품에 나타난 '여성이미지분석', 2) 여성작가에 관해 쓴 기존 비평의 검토, 3) 여성해방적 관점에서 '훌륭한' 문학작품의 기준을 세우는 것을 목표로 삼는 '규범prescriptive' 비평이다.[3]

이와 같은 지적은 여성주의 문학비평이 추구하는 이론비평과 실천비평의 방향을 보여 준다. 여기서 일레인 쇼월터가 '여성비평gyno-critics'이라고 규정한 것에 대해 덧붙일 필요가 있다. 쇼월터는 여성주의 비평을 1) 의식적, 무의식적인 가부장제 질서를 비평하는 '여성주의 비평', 2) 여성문학을 검토하는 '여성비평', 3) 삶, 문학, 비평에 대한 생물학적, 언어적, 심리학적, 사회적, 역사적, 정치적 형성력을 탐구하는 문학비평으로 보았다.[4]

---

2) 안네트 콜로드니, 「페미니스트 문학비평의 몇 가지 방향들」, 김열규 외 공역, 『페미니즘과 문학』, 문예출판사, 1989, 56쪽.

3) 체리 리지스터, 「미국 여성해방문학비평」, 한국여성연구회 문학분과 편역, 『여성해방문학의 논리』, 창작과비평사, 1990, 71쪽.

4) Elaine Showalter, *Toward a Feminist Poetics, Contemporary Literary Criticism*, Edited and Introduced by R. C. Davis, Longman, 1986, pp. 167~181; 「황무지에 있는 페미니스트 비평」, 김열규 외 공역, 앞의 책, 26쪽.

9.2 페미니스트 문학비평의 세 가지 차원

'나는 여성인가'라는 물음은 인간의 오랜 역사 동안 끊임없이 제기되어 왔다. 여성은 이 억압된 자신의 존재에 대해 서서히 자각해 왔고, 근대에 이르러 이 질문의 첫머리에 버지니아 울프의 「자신만의 방」(1929)과 시몬 보봐르의 『제2의 성』(1949)이 놓인다. 이는 개별 여성이 여성의 정체성에 대해 예술적으로 문제제기했다는 데 의미가 있다. 집단화된 자각적 이론으로 페미니즘이 등장한 것은 1960년대 이후부터다. 여성주의 계몽 담론의 보편화와 마르크시즘의 영향으로 페미니즘이 확산되었다. 특히, 마르크시즘에서 페미니스트들은 급진적인 실천이론의 무기를 발견했다. 울프와 보봐르라는 페미니즘의 전사前史를 잇는 케이트 밀레트Katherine Murray Millett(1934~)의 『성의 정치학Sexual Politics』(1970)이 그것이다. 『성의 정치학』에서 밀레트는 양성兩性 간의 관계는 개인적·사회적인 것으로 국한할 수 없고, 분명히 정치적인 것임을 밝혔다. 밀레트는 성적 차별이 남성들의 가부장적 세계 속에서 정치적 관계로 고착되어 왔으며, 여성을 지배하기 위한 수단으로 공고히 다져져 왔다는 점을 주장했다.[5)]

남성중심주의의 한 예로 프로이트S. Freud의 이론을 거론할 수 있다. 프로이트는 여성을 불완전한, 거세된 남성으로 설명했다. 여기서 '이론'은 남성적 권위와 권력을 함축한다. 다수의 여성주의 비평은 이미 그 '고정성과 확고성'을 획득하고 있는 전통적 이론이 남성의 이론이라고 주장하며, 여성들의 대항 이론을 구축하려 했다.[6)]

여성주의 이론가들은 성차별주의 고정관념을 붕괴시키기 위해 '젠더Gender'를 중시한다. 젠더는 사회·문화적으로 구성된 성을 의미하며, 이를 생물학적 성sex과 구분한다. 사회·문화적 성Gender을 통해, 이른바

---

5) Edited and Introduced by Mary Eagleton, *Feminist Literary Criticism*, Longman, 1991, p. 228.
6) 레이만 셀던, 현대문학이론연구회 역, 『현대문학이론』, 문학과지성사, 1987, 192쪽.

‘여성성’이라고 일컫는 것의 의미를 재구성하는 작업이 페미니스트의 과제였다. 따라서 페미니즘이 혁명적 면모를 보이면서 기존의 모든 관습에 도전하려는 도발성을 내재하게 된 것을 당연시한 것이다.

여성주의 문학비평은 억압되어 왔거나 왜곡되어 온 ‘여성성’ 혹은 ‘여성됨’의 의미에 대하여 논의하는 것이었다. 여기서 출발해 성차를 이야기하는 방식을 새롭게 했다. 레이먼 셀던은 그것을 1) 생물학적인 것, 2) 경험적인 것, 3) 담론적인 것, 4) 무의식적인 것, 5) 사회경제적인 것으로 대별[7]하고 있다. 루스벤K. K. Ruthven은 여성주의 문학비평을 그것이 바탕으로 하고 있는 이론 내지는 이념에 근거하여 보다 구체적인 것으로 분류[8]한 바 있는데, 여기서는 세 가지 차원의 여성주의 문학비평 형태를 살펴보고자 한다.

여성주의 문학비평의 근본적 동력은 ‘포스트모던 비평’과 ‘프랑스 페미니즘 비평’, ‘유물론적 페미니즘 비평’ 속에 함축되어 있다. 쇼월터는 이에 대해 다음과 같이 지적한 바 있다.

> 본질적으로 마르크스주의적인 영국 페미니스트 비평은 정치적인 압제(oppression)를 강조하고, 본질적으로 심리분석적인 프랑스 여성론적 비평은 억압(repression)을 강조한다. 미국 페미니스트 비평은 본질적으로 텍스트 중심으로 표현(expression)을 강조한다. 그러나 전부 다 여성 중심적이다.[9]

영국 여성주의 비평이 정치권력이나 제도적 폭력에 의한 성적 차별을 강조한다면, 프랑스의 여성론적 비평은 심리적·정신적 영역에서 이뤄지는 성적 차이에 대해 관심이 높다. 이와 대비해 미국 여성주의

7) 위의 책, 194~196쪽.
8) K. K. 루더반, 김경수 역, 앞의 책, 32~33쪽. 루스벤은 여성주의 비평의 형태를 사회적, 기호론적, 마르크스주의적, 레즈비언 혹은 페미니스트라는 5가지로 거론하고 있음.
9) 엘레인 쇼왈터, 「황무지에 있는 페미니스트 비평」, 김열규 외 공역, 앞의 책, 28쪽.

비평은 텍스트의 중심성이 강해, 여성의 표현성에 대해 집중하는 경향이 있다. 여성주의 문학비평 사이에서도 이러한 차이가 이론의 맥락과 함께 존재한다.

9.2.1 탈근대와 복수적 여성 정체성 – 여성으로서 글 읽기

페미니즘은 거대담론을 생산하는 메타 철학의 지배자인 가부장적인 남성을 비판한다. 근본적인 기의記意: signifier이자 권력의 상징으로서의 남근에 중심을 둔 남근중심주의Masculinism가 사회체제를 만들고 있다는 문제의식 속에서 페미니스트들은 여성성에 기반한 새로운 문학비평방법과 장르의 출현을 추구한다. 그것은 무엇보다 전통적인 철학적 토대에 의존하지 않는 사회비평의 새로운 패러다임을 찾아내는 것을 지향한다.

초기의 페미니즘은 지나치게 거대하고 총체적인 이론적 개념을 추구하였다. 이후 좌파 페미니스트들의 지속적인 이론적 모색으로 초기의 한계를 어느 정도 넘어설 수 있었다. 1960년대 신좌파는 성의 문제는 계급이나 인종과 같은 근본적인 억압양식에 포함되는 이차적인 것이라는 태도를 취하면서 페미니즘에 이론적 관심을 보였다. 그러나 파이어스턴은 성의 갈등을 근본적인 것으로 설정함으로써 성차의 문제를 강조하고자 했다. 파이어스턴의 주장은 환원적이고 본질주의적인 관점에서부터 비롯된 것이다.

1970년대에 이르러 낸시 초도로는 '성 정체성' 개념을 제기했다. 초도로의 논의는 지배적인 남성중심적 관점에 대한 여성중심적인 대안을 발전시켰다는 긍정성에도 불구하고, 남성중심적 관점이 지니고 있는 보편주의적 주장을 포기하지 못했다는 한계가 지적된다. 특히 이것은 각기 다른 계층의 여성들이 다른 방식으로 종속되어 있는 성차별주의와 여성들 사이의 차이점들을 무시했다는 비판에 직면하기도 했다. 최근에 전개되고 있는 흑인 여권운동Black Feminism은 이러한 견해를 잘 보여 준다. 흑인 여권운동은 흑인여성의 체험이 가지는 특성을 탐구하고, 백인 페미니스트들의 저술 속에서 발견되는 인종차별주의를 비판했다.

페미니스트 이론가들은 여성성이라는 성적 정체성에 고착된 일원론을 탈피하고자 한다. 그들은 복수적인 정체성의 개념을 향한다. 중요한 것은 '통일'이 아니라 '협력'이라는 것이다. 프레이저J. G. Frazer와 니콜슨은 페미니즘은 '페미니즘들'이라고 복수로 표현되어야 온당하다고 보았다.[10]

'페미니즘들'로 표현되는 포스트모던 페미니즘의 한 가지 형태로서 해체주의적 페미니스트 문학비평을 거론할 수 있다. 이 비평은 데리다가 이야기한 세 가지 중심화 형태, 즉 언어학에 있어서의 '음운중심주의Phonocentrism', 철학에 있어서의 '언어중심주의logocentrism', 정신분석학에 있어서의 '남근중심주의Phallocentrism'에 대한 비판을 활용한다. 이와 같은 남성적 유산에 대한 탈중심화는 여성을 개념적 대립체계[11]가 아니라 '차이'라는 관점에서 탐구하도록 이끈다. 해체주의 혹은 페미니스트 독해는 그러므로 단일한 해석에 의해 통제될 수 없는 텍스트 내의 대립적인 의미화의 힘들에 주목하게 된다.[12]

해롤드 블룸, 폴 드 만Paul de Man 등의 해체적 글 읽기의 맥락을 풍부히 반영하고 있는 페미니스트 독해는 '의미'라는 것이 텍스트 내에 본래적으로 존재하는 것이 아니라 독서과정에서 독자들에 의해 만들어

---

10) 낸시 프레이저·린다 니콜슨, 「철학 없는 사회비평—페미니즘과 포스트모더니즘과의 만남」, 이소영·정정호 공편, 『페미니즘과 포스트모더니즘』, 한신문화사, 1992, 141~142쪽.

11) 후기 구조주의적 용법에 의하면 이 개념적 대립체계, 정확히 '이항대립'은 '위계질서'라는 관련성 속에서의 두 개념의 대립을 의미함. 여기서 첫째 개념은 긍정적, 규범적, 근본적인 것이며 두 번째 개념은 부정적, 이탈적, 부수적인 것으로 나타남. 예를 들면, 식수는 근본적 대립을 능동성·수동성, 이성적·비이성적인 것이라고 선언하고 있음(Edited and Introduced by Mary Eagleton, *Feminist Literary Criticism*, Longman, 1991, p. 226).

12) K. K. 루더반, 김경수 역, 앞의 책, 77쪽. 해체주의적 독서는 구조주의적 지향과 해체주의적 지향으로 다시 이야기될 수 있음. 구조주의가 한 음소와 다른 음소, 또는 한 性과 다른 性 간의 차이를 말하는 데 비해, 해체주의는 '하나의' 性이나 텍스트 내의 차이에 관심을 가짐.

지는 어떤 것이라는 관점을 수용했다. 한 텍스트를 둘러싸고 있는 의미란 텍스트가 생겨난 외적 조건(역사성의 재구)에 의해서가 아니라, 어떤 텍스트로 하여금 페미니스트적 '중요성'을 가지도록 하는 일종의 독서행위를 통해 생성된다는 것이다. 이와 같은 여성적 독해의 유형을 조나단 컬러의 작업에서 살펴볼 수 있다.

> 여성이 한 여성으로서 독해한다는 것은 주어진 동일성이나 경험을 반복하는 것이 아니고 여성으로서 그녀의 정체성과 관련하여 그녀가 추구한 역할을 하는 것이다. 그것은 역시 한 구성체이므로 연속은 계속될 수 있다. 즉 여성으로서 글읽기를 시도하는 여성과 또 다른 여성들 간의 이 불일치는 여성 사이의 혹은 어떤 독서 주체와 그 주체의 '경험' 사이의 간격, 분리를 드러내 주는 것이다.[13]

조나단 컬러는 「여성으로서의 글읽기」에서, 여성으로서의 경험이 독서의 원천임을 강조하면서 '여성독자'의 개념을 추적하고 있다. 컬러는 여성주의 비평을 세 단계로 구별하여 1) 초기단계: 사회적, 가족적 구조에서의 여성의 경험과 독자로서의 자신들의 경험 간에 놓여 있는 연계성 강조, 2) 두 번째 단계: 남성독해의 제한에서 벗어날 수 있는 여성독자의 잠재적 경험에 호소, 여성을 여성으로서 독해할 수 있는 관점과 경험의 확립시도, 3) 세 번째 단계: 현재 통용되고 있는 비평의 질서, 가정, 목표가 가지는 남성권위의 유지와 관련성 여부를 검토하고 그 대안을 각각 탐구하는 것이라고 말한다.

9.2.2 여성이라는 기호, 쾌락 그리고 여성적 글쓰기

프랑스 페미니즘은 프로이트와 라캉J. Lacan의 정신분석학으로부터

---

13) Jonathan Culler, *Reading as a Woman, On Deconstruction*, Cornell Univ. Press, 1982, p. 64.

출발한다. 앞에서 살펴본 바 있는 미국의 해체주의비평이 탈중심화를 지향한 것이었다면, 프랑스 페미니즘 비평은 이러한 지형을 또 다른 방식으로 관철하고자 한다. 이것은 프로이트의 무의식과 라캉의 언어학적 정신 분석이론을 원용한다. 라캉은 성적인 역할을 부여하는 데 있어서의 '자의성'을 강조하면서, 프로이트가 강조한 무의식을 언어학적으로 설명하고 있다.

라캉이 정식화한 한 가지 결론은 "'여자'는 생물학적인 여성이 아니라 기호"일 뿐이라는 사실이다. 그는 이 '기호'의 차원을 벗어나서는 아무것도 이야기할 수 없다고 본다. 궁극적으로 여성은 '유동적'이고 '불안정'한 존재이기에, 모든 물음은 해결될 수 없는 성질을 가진다. 중요한 것은 프랑스 페미니스트들이 이 미해결성에 긍정적인 특권을 부여하고 있다는 점이다. 그리고 이러한 지점에서 '남근-논리 중심적'인 담론에서 벗어나기 위한 전략적 시도가 이뤄진다.

줄리아 크리스테바Julia Kristeva와 루스 이리가라이Luce Irigaray, 엘렌 식수Helen Cixous는 남근숭배적이고 상징적인 모델을 거부하고, 그 대안으로서 여성이 가지는 독특한 '육체적 경험'을 제안한다. 이 가운데서 크리스테바는 라캉의 언어학적 정신분석을 토대로 한 새로운 기호학적 관점을 제시했다. 크리스테바는 하나의 기호로서의 여성을 제기하고 있는데, 이 여성은 아버지의 율법이 만들어 내는 상징적 질서에 대하여 도전하는 데서 의미를 획득한다. 여기서 여성은 어머니로서의 경험이 가지는 긍정적 가치 속에서 검토되고 있다.

식수는 보다 급진적이고 반이론적인 입장에서 여성육체가 가지는 '육체적 충동'에 주목한다. '육체적 충동'은 여성적 언어를 향하며, 궁극적으로는 해방적인 여성적 담론을 창조하는 근거가 된다. 이 해방적인 여성담론은 '여성적 글쓰기eciture feminine'라는 술어로써 제기되어 있다. 여성적 글쓰기의 선언문으로 널리 알려진 『메두사의 웃음』에서 다음과 같은 목소리로 시작되고 있다.

나는 여성들의 글쓰기에 대하여 이야기하고자 한다 : 여성들의 글쓰기가 무엇을 할 수 있는가 하는 점에 대해서, 여성은 그녀 자신을 써야만 한다: 자신의 육체로부터 폭력적으로 추방당해왔던 것처럼, 똑같은 이유에서 동일한 운명적 도달점을 가지고 동일한 법률에 의하여 여성들에 관하여 써야만 하고 그 여성들을 추방당한 글쓰기로 데려가야만 한다. 여성은 그녀 자신을 세계 속으로 역사 속으로 밀어넣는 것과 마찬가지로 그녀 자신의 힘으로 그녀 자신을 텍스트로 삼아야 한다.[14)]

식수와 거의 동일한 출발점을 가지는 또 한 명의 프랑스 페미니스트 비평가가 이리가레이이다. 그는 여성의 신체와 성적 쾌감을 여성의 자기의식 탐구를 위한 출발점으로 삼고 있다. 여성은 '분산'과 '다양성'으로 특징지을 수 있으며, 이 가운데서 "여성은 자기 자신 속에서 끊임없이 타자로 된다"고 보았다. 이리가레이는 여성언어의 특징과 남근중심적인 억압에 대항하는 여성 자신의 '쾌락'을 중시했다.

크리스테바는 여성 속에 내재된 '주변성' 자체가 해방적인 잠재력, 힘을 가진 것으로 생각하고 있으며 따라서 새로운 여성적 담론의 창안은 중요하지 않다. 그러나 이리가레이와 식수는 새로운 여성적 담론의 필요성을 적극적으로 주장한다. 여기에서는 여성의 성욕, 육체, 여성 리비도 등 남성과의 '차이'를 강조하고, 그것을 끊임없이 발견하고 언어화하려 한다. 그들에게 있어서 "몸으로 글을 쓴다는 것은 바로 세계를 재창조하는 것"[15)]이라는 의미를 가진다.

---

14) Helene Cixous, "The Laugh of The Medusa", *Critical Theory since 1965*, edited by H. Adams & L. Searle, Florida State Univ. Press, 1986, p. 309.
15) 앤 로잘린드 존즈, 「몸으로 글쓰기—여성적 글쓰기의 이해를 위하여」, 한국여성연구회 문학분과 편역, 앞의 책, 180쪽.

9.2.3 성차, 이데올로기, 문화생산

앞서 1960년대 이후 페미니즘의 등장이 마르크스주의의 세례를 강하게 받았다는 점을 지적한 바 있다. 특히 미국의 여성주의 문학비평은 마르크스주의의 영향을 강하게 받았다. 미국의 여성주의 문학비평이 가지고 있는 급진성은 여기에서 연유한다. 페미니즘 초기 마르크스주의는 논의범주에서 제외되고 있었다. 마르크스주의 남성이론가들은 여성문제가 계급성이라는 범주 속에 있는 것으로서, 궁극적으로 계급문제로 환원했다. 여기서 여성 예속 혹은 억압은 다른 원인을 가질 수 없는 것이 되고 만다. 이러한 상황에서 급진적 페미니스트들은 여성억압은 계급해방과 경제적 혁명만으로 해결할 수 없음을 주장하기 시작했다. '계급'인가 아니면 '성性'인가 하는 갈림길에서 그들은 성性을 택하고, 성性차별주의를 생산해 내는 '가부장제'에 대한 비판을 적극적으로 전개시켰다.

이러한 흐름은 최근의 '유물론적 여성해방비평'으로 이어졌다. 뉴튼과 로젠펠트는 경제적 모순에 대한 관심과 사상·언어·문화가 여성억압에 작동하는 방식에 대한 관심 속에서 여성문제에 대한 유물론적 분석을 시도했다.

> 유물론적 여성해방비평에서 문학의 사회적 형성과정을 더욱 지속적으로 강조하는 태도는 문학범주 자체를 역사적으로 형성되는 것으로 더욱 일관성 있게 간주하게 할 뿐만 아니라 문학은 광고나 영화와 같은 형태의 담론으로부터 분리해서가 아니라 그것들과의 관계 속에서 보다 고찰되기 쉽도록 한다. 이러한 시각에서 문화생산과 담론을 근본적으로 재검토하는 길이 열리니, 모든 수준의 관념들이 권력체계와의 관련 속에서 고찰되고 문화 — 오늘날은 문화 — 연구는 훨씬 더 광범위한 영역에서 정치적 개입행위의 양식이 될 것이다.[16)]

유물론적 여성비평은 복합적인 차원의 문제인식을 바탕으로 하고 있으며, 정교한 이데올로기론(사상, 언어, 문화의 의미)을 지향하고 있다. 미셸 바레트의 「이데올로기와 문화적 생산」은 포스트모던 비평과 라캉, 푸코의 담론이론에 근거한 이데올로기 개념을 자신의 논리로서 재구성하고 있다.[17] 영국 여성주의 비평의 경우 프랑스 페미니즘과 마르크스주의 이론을 결합한 형태가 많다.

마르크스주의적 내지는 사회주의적 페미니스트로 지칭되는 이 계열의 페미니스트들은 계급정치학과 성차 정치학, 나아가서는 인종정치학 간의 동맹을 추구한다. 경제적인 것의 지위, 이데올로기의 문제들, 미적 가치의 문제들은 이러한 접근방법 내에서 논의된다. 페미니즘을 사회 내의 여성과 남성 사이에 존재하는 권력관계를 변화시킬 것을 지향하는 성性 정치학이라고 주장한 위든C. Weedon의 견해[18]도 이와 유사하다.

9.3 작품비평의 실제

여기에서 부분인용하여 제시하는 권명아의 「근대극복의 기획과 페미니즘」[19]은 배수아의 소설 「건전한 부르주아의 도시」(1998)에 대한 비평을 통해 페미니즘 논의를 전개하고 있다. 권명아는 남성(낮)과 여성(밤)의 세계를 대비하면서, 타락한 근대도시에서 여성의 위치에 대해 회의에 찬 의문을 제기한다. 그러면서, 21세기 한국 여성들은 과연 어디에 서 있는가를 질문한다. 문학 텍스트를 통해 논의를 전개하면

16) 쥬디스 뉴튼, 데보라 로젠펠트, 「유물론적 여성해방비평을 향하여」, 한국여성연구회 문학분과 편역, 위의 책, 58쪽.
17) 미셸 바레뜨, 「이데올로기와 성의 문화적 생산」, 한국여성연구회 문학분과 편역, 위의 책, 197~223쪽.
18) C. 웨든, 이화영미문학회 역, 『포스트구조주의와 페미니즘비평』, 한신문화사, 1994, 9쪽.
19) 권명아, 『맞짱뜨는 여자들』, 소명출판, 2001, 23~26쪽.

서도, 페미니즘에 대한 확실한 자신의 논지를 펼치고 있어 주목할 만한 여성주의 문학비평으로 꼽을 수 있다.

> 나는 20년 동안 도둑이고 창녀고 거지였어요. 이제는 그것보다 더 못해요.[20]

남성상에 의해 질서 지워진 이 건전한 부르주아의 도시에서 여성은 언제나 남성의 영역을 넘보는 도둑이고, 남성적 욕망의 배설장인 창녀이고, 남성적 욕망의 부스러기로 배를 채우는 거지였다. 이제 이 건전한 부르주아의 도시의 파산을 알리는 시대에, 새로운 도시가 건설되고 있다는 이 시대에 여성의 운명은 이와 다른가? "이제는 그것보다 더 못해요"라는 단언적 진술에 이의를 제기할 수 있는 예외적인 여성이 얼마나 될 것인가? 그렇다면 이 건전한 부르주아의 도시의 시민=남성들은 안녕하신가. "이빨도 튼튼하고 시력도 좋고 100미터를 11초에 달릴 수" 있으며 "3년에서 길어야 5년 정도 군대에서 일하고", "머리를 짧게 깎고 몸에 잘 맞는 슈트를 차려입고"[21] 건전한 부르주아의 도시의 일꾼으로 일해 온 시민=남성들은 낮에는 건전한 일꾼이지만 밤에는 불면증에 시달린 채, 꿈 없는 건전한 부르주아의 도시의 밤거리를 헤맨다. 건전한 부르주아의 도시의 시민들이 꿈 없는 잠에 시달릴 동안 그들의 낮의 쓰레기를 치우기 위해 그녀들은 노동한다. 「건전한 부르주아의 도시」에서 이 도시의 건전한 시민인 피리의 꿈속의 여인이던 달은 이제 수많은 피리들의 낮의 배설물을 청소하는 건전한 부르주아의 도시의 밤의 청소부이다. 그녀는 여전히 피리들의 밤을 장식하는 여인들이다. 남성들이 그토록 찾아 헤매는 꿈속의 여인과 남성적 욕망의 쓰레기를 치우기 위해 밤의 도시를 헤매는 여인은 동일한 여성이다. 그녀들은 남성들의 꿈속에서 여전히 마돈나인 동시에 창녀이기 때문이다.

> "난 당신과 다른 종족이오. 다르게 태어났고 다르게 자랐소. 그리고 이제 상

---

20) 배수아, 「건전한 부르주아의 도시」, 『심야통신』, 해냄, 1998, 28쪽.
21) 「건전한 부르주아의 도시」, 앞의 책, 14쪽.

> 당히 다르게 죽게 되겠지, 그러니 나에게 신경쓰지 마시오."[22]

건전한 낮과 꿈 없는 밤으로 이분화된 건전한 부르주아의 도시는 끝없이 "다른 종족"들을 양산하면서도 그들을 건전한 부르주아의 도시 경계 바깥으로 추방하기에 급급하다. 아니 그들은 그 도시 속에서 건전한 일꾼으로 살아가지만 건전한 부르주아의 일원이 결코 되지 못한다. 건전한 낮과 꿈 없는 밤의 강고한 경계 속에서 그들의 피로는 극에 달했다. 밤은 낮을 위해 존재하고 낮은 밤을 위해 존재한다는 말은 건전한 부르주아의 도시의 경제학 교과서에나 나오는 말이다. 이 세계 속의 인간들의 피로는 극에 달했고, 희망은 보이지 않는다.

> 밤이 되면 아늑하고 따뜻한 불빛 아래에 사람들이 각각의 집으로 모여들고 주정뱅이나 변태 성욕자나 주거 부정의 부랑배들이나 광적인 부두교 신자들이나 기생충에 감염된 불면증 환자는 없는 곳이다. 건전한 부르주아의 도시는 블랙 리스트를 자생시키지 않는 구조를 갖고 있다.[23]

이 건전한 부르주아의 도시는 블랙 리스트 따위는 자생시키지 않는다. 다만 사람들은 이유를 알 수 없는 병에 감염되어 아무도 모르게 죽어갈 뿐이다. 이 도시의 시민=남성도 시민≠여성도 결코 이 도시의 주인이 되어보지 못한 채 소멸된다. 그리고 이들의 죽음이야말로 이 도시를 번창하게 하는 생산의 메커니즘인 것이다.

여성이라는 문제를 사유하기 위해 공적 영역과 사적 영역의 분화, 공공/가정의 분화를 재구조화하는 작업은 이제 단지 여성의 문제에 국한되는 것이 아니라 근대라는 큰 틀 속에서 새로운 형식의 역사를 상상하지 않으면 안된다. 이를 위해 페미니즘 이론은 단지 여성이라는 카테고리에 유폐되기를 거부하고 "학문적인 분야에서 지배적인 개념과 맞붙어 싸우"는 실

---

22) 「건전한 부르주아의 도시」, 앞의 책, 19쪽.
23) 「건전한 부르주아의 도시」, 앞의 책, 29쪽.

천을 형성하고 있다. 차이와 평등이라는 근대가 페미니즘에 부과한 의사 문제를 성찰하면서 페미니즘의 새로운 실천을 희망하는 한 페미니스트의 글은 오늘날의 페미니즘의 고민을 첨예하게 보여준다.

> 최근 여성사 연구의 높은 질적 수준에도 불구하고 여성사가 역사학 분야 전체에서는 여전히 주변적인 위치에 머무르고 있다는 사실 속에서 나타나는 모순은, 학문적인 분야에서 지배적인 개념과 맞붙어 싸우지 않는, 또는 적어도 이들 개념이 지니는 힘을 뒤흔들어서 반드시 개념 자체를 변용시키고자 하는 것과 같은 형태로 맞붙어 싸우지 않는 서술적인 접근법의 한계를 분명하게 나타내고 있는 것이다. 여성에게도 역사가 있었다든가 서양 문명의 중요한 정치적 변혁에 여성도 참가했다는 사실을 증명하는 것만으로는 여성사 연구자에게 충분하지 않았던 것이다. 여성의 역사라고 할 경우, 대체로 페미니스트가 아닌 역사학자의 반응은 일단 승인은 하고 그 다음 격리하든가 또는 깨끗하게 잊어버리는 것이었다. '여성에게는 남성과는 다른 역사가 있었다고 하니 페미니스트들에게 여성사를 하도록 하자. 우리는 관계없는 듯하다'. 또는 '여성사라는 것은 성이라든지 가족이라는 것에 대한 연구이니까 정치사나 경제사와는 다른 곳에서 하도록 하지 않으면'이라는 식이다. 여성의 참가에 관해 반응이 있다 해도 겨우 슬쩍 관심을 보이는 정도였다. '여성도 프랑스 혁명에 참가했었다는 것을 알았다고 해도 이 혁명에 대한 내 이해가 변하는 것은 아니다.'[24]

페미니즘이 여성 문제로 환원되는 현실 속에서 여성 문학 연구든 여성 비평이든 여성학이든 모든 여성 학문(문학)은 남성적 세계 속에서 보완적인 역할, 떨어진 이삭줍기 학문(문학)으로 치부되게 된다. 페미니즘이 필요하다는 것을 부정하지는 않지만 나는 페미니스트는 아니다라는 마니페스토가 난무하는 현실은 한국 페미니즘의 문제점을 보여주는 동시에 페미니즘이 당면한 과제를 보여주는 것이다. 페미니즘이 여성의 문제, 여성적

24) 조안 스콧, 앞의 책; 우에노 치즈코, 앞의 책에서 재인용.

차이에 대한 카테고리화를 넘어 학문과 문학 실천의 장에서 지배적인 개념들과 맞붙어 싸우면서 그 개념들을 변용시켜 나갈 때 남성적 질서의 해체를 위한 페미니즘의 상상력은 근대를 탈구축하면서 새로운 역사를 상상하는 어려운 실험을 진행하게 될 것이다.

9.4 여성주의 비평의 문제점

여성주의 문학비평은 급진적이면서 실천적이다. 성차 혹은 여성성에 대한 탐구는 급진적 정치학 없이는 자기 존재의 유지가 불가능한 것인지도 모른다. 여성주의 문학비평이 비평의 관점으로서 지니는 혁명성 또한 여기에 근거하고 있다. 그러나 혁명성 자체가 문학비평을 위협하는 요소가 되기도 한다. 역사적으로 문학이론이 지나치게 정치적·이데올로기적 성격을 지녔음을 비판한 이글턴Terry Eagleton의 견해처럼 여성주의 비평은 "작품에서 성의 이미지를 검토함으로써 문학과 정치를 혼동"[25]하고 있다는 한계를 지닌다.

현재, 여성주의 문학비평은 자기 한계 혹은 범주를 충분히 확정하지 못한 듯하다. 방법론적인 측면에서 여성주의 비평이 공유하고 있는 다원성과 복수성, 그리고 反이론적 성격은 이러한 상황을 더욱 악화시킬 수도 있다. 여성주의 문학비평에 관련된 여러 가지 문제들은 내부에서도 논쟁적이다. 쇼월터는 "우리의 가장 근본적인 원칙들을 남성 중심적인 모델에서 찾는 한 우리는 어떤 새로운 것도 배울 수 없다"고 선언한 바 있다. 그녀의 입장은 "페미니스트 비평은 반드시 그 자체의 주제, 그 자체의 체계, 그 자체의 이론, 그 자체의 목소리를 발견해야만 한다"는 배타적인 이론의 성립을 지향하고 있다.

그러나 페미니스트들은 남성이론가들에 의존하지 않고는 이론을

25) T. 이글턴, 김명환 외 역, 『문학이론 입문』, 창작과비평사, 1995, 244쪽.

전개시키기에 버거워한다. 루스벤은 여성주의 비평가의 배타주의를 거론한 바 있다. 루스벤은 비평의 전통이란 페미니스트들이 무찔러야 할 요새라기보다는, 많은 방이 딸린 건물이며 그중의 어떤 창들은 페미니스트를 향하여 열려져 있다고 보았다. 페미니스트 문학비평은 문학비평의 전통에 마냥 적대적일 수만은 없는 것이다. 오히려 문학비평의 역사와 협력적 관계를 유지하면서도, 역이론화를 통해 남성중심의 제도 비평을 극복할 수 있는 대안적 가치를 창출할 수 있으리라 기대된다.

10장 대화비평과 담론이론

10.1 개관 및 특성

대화비평對話批評은 소비에트의 비평가인 바흐친Mikhail Bakhtin(1895~1975)의 이론에 기반해 형성된 비평이다. 바흐친[1]의 주요 저서들은 1920년대와 1930년대에 출판되었지만, 거의 잊혀졌다가 1950년대 말과 1960년대 초에 이르러 모스크바의 젊은 연구자들에 의해 조명되었다. 그 후 1960년대 중반부터 서구세계에 그의 이론과 저작이 번역되었고, 한국사회에서도 1980년 중반에 소개되어 민족문학론과 리얼리즘론 등에 원용되었다. 1925년부터 만년까지 발표한 수많은 문예 미학적 논문과 저작들은 그의 사후에 더 각광을 받았다.

바흐친은 새로운 단계의 형식주의자나 구조주의자로, 때로는 대화적 소통이론의 한 부류로 이해되었으며, 20세기 후반에는 탈구조주의가 한 세대 이른 선구자로 지칭되곤 했다.[2] 바흐친은 1927년에 『프로이트주의－비판적 개설』을 필두로 1928년 『문예학에서의 포르말리즘 방법－사회학적 시학을 위한 비판적 서설』, 그리고 1929년 『도쓰또옙

---

1) 바흐친의 생애에 대한 자세한 기록은 김욱동 외 편, 『바흐친과 대화주의』(나남출판, 1990, 15~18쪽)를 참조. 본디 그는 러시아 부르주아 집안 출신으로서 페테르스부르크대학을 졸업하였음.

2) 미하일 바흐친, 전승희 외 역, 『장편소설과 민중언어』, 창작과비평사, 1988, 5쪽.

스끼 창작의 제문제』와 『마르크스주의와 언어철학—언어과학의 기본 문제』를 출간했고, 1963년에는 『도스또옙스끼 시학의 제문제』를 거쳐 1965년 『프랑수아 라블레와 중세 및 르네상스의 민중문화』 등 수많은 저작과 논문들을 생산했으며, 이 속에는 그의 문예이론이 충실히 표현되어 있다.

바흐친 문예이론의 의의는 혁명기의 러시아 문학이론들을 변증법적으로 발전시켰다는 것으로 요약할 수 있다. 이것은 주로 형식주의와 마르크스 문예이론의 문제의식을 발전적으로 결합해 냄으로써 형식주의로부터 구조주의와 탈구조주의로 이어지는 길고도 방대한 문예이론의 계보학에 중요한 영향을 미쳤다는 사실을 포함한다.

러시아 형식주의나 구조주의는 초월적·심미적 가치에서 문학성의 원천을 탐색했던 형이상학적 방법론을 거부했다. 그리고 문학 언어 자체를 주요 대상으로 하여 엄밀한 자연과학적 방법론을 통한 과학적 문예 이론을 추출하려 했다. 러시아 형식주의와 구조주의는 언어와 현실의 관계에 대한 인식의 일천함—언어와 사회와의 외적 연관성을 무시하고 언어의 내적 연관성과 그 보편적 체계가 언어의 모든 것을 규정한다는 식의 논리—으로 인해 문학 언어의 진정한 특성을 파악하고자 했던 대의로부터 멀어지고 마는 국면에 이른다.

형식과 내용을 분류하고자 했던 소쉬르 류의 언어학적 경향을 도입했던 형식주의자들의 논의를 바흐친은 질적으로 비약시켰다. '시적 언어'와 '일상적 언어'가 서로 병존한다고 생각한 형식주의자들의 논리에 대해 바흐친은 '시적 언어'와 '일상적 언어' 사이의 대립은 존재하지 않음을 '기능'과 '맥락context'의 개념으로 반박했다. 그리고 그는 언어의 사회적 성격에 초점을 두면서 기호의 사회적이면서 이데올로기적 본질을 강조했다.

바흐친에게 있어서 문학작품은 다양한 후기 구조주의 이론에서와 마찬가지로 의미들이 비개인적인 언어학이나 경제적, 문화적 힘에 의해서 생산되는 텍스트로 인식되지 않는다. 그런데 그와는 반대로 그

의미들은 다수의 목소리, 담론의 양식들이 대화적 상호작용을 벌이는 장소로 인식된다. 이들은 단지 음성적이라기보다는 사회적 현상인 계급, 사회적 집단, 언어 공동체 등의 다양한 요소들에 의해 생산된다. 실제 생활이건 문학에서 재현된 것이건 간에 각각의 언설言說, utterance은 부수적인 요인들에 그 영향력과 의미들을 빚지고 있다. 부수적인 요인들이란 화자話者와 실제적, 또는 예상되는 청자聽者와의 관계, 그리고 하나의 언설이 특정한 언설에 대한 반응으로서 작용한 바 있는 이전의 언설과 맺는 관계를 의미하게 된다.

바흐친의 대화비평Dialogue Criticism에서 최우선적인 관심 장르는 소설이었다. 특히, 그는 소설을 형성하는 목소리들이 저자의 단성적單聲的인 권위를 어떻게 해체시키는가에 관심을 집중했다. 『도스토예프스키 시학의 제문제Problems of Dostoevsky's Poetics』(1929)[3]에서 그는 톨스토이Leo Tolstoy의 독백주의적monologic 소설과 도스토예프스키Fyodor Dostoevsky의 대화 형식dialogic form 소설을 대조했다. 바흐친의 지적에 의하면, 톨스토이의 소설은 작중인물들의 목소리들을 권위적인 담론과 작가의 지배적인 의도에 종속시키고 있는 데 반하여 도스토예프스키의 소설에서 등장인물들은 하나로 통합되지 않는 다성성多聲性, polyphony을 지닌 목소리를 통해 복수성plurality을 말할 자유를 얻고 있다. 바흐친의 견해에 의하면, 독자들은 저자의 말투와 억양을 작품 속에서 분별할 수 있으므로 등장인물들에 대한 내레이터의 보고는 결코 독백적일 수 없게 된다. 따라서 저자의 담론이 작품 속에서 재강화되기도 하고, 교체되는가 하면, 의문을 제기한다는 측면에서 대화적이다.

『라블레와 그의 세계Rabelais and His World』[4]라는 저서에서 바흐친은 현재 여러 분야에서 광범위하게 인용되고 있는 '카니발 양식carnivalesque'이

3) 이 책은 칼 에머슨(Caryl Emerson)에 의해 1984년에 미네소타대출판부에서 번역·출판되었고, 국내에서는 『도스토예프스키 詩學』이라는 제명의 김근식 번역으로 정음사에서 1988년에 출판된 바 있음.

4) M. Bakhtin의 『*Rabelais and His world*』라는 책은 헬렌 이즈볼스키(Hélène Iswolsky)에 의하여 1968년(MIT대출판부)과 1984년(인디애나대출판부)에 각각 영역되었음.

라는 개념을 제시했다. 이 문학 양식은 자유롭게 권위를 비웃고 해체시키는 하위계층의 전복顚覆적 행위에서 나온다. 카니발 속에서는 다양한 목소리들의 혼합이 이뤄지고, 일반적으로는 지극히 신성불가침한 것으로 간주되던 것이 한시적으로 모욕당하며, 사회규범이 상스러운 표현으로 조롱당하는가 하면, 권위에 대한 야유도 허용된다. 축제 기간 동안에 허용된 위계질서의 전도顚倒 행위는 일시적이나마 혁명적 에너지를 분출한다. 바흐친은 고대, 중세, 르네상스 작가들에게서 카니발 양식의 발생을 추적해 나간다. 이를 통해 도스토예프스키의 소설들이 문학 양식적 측면에서 하위계층의 불손하고, 희화적戱畵的이며, 전복적顚覆的인 목소리들을 활용하고 있다고 주장했다.

바흐친은 「소설에서의 담론Discourse in the Novel」이라는 논문에서 소설은 각각의 등장인물과 내레이터의 목소리가 대화적 상호관계를 맺으면서 공인된 사회적 목소리들을 일탈시키고, 갈등을 겪게 한다고 보았다. 소설 자체가 다성적 목소리의 대화적 구성을 특징으로 하는 문학 양식이라는 것이 바흐친의 견해이다. 바흐친은 아리스토텔레스가 『시학』을 통해 "서사양식에서 가장 중요한 구성요소는 플롯이다"라고 주장했던 것에 반대하는 이론을 정립했다. 그는 아리스토텔레스에게는 어법diction의 하위 요소에 해당했던 '담론discourse'이 서사작품에서 가장 중요한 구성요소라고 보았다. '담론'은 일정한 관계를 반영하여 어떤 의미나 관념을 언술로 바꾸어 놓는 행위를 말한다. 바흐친은 '담론'이 목소리들의 잡다한 혼합체, 사회적 태도들, 그리고 적대적일 뿐만 아니라 대립하는 가치들이라고 보았다. 이러한 것들의 결과로서 문학작품은 미해결되고 '열려진 종결open-ended' 형태를 유지하게 된다.

10.2 대화비평의 주요 개념

10.2.1 다성성

바흐친은 도스토예프스키의 소설에서 개방적, 비종결적 특징인 '다성적' 요소를 가장 잘 찾아볼 수 있다고 주장한다. 1920년대에 걸쳐 그는 '다성성多聲性'과 그 반대 개념인 '독백주의'의 두 극단 사이에 장르의 위치를 설정했다. 다성성은 단순히 반대되는 목소리와 관념들이 병치되어 있거나 연속적으로 표현되는 현상 이상의 것을 의미한다. 음악적 메타포를 활용한 이 용어는 동일한 말을 서로 다르게 표현하는 다양한 목소리들이 동시에 들리는 것을 뜻한다. 따라서 동일한 말은 동시에 서로 상이한 가치와 '음의 고저' 그리고 '리듬'을 보여 준다. 바흐친의 이러한 개념설정은 작중인물들이 모든 것을 결정하는 작가의 계획으로부터 어느 정도 자유롭게 해방되어 있다는 의미를 포함한다. 다시 말해서 작중인물은 작가가 일찍이 추측하지 못했던 것을 말하고 행한다. 이를 통해 작품이 본질적으로 비종결성을 보여 주며 열려 있음을 드러내려 한다.[5] 바흐친은 도스토예프스키의 소설을 평하는 자리에서 다성적 특징을 다음과 같이 설명했다.

> 독립적이며 융합하지 않는 다수의 목소리들과 의식들, 그리고 각기 완전한 가치를 띤 목소리들의 진정한 다성악(polyphony)은 실제로 도스토예프스키 소설의 핵심적인 특성이 되고 있다. 그의 작품에서 전개되고 있는 것은 한 작가의 의식에 비친 단일한 객관적 세계에서의 여러 성격들과 운명들이 아니라, 동등한 권리와 각자 자신의 세계를 가진 다수의 의식들이 각자 비융합성을 간직한 채로 어떤 사건의 통일체 속으로 결합하고 있는 과정이다. 주요한 주인공들은 실제로 예술가의 창조적 구상 속에서 작가

---

5) Caryl Emerson & Gary Saul Morson, 「바흐친의 문학이론」, 金旭東 편역, 『바흐친과 대화주의』, 나남출판, 1990, 73~74쪽.

> 가 하는 말의 객체가 될뿐더러 독자적이고 직접적으로 의미하는 말의 주체가 되기도 한다.[6]

문학의 다성성은 일견 작품의 작중인물, 즉 성격 형성에서만 일어나는 것같이 보일 수 있다. 하지만 작품의 어느 한 요소에만 국한되지 않고 거의 모든 요소에 다 같이 적용된다. 즉 그것은 작중인물과 밀접한 관련을 맺고 있는가 하면, 작품의 플롯과 구성 그리고 주제나 이데올로기와도 밀접한 관련을 맺고 있다. 그런가 하면 다성성은 작품의 언어와 스타일의 문제에 있어서도 매우 중요한 의미를 지닌다.[7]

10.2.2 대화주의

바흐친의 대화주의Dialogism를 이해하기 위해서는 우선 그의 '타자他者' 혹은 '이타성異他性'의 개념을 파악할 필요가 있다. 이 두 개념은 그의 사고를 지배하는 개념으로 그의 연구를 이해하는 열쇠를 제공한다. 타자의 존재는 창조적 행위의 주체로서 인간적 개념의 성립에 결정적인 역할을 하는데, 그 이유는 하나의 존재에 대한 이해는 그를 타자와 잇는 관계의 망 속에서 이해할 수 있기 때문이다. 타자는 이처럼 개인적인 의식의 형성에 필연적인 요소가 된다. 타자와의 관계를 떠나서는, 거울 앞에서도 혹은 자화상을 그리면서도 주체는 자기 자신에 대한 총체적인 영상을 만들어 낼 수 없다. 하나의 개인을 타자와의 연관 속에서 파악하는 이러한 태도는 이후 바흐친 문학이론의 대명사처럼 거론되는 '대화주의'의 원천이 된다.

바흐친의 대화성 연구는 도스토예프스키의 연구 속에서 구체적으로 이론화된다. '대화적 단어', '대화적 담론'이라는 바흐친의 개념은 역사적, 사회적 주체가 현현하는 다성성의 인식이다. 하나의 담론은

6) M. M. Bakhtin, 김근식 역, 『도스토예프스키 詩學』, 정음사, 1988, 11쪽.
7) 金旭東, 『대화적 상상력』, 문학과지성사, 1988, 166쪽.

상이한 절차들 속에서 동시적으로 존재하는 '복수적', '복합적'인 '나'를 드러내며, 이들 복수적인 말하는 주체, 분할된 주체가 담론 속에서 대립한다. 하나의 담론 속에는 내가 있고 수많은 타인이 있다. 그러므로 대화이론은 담론 속애서 늘 타자의 담론을 발견하게 된다. 여러 가지 목소리가 동시에 울리는 이 같은 담론은 당연히 고정된 의미를 가지지 않으며, 고정된 의미의 형성은 늘 타자들의 목소리에 의해 방해받는다. 또한 고정된 의미를 받쳐 줄 고정된 주체도 없으며, 고정된 목소리를 들을 일원화된 수신자도 없다. 이러한 점 때문에 바흐친의 개념들은 후기 구조주의와 해체주의에 영향을 미쳐, 중요한 이론적 토대로 활용될 수 있었던 것이다.

바흐친의 대화이론은 토도로프Tzvetan Todorov, 크리스테바Julia Kristeva에 이르러서는 '상호텍스트성intertextuality'[8)]으로 발전한다. 텍스트들 사이의 모든 가능한 상호 연관관계를 지칭하는 상호텍스트성은 이미 인용, 표절, 복사, 모방 등과 관련한 논의를 통해 현대인에게 익숙한 형태로 알려져 있다.[9)] 바흐친의 대화이론 또한 '타자화他者化'는 탈식민주의 전략에도 폭넓게 원용될 가능성을 지니고 있다. 유럽과 같은 제국주의에 의해 '타자화된 식민지 주체들'에 관한 연구나, '타자화된 주체들'이 새로운 타자를 형성하는 이중 식민지에 관한 논의[10)]에서 바흐친 이론의 활용 가능성은 열려 있다.

---

8) 바흐친을 프랑스에 소개하는 데 크게 공헌한 토도로프는 '다성성'이나 '대화성'이라는 용어 대신에 '상호텍스트성'이라는 용어를 사용하였음. 원래 이 용어는 줄리아 크리스테바에 의해 처음 사용된 술어로서 어느 한 문학 텍스트가 다른 문학 텍스트와 맺고 있는 상호 관련성을 가리키는 말임. 토도로프의 주장대로 '대화성'이나 '다성성'이라는 용어는 그 의미가 너무 포괄적인 것은 사실이지만, '상호텍스트성'이란 용어는 바흐친의 대화 이론을 너무 지나치게 문학 텍스트의 문제에만 국한시키는 것 같은 인상을 주기도 함.

9) 최현무, 「미하일 바흐친과 후기 구조주의」, 김욱동 편, 『바흐친과 대화주의』, 문학과지성사, 1995, 252쪽.

10) Graham Pechey, 「대화주의와 탈식민화」, 윤효녕 역, 『바흐친 문화이론』, 여홍상 편, 문학과지성사, 1995, 106쪽.

10.2.3 카니발 이론

카니발Carnival은 창조적 파괴 정신과 생명력을 소생시키는 패러디의 활력에 대해 바흐친이 명명한 용어이다. 그의 정의에 의하면 카니발 문학은 "갖가지 형태의 카니발적 민간설화(고대 및 중세의)의 영향을 직·간접적으로 혹은 얼마간의 매개물을 통해 받았던 문학"[11]을 의미한다. 『라블레와 그의 세계』를 비롯한 저서에서 그는 소설이 카니발 정신을 가장 잘 표현하는 고급 문학 장르라고 기술하였다.

> 카니발은 진정한 시간의 축제이며 생성과 변화와 재생의 축제였다. 그것은 불멸의 영원성을 부여받고 완전하게 된 모든 것에 대해 적대적인 입장을 취한다.[12]

카니발은 개방적인 것, 불완전한 것, 비종결적인 것을 높이 평가한다. 이런 의미에서 그의 카니발 이론은 '다성성' 개념과 매우 밀접한 관계를 맺고 있다. 실제 현실에 특정한 카니발들(축제들)이 비록 이런 정신을 구현하지 못한다고 하더라도, 카니발의 참가자들은 평범하고 단조로운 일상생활 속에 침투하여 그것을 조롱한다. 카니발은 자유와 평등이 지배하는 세계이다. 바흐친은 "카니발이 벌어질 때면 일상적 생활의 질서와 체계를 규정짓는 구속, 금기, 법칙들이 제거된다. 무엇보다 먼저 위계질서와 거기에 관련된 공포, 경건, 예절 등의 형식이 제거된다. 즉 사회적·계급적 불평등이나 연령의 차이를 포함하여 그 밖의 불평등과 연관된 모든 것이 제거됨을 말한다. 또 사람들 사이에 놓여 있는 거리도 모두 제거되고 카니발 특유의 카테고리인 자유롭고 스스럼없는 사람들 간의 접촉이 효력을 발생하게 된다"[13]라고 했다.

---

11) M. M. Bakhtin, 김근식 역, 앞의 책, 160쪽.
12) M. M. Bakhtin, *Rabelais and His World*, trans., Hélène Iswolsky, Bloomington: Indiana University Press, 1984, p. 10.

이러한 바흐친의 카니발 개념은 그의 그로테스크 리얼리즘 미학과 밀접한 관계를 유지하고 있다. 그로테스크 리얼리즘은 바흐친에 의해 라블레를 분석하는 가운데 제기되었다. 그로테스크 리얼리즘의 특징은 물질적이며 육체적인 원칙, 비하의 원칙, 재생의 원칙으로 나타나고 있다. 그 특징들은 포스트모더니즘의 개방적이고 불완전하고 비종결적인 성격으로 이어지고 있다.

그로테스크 리얼리즘의 첫 번째 특징인 물질적인 육체원칙은 인간의 신체, 그리고 신체 기능에 관한 원칙을 말한다.

> 이렇게 볼록하게 튀어나온 부분과 구멍이 난 부분은 한 가지 특징을 지니고 있다. 바로 이런 영역 안에서 자기 신체와 다른 사람의 신체 그리고 신체와 세계 사이의 장벽이 허물어져 버린다. 즉 여기에서는 상호 교환과 상호 작용이 존재하는 것이다.[14]

인간의 신체 중에서도 특히 코, 입, 젖가슴, 성기, 항문, 창자, 배와 같이 주로 신체에 돌출되어 있거나 구멍이 나 있는 부위가 중요하게 다뤄진다.

그로테스크 리얼리즘의 두 번째 특징인 비하의 원칙은 권위적이고 도덕적인 것, 혹은 잘난 척하고 엄숙한 체하는 것을 우스꽝스럽게 만들고 비천하게 격하시켜 조롱하는 것을 말한다. 이는 민중연극, 재담, 속요, 중세와 르네상스를 거쳐 축적되어 온 풍자문학의 전통과 연결되어 있다.

그로테스크 리얼리즘의 세 번째 특징인 재생의 원칙은 이러한 육체의 원칙과 비하의 원칙을 거친 웃음을 통해 민중들이 현실을 이길 수 있는 힘을 얻는 것을 말한다. 그로테스크 리얼리즘을 통해 빈약한 정신을 야유당하고, 생명을 낳을 수 있는 몸과 그 생식력이 중요하게 떠

---

13) M. M. Bakhtin, 김근식 역, 앞의 책, 181쪽.
14) M. M. Bakhtin, op. cit., p. 317.

오른다.[15]

카니발 세계관의 특징도 크게 세 가지로 정리해 볼 수 있다. 첫째, 카니발적 세계관은 자유와 평등이 지배하는 세계를 지향한다. 둘째, 집단적이며 민중적이다. 셋째, 변화와 다양성을 추구한다.[16] 바흐친은 카니발 특유의 논리를 가리켜 '유쾌한 상대성'[17]이라 부르고 있다. 이런 유쾌한 상대성의 논리에서는 모든 것이 서로 뒤바뀌고 역전되기 마련이다. 왕이 노예가 되고 현자가 바보가 되며 부자가 거지가 된다. 또한 현실과 공상, 천국과 지옥의 구별이 해체되며 성스럽고 경건한 모든 것들이 조롱당하고 더럽혀진다.

'차이'로써 모든 것을 분석한 정적靜的인 구조주의, 그리고 여기서 한 걸음 나아가 차이의 끝없는 자리바꿈을 보여 주고 의미의 부재를 논한 후기 구조주의는 "어떻게 말하고 쓰느냐는 어떻게 생각하느냐의 흔적"이라고 생각했을는지 모른다. 그러나 바흐친은 여기에서 또 한 걸음 나아가 그것은 "흔적일 뿐 아니라 어떻게 상호 접촉하느냐"라고 덧붙인다. 인식 주체란 결코 고립할 수 없는 상호의존적인 응답 가능성이요, 대화적 상상력이기 때문이다. 따라서 그의 이론은 문학의 사회성에 바탕을 두고 있으며, 그것은 분열과 모순을 축복하는 카니발적 약호略號라 할 수 있다.[18] 바흐친의 이론은 문학 텍스트의 개방성을 보장한다. 뿐만 아니라, 문학을 단순히 심미적 대상에 국한시키지 않고, 인간의 역동적 삶과의 관련 속에서 파악할 수 있게 해 준다.

---

15) 미하일 바흐찐, 이덕형·최건영 역, 『프랑수아 라블레의 작품과 중세 및 르네상스의 민중문화』, 아카넷, 2001, 738~739쪽 참조.
16) 김욱동, 앞의 책, 240~241쪽.
17) M. M. Bakhtin, 김근식 역, 앞의 책, 160쪽.
18) 권택영, 「카니발의 의미」, 김욱동 편, 『바흐친과 대화주의』, 나남출판, 1990, 277쪽.

10.3 작품비평의 실제

이경수의 「이중적 목소리, 또는 혼효하는 타인의 말」[19]은 김행숙의 연작 시 「귀신이야기」를 바흐친 이론을 원용해 비평하고 있다. 이경수는 김행숙 시인이 '타인의 말'을 끌어들여, 시에 다성성을 가미했다고 본다. 시의 다성성을 통해 시인은 '경직된 고정관념'에 항거해 '사물을 낯설게 보려' 한다는 것이 이경수의 견해이다. 이 비평문은 바흐친의 이론을 갈무리한 채 전개되고 있어 참고할 만하다.

1999년에 『현대문학』으로 등단한 김행숙은 등단 이후 거듭되는 변신을 통해 개성 있는 자기 목소리를 찾아가고 있는 시인이다. 특히 최근에 발표된 「귀신이야기」(『현대시학』, 2000.9) 연작시는 독특한 발화 형식을 보여주고 있어 주목된다.

하루에 두 번, 五臟六腑를 운행하는 협궤열차가 있다고 말해준 건 상고머리의 여자귀신이다. 귀신도 사기를 치는가? 그녀와 나는 사이좋게 지내지만 그녀가 말하길,

너는 십 년 만에 비춰보는 내 거울이야. 난 그때 네가 꼭 죽을 줄만 알았는데, 그래서 유감없이 탈출했는데, 같이 죽기에는 피차 지겨웠으니깐, 이해해?

이해할 수 있겠는가? 어떤 기억이 이런 식으로 복구된다니! 그녀에게 철썩, 붙어서 도망친 파도들이 막 밀려올 때, 괜찮다고 괜찮다고 나는 누구를 향해서 웅얼대는 것일까?

기차가·····기차가·····기차가·····푸른 새벽에 기차가·····

어쩌면 정말 괜찮은 것인지도 모른다. 나는 그녀와 사이가 좋지 않은가? 십

19) 이경수, 『불온한 상상의 축제』, 소명출판, 2004, 49~53쪽.

년 사이에 나는 아무것이나 용서하는 법을 배웠는지도 모르겠다. 그녀가 말하길,

너는 십 년 만에 비춰보는 내 거울인데, 거울아, 거울아, 앞만 보면 세상은 화려강산이니? 거울집은 칠흑인데, 나의 外道가 너를 살렸니? 문득, 뒤돌아서서 뭔가 보아야 할 게 있다고

아, 길을 놓쳤다고 느낄 때, 너는 뭐 했니? 하루에 두 번, 五臟六腑를 통과하는 협궤열차를 놓치고 너는 엑스레이만 찍었니? 그냥 싸르르 지나가는 복통이었니? 나는 정말 없었니?

—김행숙, 「귀신이야기 1」

화자인 나에게 어느 날 "상고머리의 여자귀신"이 말을 건넨다. 귀신의 말은 처음에는 "그녀가 말하길,"이라는 표지와 함께 인용된다. "그녀가 말하길,"이라는 인용 표지가 없었다면 따옴표가 빠진 직접 인용의 말은 대화와 구분되지 않았을 것이다. 이 시에서 귀신의 말을 끌어들이는 방식은 매우 독특하다. 따옴표가 없다는 점에서는 간접인용의 방식을 연상시키고, 인칭의 사용은 직접 인용의 형식을 띠고 있다. 사실 "그녀가 말하길"이라는 표지가 없었다면 귀신의 말과 화자의 말을 달리 구분할 길은 없다. 바흐친의 용어를 빌리면 '타인의 말'이라고 할 수 있는 귀신의 말을 이처럼 독특한 방식으로 화자가 끌어들이는 데는 그럴 만한 이유가 있다. 그것은 귀신의 정체를 해명함으로써 밝혀질 것이다.

귀신의 말에 따르면 화자는 "십 년만에 비춰보는" 자신의 거울이다. 귀신은 다름 아닌 화자의 분신이다. 십 년 전, 아마도 화자가 상고머리를 하고 있을 적의 모습을 귀신은 하고 있다. 십 년 만에 불현 듯 떠오른 자신의 낯선 모습 앞에 당혹스러움을 느껴본 경험이 누구에게나 있을 것이다. 무슨 이유에선지 오랫동안 잊혀져 있던 기억의 한 컷이, 마치 꿈 속의 한 장면처럼 떠오른 순간의 낯섦에 대해 이 시는 말하고 있다. 어떤 기억이 이런 식으로 복구되다니! 뭉텅 잘려나간 시간의 공백을 뚫고 솟아오른 기억 속의 한 장면을 "기차가 …… 기차가 …… 기차가 …… 푸른 새벽에 기차가……"라는 발화는 적절히 표현하고 있다. 사라진 기억 사이로 솟아오른

낯선 기억 한 조각은 그게 '나'라고 주장하지만, 받아들이기는 쉽지 않다. 여기서 시인의 상상은 새롭게 전개된다. 나의 분신이라고 주장하는 낯선 이는 어쩌면 십 년 전 나에게 들러붙어 있다가 떨어져 나간 귀신일지도 모른다. 그리고 어쩌면 사라진 기억, 즉 "나(귀신)의 外道"가 나 자신을 살렸을지도 모른다는 생각에 빠져든다. 생각해보면 우리는 얼마나 많은 기억을 잊고 살아가는가. 우리 주위엔 얼마나 많은 귀신이 배회하고 있는가. 기억 상실이 지금의 나를 있게 했을지도 모르지만, 아무것도 비추지 못하는 칠흑 같은 거울집 속의 거울을 나라고 할 수 있을 것인가. 자신의 엑스레이 사진 앞에서 낯섦을 느껴보지 않은 사람은 없을 것이다. 잃어버린 기억 한 조각이, 내 것이 아닌 것처럼 불현듯 솟아올랐을 때의 당혹감을 시인은, 낯선 뼈만 찍힌 사진을 들이대고 나라고 할 때 느꼈던 당혹감에 비유한다. 그러므로 나를 찍은 엑스레이에, 사라진 기억의 저편에 대고 이렇게 묻는다. "나는 정말 없었니?" 그것은 화자의 물음인 동시에 귀신의 물음이기도 하다. 내 말 속에 섞여 들어온 귀신의 말—타인의 말—을 나의 말과 구분할 길은 없다. 귀신이 다름 아닌 나이듯, 따지고 보면 우리가 하는 말은 모두 타인의 말이기도 하다. 김행숙의 시는 독특한 방식으로 화자의 말과 타인의 말의 경계를 무너뜨린다. 고정된 주체, 고정된 대상이란 없다. 이들 사이의 관계가 있을 뿐이다.

악몽에 눌린 남자를 악몽 바깥에서 흔든다. 요람을 흔들 듯이

아가야, 무서워하지 마, 내가 너무 무서워지잖니. 그런데
여기는 정말 남자의 바깥일까? 나는 왜 인간들의 악몽에 자주 불려 다니는 걸까?
어, 어, 어, 그가 門을 연다. 저 이빨 가득한 통로가 나는 무섭다.
나는 그를 꿈 없이 재워주고 싶다. 남자의 바깥에서
나는 안으로 들어가기 위해 미끄러지는 것이다. 눌려 있는 이 남자의 표면은 푸른 빛 으시시 도는 빙판이다. 나는 다시 엉덩방아를 찧은 것이다.

빙판 밑에 그가 키우는 사나운 물고기들은 진화하지 않는다. 나는 단순히 그의 먹이그물 內를 구경하는 자인가, 아귀인가? 귀신은

강 건너에 있지 않다. 악몽에 눌린 남자의 水深을 나는 아직도 모르는 것이다. 피를 본 물고기는 내게도 덤빈다.

아가야, 무서워하지 마. 내가 너무 무서워지잖니. 그런데

무서우니 싸운다. 전쟁은 아무것도 생각하지 않게 해 준다. 전쟁은 꿈을 없애는 방법의 하나다.

쩍쩍 그가 갈라진다. 그는 악몽 바깥으로 나가려고 한다. 그런데

바깥은 정말 악몽 바깥일까? 나는 약간 우울해진 물고기들과 조금 더 악몽 內에서 흘러다니기로 한다. 그가 머리를 흔든다.

—김행숙, 「귀신이야기 4」

김행숙 시인의 관심은 경계 무너뜨리기에 있다. 안과 바깥이 분명히 나뉜다는 생각, 고정된 경계를 인정하는 태도에 대해 시인은 시비를 건다. 「귀신이야기 4」에서 화자인 귀신은 1인칭 주인공 시점인 '나'로 통일되어 있는 것처럼 보이지만, "악몽에 눌린 남자"에게 말 건네는 '나'와 그를 관찰하고 자신의 내면을 진술하는 내성적 화자인 '나'는 동일하지 않다. 화자가 달라지는 것은 아니지만 화자의 태도가 달라지고 그에 따라 화자가 말하는 대상, 즉 청자가 달라짐으로써 악몽에 눌린 남자에게 말 건네는 화자의 말이 타인의 말처럼 읽히는 효과를 유발한다. 화자가 말 건네는 청자는 때로는 남자가 되기도 하고 때로는 텍스트 바깥에 있는 독자나 화자 자신이 되기도 한다. "악몽에 눌린 남자를 악몽 바깥에서 흔"들던 귀신은 "바깥은 정말 악몽 바깥일까?"라는 질문을 던진다. 그는 마침내 "악몽 內"에서 좀더 "흘러다니기로 한다." 이 시에서 시인은 안과 바깥을 엄밀히 나눌 수 있을 것인가라는 질문을 통해 우리의 고정 관념을 뒤흔들고 있다. 흥미롭게도 시인이 의도적으로 선택한 '內'라는 한자는 입구가 터져 있어서 어디가 안이고 어디가 밖인지 구별이 모호하다. 그런가 하면 인간의 꿈에 불려 다니

는 귀신이, 입을 벌려 괴로운 비명을 지르는 인간을 가리켜 오히려 무섭다고 한다. 전복의 시선을 통해 시인은 우리의 고정관념을 해체한다.

김행숙 시인이 자신의 시에 타인의 말을 끌어들여 화자의 말과 뒤섞어 버리는 방식을 즐겨 사용하는 이유는 경직된 고정 관념에 대해 항거하기 위해서이다. 주체와 타자를 나누는 경계, 안과 바깥을 나누는 경계가 사실은 고정된 것이 아니라 배치에 따라 달라질 수 있고 동요할 수 있는 것이라는 점을 시인은 보여 주고 싶어한다. 어떤 각도에서 보느냐에 따라 사물은 익숙하게도 낯설게도 보인다. 김행숙 시인이 뒤흔들어 놓은 고정관념을 통해 우리는 한결 유연해진 세상을 만날 수 있다. 시인이 시도하고 있는 독특한 화법 실험은 동일자의 목소리로 환원된다고 믿었던 화자에 대한 고정 관념을 재고할 것을 요청한다.

10.4 담론이론談論理論

10.4.1 담론의 개념과 성격

인문과학뿐 아니라 사회과학 분야에서도 자주 등장하는 개념인 '담론談論, discourse'은 그 적용 대상의 다양함만큼이나 용례도 천차만별이다. 이 담론은 바흐친의 중요 개념이기도 하지만, 그 밖의 여러 문학 분야에 필요한 비평이론이므로 자세한 검토가 필요하다. 'discourse'의 역어인 '담론'은 담화談話, 언술言述, 담술談述 등으로 번역되기도 하는데, 후자의 용어들(담화·언술·담술)은 주로 발화된 문장의 의미론을 추구하는 언어학과 관련된 사항에 속한다.

담론비평은 그 성격상 학제적學際的이며 간학문間學問적인 특징이 있다. 따라서 이 방법은 기본적으로 소쉬르의 기호학에서 논의의 기초를 풀어나가고 있고 '담론구성체discoursive formation'와 같은 개념 설정에서는 구조주의와 밀접하게 관계를 맺고 있으며, '주체subject'와 '이데올로기ideology' 생산 문제에 와서는 프로이트S. Freud와 라캉J. Lacan 등의 정신분석학에 기대기도 한다. 이러한 이유로 '담론'이라는 용어를 구조주의 비평이나 정신분석학적 비평에서도 어렵지 않게 찾아볼 수 있다. 그렇지만 기호학이나 구조주의, 그리고 정신분석학은 담론비평에서는 지극히 제한적으로 원용될 뿐이다. 왜냐하면 담론비평에서 언어는 정태적이고 공시적인 대상이 아니라, 갈등과 투쟁으로 얼룩져 있는 물질적 대상이다. 담론비평은 자본주의적 계급 사회 속에서 이데올로기를 생산하는 거시적 담론구성체의 역동성을 주관하는 물질적 대상을 주로 취급한다.

'담론'이란 용어는 원래 불어의 'discours'를 영어로 번역한 'discourse'를 우리말로 번역한 것이다. 이 말은 라틴어의 'discurrere'를 어원으로 하며, 그 의미는 '전후' 혹은 '이리저리 달리는' 운동이었다고 한다. 정정호에 의하면,[20] 이 운동이란 말은 변증법적이며 반논리적인 성격을 갖는다고 한다. 담론은 사전적으로는 '담화談話하고 의논議論하는 것'을 가리켰으나, 이제는 포괄적이면서 정치·문화·사회에서 특별한 의미를 갖는 용어로 자리잡게 되었다.

이런 '담론'에 대한 본격적 관심은 1968년 봄의 프랑스에서 시작되었다. 서구의 사회변화에 대한 기존의 지적 대응방식을 반성하고 새로운 돌파구를 마련하는 과정에서 일어난 것이다. 마침 1960년대의 프랑스에서는 구조주의에 의한 언어나 기호학에 대한 관심이 고조되었고 이런 풍조가 인문·사회과학 전 분야에 확산되었다. 그 후에 담론은 기호학, 정신분석학, 마르크스주의, 페미니즘, 해체비평, 신역사주의 등에 상호연관되어 활발히 논의되어 왔다. 그중에 바흐친보다 뒤늦은 논의이기는 하지만, 푸코M. Foucault가 1970년대에 교수 취임 논문으로 강연한 「담론의 질서」가 주목할 만하다. 푸코는 이 논문에서 지식의 생산과 형성, 권력의 체계 및 행사에서 담론과 권력은 구분하

20) 정정호, 「담론」, 『현대비평과 이론』, 1993년 가을·겨울호, 291~294쪽.

기 어려운 대상이라는 견해를 피력했다.

프랑스를 중심으로 거세게 일고 있는 기호학적 비평은 문학작품을 세계와 단절되어 있는 내적 완성체인 기호의 체계로 간주함으로써 문학의 대사회적對社會的 실천 양상을 도외시한다. 반면에 담론비평은 텍스트를 담론과정 그 자체로 본다. 즉, 역사적·사회적으로 규정된 이데올로기의 생산 과정에서 텍스트는 주체와 지배적dominent 이데올로기 간의 치열한 투쟁의 장場, field이 되며, 이에 개입하는 것이 담론비평의 영역인 것이다.

10.4.2 담론이론과 바흐친

담론비평의 이론적 원류는 소쉬르의 구조언어학에 반기를 든 바흐친에게서 찾을 수 있다. 바흐친이 프랑스 학계에 소개된 것은 '텔켈Tel Quel 그룹의 일원인 크리스테바Julia Kristeva의 첫 저서 『세미오티케: 기호분석을 위한 연구』(1966)에 수록된 「단어, 대화 그리고 소설」이라는 논문을 통해서이다. 이후로 바흐친의 주요 저서 및 논문들이 번역되고, 특히 토도로프에 의해 그의 전기적 자료들이 체계적으로 정리되면서 유럽의 인문, 사회 과학에 폭넓게 수용되기 시작한다.[21] 바흐친의 저서들 중에서 담론비평에 직접적인 영향을 준 것으로는 우선 『마르크스주의와 언어철학』을 들 수 있다. 프랑스와 한국에서는 바흐친이 수용되면서 포스트모더니즘의 선구자나 기호론의 전범典範으로 해석되는 경향이 있다. 이는 많은 문제점을 내포하는 수용이라고 볼 수 있다. 왜냐하면 바흐친의 이론은 적어도 1960년대의 구조주의와 모더니즘 전통, 더 나아가서 포스트모더니즘 계열과는 무관하기 때문이다.[22]

한편 바흐친을 소박한 인민주의자로 규정하여 이론의 한계를 강조

21) 최현무, 「미하일 바흐친과 후기 구조주의」, 김욱동 편, 『바흐친과 대화주의』, 나남출판, 1990, 244~245쪽.
22) 이득재, 「바흐친의 유물론적 언어이론」, 『문화과학』, 1992년 겨울호, 86쪽.

하는 경향도 본질을 잘못 인식한 데서 오는 오류에 속한다. 바흐친은 레닌과 스탈린 등의 단순한 반영론적 언어관에 반기를 들었으며, 현대비평 이론의 전개에 적지 않은 공헌을 했기 때문이다. 바흐친은 1) 마르크스주의가 해결하지 못하고 넘어간 언어 문제를 본격적으로 거론했고, 2) 언어를 이데올로기, 물질성, 계급투쟁과 분리시키려는 일체의 언어론에 맞섰으며, 3) 담론은 이데올로기 투쟁과 아무런 관계가 없다고 하는 부르주아 이데올로기에 대항하여 언어가 왜 이데올로기 투쟁에 영향을 끼칠 수밖에 없는가를 보여 주었다.[23] 이러한 면에서 바흐친은 언어의 계급투쟁을 부정하는 푸코와, 언어의 물질성을 부정하는 힌디스Barry Hindess와 허스트Paul Hirst[24]와도 매우 먼 거리에 놓여 있음을 알 수 있다.

'담론discourse'이라는 용어는 현재 다양한 학문 분야와 사상 조류에서 각기 다른 목적과 개념으로 광범위하게 사용되고 있기 때문에 획일적으로 정의하기가 매우 곤란하다. 이 이론은 언어학에서 사용하는 개념과 후기 구조주의 및 기호학에서 채택하는 의미로 크게 양분해 볼 수 있다. 우선 언어학에서 '담론'이라는 용어는 '문장보다 덩어리가 큰 언어적 진술'을 가리킨다.[25] 그러나 후기 구조주의와 기호학에서 사용하는 '담론'의 의미는 '언어'라는 명사가 흔히 하나의 사물을 의미하는 것으로 보이는 데 반해 하나의 행위개념으로 인식된다. 이에 따라 '담론'은 사고와 커뮤니케이션의 상호작용이라는 의미를 넘어 '의미들을 만들고 재생산하는 사회적 과정'이라는 개념을 획득한다. 담론들은 사회적, 역사적, 제도적 구성체의 산물이고 의미는 이러한 제도화된 담론에 의해 산출된다. 그와 함께 어떠한 언어체계든 그것이 산출

---

23) 위의 글, 87쪽.

24) 강내희, 「언어와 변혁—변혁의 언어모델 비판과 주체의 '역동일시'」, 『문화과학』, 1992년 겨울호, 20쪽. 이들 힌디스와 허스트 같은 언어 모델론자들의 담론이론에 의하면 담론적 실천 이외의 실천에 대해서는 관심을 보이고 있지 않으며 특히 담론 외적인 세계가 담론을 규정할 가능성에 대해서는 관심조차 기울이지 않음.

25) 박명진 편, 『비판커뮤니케이션과 문화이론』, 나남출판, 1994(2쇄), 78쪽.

해 낼 수 있는 잠재적으로 무한한 의미들은 늘 주어진 시·공간에서 주도적인 사회적 관계의 구조에 의해 한정되고 고정화된다.

10.4.3 담론의 갈래와 담론비평

보통 불어권에서 논의되고 있는 담론이론은 크게 네 학파로 구분할 수 있다.[26]

① 라캉(Jacques Lacan)과 크리스테바(Julia Kristeva)를 중심으로 이루어지는 심리분석학적인 이론으로서 프로이트의 심리학과 소쉬르의 구조주의 언어학에 근거하여 인간 심리와 언어구조의 동일성에서 출발하는 이론이다.

② 데리다(Jacques Derrida), 후기의 바르트(Roland Barthes)와 해체주의자 만(Paul de Mann)을 중심으로 구성된 학파를 들 수 있다. 이 학파는 통일성, 정체성을 주장하는 철학에 대한 비판에서 출발하여 차이점을 구성하는 이론을 연구, 적용 가능성을 모색하고 있으며 마찬가지로 언어학적 인식에 바탕을 두고 있다.

③ 푸코(Michel Foucault)에 의해 주창되는 담론이론인데, 이 이론은 지식과 담론의 계보학적 분석과 공시적 담론의 비판을 방법으로 제시한다.

④ 알튀세르의 이데올로기 이론에 심리학과 언어학을 적용함으로써 발전된 담론이론을 펼친 페셰(M. Pêcheux)의 경우를 들 수 있다.

이들은 서로 상당한 견해 차이에도 불구하고 이론상의 공통점을 지니고 있다. '근원이 목적이다'라고 집약할 수 있는 의미 재구성(해석작업)을 근본적 출발점 및 종착지로 인정하려는 '해석학적' 입장에 대한

---

26) 이지은, 「'담화이론'의 조류와 문예이론과의 관계」, 『지식과 권력』, 한울, 1991, 5~6쪽. 이 글에서 저자는 라캉, 데리다, 푸코 등의 세 가지 조류로 정리하고 있음. 그러나 여기에 알튀세르의 이론을 발전시킨 페셰의 담론이론을 하나 더 첨가시켜야 정확한 분류가 될 것임.

전면적 거부가 그것이다.

담론이란 여러 문장들이 연속된 질서를 형성하는 방식, 즉 이질적이면서 동질적인 하나의 전체에 참여하게 되는 방식을 구체적으로 밝혀 주는 용어이다. 또한 여러 문장들이 담론의 형태로 결합되어 하나의 개별 텍스트를 이루듯이, 텍스트 자체는 다른 텍스트들과 결합되어 좀 더 큰 담론을 이룬다. 재래식 담론분석은 오스틴의 저술에, 특히 『사물과 낱말의 관계』에 철학적 토대를 두고 있다. 이 전통에서 담론분석이란 상이한 담론 양식들을 조심스럽게 설명하는 것으로 이루어지는데, 이 일은 담론 생산이 규칙에 제어받는 행위로 이어진다. 이런 규칙의 제어는 통사 규칙이나 장기의 행마법처럼 구체적인 사례를 유발시킨다는 일반적인 가정에서 이루어진다. 주목할 점은 재래적인 문학비평에서 시인(詩人)을 이해하는 것과 같은 방식으로 재래적 담론이론이 '개인'을 이해하고 있다는 점이다.

그런데 담론비평에서 중요한 것은, 언어란 본래부터 투명한 것이 아니며 단순한 중립적 의사소통 수단도 아니라는 태도를 취하고 있다는 점이다. 그리고 재래식 비평에서는 텍스트를 어떻게 읽어야 할 것인가를 규정하기 위해 저자라는 개념을 의문의 여지가 없는 선험적인 조건으로 받아들이고 있는 데 반해, 담론이론에서는 저자를 텍스트의 소산이거나 결과로 설명할 수 있다고 본다.

10.5 작품비평의 실제

아래 인용한 글은 박명진의 「전후 희곡 담론의 여러 풍경」[27] 중 일부분으로, 차범석의 희곡 「불모지不毛地」(1957)를 담론이론을 원용해 비평한 글이다. 박병진은 1950년대 사회적 맥락을 고려해 당시의 이데

27) 박명진, 『한국 전후희곡의 담론과 주체 구성』, 월인, 1999, 131~134쪽.

올로기 지형을 조감하고 있으며, 구체적 텍스트 비평을 통해 지배담론의 양상을 파악하고 있다.

전후(戰後) 경제의 부진과 그에 따른 극심한 실업률 등은 미국 원조에만 의존하고 권력 재생산에만 치중했던 이승만 정부의 종속적 경제 정책 및 미국 자본주의의 고도의 외교 정책 때문이었다. 또한 이승만 정부는 미국의 저질 퇴폐 문화를 무비판적으로 수용하고 무조건적인 반공 이데올로기를 강요함으로써 온 국민의 스테레오 타입화를 초래하였다. 어쩌면 경수의 일탈 행위는 예정되어 있는 사회 현상이며 파행적인 이승만 정부의 정책에 대한 최소한의 저항일 수도 있다. 그녀는 모든 시혜의 관용을 독점하고 있듯이, 건전한 사회 윤리 감각도 독점하고 있다. 따라서 그녀는 경수에게 다음과 같이 힐책하고 교훈을 주는 도덕적 인물이 될 수 있다.

경운: 사회가 나쁘고 주위가 무관한 것만을 탓하고 자신의 몸가짐을 아무렇게나 펼치고 다니는 것은 약한 짓이라고 봐요. 오빠, 저를 건방진 년이라고 여기시겠지요? 그렇지만 우리는 무슨 짓을 해서라도 살아야만 하는 거예요.[28]

경수: 경운아, (사이) 지금 얘기 잘 알겠다. 그런 얘기는 알고도 남음이 있어. 허지만 (차츰 흥분해지며) 뵈기 싫은 걸 어떡허지? 가만히 앉아 있을 수 없는 걸 어떻게 해.

경운: 그런다고 어느 누가 눈썹 하나 까닥거려요? 오빠, 참는 것 뿐예요.

경수: 참아? 기다려? 나중에 보자? 힘을 써보자? (거의 광증을 일으키며) 그게 나를 병신 취급하는 수작들이야. 나를 농락하는 건방진 짓이야. 부모도 형제도 나를 적당히 놀리고 있는 거야.

—(386쪽)

---

28) 차범석, 「不毛地」, 『韓國戲曲文學大系 ③』, 韓國演劇社, 1977, 386쪽. 이후 희곡 인용문은 쪽수만 밝힐 것임.

그러나 그녀가 내세우는 윤리는 기껏해야 '참는 것'일 뿐이다. 그녀는 사회 질서 유지 의지를 상징한다. 중요한 것은 도덕적, 윤리적 가치를 그녀가 독점하고 있고, 그것은 무차별적으로 나누어주려는 데에 있다. 경운은 어머니가 해야 할 사랑과 교훈의 역할마저 대신 해 주고 있다. 그녀는 사회적 제 모순에 대해 비판하거나 저항하는 것 자체를 불온시한다. 여기에서 우리는 경운의 입을 빌어 사회에 대한 가치중립성을 실현해 보고자 하는 작가의 무의식을 읽을 수 있다. 그녀는 유치진의 「토막(土幕)」에서 '금녀(今女)'가 허무할 정도로 낙관적인 '독백주의'를 실현했던 상황을 거의 그대로 재현하고 있다.

경운이 이 작품에서 부정적 인물들에 대한 조정과 화해의 역할을 띤 중요한 인물이라 한다면, 경재는 극중 사건에의 관여도(關與度)가 비교적 제한적인 인물이라 할 수 있다. 그럼에도 불구하고 경재는 얼마 되지 않은 등장 기회를 통해 최노인과 경애의 모순을 폭로하고 그들의 단일성 담론을 해체시킨다. 특히 1막에서의 경재의 역할은 그 빛을 발하게 되는데 그가 의존하고 있는 전략은 '농담'이다. 그의 담론은 뻬셰가 말한, 일종의 '역동일시'전략을 사용하는 셈인데, 상대방의 담론에 무조건 반대하는 것이 아니라, 상대방의 담론 체계 속에 잠입해 그 담론을 내부로부터 해체시키는 전략이다. 뻬셰(M. Pêxheux)에 의하면 주체의 형태(범주)에는 3가지 유형이 있는데, 즉 '동일시(同一視, identification)', '반동일시(反同一視, counteridentification)', '역동일시(逆同一視, disidentification)'가 그것이다.[29] '동일시의' 주체는 말하는 주체가 대주체와 동일화시키며 대주체가 제시하는 의미(이데올로기, 지배 이론)를 자명한 것으로 믿는 '좋은 주체(good subject)'를 말한다. 반면, '나쁜 주체(bad subject)'로 나타나는 '반동일시' 주체 형태는 대주체가 주체에게 던져 준 의미에 대해 거리감을 갖고 그 이데올로기의 자명성에 반대하는 것이다. 그러나 '반동일시'의 주체 형태는 겉으로는 변혁 전략으로 비춰질 수도 있으나 대주체의 담론 자체에 대한 개입이 아니라 그것을

29) M. Pêcheux, *Language, Semantics and Ideology*, St. Martin's, 1982, pp. 155~159.

외면하기 때문에 결국은 '동일시'와 대칭을 이루며 같은 목적지에 도달하게 된다.[30] '역동일시'의 주체 형태는 지배 이데올로기 효과를 벗어나게 하고, 과학과 대중의 저치 실현을 통합하는 주체 형태를 말한다. 이것은 주체 형태라는 이데올로기적 주체를 그대로 둔 채, 그것에 개입함으로써 담론구성체(discoursive formation)의 진형 재편 효과를 꾀하는 것이다. 다시 말하자면 이데올로기가 작동하는 방식 그대로를 따르면서도 지배 이데올로기가 아닌 변혁의 측면에서 제시된 이데올로기가 작동하여 효력을 발생하도록 하는 작업니다. 역동일시는 과학적 개념과 '새로운 유형'의 정치적 조직화와의 동일시를 도용하는 주체 과정에 의해서 역설적으로 실현되는 것이다.[31]

경재: 살기 싫으면 딴 데로 옮기면 될 걸 왜 이런 깨딱지굴 속에 산다는 거요?
최노인: (눈을 크게 부릅뜨며) 무슨 소리야? 이 집이 어때서?
경재: 아버지나 좋아하시지 우리 식구 중에서 이 집을 좋아하는 사람이 누가 있어요?
최노인: 싫은 놈은 언제건 나가라지! 절간이 미우면 중이 나가는 법이야.
경재: (남은 물통을 비우며) 중도 없는 절을 뭣에 쓰게요. 도깹나 날걸……
최노인: (약간 핏대를 올리며) 도깨비가 나건 노다지가 나건 제집 지니고 산다는 걸 다행으로 알아 이 놈아!
경재: (못마땅한 낯으로) 다행으로 알 건덕지가 있어야죠.

—(373쪽)

경재: 원, 아버지두……
최노인: 이눔아, 뭐가 우스워?
경재: 지금 세상에 남의 집 고추밭을 넘어다 보며 집을 짓는 사람이 어디 있어요?

---

30) 강내희, 「언어와 변혁」, 『문화과학』, 1992년 겨울호, 40쪽.
31) M. Pêcheux, op. cit., p. 159.

최노인: 옛날엔 그렇지 않았어.

경재: 옛날 일이 오늘에 와서 무슨 소용이 있어요? 오늘은 오늘이지. (웅변 연사의 흉을 내며) 역사는 강처럼 쉴 새 없이 흐르고 인생은 뜬 구름처럼 변화무쌍하다는 이 엄연한 사실을, 이 역사적인 사실을 똑바로 볼 줄 아는 사람만이 자신의 운명을 개척할 수 있다는 사실을 최소한도로 아셔야 할 것이다. 에헴!

최노인: 아니, 저 자식이 아침부터 조밥을 먹었어. 웬 잔소리냐 잔소리가?

경재: (옷을 털고 일어서며) 잔소리가 아니라 이건 웅변대회 때 써 먹은 원고의 한 귀절이에요. 하 ……

―(375쪽)

경재: 아버지!

최노인: 왜?

경재: 절 보기 싫으면 중이 나가죠?

최노인: 그래…… 왜 그건 또 묻는 거냐?

경재: (좌우 고층건물을 가리키며) 저게 싫으니 우리가 떠나야죠.

―(375~376쪽)

경재는 경수처럼 최노인의 담론을 무조건 거부하지 않는다. 오히려 그는 최노인의 담론 체계를 패러디화하거나, 그 체계 속에 뛰어 들어가 담론 자체의 이데올로기적 틈과 여백을 노출시킨다. 또한 경재는 구세대인 최노인뿐 아니라 신세대인 경애의 담론 체계에도 뛰쳐 들어가서 허위의식을 해체시키려 한다. 최노인과 경애의 담론 특성이 전후 사회의 가장 보편적인 사회적 갈등 양상이라고 간주한다면, 경재의 '농담' 전략은 이 두 세력의 위선을 드러내어 해체시키려는 역할을 수행함과 동시에 왜곡된 지배적 담론에 맞서는 대항 담론이 존재하고 있음을 증명해 보이는 작업이라고도 볼 수 있다.

11장 신역사주의 비평

11.1 개관과 중요성

신역사주의 비평New Historical Criticism은 후기 구조주의와 해체비평 이론이 교착 상태에 빠진 1980년 초반에 역사 또는 역사주의를 다시 되돌아보게 되면서, 미국을 중심으로 활발하게 논의된 비평이론이다. 신역사주의는 문학을 거시적 역사의 일부로 파악하는 것이 아니라, 거시적 역사에서 배제된 역사의 변두리나 미시사에 관심을 집중한다. 이를 위해 거대역사의 직선적이고 환원론적인 인식을 거부하고, 배제된 자의 역사를 문학 텍스트를 통해 재구성함으로써 역사와 문학을 새롭게 읽으려 한다. 신역사주의는 문학 텍스트와 비문학 텍스트의 경계를 깨뜨려, '역사의 텍스트성과 텍스트의 역사성'(루이스 몬트로스)을 결합하려고 한다. 여기서 '역사의 텍스트성'은 역사의 객관성을 부정하고, 역사 또한 문학과 같은 언어의 산물로 서사담론을 분석하듯이 해석을 가하려는 것을 지칭한다. '텍스트의 역사성'은 저자의 권위를 인정하지 않고, 역사의 재현이 그 시대 사회·정치적 상황의 지배 속에서 이뤄졌다는 사실을 인식함으로써 정전에 대한 새로운 해석을 가하려는 태도를 말한다. 이러한 접근을 통해 신역사주의 비평은 문학 텍스트에 국한된 해석에서 벗어나, 역사가 남긴 모든 텍스트의 흔적을 복원하려 했다. 보다 넓은 의미에서는 문화 영역에 대한 징후적 독해로 '아래로부터 역사, 억압받은 역사'를 복원해 새로운 역사해석을 시도한다.

신역사주의 비평은 신비평에서 해체비평으로 이어지는 여러 비평을 원용하여, 낡고 고착된 '역사'의 개념을 재조정해 보겠다는 문제의식을 안고 있다. 따라서 신역사주의를 일종의 역사 새로 보기 작업으로 간주하기도 한다.[1] 이 이론은 마르크스, 그람시A. Gramsci, 바흐친, 기어츠 등과 같은 이론가들의 영향을 흡수하고, 후기 구조주의, 해체주의, 역사주의, 문화인류학, 문화유물론[2] 등과 같은 학문과 문제의식을 교류하는 학제적學際的 성격을 안고 있다. 그래서 신역사주의는 지나치게 다양하고 복잡한 양상을 띠고 전개되었기 때문에 하나의 독립적이고 체계적인 비평 이론으로 분류하기는 어렵다는 의견이 제시되기도 한다.

랄프 코헨Ralph Cohen은 미래의 문학이론으로 대략 4가지의 경향을 예견한 바 있다. 그것은 ① 문학의 정치화 동향과 문학이론의 수정, ② 다양한 해체주의 이론 및 방법의 통폐합과 그 실천적 비평활동의 쇠퇴, ③ 비문학적 영역에 대한 관심 고조와 문학이론의 확상, ④ 구문학이론의 쇄신, 재정립과 신문학이론의 기술記述로의 발전이라는 경향으로 정리된다.[3] 미래의 문학비평에 대한 이상과 같은 전망에서 공통적으로 드러나는 점은 그것이 어느 유형에 속하든 변화와 쇄신, 그리고 재정립의 과정을 거치리라는 점이다. 이는 문학이론에 있어서 신역사주의와 같은 새로운 관점이 끊임없이 제기되리라는 사실을 시사하고 있다.

---

1) 정정호, 「신역사주의와 문화유물론」, 성균관대 인문과학연구소 편, 『현대 문학비평 이론의 전망』, 성균관대출판부, 1994, 337쪽. 정정호는 「신역사주의 문학—텍스트와 역사의 대화」(『文學思想』, 1993년 1월)에서 그 특징을 신역사주의=해체주의+마르크스주의라는 견해를 밝히면서 신역사주의가 해체주의에 대항했지만 실은 형식주의의 또 다른 형태인 해체주의에 영향받은 바 크다고 언급한 바 있음.

2) 설준규, 「셰익스피어 비평의 최근 경향에 대한 비판의 점검」, 『한신논문집』 7집, 한신대학교, 1990.11, 89쪽.

3) Ralph Cohen, ed., "Introduction", *The Future of Literary Theory*, New York: Routledge, 1989, pp. vii~xx.

11.2 신역사주의 비평의 전개양상

'신역사주의'는 1971년 모리스Weseley Morris의 『신역사주의 연구Toward a New Historicism』에서 처음 등장했다. 모리스는 전통적인 역사주의와 신역사주의를 대비시키면서, 신역사주의를 후기 구조주의 이론과 연관해 설명했다. 모리스는 전통 역사주의를 네 가지 유형으로 분류했다. 그에 따르면 1) 형이상학적 역사주의 2) 자연주의적, 실증주의적 역사주의 3) 민족주의적 역사주의 4) 미적 역사주의가 그것이다. 이러한 전통 역사주의가 인간의 주체성을 강조하는 것이라면, 신역사주의는 역사 자체를 하나의 서술인 담론체계로 파악하고 주체를 권력관계의 맥락에서 파악하려 한다.[4]

이후 신역사주의는 르네상스 연구에서 보다 구체적인 양상을 띠게 된다. 미국 캘리포니아대학의 르네상스 연구교수인 그린블랫Stephan Greenblatt이 「르네상스시대에 있어서 권력의 형식과 형식의 권력The Forms of Power and The Power of Forms in the Renaissance」을 『장르Genre』(1982)에 발표하면서 '신역사주의'에 관한 논의가 시작되었다. 그는 기존의 정통 역사관에 입각해 논의를 진행했던 윌슨Dover Wilson의 르네상스 해석을 비판하면서 역사에 대한 새로운 관점을 제시했다. 그린블랫은 '역사는 갈등하는 세력 간의 투쟁'이라고 주장하면서, 주체를 가족·국가·종교 등의 문화적 제도에 의해서 만들어진 이데올로기의 산물이라고 보았다. 그는 신역사주의의 태두로 일컬어진다.

알람 비서H. Aram Veeser는 『신역사주의New Historicism』(1989)에서 신역사주의 비평은 문학 영역의 경계를 넘어 서로 다른 학문과 연계되면서 간학문적interdisciplinary 성격을 지닌다고 보았다. 그는 문학작품 해석에 있어서도 지배적인 서사분석보다는 복합적인 복수의 분석방법이 동원된다고 보았다. 그의 논의의 핵심은 '역사 속에 있는 복수의 목소리를

4) 김준오, 「신역사주의와 한국 현대비평」, 『한국문학논총』 제14집, 한국문학회, 1993, 52~53쪽 참조.

복원해 냄으로써 배제되고 억압되어 있는 역사적 사건이나 주체를 소환해 내는 것'에 맞춰져 있다.

이 외에 신역사주의와 관련된 논의로는 미셸 푸코Michel Foucault의 『언어, 반-기억, 실천Language, Counter-Memory, Practice』(1977), 제롬 맥간Jerome McGann의 『역사연구와 문학비평Historical Studies and Literary Criticism』(1985) 및 『합성의 미학: 역사주의 방법과 이론에 의한 문학연구The Beauty of Inflections: Literary Investigations in Historical Method and Theory』(1985), 조나단 돌리모어Jonathan Dollimore와 알란 신필드Alan Sinfield의 『정치적 셰익스피어: 문화적 측면에서의 새로운 연구Political Shakespeare: New Essays in Culture Materialism』(1985) 등을 들 수 있다.

신역사주의는 기존의 역사주의를 형이상학적 역사주의, 자연발생적 역사주의, 국가중심의 역사주의 및 미학적 역사주의로 호명하여 비판한다. 기존의 역사주의는 문학을 포함하는 예술의 역사가 한 시대를 지배하는 정신사조를 어떻게 생성, 붕괴, 소생, 발전하느냐에 관심을 두었다. 역사주의에서 가장 중요한 관계는 해석자로서의 역사가, 비평가, 독자와 해석의 대상으로서의 역사직 사건, 문학작품, 예술삭품의 관계라 할 수 있다. 다시 말해서 기존의 역사주의는 한 시대정신을 반영은 하지만 변형시키지는 못한다는 점, 어떤 규범에 대한 증거를 취급하는 데 있어서 불가피하게 선별적이고 해석적이라는 점, 문학사의 시대구분에 있어서 획일적이라는 점, 그것이 발견해 내는 가치 자체가 시대에 따라 변한다는 점을 특징으로 한다. 신역사주의는 작가가 그 자신이 생존했던 시대로부터 어떻게 영향을 받았느냐 혹은 그 시대에 의해 어떻게 해석될 수 있느냐보다는, 거대 역사에서 배제된 인류의 문화유산을 보존, 유지해 오고 있는 아이디어와 가치를 심도 있게 추적 복원하려 한다.5)

5) 尹戶炳, 「신-역사주의 문학이론과 비평」, 『比較文學』 15집, 한국비교문학회, 1990, 162쪽.

11.3 신역사주의 비평의 특징

아람 베서H. Aram Veeser는 신역사주의의 기본 가정들을 다음과 같이 지적한다. ① 모든 표현적 행위는 유물론적 실천의 그물망에 내재되어 있다. ② 가면 벗기기, 비판, 반대의 모든 행위는 그 자체가 비난하고 있는 도구들을 사용하고 그것이 드러내는 실행 자체에 희생자로 전락하는 위험을 노정하고 있다. ③ 문학과 비문학적인 텍스트들이 분리될 수 없다. ④ 어떤 담론도 변하지 않는 진리들에 접근할 수 없고 변경할 수 없는 인간 본성을 표현하지 않는다. 끝으로 ⑤ 자본주의하에서 문화를 설명하는 데 적절한 비평적 방법이나 언어는 그것들이 설명하는 법칙에 참여한다는 것이다.[6]

신역사주의는 '인간'에 대한 기본적인 개념부터 과감하게 재조정하고자 노력한다. 즉 '인간'이란 보편적이고 추상적인 개념의 사용을 피하고, 특수하고 우연한 상황 속에 놓여 있는 구체적인 인간에 흥미를 가진다. 여기에서 더 나아가 신역사주의는 통합보다는 해결되지 않는 갈등과 모순에 드러내려 하고, 중심부뿐만 아니라 주변부에도 흥미를 기울인다. 완성된 미학을 추구하기보다는 이러한 질서의 생산을 위한 이념적이고 본질적인 토대를 탐구한다.

이들의 관심사는 정사正史나 정전正典: canon보다는 꿈, 축제, 마녀재판, 성性지침서, 일기와 자서전, 복식사服飾史, 출생 및 사망기록, 이론 지침서, 집회, 지도 제작, 방송매체, 대중음악, 광기의 역사 등 작고 사소하고 주변적인 것에 모아졌다.

이러한 신역사주의의 특징을 요약하자면 다음과 같다.

① 문화사에서 분석과 해석의 기본적인 단위는 사상 문제에서 권력관계로 전이되었다. 따라서 후원제도, 가부장적 제도와 그 합법화, 국가 형성에서 문

6) H. Aram Veeser, *The Historicism*, London: Routledge, 1989, p. xi.

화의 역할, 현대 문화 내에서의 문화적 생산과 저작권을 위한 특별한 역할의 창출, 공적이며 사적인 공간의 분리된 영역의 서술 등이 관심의 초점이 된다.

② 서로 다른 텍스트들 사이에서 그 관계를 위계질서화하고, 이분법(正典 / 非正典, 고급문화 / 대중문화, 기록 / 허구 등)적으로 분리하는 것을 거부한다.

③ 어떤 하나의 주어진 순간에 담론의 다른 형태들(법, 신학, 도덕, 철학, 문학, 예술, 건축, 무대 디자인, 여러 종류의 과학 등)은 거의 자율적이 아니다. 어떤 주어진 문화의 장을 구성하는 담론들을 연구함으로써, 그 문화 내에서 모든 담론을 질서화하는 폭넓은 이념적 부호들을 이해하려 한다.

④ 수사적 장치와 전략에 주의를 기울임으로써, 문화의 장에 대한 징후적 독서와 그에 따른 수사(修辭)의 역사에 대해 관심을 기울인다.

⑤ 담론과 재현이 의식을 단순히 반영하거나 표현하는 대신 그것을 형성한다. 따라서 문화란 역사 속에서 능동적인 힘을 발휘한다는 가설이 만들어진다.[7)]

이러한 신역사주의의 전략에서 알 수 있는 것은 이 이론은 해체비평의 견해와 상당 부분 닮아 있다. 리오타르Jean-Francois Lyotard는 계몽주의적 평등주의와 프랑스 혁명으로 대표되는 해방의 내러티브와 칸트에서 헤겔로 이어지는 독일 관념주의와 같은 '거대담론巨大談論'을 거부하고, 파편화되고 다원화된 '미시담론微視談論'을 주창했다. 그는 이를 위해 '배리背理: paralogism 전략을 세웠는데, 이 전략은 보편적이고 통합적인 진리를 거부하는 것을 지향한다. 이렇게 볼 때 신역사주의와 해체주의는 근친적 관계를 형성한다. 하지만 신역사주의가 푸코의 역사주의, 후기 마르크스주의, 바흐친의 다성성 이론과 카니발 개념까지 넘나들면서 해체주의와의 구별되는 담론체계를 형성하고 있다.

신역사주의의 대부라고도 할 수 있는 그린블랫Stephen Greenblatt[8)]에 의

7) Don E. Wayne, "New Historicism", *The Encyclopedia of Literature and Criticism*, London: Routledge, 1990, p. 793.

하면, 지배권력은 자신의 통제력 행사를 합리화하기 위해 자신을 전복하려는 세력을 어느 정도 부단히 재생산한다는 것이다. 따라서 체제 전복을 꾀하는 세력은 애초부터 체제에 의해 그 전복의 능력이 봉쇄되어 있다고 본다. 다분히 패배주의적 성격을 내포하고 있는 그린블랫의 견해는 당시 미국 지식사회의 지적 흐름을 반영한다. 그는 기존 역사주의의 형이상학적, 단일적 역사관을 지양하고, 역사를 서로 대립하는 문화적 세력들 사이에서 발생하는 해석 복합체로 파악하려 했다.

> 만약 해석이 작가의 행동에만 국한된다면 그것은 문학적 전기가 되고 만다. …… 만약, 그 대안으로, 문학이 순전히 사회적 규칙과 지침의 표현으로만 간주되면 문학은 이데올로기적 상부구조에 전적으로 흡수될 위험이 있다. …… 마지막으로, 만약 문학이 지배적인 행위 규범에 관한 고고한 성찰로, 즉 안전거리로부터의 관찰로 간주되면, 개인과 제도에 대한 예술의 구체적 기능에 관한 우리의 이행 정도는 심하게 약화될 것이다.[9]

그린블랫의 신역사주의 이론은 작품분석의 실제에 있어서 환경결정론에 귀착된다. 그가 추구하는 '권력의 시학詩學'은 종국에는 어떤 세계 형상이나 관념적 체계의 성격을 띠고 만다는 비판이 있다. 사실, 역사를 다양하고 상충되는 세력들에 의해 상이하게 해석되는 순전히 주관적인 구성물로만 파악하면, 인간적 실천을 통해 진리가 드러나는 다소 객관적인 과정으로 보는 관점이 철저히 배제되고 만다. 따라서 역사적 조건과의 관계에서 문학을 이해하려는 노력은 끝없는 해석의 소용돌이에 빠져들고 만다. 거꾸로, 역사적 조건을 실체화하면, 문학

---

8) 그런데 미국 신역사주의의 주창자라고 할 수 있는 그린브라트는 '신역사주의'라는 용어 대신에 '문화시학(文化詩學, Cultural Poetics 또는 Poetics of Culture)'이라는 용어를 사용함으로써 좀 더 폭넓은 문화개념을 포용하려는 경향을 보이고 있음.

9) Stephen Greenblatt, *Renaissance Self-Fashioning*, Chicago and London: University of Chicago Press, 1983, p. 4.

해석에서 자기 논리의 일관성을 상실하는 결과에 빠지고 만다.[10] 따라서 신역사주의에 대한 다음과 같은 페크터Edward Pechter의 비판은 주목을 요한다.

> 신역사주의 방법은 그런 종류의 힘(텍스트가 새로운 경험의 영역을 여는 힘)에 저항하기 위해 고안되었다. 그것은 텍스트가 주는 직접적인 인상을 우회하거나 그것을 넘어서서, 이론적 이해의 예정된 지점에 도달하는 것인데, 그 지점이란 우리가 애초에 텍스트로 향하는 출발점이기도 하다.……신역사주의적 비평은……우리가 이미 알았던 것을 다시 알게 하는 비평이다. 그것은 텍스트가 지닌 놀라움을 제공하는 능력을 체계적으로 박탈하는 비평이다.[11]

신역사주의에 대한 무조건적인 옹호도 경계해야 하지만, 동시에 거부만을 일삼는 태도도 공정하지 못하다. 신역사주의는 기존의 공허한 해체주의와 경직된 마르크스주의를 거부하면서, 역사의 지평을 새롭게 하려는 노력을 기울였다.

11.4 신역사주의 비평의 실제

신역사주의 비평을 이해하기 위해 맥간Jerome J. McGann의 「문학비평에 있어서 역사적 방법과 키츠Keats and Historical Method in Literary Critism」[12]라는 비평문 일부를 인용한다. 맥간은 키츠의 시를 분석하기 위해서 우선 키

---

10) 설준규, 앞의 글, 106쪽.

11) Edward Pechter, *The New Historicism and Its Discontent: Politicizing Renaissance Drama*, PMLA, 102(1987), p. 302.

12) Jerome J. McGann, "Keats and Historical Method in Literary Critism", *MLN*, Vol. 94, 1979, pp. 988~1032. 이 글은 다음 논문에서 재인용한 것임. 권택영, 「새로운 역사비평—낭만시 읽기를 중심으로」, 『현대문학』 1988년 7월호, 379~381쪽.

츠에 관한 평론의 역사를 더듬어 본다. 키츠 시의 판본에 대한 고찰을 통해, 그의 시에 나타나는 '기교에의 몰입'이 역사적 상황과 긴밀히 연결되어 있다고 주장한다. 아래 인용비평문은 권택영이 맥간의 글을 재구성한 것이다.

> 초기시에 대한 당시의 비평 가운데 그의 시어(詩語)는 "영리하고 기지에 차고 지식계급의 것이다"라는 논평이 있다. 키츠가 사용한 당시의 런던내기 말투에 대한 평이다. 그런데 20세기의 비평가는 그것을 "자아몰입적이고 센티멘탈"하다고 평한다. 같은 스타일에 대해 평자가 이렇듯 다른 것은 시대가 바뀌었기 때문이다. 상황이 다르기 때문이다. 키츠의 런던내기 말투는 그것이 자의식적으로 "영리하고 기지에 차 있기에" 현대인의 귀엔 센티멘털하게 들린다고 맥건은 지적한다.
>
> 키츠는 「인정 없는 아름다운 여인」이란 시를 1819년 4월에 써서 그 이듬해 5월에 리 헌트의 『지표(The Indicator)』란 잡지에 발표한다. 이 시는 1820년에 나온 전집에 수록되지 않고 1848년 찰스 브라운이 만든 전집에 실린다. 그리고 이 브라운판이 오늘날까지 전해지는 시이다. 그런데 문제는 이 두 잡지에 실린 시의 내용이 굉장히 다르다는 데 있다. 전자에서는 두 남녀가 사랑을 나누는 것으로 되어 있고 후자에서는 여자가 유혹자에 불과하다는 사실 등, 자의식적이고 반성적으로 쓴 전자에 비해 후자는 낭만적이고 자아몰입적이다. 키츠가 당시 가까운 친지들인 독자층을 인식하고 썼기 때문이다.
>
> 작가의 의도와 더 가까운 『지표』의 것 대신 브라운판이 전해지는 이유는 무엇인가. 그것은 브라운판을 찍을 때 몇몇 사람들이 『지표』의 텍스트에 문제가 있다고 느끼고 의도적으로 회피했기 때문이다. 인상주의적 논쟁이 서지적인 것을 압도했던 것이다. 이렇게 잡지사의 성격, 제작자의 이념, 출판 당시의 상황 등에 의해 시가 달라지는 것을 밝히기 때문에 서지비평은 분석적이다. 키츠는 1819년쯤 「화니에게」란 시를 써서 화니 브라운에게 주었다. 일반 독자를 위해 쓰는 시가 있고 출판을 하지 않는 사적

인 시가 있고 친구나 연인에게 준 시가 있다. 이들은 시인이 죽고 나면 모두 그의 전집에 수록되기 일쑤이다. 이때 첫째는 역사적 맥락, 둘째는 심리적, 셋째는 전기적 상황으로 읽혀져야 할 것이다. 그러나 전기가 개인의 영역에 관한 것으로 제한되면 안 된다. 개인은 사회와 역동적 관계에 있기에 역사와 상황은 이 모든 종류의 시의 형성에 영향을 준다.

『엔디미온』(1818)이 실패하자 출판업자인 테일러와 헤씨는 키츠를 피했다. 그들은 키츠가 정치적으로 급진적이고 점잖지 못하다고 비난했고 키츠는 논쟁을 벌이다가 결국 승복한다. 1820년에 나온 시집 『라미아……』는 『엔디미온』과는 다른 반응을 일으키도록 시인과 출판사에 의해 조심스럽게 꾸며진 것이다. 결국 계획은 성공했고 반응은 따뜻했다. 키츠는 여기서 정치성을 피하고 예술, 기법, 신화, 상상력을 제시한다. 개인의 의사는 이렇게 상황의 지배를 받는다. 시의 기법도 마찬가지다. 「가을에게」란 시의 기법은 당시 해즐릿의 산문 기교와 비슷한 소위 낭만적 고전주의라는 같은 이념의 샘에서 탄생했다. 그리고 그들이 기교에 몰두한 것은 의식적인 욕망의 산물로서 부정적 수용 능력을 보여 주는 예이다. 시인이 역사와 정치로부터 회피하는 것은 역사와 상황을 견디는 한 가지 방법이다. 그러기에 역사적 사실을 무시하고 우리는 왜 그들이 기교에 몰두했는지 올바르게 이해할 수 없다. 20세기의 비평이 역사적 분석을 부정했다면 그 자체가 이미 그 시대의 이념성인 것이다.

11.5 신역사주의 비평의 문제점

신역사주의 비평에 대한 문제제기도 끊이지 않고 있다. 여러 논자들에 의해 제기되는 신역사주의 비평의 문제점은 다음과 같다.

① 신역사주의는 역사에 대한 새로운 해석을 주장하면서, 문학작품보다는 사회·문화적 맥락을 우위에 두는 방향으로 나아간다. 따라서 문학작품이나 예

술작품의 미적 가치에 대한 정당한 평가가 결여되어 있다.

② 신역사주의 비평은 역사 속에서 권력과 계급체제가 유지되는 힘을 발견하고 이를 재해석하려 하지만, 실제로는 권력의 절대성을 보증하는 방향으로 나아가 변화의 가능성을 봉쇄한다. 역사 속에서 억압되고, 배제된 자들의 목소리를 발견해 내려는 본래의 의도와 달리, 이들 하위 주체들의 전복의 힘을 의미화하기가 쉽지 않다. 따라서 신역사주의는 그 전복적 의도와 달리 사회변혁의 가능성에 회의적이다.

③ 신역사주의는 역사를 새롭게 해석함으로써 새로운 역사를 기술하겠다고 했지만, 실제로는 역사에 대한 포스트구조주의적이고 해체주의적 입장만 강화하고 말았다. 일부에서는 기존의 역사에 대한 공격적 의도를 노출하는 새로운 단선적 역사관으로 공격하기도 한다.

④ 신역사주의는 역사 속에서 권력과 문화의 관계를 드러내기 위해 텍스트에 대한 다양하면서도 치밀한 읽기를 시도한다. 이렇다 보니, 꿈·축제·마녀재판·일기·자서전·대중음악 등의 주변적 서술로 광범위하게 논의의 대상이 확산되었다. 이러한 혼종적 텍스트에 대한 연구는 흥미위주의 대중주의로 흐를 가능성이 높아졌다.

아직, 신역사주의 비평은 체계적이고 일관적으로 이론화된 것은 아니다. 과거의 역사를 '타자로서 접근'하려는 신역사주의적 태도는, 역사에 대한 충격적 성찰을 촉구한다는 데 의미가 있다. 정사(正史)의 이면에 있는 서술적 목소리는 '권력'의 참모습을 확인하게 해주기에 급진주의적 요소를 안고 있다. 이러한 신역사주의가 현대비평의 어떤 담론체계와 만나 '새로운 비평의 옷'을 입게 될지는 미지수다.

12장 문화연구적 비평

12.1 개관 및 전개과정

문화연구Cultural Studies는 1950년대 영국에서부터 시작했다. 안토니오 이스트호프는 "1958년에 출간된 레이몬드 윌리암스의 『문화와 사회』와 1950년대 초에 씌어져 1957년 출간된 롤랑 바르트의 『신화학』"에서 문화연구를 촉발시켰다고 주장했다.[1] 이 중 레이몬드 윌리암스가 사회구성체와 연관된 문화분석에 관심을 가졌다는 점은 시사하는 바가 크다. 즉 롤랑 바르트가 언어라는 상징계를 통해 일상적인 대중문화의 기능을 분석함으로써 탈역사화의 가능성을 내장하고 있었다면, 레이몬드 윌리암스는 일상문화와 민중문화의 관계 연구를 통해 문화연구의 당대성contemporary 확보를 고민했다.[2]

영국 문화연구 형성에 기여한 윌리암스, 호가트, 홀 등은 모두 젊은 시절 성인 교육 프로그램 교사로 일한 경험을 갖고 있다. 이들은 이러한 현장경험을 통해 하위문화에 속한 사람들에 대해 특별한 관심을 갖게 되었고, 더불어 대중문화에 대한 인식이 심화되었다.

---

1) 안토니 이스트호프, 임상훈 역, 『문학에서 문화연구로』, 현대미학사, 1984, 173쪽.

2) 레이몬드 윌리암스의 『문화와 사회(*Culture and Society*)』는 한국에 번역되지 않았으며, 롤랑 바르트의 『신화학(*Mythologies*)』은 『신화론』(정현 역, 현대미학사, 1995)이라는 이름으로 국내에 출간됨.

윌리암스와 호가트 등의 저작들은 전통적이고 권위적인 영문학 연구에 문학, 정치학, 역사, 사회를 접목시키려는 새로운 접근법으로서 '문화연구'의 토대를 형성했다. 이에 따라 대중적인 문화형태들과 문학적인 구성에 대한 반성이 생겨났고, 문화연구에서 점차 성별과 계급 문제 등에 대한 관심이 고조되었다. 이처럼 문화연구는 전통적이고 엘리트주의적인 문학 연구 중심의 학문연구 풍토에서 벗어나, 텍스트의 외연을 확장해 대중문화를 비평의 영역으로 끌어들였다.

특히 윌리암스의 문제설정은 1964년 영국 버밍엄대 현대문화연구소CCCS: Center for Contemporary Cultural Studies 설립으로 새롭게 전화하면서 계승되었다. 현대문화연구소는 창립 이후 전통적(부르주아)학문 특히 분과학문에 비판(저항)을 수행했다. 이는 지식의 파편화 현상에 대한 저항이고 노동과정의 분업화와 관련된 통찰이었다고 할 수 있다. 더불어 현대문화연구소가 정통 마르크스주의에 대한 비판을 수행했다는 측면도 주목할 만하다. 이는 문화연구의 주요한 문제설정이 '구체적 삶과 변혁의 정치적 과정을 절합節合, articulation'하는 것이면서, 동시에 사회현실에 대한 '문화의 정치적 실천'에 닿아 있음을 의미한다. 프랑크푸르트학파의 자본주의 문화비판이 현대 문화연구에 미친 영향도 간과할 수 없다. 호르크하이머, 테오도르 아도르노, 발터 벤야민, 허버트 마르쿠제 등은 비판이론을 통해 '문화의 상대적 자율성'을 주장했다. 이들은 파시즘 체제에 저항하면서 대중문화의 부정성과 문화의 조작가능성을 과장하기는 했지만, 현대 자본주의 사회에서 문화가 차지하는 위치를 탐구한 대표적인 경우라고 할 수 있다.

소위 '좌파적 기획으로서 문화연구'는 전통적인 문학 연구에서 벗어나 문학뿐만 아니라, 폭넓게 대중문화와 사회적 사건에 대한 비평에도 관심을 기울였다. 이들은 문학에서 출발해 드라마, 미디어, 대중음악, 하위문화 등 문화적 텍스트에 대한 연구로 나아갔다. 이런 과정을 거쳐 '사회구성체'에 영향을 미치면서 영향을 받고 있는 삶의 양식과 상징체계에 관심을 집중하는 '문화연구'에 이르게 된 것이다. 현대사회에서 정체성의 형성과 변화, 그리고 체계의 변화에 따른 주체의 대응 등 역동적인 문화현상에 대한 탐구로 나아간다.

12.2 한국 문화연구와 문학비평

1990년대 이전에 한국사회에서 문화의 개념은 '지적·예술적 활동의 결과 및 산물'이나 '그 활동의 발전 과정'으로 규정돼 왔다. 문화라는 개념은 20세기 후반 구조주의의 영향하에서 '삶의 양식'에서 점차 '상징체계'를 일컫는 것으로 변화했다. 문화연구의 대상은 '삶의 양식과 상징체계로서의 문화'이다. 기호학과 언어학의 영향 아래 형성된 상징체계로서의 문화는 개인·집단·사회구성체·국가 등을 아우르며 중층적으로 작용하는 인문학적 탐구의 대상이 되었다. 즉, 문화는 개인과 사회의 관계 속에서 개인의 의식·무의식과 사회집단의 의식·무의식에 작용하는 힘이라고 할 수 있다. 하지만 문화인류학 등의 분과학문에서 문화는 여전히 인류의 역사적 과정과 현존성을 대상으로 삼아 어떤 합법칙성과 패턴 변화의 규칙성을 탐구하는 대상으로 보고 있다. 따라서 문화인류학에서 문화는 '합법칙성·패턴 연구'를 목적으로 하기에 '개인·사회의 고유성 도출'을 지향한다. 또 다른 분과학문인 문화사회학은 '문화에 대한 사회학적 접근'을 특징으로 한다. 사회에서 문화가 행하는 실제적 기능 연구를 통해 '행위유형의 체계화'를 목적으로 하는 것이 문화사회학이다. 이에 반해 특정한 삶의 방식과 상징체계를 대상으로 하는 문화연구는 '인문학적 성격'을 지니고 있다. 그래서 '텍스트·기호·담론' 연구를 통해 의미의 생성과 조직화를 지향하는 것이 문화연구의 특징이다.

'문화연구cultural studies'는 1990년대 즈음부터 한국사회에서 활발하게 논의되어 왔다.[3] 이후 한국문화연구도 초기에는 영문학과 같은 문학 영역에서 논의되다가 점차 뉴미디어·공간·육체·사이버·젠더 등 다양한 영역으로 그물망을 펼쳐 나갔다.

문화연구는 개인과 사회가 관계 맺는 방식을 문제 삼고 있다는 측면에서 이데올로기 비판적 성격을 지닌다. 한국 문화연구의 간(間)학문적이고, 이데올로기 비판적인 특성은 문화연구를 주변부적이고 변방적인 영역에 머물게 했다. 하지만 한국 문화연구의 소수자적 특성은 여전히 넘치는 활력을 생산하고 있는 듯하다. 문학비평의 영역에서도 풍속과 관련한 문학비평이나 여성주의 문학비평에서 이뤄지는 젠더적 비평, 공간과 육체에 관한 문학비평 등에서 '문화연구적 비평'은 원용되고 있다.

1990년대 문화연구가 한국적으로 수용된 이후에도 문화연구와 문학비평의 만남은 원활하지 않았다. 오히려 다수의 문학비평가들이 문화평론가로 옮겨 감으로써 기존의 제도학문으로부터 자유로운 비평 작업을 수행했다. 그 대표적인 경우로 이재현·이성욱·이동연 등을 꼽을 수 있다.

문화연구적 비평의 특징은 다음 몇 가지로 정의할 수 있다.

첫째, 문학 텍스트를 문화연구적 태도로 접근하려는 경향이 강하다. 문학작품을 독립적으로 해석해내기보다는 삶의 양식과 상징체계로 분석하려 한다. 그렇기에 문학 연구나 문학사적 전통 속에서 이뤄지기보다는, 문화연구적 방법론에 입각한 이데올로기 비판적 성격을 띠는 경우가 많다.

둘째, 대중문학을 포함한 대중예술의 문화적 의미를 해석함으로써 대중의 욕망을 파악하려 한다. 문화연구적 비평은 문학 텍스트 중 특히 대중문학 텍스트 비평에 집중하는 경향이 있다. 수용미학과 독자반응비평에 나타나는 태도와 유사한 것으로, 독자의 텍스트 수용 분

---

3) 1960년대 산업화 이후 이어령 등에 의해 '대중문화'와 관련된 글이 쓰여졌음. 1970년대와 1980년대에도 대중소비사회와 문화운동에 대한 논의는 지속적으로 이뤄졌음. 1990년대 '한국 문화연구'에 주목하는 이유는 이데올로기 비판과 사회적·정치적 실천의 기획으로서 '문화'를 바라보기 시작한 시기가 1990년대 이후로 보이기 때문임.

석을 통해 대중의 욕망과 이데올로기를 도출해 내려 한다.

셋째, 문학 텍스트에 대한 내재적 접근보다는 외재적 접근에 가까운 문화·사회적 분석을 시도한다. 일상 문화와 대중문화 현상에 대한 분석을 위해 문학 텍스트에 접근하기 위한, 문화연구적 비평은 텍스트 외부가 전제되어 있다. 이는 반영론에 가까운 것으로 문학 텍스트가 세계를 상징화·기호화해 표현한다고 본다.

넷째, 하위문화·소수문화 등 문화적 다원화를 위해 문학 텍스트를 비평하는 글쓰기 태도를 지향한다.[4] 문화연구적 비평은 기존의 정통적 문학비평에 비해 훨씬 정치적이고 전복적인 성격을 지닌다. 따라서 지배질서에 대항하는 저항적 태도로 문학 텍스트와 대결한다. 이러한 대립적 성격 때문에 지배체제 속에서 배제되어 있던 하위문화와 소수문화에 대한 친화적 경향을 띠는 경우가 많다.

12.3 문화연구적 비평의 특성

문화연구적 비평은 자본주의 사회에서 문학을 포함한 대중문화 텍스트를 분석해 '이데올로기와 욕망, 그리고 저항'을 새롭게 정의해 체제비판적 기능을 수행하는 새로운 연구방법이다. 이 비평은 대중문학 텍스트, 대중문화 텍스트, 관습과 제도, 사회화 과정 등에 대한 분석을 통해 주체가 어떻게 재현되고, 이 재현의 정치 속에서 어떻게 지배이데올로기가 관철되는가, 저항적 위반의 가능성이 모색될 수 있는가를 살핀다. 그래서 문화연구적 비평은 정치적 성격을 강하게 띤다.

문화연구적 비평의 기본 가설과 개념의 기저에는 마르크스주의적 전통이 깔려 있다. 문화연구와 마르크스주의의 영향관계는 세 가지 관점에서 설명할 수 있다. ① 문화연구에 있어서 문화적 과정들은 사

4) 오창은, 「일상의 변화를 위한 즐거운 텍스트 비평」, 『문예연감 2004』, 한국문화예술위원회, 2004.

회관계 특히 계급관계와 계급구성, 성별분리와 사회관계의 인종적 구조화, 종속의 형태로서 연령 차이에서 오는 억압과 밀접한 관계를 맺고 있다. ② 문화는 권력과 관련이 있는데 개인과 사회집단은 그들이 필요한 것을 정의하고 인식하기 위해서 능력의 불균형을 만들어 낸다는 것이다. ③ 문화는 가족적이거나 외부적으로 결정된 장場이 아니며 사회적 차이와 투쟁의 장이라는 사실이다.

문화연구는 지금까지 문학비평이 해왔던 바와는 달리 문학을 특권화하는 것을 거부한다. 문학예술이 사회적 실천과 이데올로기 비판적 기능을 수행해 왔다 하더라도, 문화적 맥락 일반에서 벗어난 차별화된 지위를 획득하고 있다고 볼 수 없기 때문이다. 예술을 이렇듯 사회적 과정으로 보게 되면, 이른바 보편적 진리라든가 인간의 본질적 본성 등에 문학을 통해 접근할 수 있다는 전통적 문학비평의 문제설정을 넘어서게 된다.

더 나아가 이제까지 엘리트주의 문화가 고급문화를 특정한 경제적 또는 정치적 결정인자들을 초월하는 미적 노동에 토대를 둔 화해라는 조화로운 영역으로 규정한 것에도 반발한다. 영국의 좌파적 문화연구는 문학 텍스트에 대한 의미 해석에서 사회적 실천으로 관심사를 변경했다. 따라서 문화연구자들은 대중문학과 대중문화의 이데올로기 재생산 기능을 문제 삼으며, 문화적 장 내에서 정체성identity이 어떤 방식으로 형성되는가에 주목한다.

리차드 존슨Richard Johnson은 문화연구의 구체적인 분석방법으로 다음의 세 가지를 거론한다.[5] ① 그 첫 번째 분석방법으로는 문화생산의 관점에서 문학, 예술 또는 대중문화형식들의 생산과 그 사회적 구성에 관심을 가진다. 이 방법은 자본주의적 상황에서 대중과 문화상품의 관계를 분석하고, 이를 통해 미학과 정치학의 경계를 넘나들며 텍스트를 해석해 낸다. ② 두 번째 방법은 생산적인 관점에서 벗어나

---

5) Richard Johnson, *What is Cultural Studies Anyway, Social Text: Theory · Culture · Ideology*, No. 16, Winter 1986, pp. 53~71.

텍스트로서의 문화생산 쪽을 바라보는 관점이다. 이 텍스트 중심 문화분석에는 문화생산물을 '텍스트'로 파악하며, '읽기'에 주력하게 된다. 문화 텍스트의 형식주의적 읽기는 가능하면 개방적이거나 다양한 층위의 구성을 가진 것으로 만들어야 한다. 따라서 이 방법은 주로 인문과학적 방법인 언어학 연구 그리고 문학 연구에 의존하는 문화분석법이다. 구체적으로는 서술형식의 문학적 분석, 다른 장르의 확인, 구문형식의 분석, 언어학의 가능성과 변형들, 언술행위와 교환의 형태적 분석, 문화이론의 기본형태 분석 등이다. ③ 문화분석의 마지막 방법은 체험된 문화에 대한 분석이다. 이것은 문화 순환의 좀 더 구체적이며 개인적인 계기들을 포착하는 것이다. 다시 말해 개인적인 경험이나 사적私的인 기억에 의존하여 일상적 활동과 삶에 대한 구체적이며 체계적인 문화분석의 방식이다. 이 분석은 피지배사회 집단의 삶의 양식을 드러내 주고 숨겨진 교훈을 통해 지배적이고 공공적인 형식을 비판하는 재현의 정치학을 보여 줄 수도 있다.

문화연구적 비평은 문학의 미학적 지위를 인정하지 않는다는 비판을 받고 있다. 하지만 일상적 삶을 새롭게 구성하고, 더 나은 삶의 가능성을 비판적으로 탐색하고자 하는 문화연구적 비평의 문제의식은 유효한 측면이 많다. 그런 의미에서 다음과 같은 문화연구에 대한 지적은 많은 시사점을 안겨 준다고 할 수 있다.

> 전환기에 흔히 나타나는 사상의 무서운 공백기도 문제이지만 전환기 문화의 현상과 논리를 분석하고 파악하는 잣대가 없는 것은 더 염려해야 할 일이다. 이는 분석을 비웃는 엄청나게 복잡하고 무질서한 우리의 문화 상황 속에 우리가 함몰되거나 포로가 되어 방향 없이 이끌려 가지 않고 오히려 그것을 인식하고 분석하고 앞으로의 미래까지도 보여줄 수 있는 주체적 문화분석과 전망을 위해 어떻게 해서든지 문화정치학을 수립해야 한다. 단일하고 경직된 낡은 방법론으로는 새롭고 중첩적인 문화판의 꼬여 있는 실가닥을 풀어낼 수 없다. 우리는 순수해서만은 안 된다. 순진해서만도 안

된다. 방법론적으로 이론적으로 교활하고 난잡해야 한다.[6]

12.4 문화연구적 비평의 실제

문화연구적 비평은 대중문학에 대한 비평에서 사례를 쉽게 찾아 볼 수 있다. 여기서는 '하위문화론'을 원용해 자유로운 비평적 글쓰기를 하고 있는 김동식의 글을 인용한다. 김동식의 「비평가 tympan 씨의 하위 문화 만유기漫遊記」[7]는 학교의 안과 밖에서 찾아 볼 수 있는 하위 문화적 지형을 문학 텍스트와 연관지어 비평하고 있다.

> 하위 문화의 지형에서 빼놓을 수 없는 공간이 바로 학교이다. 일반적으로 학교는 사회적으로 승인된 스타일만을 가르칠 뿐이고, 저항의 스타일은 가르치지 않는다. 학교는 청소년이 점유할 수 있는 시간과 공간을 제한하며, 교과서와 시험을 통해서 지배 문화의 일반적인 태도와 감수성을 훈육하며, 다른 능력으로 전환 가능한 일반적인 적성을 배양한다. 반면에, 학교는 스타일을 둘러싼 분쟁의 공간이기도 하다. 학교의 제도적 억압은 부모 세대의 기대를 반영하는 것이기 때문에, 학생-학교의 갈등은 지배 이데올로기나 부모 문화와의 갈등을 옮겨놓은 것이다. 학생과 학교가 대립해온 전통적인 주제 가운데 가장 역사가 오래된 것은 귀밑 몇 센티, 단발머리, 퍼머금지, 염색 금지 등과 같은 스타일의 문제였다. 하지만 학교가 제시하는 금지의 규칙 안팎을 날나리와 양아치들이 넘나든다. 학생들의 저항 역시 스타일을 통해서 이루어졌던 것이다.
>
> 학교는 모순적인 공간이다. 이데올로기적 억압 기구인 동시에 하위 문화의 인적(人的) 네트워크를 제공하기 때문이다. 특히 학교의 울타리 바깥

---

6) 정정호, 「영국의 '문화학'」, 『문화예술』, 통권 158호, 1992년 9월, 한국 문화예술진흥원, 88쪽.

7) 김동식, 『냉소와 매혹』, 문학과지성사, 2002, 256~258쪽.

으로 하위 문화적인 지형이 펼쳐진다. 학교를 나와서 갈 수 있는 곳, 몸을 숨기고 시간을 때울 수 있는 곳, 예를 들면 영화관·만화방·비디오방·PC방·콜라텍 등이 하위 문화적 지형을 형성하는 것이다. 학교의 수업이 학생의 자기 억제에 기반하고 있는 것이라면, 학교 바깥의 하위 문화적 지형들과의 만남은 자발적인 매혹과 독학을 통해서 이루어진다. 하위 문화는 학교의 담을 넘어 들락날락한다. 이러한 맥락에서 보자면 하위 문화는 통례화된 학교 문화로부터의 자유이며, '학교적 기원으로부터의 자유'라는 성격을 갖는다.[8]

안정효의 『할리우드 키드의 생애』에 의하면 영화관은 매혹의 장소였고, 학교-밖-하위 문화적 지형이었고, 학교에서 가르쳐주지 않는 공부를 스스로 해나가는 독학의 공간이었다. 전통적인 마니아들은 학교가 설정해놓은 경계선을 넘나드는 곡예를 하면서 자신의 문화적 정체성을 형성해갔다. 여가 개념이 사회적으로 승인되기 이전 시기의 일이다. 유하의 『세운상가 키드의 사랑』은 1960년대 초반생들이 경험했던 하위 문화적 지형을 복원하고 있다. 세운상가, 뭘 세운다는 건지 정확하게는 알 수 없지만, 상징적이면서 선정적인 건물이다. 그는 미로와 쪽방, 키치와 포르노그래피 사이를 헤집고 다닌다. 그 과정에서 세운상가 키드는 스스로를 욕망의 주체로서 정립한다. 세운상가라는 하위 문화적 공간을 헤집고 다니는 탐색과 모험을 통해서 욕망의 주체로 성장한 것이다. 세운상가라는 공간적 메타포는 1990년대 이후로 인터넷 속으로 전이되었다. 인터넷 속에 하위 문화의 지형도가 펼쳐진 것이다. 학교를 뛰쳐나온 정현철을 서태지로 만들어주었던 것은 컴퓨터였다. 학교-밖-하위 문화적 지형에 컴퓨터가 있다는 사실을, 그리고 컴퓨터가 있는 하위 문화의 풍경이 언더그라운드이고 인디라는 사실을, 가장 인상적으로 보여준 인물이 서태지였다.

그렇다고 해서 학교의 교실 내부에서 아무 일도 일어나지 않는 것은 아니다. 장정일은 『내게 거짓말을 해봐』에서 교실 안에서 일어나는 취향의

8) 피에르 부르디외, 이영욱 역, 「예술적 취향과 문화 자본」, 박명진 외 편, 『문화, 일상, 대중: 문화에 관한 8개의 탐구』, 한나래, 1996, 93쪽.

구별짓기를 날카롭게 포착하고 있다. 여자 주인공 와이가 남자 주인공 제이의 존재를 처음으로 알게 되는 과정은 다음과 같다.

> 와이가 제이를 알게 된 것은 그녀의 동급생인 우리를 통해서였다. [……] 누구에게 수소문해서인지는 모르지만 서울의 인사동을 뒤져 제이의 전시회 팸플릿을 하나씩 모아 대단한 보물이나 되는 듯이 와이에게 자랑을 하곤 했다. [……] 그런 우리를 보며 와이는 처음에 이렇게 생각했다고 한다.
>
> **"걔한테 어울리는 선택이라고 생각했어. 우리가 김건모나 서태지가 아닌 좀 특별난 오빠를 찾아낸 거구나 싶었지."**[9]

아이돌(idol) 스타나 스포츠 스타 중심의 대중 문화가 지배－주류문화인 교실에서, 조각으로 대변되는 예술이 구별짓기의 문화적 표상으로 채택되는 장면이다. 조각 전시회 팸플릿은 예술의 소비와 향유라는 기존의 맥락에서 이탈하여, 김건모나 서태지나 이동국이 아닌 그 무엇으로서 새로운 위상을 부여받는다. 예술은 하나의 하위문화적인 기호로서 (대중)문화적 주체에 의해 호명된다. 예술은 대중문화의 하위문화 내지는 소수자일지도 모른다.

12.5 문화연구적 비평의 문제점

문화연구적 비평은 문학비평의 영역 속에서 들어올 수 있느냐, 없느냐부터 논란의 대상이 되고 있다. 문화연구적 비평은 문학 텍스트에 대한 비평을 수행하면서도, 끊임없이 문학사적 맥락에서 일탈한다. 따라서 문화연구적 비평은 문학 텍스트를 '문화연구의 수단'으로 간주한다는 비난까지 받고 있다. 문화연구적 비평을 둘러싼 논란으로

9) 장정일, 『내게 거짓말을 해봐』, 김영사, 1996, 26쪽. 강조는 필자.

는 다음과 같은 것들이 있다.

① 문화연구적 비평은 문학작품에서 현실을 읽어 내려 한다. 그 현실은 대중의 욕망이며, 이데올로기 지형이다. 따라서 문화연구적 비평은 '문학'보다는 '대중'에게 더 관심을 쏟는다.

② 문화연구적 비평이 대상으로 하는 텍스트는 문학·드라마·영화·대중음악·미디어·문화적 사건 등 다양하다. 그러므로 문학도 다양한 문화적 텍스트의 일부분으로 간주될 뿐이다. 즉, 문학의 독자적 지위나 특권적 지위가 문화연구적 비평에서는 소멸된다.

③ 문화연구적 비평은 강한 좌파적 정치성을 드러낸다. 그래서 기존의 해석을 거부하고, 대안적이면서 저항적인 해석을 지향한다. 이러한 정치성이 예술의 객관성을 주장하는 이들에게는 강한 거부감을 자아내기 쉽다.

④ 문화연구적 비평은 사회체제가 어떻게 스스로의 권력을 생산, 재생산하는가를 분석하는 데는 성공했다. 하지만 경제적 토대와 같은 물질적 힘을 문화가 생산할 수 있는가에 대해서는 여전히 의문으로 남는다. 그런 측면에서 문화연구의 변혁이론은 회의주의적 세계관에 직면할 수밖에 없다는 비판을 받고 있다.

문화연구적 비평은 그 정치적 성격으로 인해 자본주의적 세계체제와 갈등할 수밖에 없다. 자본주의적 상품미학과 이미지의 정치에 대항해 새로운 '미적 감수성'이 문화연구적 비평을 통해 생성될 수 있을지는 여전히 불확정적이다. 하지만 기성의 질서를 해체적으로 재구성함으로써 새로운 감수성의 혁명을 기획하는 지적 노력은 지속할 수 있을 것으로 기대된다.

13장 탈식민주의와 한국의 전통비평

13.1 문제 제기

지금까지 다룬 문학비평 이론은 대부분 서구西歐담론의 이해와 소개에 치우쳐 있었다. 한국적 현실을 반영한 이론으로 정립하고, 체계화하려는 주체적 노력이 결여되어 있어 모방의 혐의에서 자유로울 수 없다. 이런 모순은 서구적 근대의 영향을 받은 일본과 중국에서도 동시에 확인할 수 있다. 따라서 동아시아 문화권의 서구추수西歐追隨적인 문예비평 현황은 탈식민주의적 논의와 연결해 반성할 수 있을 것이다.

자신의 언어와 문화전통 속에서 독자적으로 행해져 온 비평의 역사가 있는데도, 이를 외면하고 서구 이론에 경도된 것은 일종의 문화적 식민주의라고 할 수 있다. 이렇게 왜곡된 현대문학의 현실 속에서도 일부 뜻있는 비평가들은 전통에 대한 자각과 반성 속에서 문화적 식민화의 탈피를 모색해 왔다. 몇몇 평론가들은 현장 비평에서 전통비평의 방법론을 활용하기도 해 비평의 새로운 가능성을 실증하고 있다.

마지막 장에 이르러 주체적 문학 인식을 위해 탈식민주의Post Colonialism 비평과 함께 우리의 전통비평의 맥락을 추적하고자 한다. 이른바 '탈식민주의 비평'은 현재 진행형의 비평이론이고, 한국의 전통비평은 한문으로 기록된 나머지 번역이 아직 충분히 이뤄지지 않아 체계적이지 못한 측면이 있다. 하지만 주체적 문학비평이론의 확립이라는 측면에서 여기서는 그 문제점 파악과 방향제시에 치중하고자 한다.

13.2 탈식민주의의 개념 및 전개

새로운 담론으로 논의되는 탈식민주의 비평脫植民主義 批評을 이해하기 위해서는 제국주의와 식민주의라는 일반론부터 파악하는 것이 순서일 것 같다. 탈식민주의 담론의 성립배경이나 성격을 살피고 나서, 탈식민의 한국적 적용인 전통비평의 과제를 살피려 한다. 아울러 이에 상관해서 최근 논의되는 트랜스시대문학이나 하이브리드시대문학론도 언급해 두려 한다.

13.2.1 당위성과 특질

'탈식민주의post-colonialism'[1]라는 용어는 제국주의 세력이 물러간 이후의 민족문화만을 그 의미론적 토대로 하고 있는 것처럼 보인다. 그러나 이 용어는 종종 식민통치부터 독립을 쟁취한 시기를 전후로 식민주의 시기와 후기 식민주의 시기를 구분할 목적으로 채택되곤 한다. 이를 통해, 식민지 전후의 문학사를 재정립하거나, 각 문학사 간의 단계별 비교 연구를 실행하는 데 사용한다. 탈식민주의는 유럽중심주의 혹은 정전canon에 대한 해체적 담론이다. 그리고 문화적 탈식민주의는 유럽 중심의 텍스트에 식민지국 텍스트의 다시읽기re-read-ing와 반언술

---

1) 'post-colonialism'이라는 용어에서 접두사 'post-'는 '後期'보다는 '脫'로 번역하는 것이 적당할 것임. 왜냐하면 포스트콜로니얼리즘은 식민지적 상황으로부터 벗어나려는 철저한 탈식민주의를 의미하기 때문임. 이에 대해서는 김성곤, 「탈식민주의 시대의 문학」, 『외국문학』, 1992년 여름호, 13쪽을 참조할 것.
그런데 'post-colonialism'이라는 용어에는 시간적으로 식민지 '以後'라기보다는 식민주의 사실에 '대항'한다는 의미가 포함되어 있기 때문에 'post-'라는 접두사는 실은 '대항(anti-)'으로 대치되어야 옳음. 이에 대해서는 이경순, 「탈식민주의 페미니즘」, 『외국문학』, 1992년 여름호, 70쪽을 참조.

의 전략counter-discoursive strategies을 구사한다.

탈식민주의라는 용어는 '식민주의 시기로부터 현재에 이르기까지 제국주의적 영향으로부터 자유로울 수 없었던 문화를 포괄하는 통칭적 개념'[2]으로 정의할 수 있다. 탈식민주의는 제국주의와 관계를 맺었던 많은 국가들에서 그 개별 경험에 따라 복잡하고 다양한 양상을 띠며 전개되었다. 그러나 개별 문학들이 특수하고 변별적인 지역적 특성들을 초월하여 견인해 낸 하나의 공통분모는 제2차 세계대전 후에 독립된 아시아·아프리카 등의 개발도상국들이 겪은 식민주의적 문화경험이다. 이들 개별 국가들은 모두 제국주의 세력과의 긴장관계를 통해서, 그리고 제국주의 본국이 수행한 동일화 논리와의 차별화를 선언함으로써 자신들의 존재를 주창하는데, 이것이 바로 탈식민주의post-colonialism의 특징이다.

탈식민주의적인 텍스트가 특별한 성격을 드러내며 전개됨에 따라, 그 텍스트를 설명할 수 있는 적정한 모델을 개발해야 할 필요가 있었다. 그래서 지금까지 네 가지 주요한 모델이 제기되었다. 첫 번째는 민족적이고 지역적인 문화의 가시적 특색을 부각시키는 민족 모델 혹은 지역 모델이다. 두 번째는 흑인의 글쓰기 모델 중의 하나로 잘 알려져 있는 아프리카 이산문학離散文學, 그 속에 나타난 인종적 유산과 관련하여 다양한 민족문학들의 공통분모를 밝히는 이종異種 모델이다. 세 번째는 두 지역 이상의 탈식민주의적인 문학적 접경을 가로지르는 언어학적, 역사적, 문화적 특징 간의 복잡 다양한 비교 모델이다. 네 번째는 모든 탈식민주의적인 문학이 공통적으로 소유하고 있는 구성주의적 요소로서 잡종성과 혼합성 등의 특징들을 논하는 보다 포괄적인 비교 모델이다. 이 네 가지 모델들은 구체적인 비평적 실천을 통해서 여러 가지 가설들을 작동시킨다.

탈식민주의post-colonialism의 성격과 의미는 이를 대하는 입장과 태도가

---

2) Bill Ashcroft·Gareth Griffiths·Helen Tiffin, 이석호 역, 『포스트콜로니얼 문학이론』, 민음사, 1996, 12쪽.

상이하므로 단순하게 정의할 수가 없다. 이런 면은 다음과 같은 엘라 쇼하트Ella Shohat의 글을 통해서도 확인할 수 있다.

> 걸프전에 대한 학술적 대립은 일련의 잘 알려진 용어들을 유통시켰다. 제국주의, 신식민주의(neo-colonialism), 신제국주의(neo-imperialism) — 이것은 새로운 세계 질서에 대한 말뿐인 반대세력의 소산이었다.
>
> 그러나 토론의 뚜렷한 부재는 '탈식민(post colonial)'이라는 용어에서 드러났다. 심지어 그것은 다른 현저한 옹호자에 의해 만들어져 발표된 것이었다. 최근의 학술모임에서는 이 용어의 특정한 범주로 주어진 것이 출판물과 재구성과정에서 모호함이 더해지고 있다면 다소 당황스러워하기도 했다. 이러한 부재(不在)는 순전히 우연의 일치인가? 지정학적 비평(geo political critique)에 자신을 안주하지 않으려는 '탈식민(post-colonial)'이라는 용어에 대해 어떤 것이 있는지? 혹은 우세한 미디어의 걸프전 거대 설화(Gulf War macro-narratives)비평에 뭔가 있는 것일까? 우리가 어떻게 '탈식민주의'의 의미를 정리하는가는 긴급한 요청이다. 그것은 나의 특정한 지위, 즉 문화적 지형을 가진 아랍-유태 학자로서 이라크, 이스라엘/팔레스타인, 그리고 미국에서 정리하거나 어지럽혔다고도 말할 수 있는 것이다.[3)]

또 스피박G. C. Spivak 역시 국가마다 후기 구조주의, 탈식민성postcoloniality에 대한 가치평가가 상이하다고 했다. 그는 아프리카와 아시아의 차이뿐 아니라, 미국과 영국의 차이점에 대해서도 논의한다. 그리고 각기 사회적 변화를 위해 추진되는 학문적이고 혁명적인 작업들 사이의 차이에 관해서도 논문으로 다루었다. 그러면서 탈식민주의에 대한 과격한 학구열은 자칫 '아시아 사랑', '아프리카 사랑' 혹은 심지어 미국인이나 영국인 사랑으로 이어질 수 있으며, 제국과 식민의 역사를 문

---

3) Edited by Padmini Mongia, *Contemporary Postcolonial Theory*, London·New York, 1996, p. 321. 이는 Social Text 31/32(1992), pp. 99~113에 실린 Ella Shohat의 글을 발췌한 "Notes on the post-colonial"의 앞부분에 해당됨.

화적으로 밝혀내는 것이 아니라, 제국이 식민을 보호한 역사인 것으로 간주될 수도 있음을 경고했다.[4)]

'식민주의 담론colonial discourse' 또는 흔히 '탈식민주의적 비평postcolonial criticism'이라는 용어로 불리는 이 비평연구는 후기 구조주의의 급진적 이론에 기대고 있다. 그러나 작가들과 작품들의 다양한 문학적 실천을 탈식민주의라는 지나치게 일괄된 명칭으로 호명하는 것에는 주의해야 한다. '식민주의·제국주의'에 대한 문화적 분석은 이것에 대한 투쟁만큼이나 오래된 역사를 지니고 있다. 이러한 작업은 세계 어느 곳에서나 지속적으로 이어져 온 '반제국주의적anti-colonial' 운동의 주요 요소였다. 반제국주의 운동은 인도의 독립(1947) 이후 식민지 본국에서 지적 훈련을 쌓은 지식인들과 학자들의 등장으로 활발해졌다. 또한 1950년대 이후 알제리에서 제3세계[5)]의 투쟁에 대한 좌파 진영의 방향 조정으로 논의가 활성화되었다. 프란츠 파농Frantz Fanon의 『대지의 저주받은 자들The Wretched of the Earth』(1961)은 탈식민주의 운동에 자극을 가하는 주요 텍스트이다. 그 이후로 탈식민주의 비평은 '코먼 웰스 문학Common Wealth Literature'[6)]을 탈피하여 철학적으로는 후기 구조주의와 연관된 불확정성 원리와 분산화를 수용하여 1980년대에 급부상하기 시작했다.

탈식민주의 비평의 등장은 비록 포스트모더니즘이 부정하거나 극복하는 데 게을리했던 우스꽝스럽고 희화적이며 유미주의적인 서양과 제3세계 문화 사이의 권력관계를 떠올리게도 한다. 하지만 포스트

---

4) Ibid., p. 198.
5) 제3세계(third world)란 제2차 세계대전 이후 식민지 통치로부터 독립된 아시아·아프리카·라틴 아메리카의 여러 개발도상국을 지칭함. 이전의 지배국층인 유럽과 일본 등이 제1세계, 공산권 국가들이 제2세계인 데 반해 개발도상국은 제3세계에 해당함.
6) '코먼 웰스 문학(Common Wealth Literature)'이란 협의(狹義)로는 오스트레일리아, 뉴질랜드, 캐나다 등 백인정착 식민지의 문학, 그리고 광의(廣義)로는 영국 본토의 문학과 언어에 관련되어 있는 원주민 문학을 포괄하는 '영국 연방문학(英國 聯邦文學)'을 의미함.

모더니즘과 토론하며 독자적인 비평담론으로 확립되었다. 탈식민주의는 유럽 중심의 가치들과 사상, 문학의 전통들을 억압적인 '인종 중심주의ethnocentrism'로 규정해 비판하고 있다. 예를 들면, 아리스토텔레스, 데카르트, 칸트, 마르크스, 니체, 프로이트 등으로부터 나온 서구적 사상, 또는 호머, 단테, 플로베르, 엘리엇 등으로부터 유래하는 서구문학의 모형들은 비서구적인 전통문화와 표현양식을 배제하면서 세계문화의 중심을 형성해 왔다고 보는 것이다.

데리다Jacques Derrida는 서구의 형이상학이 서구 문화를 반영하여 재정립한 '백색의 신화White Mythology'로 묘사한 바 있다.[7] 그에 의하면 백인들은 그들 자신의 신화, 인도-유럽인 신화 등을 그들이 결코 벗어날 수 없는 '이성Reason' 중심의 세계관을 통해서만 체계화한다. 이러한 면에서 탈구조주의 방법론은 탈식민주의 비평가들에게 주요한 영감靈感을 제공한다. 바흐친Mikhail Bakhtin의 대화주의, 그람시A. Gramsci의 헤게모니 이론, 푸코M. Foucault의 권력과 지식에 관한 저서들로부터 도출된 이론들 역시 탈식민주의, 또는 반식민주의anti-colonialism의 사상 형성에 기여했다. 또한 보편화되어 있는 역사적 서사물과 서구 합리주의의 전략에 관한 리오타르Jean-Francois Lyotard의 포스트모던적인 비평들도 중요하게 참조되었다. 그러나 이러한 모델들 역시 서구적 지성의 전통 속에 자리하고 있어, 탈식민주의 담론이 처해 있는 곤란한 지점을 여실히 보여 주고 있다.

린다 허천Linda Hutcheon은 이러한 문제들을 각각의 목적들과 정치적인 의제議題들 사이의 차이로 묘사함으로써 해명하려 했다. 그녀에 의하면 탈식민주의가 제국주의자적 주체를 파헤치는 것을 추구하는 반면, 포스트모더니즘과 후기 구조주의는 통합된 휴머니즘적 주제에 대한 비평으로 주의를 돌린다. 따라서 그녀는 후자의 비평들이 부정당하고 소외당한 주체성을 우선적으로 옹호하고 확인하는 탈식민주의와 페미니즘 담론의 적절한 영향력 아래 놓여야 한다고 주장한다.[8] 그러나

---

7) C. H. Chung, *20th Century Literary and Cultural Theory and Criticism*, C.A.U., 1996, p. 364.

이러한 그녀의 주장도 서구적 주체구성 양식이나 유럽적인 자유주의적이며 휴머니즘적인 개인, 국가적인 자기합리화의 서사에 비서구의 문화를 위탁하는 것이 될 수 있다. 서구의 이데올로기는 지배적인 구심점 속에서 그들 자신을 확인하게 마련인데 '식민주의적 주체들'이 이러한 서구의 이데올로기적 양식에 종속적일 수 있다는 사실을 확인하는 것은 위험한 일이다. 이것이 바로 에드워드 사이드Edward Said가 탐구하고 제시하는 오리엔탈리즘Orientalism[9]의 시각이다. 탈식민주의 비평에 중요한 영향을 끼친 사이드의 작업은 그의 정치적인 현실참여와 긴밀히 연관되어 있다. 그의 주요 전략은 세계와 자아의 해체, 엘리트 계급의 미학과 경험주의적 형식주의의 배제, 모든 담론적 한계선의 붕괴, 그리고 고급문화와 저급문화, 미술과 상품 사이의 경계선을 제거하기, 의미와 해석에 대한 저항 등으로 요약할 수 있다.

식민주의 상태를 극복하고자 하는 전략에는 크게 두 가지가 있다. 즉 식민지가 되기 이전의 자국自國 문화와 언어를 원상태로 되돌리고자 하는 것이 그 하나이고, 다른 하나는 첫째 전략의 불가능성을 인식하고 문화적 혼종을 제시하는 방법이다. 탈식민주의 이론은 주로 후자를 선택하는데, 이는 '통문화적 혼성성cross-cultural hybridity'에 대한 옹호로 이어진다. 이러한 시각에서 글쓰기를 수행한 비평가로는 에드워드 사이드, 가야트리 스피박Gayatri Spivak, 호미 바바Homi Bhabha, 압둘 잔모하메드Abdul R. JanMohamed, 휴스턴 베이커Houston A. Baker, Jr., 헨리 게이츠Henry Louis Gates, 토니 모리슨Toni Morrison, 살만 루시디Salman Rushidie, 장 라이스Jean Rhys 등이다. 또한 츠베탕 토도로프Tzvetan Todorov, 루이 알튀세르Louis Althusser, 미셸 페셰M. Pêcheux, 프레드릭 제임슨Fredric Jameson, 마가렛 앳우드Margaret Atwood, 도리스 레싱Doris Lessing 같은 이들도 탈식민주의적 담론에 영향을 미친 저자들이다.

---

8) Ibid., pp. 364~365.

9) Edited by Padmini Mongia, *Contemporary Postcolonial Theory*, London·New York, 1996, pp. 20~35.

13.2.2 탈식민주의 비평의 전략

탈식민주의를 논하기 위해서는 '타자화 / 의식의 식민화 / 식민지적 주체'에 대한 논의를 진전시킨 프란츠 파농의 이론을 살펴볼 필요가 있다.

> 식민주의는 타자에 대한 체계적인 부정이고, 타자에 대한 어떤 인간적 속성도 허용하지 않으려 하기 때문에 그것은 피지배 민족으로 하여금 항시 '실제로 나는 누구인가?'라는 질문을 되씹도록 만들고 있다. 식민지 주변과 식민지 체제의 폭력적 통합으로 야기되는 방어적 태도는 하나의 구조를 형성하며 이 구조는 식민지적 인간성을 드러낸다. 이러한 '감수성'은 원주민에게 식민지 통치의 단 하루만에 생긴 많은 상처의 깊이에 주목할 때 쉽게 이해될 수 있다.[10]

파농Frantz Fanon은 극도의 비인간화를 초래하는 제국주의 역사를 끝내야 된다고 믿었으며, 동시에 그 작업이 얼마나 어려운 것인지도 잘 알고 있었다. 그는 새로운 민족문화를 창출하려고 결의한 식민지 지식인이라 하더라도 여전히 점령자들로부터 얻은 기술과 언어를 사용하게 되는 위험을 안고 있음을 경고했다. 파농은 식민화된 주체를 어떻게 벗어던질까에 대해 치열하게 고민한 사람이었고, 그의 고민과 방황과 좌절은 지금도 시원스럽게 풀리지 않는 숙제로 남아 있다.[11]

13.2.2.1 폐기Abrogation와 전유Appropriation

탈식민주의 전략은 우선 전지구적 권력과 정전적正典的 지배문화를

---

10) F. 파농, 박종렬 역, 『대지의 저주받은 자들』, 광민사, 1979, 201~202쪽.
11) 조혜정, 「지식 / 권력에 대한 성찰－'타자성'에 대하여」, 『탈식민지 시대 지식인의 글 읽기와 삶 읽기 2』, 또하나의문화, 1994, 82쪽.

'폐기廢棄'하는 것이고, 그 다음으로 제국의 언어를 '전유專有'해서 재구성하는 것이다. '폐기'란 제국의 문화, 미학 그리고 가치관을 부정하는 것이다. 물론 그 부정은 각각의 단어 속에 각인되어 있는 전통적이고 고착적인 의미의 토대를 거부하는 것을 의미한다. 탈식민주의적인 텍스트는, 그것이 단일어적 문화 배경 아래에서 써졌건 이중어적二重語的 혹은 다중어적多重語的 문화 배경 아래서 써졌건 간에, 차이를 함축하면서도 그 차이를 동일한 차원으로 환원하지 않는 언어 사용을 통해 제국의 언어가 갖는 특권적 중심성을 폐기한다. 그 폐기 과정은 언어 전유를 통해서 이루어지기도 한다.

'전유'란 한 언어에 자신의 문화적 경험을 기입하는 과정을 의미하거나, 모국어가 아닌 타자의 언어로 모국어의 정신을 전달하는 것을 말한다. 전유는 상호 이질적인 문화적 경험들을 다양한 방식으로 전달하기 위해서 언어를 하나의 도구로 차용해 활용한다. 지배 언어에는 자신의 문화적 경험이 깃들어 있지 않기 때문에, 지배 언어 속에 자신의 문화적 경험이 깃들도록 만들 필요가 있다. 이러한 전유는 곧 언어를 권력의 매개체로 보고, 중심문화의 지배언술을 식민지의 담론으로 대체한다는 뜻을 포함한다.[12] 탈식민주의적인 글쓰기에서 이루어지는 대표적인 전유 전략으로는 주석 달기(괄호 치기), 주해 달기, 장황한 서문 같은 편집과정을 통한 작가의 개입으로 이뤄지기도 한다. 또한 번역 불가능한 어휘의 사용, 구어체적인 신조어新造語의 사용 등이 활용되기도 한다. 탈식민주의적인 글쓰기에서의 이러한 전유 전략은 언어를 포획해서 그것을 구체적인 문화적 공간 속에 재배치하면서도 타자성을 잃지 않는 것을 전제로 한다.

결국, 탈식민주의적인 문학은 중심부의 언어로 이야기하는 기득권을 가진 식민지 본국의 언어를 폐기하고, 그 언어를 자신의 영향력 안에서 전유하는 작업을 통해 써지는 '긴장의 문학'이라 할 수 있다.

12) 김성곤, 「탈식민주의(post-colonialism) 시대의 문학」, 『외국문학』, 1992년 여름호, 25쪽.

13.2.2.2 되받아 쓰기write back

되받아 쓰기는 제국의 지배담론에 의해 정전화正典化된 이야기들이나 텍스트들을 새로운 시각으로 다시 씀으로써, 그것들을 이용해 오히려 지배담론을 공격하는 방법을 뜻한다. 그리고 이러한 과정에서 탈식민주의 작가들은 역사를 재탐색하여 지배담론의 음모와 허구성을 인식하게 된다. 그 예들은 다음과 같다.

제국의 성전화된 텍스트		탈식민주의적 되받아쓰기
노아의 홍수		티모시 핀들리 「배를 못 탄 사람들」
샬롯 브론테 「제인에어」	⇨	장 라이스 「드넓은 사르가소 바다」
대니얼 디포 「로빈슨 크루소」		새무얼 셀번 「승천하는 모세」 코엣지 「적」
셰익스피어 「태풍」		휴스턴 베이커와 랍 닉슨의 평론

탈식민주의의 되받아 쓰기 전략은 정전화된 텍스트들에 대한 기존의 해석을 전복시키고, 지배이데올로기가 스며들어 있는 제국주의적 텍스트를 해체하려는 목적으로 활용된다. 그리고 되받아 쓰기 작업을 통해 궁극적으로는 기존의 텍스트에 자국의 문화와 시각을 기입해 내려 한다. 샬롯 브론테의 「제인 에어」를 탈식민주의적 읽기로 다시 쓴 장 라이스Jean Rhys의 「드넓은 사르가소 바다Wide Sargasso Sea」는 작가가 등장인물 또는 사건들의 가면을 벗겨 탈식민주의적 목적에 맞도록 텍스트를 재구성했다.[13]

포스트모더니즘의 원조로 인정받고 있는 남미의 보르헤스Jorge Luis Borges가 활용한 '탈헬레니즘'적 경향도 탈식민주의 이론과 무관하지 않다. 보르헤스의 작품에서는 카인이 아벨이 되고, 유다는 예수가 된다. 그

13) Helen Tiffin, 성경준 역, 「탈식민주의 문학과 반언술행위」, 『외국문학』, 1992년 여름호, 39쪽.

리고 예수가 십자가에 못 박히는 사건은 한 의학도의 처형으로, 골고다는 아르헨티나의 궁벽한 목장으로 그려지기도 한다. 「마가복음」이라는 제목이 붙은 소설에서 성서는 역설적으로 새롭게 해석되고, 제국주의의 지배를 받는 지역에서의 전도사업이라는 배경을 통해 정통적 가정이 붕괴되는 상황을 맞이하기도 한다. 보르헤스가 지배담론을 되받아 쓰는 것은 단순히 특정 작가나 체계를 역전시키는 것만을 의미하는 것이 아니다. 왜냐하면 단순한 병치만으로는 전통, 인식론적 안정성, 시공의 일관성, 사실적 진행과 허구적 진행, 모방의 정확성 등에 대한 중심부의 생각을 제대로 드러내지 못하기 때문이다. 바로 이때 연상들로 가득 찬 모방적인 작품이 그 역할을 해 낸다.[14] 보르헤스는 '중심부'를 되받아 쓸 수 있는 권리를 전유함으로써, 서구적 전통으로 하여금 스스로를 적대하도록 만든다.

그렇다면, 탈식민주의 비평을 통해 어떤 성과를 얻을 수 있을까. 다음 세 가지가 중요한 고려의 지점이 될 수 있을 듯하다.

첫째, 탈식민적인 사회 속에 존재하는 텍스트의 특징과 기획을 세밀하게 기술할 수 있게 되었다. 이는 지배담론의 영향에서 벗어나 있는 자율적 영역에 대한 의미화라는 측면에서 중요하다.

둘째, 비평 이론에서 토착 이론의 성장을 통해, 그리고 탈식민적인 작품분석을 통해 모든 사회가 지니고 있는 근본적인 비평적 가설을 심문하는 이론적 발전을 이룩했다는 점이다. 비평담론 속에 내재해 있는 권력을 성찰하게 함으로써, 문학이 어떤 역할을 해야 하는가에 대한 근본적 질문이 가능해졌다.

셋째, 전통적인 영문학 텍스트에 대한 탈식민적인 독법과 그러한 독서전략이 텍스트의 정전화正典化에 끼치는 영향을 성찰하게 한다. 이는 변화된 세계 속에서 세계문학의 위상을 다시 생각하게 하는 효과를 낳고 있다.

---

14) Edna Aizenburg, 「보르헤스, 탈식민주의 이론의 선구자」, 『외국문학』 31, 1992년 여름호, 136~137쪽.

여기에서 탈식민주의와 전통비평론을 정립하는 데 참고할 바가 있다. 근래 새롭게 제기된 트랜스내셔널리즘과 하이브리드문화론이 직접·간접으로 탈식민주의 비평론과는 상이한 요소를 지니고 있기 때문이다. 이런 두 문예사조는 이전의 제국주의 문화지배에 반발하는 탈식민주의의 입지와 변별되는 것이다. 예의 트랜스민족주의Transnationalism는 재래의 국민국가 경계가 허물어지고 경제나 정보나 교통이 활짝 열려 일반화된 다인종·다문화사회에서 대두하였다. 현대의 문화적 정체성은 종래의 민족문화와 달리 복합적이고 다층적이기 때문에 그와 같은 문화적 접목과 상호작용을 긍정적으로 이해하자는 사조이다.[15] 그러나 트랜스민족주의는 본디 식민지배제국과의 대립과 갈등을 빚던 반식민주의 본래의 자기 문화에 뿌리를 둔 주체의식 이후의 무자각한 단계에서 행해진 것일 뿐이다. 또한 일종의 잡종문화론으로 번역될 수 있는 하이브리드문화론hybrid Cultures은 아르헨티나 출신인 가르시아 칸클리니가 1990년대에 라틴아메리카에 토대해서 제기한 담론이다. 현대문화사회의 다양한 매체와 인어, 인종, 장르 간의 혼합을 지칭하는 것이다.[16] 따라서 이 하이브리드문화론은 이미 탈식민주의의 본질인 반지배담론이나 문화정체성을 침해당한 전제 조건하에서 이루어진 그야말로 기형적인 잡종문화요소를 지니고 있다. 이미 평화롭던 인디오 원주민 영역을 침탈한 이후 식민지개척민으로 잡종화된 문화 여건에서 무의미하게 이루어진 실제 탈식민지적인 주체자로서의 문학과는 거리가 먼 것이다.

15) 김성곤, 「새로운 문예사조－트랜스내셔널리즘」, 『21세기 문학』, 2008년 겨울호, 28~37쪽. 20세기 초 랜돌프 본이 활용한 이 용어의 개념은 곧 이민교포문학과 디아스포라문학이 포함됨. 구소련의 고려인 문학이나 중국 조선문학은 물론 미국에서 활동한 차학경의 『딕테』, 이창래의 『원어민』 등이 이에 해당됨.

16) 정정호, 「섞음의 미학과 퍼뜨림의 정치학」, 『21세기 문학』, 2009년 봄호, 40~54쪽. 문화를 고급문화·민중문화·대중문화로 나뉘는 것을 잡종화로 해체해야 한다는 그는 이제 혼혈, 비순수, 잡종들의 새로운 대화와 타협(협상)의 시대라고 보고 있음.

13.2.3 탈식민주의 비평의 실제

고인환의 「재현의 위기와 탈식민주의 리얼리즘의 한 양상」[17]은 이문구의 『관촌수필』을 탈식민주의적 독법을 통해 비평한 글이다. 고인환은 『관촌수필』을 서구중심의 근대담론과 전통문화의 경계에서 새로운 서사의 가능성을 탐색한 탈식민주의 리얼리즘의 한 형태로 본다. 이러한 비평적 해석은 탈식민주의의 한국적 적용이라는 측면에서 분명한 의미가 있다.

> 이문구의 『관촌수필』은 소설이라는 서구의 장르를 빌어 동일성 담론으로서의 소설 이데올로기를 해체하는 데 효과적으로 이용함으로써 서구 문화의 전복적 수용을 성공적으로 수행하고 있다. 즉, 근대 소설 양식과 이와는 이질적인 전통적 서사 기법이 혼성적으로 교차하면서 새로운 공동체의 문화를 형상화하는 것이다. 이러한 근대 소설 양식과 전통적 서사 기법의 교차가 지니는 의미는, 임화의 이식문화론을 '고유문화와 외래문화 사이의 이식 / 창조의 변증법'으로 해석한 나병철의 논의를 참조하면 쉽게 이해할 수 있다. 그에 의하면 새로운 문화의 창조는 고유문화의 유산을 유물로 되돌리고 외래문화를 타자로 구별하면서, 전통을 다시 부활시키는 것이다. 여기서 전통의 부활이란, 고유문화의 유물도 외래의 외국문화도 아닌, 혼성된 제3자로서의 '주체적인' 문화의 '창조'를 의미한다.[18]
>
> '관촌'은 근대가 지향하는 유토피아적 형상과 맞닿아 있는 공간이지만, 동시에 작가의 구체적 체험이 녹아든 공간이기도 하다. 이에 '관촌'은 신식민주의적 체제에 놓인 한국의 상황을 제유提喩하는 이미지로 기능한다. 미국을 중심으로 한 문화 제국의 중심부와 비교하면 한국의 제3세계적 성격은 주변부에 해당하며, 도시화에 의해 붕괴된 '관촌(농촌)'의 위상은 제

---

17) 고인환, 「재현의 위기와 탈식민주의 리얼리즘의 한 양상」, 『말의 매혹: 일상의 빛을 찾다』, 문학과경계, 2005, 65~67쪽.

18) 권덕하, 『소설의 대화이론-콘라드와 바흐찐』, 소명출판, 368~369쪽 참조.

국의 중심부에 의해 소외된 제3세계 국가의 모습과 대응된다. 여행을 통해 관찰한 초기 작품의 '농촌' 공간과 비교했을 때, '관촌'은 우선 화자의 고향이라는 점에서 구체성과 생생한 현장감을 확보하고 있으며, 또한 '귀향'이라는 모티프는 작품의 안정된 서사 구조의 토대가 되고 있다. 이러한 '여행'에서 '귀향'으로의 변모는 주체적인 정체성 확립의 기초가 된다. 구체성과 보편성의 교차는 탈식민주의 담론의 일반적인 구도이다.[19] 잃어버린 고향(몸)과 이를 기억(마음)으로 붙잡으려는 욕망 사이의 팽팽한 긴장은 『관촌수필』에 나타난 화자의 기본적 태도이다.

> 실향민, 나는 어느덧 실향민이 돼버리고 말았다는 느낌을 덜어버릴 수가 없었다. 고향이랬자 무덤墓들밖에 남겨둔 게 없던 터라 어차피 무심하게 여겨온 셈이긴 했지만, 막상 퇴락해버린 고향 풍경을 대하니, 나 자신이 그토록 처연하고 헙헙하며 외로울 수가 없던 것이다.
>
> (…중략…) 내가 뛰놀며 성장했던 옛 터전들을 두루 살피되, 그 시절의 정경과 오늘에 이른 안부를 알고 싶은 순수한 충동을 주체하지 못한 것이 계기였다. 비단 엉뚱하고 생소하며 변해버려 옛 정경, 그 태깔은 찾을 길이 없더라도 나는 반드시 둘러보고, 변했으면 변한 모양새만이라도 다시 한 번 눈여겨둠으로써, 몸은 비록 타관을 떠돌며 세월할지라도 마음만은 고향 잃은 설움을 갖고 싶지 않았던 것인지도 모른다.[20]

'관촌'은 인류 공통의 유토피아인 동시에 우리의 전통적 농촌공동체의 원형이다. 그곳은 돌아가야만 하는 장소인 동시에 지금 이곳에는 없는, 아니 존재하지 않는 장소이다. 이러한 '관촌'의 부재는 괴로운 것이지만 한편

---

19) 탈식민주의 문학의 주된 관심은 "피지배 민족의 재현 형식과 (신)식민주의 권력의 물질적 실천 사이에 작용하는 연관성"을 밝혀 내는 것이다(Moore-Gilbert, B., 이경원 역, 『탈식민주의! 저항에서 유희로』, 한길사, 2001, 53쪽 참조). 이는 구체성과 보편성의 변증법으로 표출되는데, 인류 보편적인 진리라는 미명 아래 억압된 주변적인 담론의 복원을 통해 구현된다. 이러한 주변적인 담론의 복원은 보편적인 담론의 수용과 전용의 과정을 통해 성취된다.

20) 이문구, 「일락서산」, 『관촌수필』(『이문구 전집』 5), 솔출판사, 1997, 14~15쪽.

으로는 자극적인 것이기도 하다. '관촌'의 형상은 현재의 삶을 들여다볼 수 있는 계기를 마련해주며, 그것의 부재는 대상을 되찾으려는 욕망을 자극한다. 이처럼 농촌공동체로의 복귀를 염원하는 이문구의 태도는 근대 문명에 대한 타자성의 발견으로 나아간다. 이러한 타자성은 이문구 소설에서 전통적인 가치에 대한 탐색으로 나타나는데, 신분제도가 엄격하게 유지된 '반상班常의 질서' 그 자체를 의미하는 것이 아니라, 신분제도가 존재한 것은 사실이지만 반상이 서로 어울려 조화로운 공동체를 이루어 살았던 삶의 지혜를 의미한다고 할 수 있다. 따라서 이러한 농촌공동체적 삶에 대한 지향은 산업화를 추구하는 근대 사회에 대한 저항기제로 작용한다. 이는 서구의 근대 소설 양식을 우리의 전통을 바탕으로 전유하려는 탈식민주의적 사유의 연장[21]이라 할 수 있다.

13.2.4 나머지의 문제

탈식민주의적 비평 노력은 한국적 맥락에서도 확인할 수 있다. 김영민의 『탈식민성과 우리 인문학의 글쓰기』[22]는 구세대 학인學人들이 왜인倭人의 책을 섬긴 것에 빗대어, 지금의 젊은 학인들이 서양의 색목인色目人의 책을 원전으로 모시는 폐단을 통렬하게 비판한 바 있다. 그는 이 책에서 우리의 인문적인 글쓰기뿐 아니라 도시의 건축양식과 서울 근교의 기지촌 등에 가득한 문화적 식민지 현상을 주체적인 시각으로 비판했다.

김영민뿐만 아니라, 구미 학문을 현장에서 체험한 고부웅이 한국적 맥락에서 서구 지식인을 비판한 것도 눈에 띈다. 그는 제1세계의 진

---

21) 이러한 의도는 근대 동일성 서사의 억압 밑에 숨겨진 또 다른 공간, 즉 전통 서사 양식의 발굴·전용과 긴밀하게 연결된다. 이때 서구 중심의 근대 담론을 탈중심화시키는 힘의 주체는 전통 서사 양식의 내포 독자인 민중이라 할 수 있는데, 민중적인 집단적 유대, 즉 그들의 공동체 의식이 서구 중심주의의 권력을 전복시키는 이탈의 힘인 동시에 또한 탈중심화된 통합의 힘으로 기능한다(나병철, 『근대 서사와 탈식민주의』, 문예출판사, 2001, 256~257쪽 참조).

22) 김영민, 『탈식민성과 우리 인문학의 글쓰기』, 민음사, 1996.

보적 비평가인 프레드릭 제임슨Fredric Jameson의 제3세계 담론, 이에 도전 반박한 제3세계 지식인 아이가즈 아마드Aigaz Ahmad의 서구담론 비판, 그리고 서구 교육을 받은 제3세계 출신 지식인인 가야트리 스피박Gayatri Charavorty-Spivak의 제3세계 담론 등에 대한 비판적 논의를 전개시킨 바 있다.

탈식민주의 비평은 오늘날의 한국사회에서 긴요한 문제설정으로 제기되고 있다. 사실 한국사회는 오랜 세월 동안 중국의 한자문화권 속에 포함되어 있었고, 근대에는 일제日帝강점기의 식민통치를 경험했으며, 신문학 이후는 서구문화의 영향 아래 서구문학담론에 기대왔다. 이러한 현실을 감안할 때 탈식민주의의 문제설정은 바로 한국문단의 현안이기도 하다.

13.3 한국의 전통비평

13.3.1 한국 전통비평의 발자취

한국 고전문학은 결코 서구의 문예 전통에 뒤지지 않고, 중국 문예비평 이론과 어깨를 견주는 전통적 문예이론과 비평을 간직하고 있다. 이 책 총론편 가운데 '비평의 발전 형태' 항목에서 잠깐 논의한 것처럼, 일찍이 서양의 르네상스 직전인 고려 후기에 비평사서批評史書로 꼽히는 저술들이 존재했다. 이인로의 『파한집破閑集』, 최자의 『보한집補閑集』, 이규보의 『백운소설白雲小說』, 이제현의 『역옹패설櫟翁稗說』23) 등이 그것이다. 물론 고려 이전에도 그런대로 소박한 자생적 비평들이 없지 않았을 것이나 본격적인 체계를 갖춘 저술로는 이들을 꼽을 수 있다. 송나라 시화詩話 등의 영향을 받아 주기론主氣論, 주의론主意論을 참고

23) 정병욱, 『한국고전의 재인식』, 기린원, 1988, 259쪽. 여기에서 『역옹패설』은 견해에 따라 '낙옹비설'로도 쓸 수 있음.

했으면서도 우리의 특성을 강조한 이규보와 최자는 특히 시론가詩論家로, 이인로와 이제현은 비평가로서 자리 매김할 수 있다.[24)]

조선시대에도 예의 시화詩話와 만록漫錄 형태로 된 비평서들이 계속해서 쓰여 왔다. 우선 15세기 중엽의 관학파 선비로서, 신라 최치원으로부터 조선 초기에 걸친 우리나라 문인들과 중국 시 등에 대해 기록한 서거정의 『동인시화東人詩話』[25)]를 들 수 있다. 그리고 여러 가지 글 이야기를 기록한 성현의 『용재총화慵齋叢話』, 남효온의 『추강냉화秋江冷話』도 중요한 저작이다. 실학파의 저작인 이수광의 『지봉유설芝峰類說』,[26)] 허균의 시비평적인 글을 모은 『성수시화惺叟詩話』, 이들에 비해서 후배격인 이익의 『성호사설星湖僿說』 등도 복원해야 할 문예유산의 일부분이다.

조선시대 조정의 뒷받침을 받아 우리나라에서 한문으로 써진 역대 시화를 수집 편찬한 서거정의 『동문선東文選』과 홍만종의 『시화총림詩話叢林』[27)]은 시화관계 문헌의 보고寶庫이다. 이 밖에 김만중의 『서포만필』은 정송강의 「사미인곡」과 「속미인곡」에 대한 비평적 언급으로 가치가 있다. 김만중은 제 나라 말을 두고 남의 나라 말을 사용하는 처지를 앵무새로 비유하면서, 정송강의 가사를 칭송했다. 그의 논의는 일종의 탈식민주의적 문학관을 피력한 경우로 보아 현대적으로 해석할 수도 있다.

한국 고전비평사에서 각 시대를 대표하는 문예비평가로는 조선 전기의 서거정과 조선 중기의 허균에 이어 조선 후기의 남용익을 꼽을 수 있다 남용익은 『호곡시화壺谷詩話』와 『호곡만필』을 집필했는데, 이

---

24) 전형대 외, 『韓國古典詩學史』, 홍성사, 1979, 100~101쪽.

25) 서거정(四佳, 1420~1488)의 『동인시화』는 2권으로 된 시화서(詩話書)임.

26) 이수광(1563~1628)의 기사일문집(奇事逸聞集)으로 20권 10책으로 된 이 저서에는 서양문물 소개와 몽고어 관계 이야기 및 시문(詩文) 3권이 포함되어 있음.

27) 홍만종(1643~1725)의 『시화총림』에는 모두 4권 가운데 1권 이규보의 『백운소설』 등 6명, 2권 이제신의 『청강시화』 등 8명, 3권 이수광의 『지봉유설』 등 5명, 4권 김득신의 『종남총지』 등 4명을 합해 모두 23인의 시화(詩話)가 수록되어 있음. 그리고 홍만종은 이 밖에 자신의 시화집인 『旬五志』와 우리나라 시인을 주로 쓴 『소엽독평(小葉讀評)』도 두고 있음.

저작에 나타난 비평 자세는 높이 평가할 만하다.28) 그런가 하면 남용익보다 1세기 남짓 후에 태어난 정약용의 '조선시 선언'은 당시 선비들이 추종하던 중국 시의 고전적인 틀을 벗어나려는 일종의 탈식민주의적인 의식으로 본받을 일이다.

> 붓가는 대로 따르면서 미친 말을 쓰고,
> 다투는 병에는 구애될 필요가 없다.
> 지리하게 퇴고(推敲)할 필요도 없고,
> 흥이 나면 바로 뜻을 움직이고,
> 뜻이 나타나면 바로 쓴다.
> 나는 조선 사람이어서,
> 조선시를 즐겨 짓는다.29)

중국의 형식에 구애받지 않고, 한국적 흥에 따라 뜻을 만들어야 한다는 주장 속에는 '자연스러움'에 대한 강조가 깃들어 있다. 이 자연스러움은 생각의 자유를 뜻하고, 억압되지 않은 글쓰기를 의미한다. 이런 맥락에서 정약용은 '조선시'에 대한 새로운 인식으로 나아갈 수 있었던 것이다. 그래서 그는 "나는 조선 사람이어서 / 조선시를 즐겨 짓는다"라는 어구는 분명한 주체성을 드러낸다.

한국 고전비평 가운데서 특히 신경준(1712~1781)이 밝힌 다음과 같은 시작법詩作法 기준30)은 현대시 비평에도 응용할 수 있는 문제의식을 담고 있다.

① 시의 영역은 반드시 넓게 잡아야 한다는 점이다. 그렇게 한 다음에야 상하

---

28) 정대림, 『한국 고전문학비평의 이해』, 태학사, 1991, 328~330쪽. 남용익(南龍翼, 1628~1692)은 여러 벼슬을 지내면서도 남달리 객관적이고 합리적인 비평 태도를 보여 준 조선 후기 비평가이며 시인이었음.
29) 조동일, 『한국문학사상사시론』, 지식산업서, 1978, 228쪽의 번역문에서 재인용.
30) 정대림, 앞의 책, 269~270쪽.

여러 구들이 여유가 있게 되고, 길어도 군색하지 않고, 짧아도 고루하지 않기 때문이다.

② 시어를 끊고 맺는 데는 간략해야 한다는 점이다. 말을 다하게 되면 여운이 없어지고, 말이 많으면 지루해지는 것이다. 우리나라의 시문은 대개 군더더기가 많고 번다하거나 끝부분이 중첩되어 여운이 없는 폐단이 있다.

③ 표현에는 법도가 있다는 점이다. 아주 보잘것없는 것을 자세히 설명한다거나 번대한 곳을 간단히 한다든지 난(亂)한 곳을 가지런히 한다든지, 뜻이 분망한 곳을 한가한 뜻이 있게 한다든지 하는 것을 일러서 법도가 있다고 하는 것이다.

④ 시어를 다듬는 데 있어서 신기한 재능이 있어야 한다는 점이다. 변화의 묘가 있으면서 힘들어한 것 같은 모양은 없어야 하고, 북치면서 춤추는 즐거움은 있으면서 시끄러운 소리는 없어야 하는 것을 일러 신기한 재능이라 하는 것이다.

⑤ 시어의 의경(意境)이 속되지 않아야 한다는 점이다. 어의가 한번 속되게 되면 공교하게 하고자 해도 비루해지고, 기묘하게 하고자 해도 비웃음을 얻을 뿐이다. 시인들은 속됨을 가장 금기로 하며, 가장 고치기 어려운 시의 병으로 생각하는 것이다.

⑥ 구성에는 흔적이 없어야 한다. 상하와 사방이 무엇에도 구애되지 않고 타당하여 조그마한 흠도 없어야 한다. 만약 억지로 만든 것 같은 흠을 내지 않고서도 시가 이루어진다면, 그런 연후에야 시다운 시라고 할 수 있다는 것이다.

13.3.2 고전비평의 연구 실적

앞에서도 고찰한 바처럼 한문으로 기록된 우리의 고전비평에는 수많은 텍스트가 있다. 하지만 이들의 발굴과 정리 및 연구는 1960년대 이후부터 진행되었고, 아직 체계화되지는 못한 상태이다. 그럼에도 그 연구는 주로 고전문학 전공자들에 의해서 자료해독과 번역작업이

꾸준히 이뤄지고 있다. 또한 중국의 영향관계를 따지는 이론연구도 지속되고 있어 점차 그 윤곽이 구체화되고 있다.

1960년대 전반기에는 주로 고려시대 비평연구에 관심을 보이기 시작했다. 조종업의 「고려시론연구」(1963)와 서수생의 「백운소설연구」(1964) 등이 그것이다. 그리고 1960년대 후반에는 조선시대 비평에도 접근하는 양상을 보였다. 조종업의 「동인시화연구」(1966), 이병한의 「시화에 산견되는 이조 문인의 문학이론」(1967) 등을 이 시기의 성과로 꼽을 수 있다. 1970년대 들어서 고려시대의 비평서는 물론이요, 조선조 전후기의 비평서에 대한 분석과 정리가 진행되었다. 최신호, 차주환, 김진업, 이상익, 김시업, 박성규 등이[31] 연구성과를 발표했다. 한국 고전비평 관계 연구로 전형대 외 공저 『백운소설연구』(1979)가 발간된 것도 주목할 만하다.

이와 같은 한국 고전비평연구가 1980년대 이후에는 연구대상을 확장하고 연구의 심도를 더 했다. 여러 고전문학 전공자들가 연구역량을 집중했으며, 정요일의 『한국문학비평론』과 정대림의 『한국고전문학비평의 이해』 밖에 여러 단행본[32]도 출간하였다. 고전비평 분야의 학위논문도 지속적으로 발표되고 있다. 1990년대 이후 박사학위만 하더라도 여러 편[33]이 전통비평을 다루고 있음을 볼 때, 뒤늦게나마 전통비평의 역사적 복원에 많은 학인들의 관심이 집중되고 있음을 확인할 수 있다. 그만큼 전통비평에 관한 인식이 깊어지고, 서구 중심적인

31) 이명재, 「한국고전비평문학론고」, 『중앙대 논문집』 27집, 1983, 237~258쪽.

32) 정요일, 『漢文學批評論』, 집문당, 1990; 이종건, 『조선 전기 한시비평』, 새문사, 1992; 김주한, 『한국문학비평사론』, 학사원, 1993; 김풍기, 『조선 전기 문학론 연구』, 태학사, 1996; 이향배, 『한국한시비평론』, 이회, 2001; 간호윤, 『한국고소설비평연구』, 경인문화사, 2002; 박명희, 『18세기 문학비평론』, 경인문화사, 2002 등.

33) 1990년대에 한국 고전비평 관계로 박사학위를 받은 보기를 들면 다음과 같다. 구중희, 「시화총림의 문헌학적 연구」, 경희대, 1990; 김선기, 「소화시평연구」, 전북대, 1993; 박수권, 「지봉유설문장부 연구」, 서울대, 1994; 강민구, 「영조대 문학론과 비평대 대한 연구」, 성균관대, 1997; 안대희, 「조선후기 시화사 연구」, 연세대, 1995; 정우봉, 「19세기 시론 연구」, 고려대, 1992; 진갑곤, 「홍만종의 한시 비평 연구」, 경북대, 1991; 김경미, 「조선 후기 소설론 연구」, 이화여대, 1993; 간호윤, 「조선시대 소설비평 연구」, 인하대, 2001; 지연숙, 「여와전 원작의 소설비평연구」, 고려대, 2001 등.

비평담론에 대한 극복 의지도 강해졌다고 평가할 수 있다.

13.3.3 동서양 문학과의 대비와 전통

현대비평을 전공하거나 문단에서 평론활동을 하는 사람으로서 우리 고전비평에 관심을 보인 경우 또한 적지 않다. 이들은 위에서 살펴본 고전 전공자들과는 다른 위치에서 고전비평과 서구 비평담론의 대비적 고찰을 시도했다. 이런 작업에 진지한 노력을 기울인 비평가로 백철을 꼽을 수 있다. 그는 한국 고대문학과 현대문학의 단절을 극복하려는 의식에서 「전통론을 위한 서설」(『중앙대 논문집』 6집, 1961) 등을 발표했다. 이어, 「한국비평사를 위하여」(『중앙대 논문집』 8집, 1963)와 「고대문학의 비평이론」[34] 등을 통해 선인先人들의 시화나 만록으로 된 문학비평적 업적들을 수집, 평가하고 재정리하여 독자적인 민족문학을 찾고 다시 보편적인 세계문학의 길을 모색해야 한다는 주장을 펼쳤다. 그는 한국 비평이론에 관해 독자적 의의를 밝혀 그 정체성을 분명히 할 필요[35]가 있다고 강조하기도 했다. 이어서 송욱도 단행본으로 엮어낸 『시학평전詩學評傳』(1963)과 『문학평전』(1969)을 통해서 동서문학에 대한 비교문학적 접근 성과를 보여 주었다.[36] 그는 발레리의 엄밀성과 공자의 '사무사思無邪', '만해 한용운과 R. 타고르' 등의 비교처럼 상이한 동서문학을 비교해 전통문제를 제기했다. 백철이 비평사적인 문제를 천착한 데 비해 송욱은 작품에 대한 비교문학적 접근을 통해 감상에 주안점을 두었다고 볼 수 있다.

무엇보다, 1970년대부터 꾸준히 이뤄진 조동일의 고전비평이론 연구와 문학사상 연구에 주목할 필요가 있다. 백철이나 송욱이 동서양

34) 백철, 「古代文學의 批評理論」, 『예술원 논문집』 3집, 1964, 1~15쪽. 여기서는 아리스토텔레스의 『詩學』과 유협의 『文心雕龍』을 대비하여 동서양 문학의 자연관, 문학관 등을 검토하고 한국 전통문학의 중요성을 설명하고 있음.

35) 백철, 「韓國批評史를 위하여」, 『중앙대 논문집』 8집, 1963, 23쪽.

36) 송욱, 『詩學評傳』, 일조각, 1963; 1969.

문학의 대비적 연구를 시도한 데 비해 조동일은 전통문학의 유산을 폭넓게 추스려서 주체적인 민족문학이론을 정립하려 했다. 그는「이기철학理氣哲學의 전통과 국문학 이론의 새로운 방향」을 통해 14세기부터 19세기까지 사상사에서 주류적인 위치를 차지한 이기철학을 논했다. 조동일은 한문학의 여러 분야는 물론 시조·가사·소설 등에서 이기철학의 주기론主氣論 등이 두루 적용되어 있으므로[37] 이런 전통적인 비평이론을 복원·활용하자는 주장을 폈다. 그러면서 서구문학에서 차용한 분석비평은 본디 미리 설정되어 있는 이理이므로 국문학 실상에서는 맞지 않는다고 보았고, 외국이론의 무분별한 적용은 한국적 현실과 배리될 수밖에 없다는 비판을 펼쳤다.[38] 전통비평을 찾아 새롭게 활용하자는 그의 견해는 곧이어 출간한『한국문학사상사시론』[39]에서 사적 체계를 이뤘다. 이 저작은 멀리 삼국시대 전후의 원효나 최치원으로부터 고려시대와 조선시대를 거쳐서 20세기의 조윤제에 이르는 스물여섯 명의 주요 문인들의 문학론과 사상을 아울러서 쓴 전통복원 작업으로 평가할 수 있다.

1980년대로 넘어와서는 동서양 문학의 대비적 접근에 포함될 윤재근의『시론詩論』[40]이 발표되었다. 이 저작은 동양의『시경』과『서경』등의 이론에 근거한 '시언지詩言志·사무사思無邪·율화성律和聲'을 서양의 것과 견주면서 전향적으로 재해석하려는 노력이 돋보이는 대단히 의욕적인 저작으로 평가할 수 있다. 1980년대 상반기부터 전개한 그의『만해시와 주체적 시론』(문학세계사),『만해시 님의 침묵연구』(민족문화사)에 이은 이 저술은 서투른 대로 한국의 주체적인 전통비평을 수립해 보겠다는 의도가 담겨 있으므로 더 눈길을 끈다. 최자의『보한집』에 언급된 시론의 전개에 핵심적인 근거가 되는 기氣를 현대시에 연관

37) 조동일,『韓國小說의 理論』, 지식산업사, 1977, 10쪽.
38) 위의 책, 54~55쪽.
39) 조동일『韓國文學思想史時論』, 지식산업사, 1978.
40) 윤재근,『詩論』, 둥지, 1990.

시킬 필요가 있다[41]는 그의 견해는 앞의 조동일 주장과 함께 주목할 만하다.

이 밖에 현대문학 전공자로서 한국전통비평론의 탐구에 의욕을 보인 경우로는 한승옥이 『한국 전통비평론연구』에서 펼친 '기氣'문학론과 '이광수와 허균의 문학론 대비' 등을 추가할 수 있다.[42] 책 이름에서부터 현대문학에 한국 전통비평론 적용을 강조하는 문제의식을 확인하게 된다. 저자는 '기'문제를 최초로 제시한 조비로부터 『논어』, 『노자』, 『장자』, 『맹자』 등의 중국고전과 이규보, 김시습, 서거정, 서경덕, 이율곡, 허균 등의 문인들을 거론하며 기문학론을 펴고 있다. 그리하여 이광수, 김동인, 홍명희, 김소월, 한용운 등의 작품이나 작가론도 기이론으로 접근함이 바람직하다는 견해를 피력했다.[43]

한승옥은 이처럼 "고전문학 이론에서 기문학의 개념을 정확히 추출하여, 이 기문학 이론을 현대문학론에 적용하는 방법"[44]이 요청된다고 보았다. 기문학의 필요성을 피력하고 있는 이와 같은 견해들이 결코 우연히 나타난 것이 아니라 폭넓은 공감대를 형성하고 있다는 점에서 한국비평이 참고할 만하다고 생각한다.

13.3.4 전통적 비평의 적용 노력과 성과

서구의 현학적인 비평에서 벗어나 한국적 자생력을 지닌 전통비평은 과연 가능한 것일까? 이 문제는 한국 비평계가 함께 풀어 나가야 할 과제이다. 무엇보다 한국적인 비평론을 고전으로부터 찾아내서 우리에게 맞는 알뜰한 비평을 실행해 보자는 의견에는 외국문학을 전공

---

41) 위의 책, 95쪽.
42) 한승옥, 『한국전통비평론 연구』, 숭실대출판부, 1995.
43) 위의 책, 67~69쪽.
44) 위의 책, 6쪽. 저자는 이 책의 머리말에서 대학 강의 중 현대비평론이 서구비평이론의 현학적 나열임을 느끼면서 이 허탈감을 벗어나는 새 출구가 다름 아닌 기문학론(氣文學論)의 탐구라는 것을 밝히고 있음.

한 평론가들도 공감한다.

김우창·유종호·이태동 같은 외국문학을 전공한 비평가들도 이런 바람을 피력하고 있다. 김현도 이와 관련해 분명한 언급을 했다. 그는 평소 평론활동 과정에서는 누구보다 외국문학 이론을 많이 인용하고 소개했으며, 불문학을 강의했던 불문학자였지만, 스스로는 한국적 이론에 대한 분명한 갈망을 피력했다.

> 또 하나 생각해야 할 것은 한국적 이론을 세워야 한다는 주장이다. 그 주장을 자세히 검토해 보면, 西歐의 문학 이론에만 매달려 있는 한, 한국문학 이론은 소위 새것 콤플렉스에서 벗어날 수 없다는 자각과 西歐의 문학 이론으로 설명되지 않는 문학적 유산을 그것이 거기에 맞지 않는다는 것 한 가지로 폄하할 수는 없다는 생각이 그 속에 숨어 있다. 사실상 西歐의 문학 이론에만 매달릴 경우 (…중략…) 얼굴이 누런 小유럽인! 그 소유럽인들은 廉想涉의 自然主義가 에밀 졸라의 그것과 다르다고 그것을 폄하하고, 張龍鶴의 實存主義가 사르트르의 그것과 다르다고 내리깐다. 잘못된 것은 언제나 한국인인 것이다.[45]

한국적 이론의 정립과 그에 입각한 비평을 원하고 주장한, 앞에서 거론한 비평가들은 전통비평을 그의 현장비평에 적용하지는 못했다. 그 이유는 우선 고전에 대한 조예와 이론이 뒷받침되지 못한 때문일 것이다. 구체적인 실천비평에서 전통적인 비평방법론을 적용하여 수긍되는 효과를 거둔 이들은 대체로 젊은 층인 소장평론가들이다.

학술논문과 실천비평으로 나눠서 살펴보면, 다음과 같은 성과들이 있다.

먼저 한국의 전통적인 접근방법을 활용한 논문으로는 김영석의 「한국시의 생성이론 연구」(1984)[46]를 들 수 있다. 주역의 태극이나 음양오

---

45) 김현, 『한국문학의 位相』, 문학과지성사, 1977, 82쪽.

46) 김영석, 「韓國詩의 生成理論硏究」, 경희대 박사논문, 1984. 박사학위논문인 이 글을

행설을 원용한 이 논문에는 고려의 이인로·최자, 조선시대의 서거정·이율곡 등의 시론을 연결시켜 한국 현대시 작품을 풀이하고 있다. 김소월·한용운·이육사 등의 대표작들을 전통적인 비평론으로 설명한 것이다. 김영석은 그 이후에도 이런 접근법으로 이육사와 정지용 시를 분석한 바 있다.

그런가 하면 근래에는 이런 전통비평을 지향해서 비평적 성취를 이룬 평론가들도 눈에 띈다. 최동호는 평론집 『평정評定의 시학詩學을 위하여』에서 남달리 동양적 고전을 통한 한국 현대시에 접근하고 있다. 일종의 전통적 시학의 확장을 의식한 노력으로서 우리 현대시에서 잃어 가고 있는 유현심수한 동양사상의 정신주의를 추구하고 있는 것이다. 이런 그의 집념은 그 스스로의 서문에서부터 언급되고 있다. 그는 "최근 필자의 관심은 노장철학이나 불교사상이 어떻게 한국 현대시에 수용되었는가 하는 것이었으며, 여기서 나아가 한국적 서정시란 무엇인가 하는 것이었다. (…중략…) 서구적 논리에 일방적으로 주도된 20세기의 정신사적 와중에서 동양사상에 바탕을 둔 주체적 시학이 확립되어야 한다는 것이 필자의 일관된 관점…"[47]이라고 했다. 그래서 그는 실제로 「김달진 시와 무위자연의 시학」, 「조지훈의 '승무'와 '범종'」을 논하고 「정현종 시와 노장적·불교적 상상」, 「박재천과 노자의 도」를 진지한 자세로 찾아내서 대비하고 있다.

이렇게 동양적이고 불교적 상상력에 상관된 비평적 접근은 임우기의 평론집인 『그늘에 대하여』[48]에도 드러나 있음을 발견한다. 보다 적극적이거나 전폭적이지는 않지만 밝은 빛과는 달리 음영적인 뉘앙스를 지닌 작품들에서의 구체적인 구절을 노장철학의 논리로 해석하거나 분석하고 있는 것이다. 서정주의 시나 조세희·박완서의 소설은 물론, 판소리에도 적용한 그늘론은 더 체계화되고 밀도감을 더할 때

발표한 이듬해 『국어국문학』에도 일관된 성향의 논문을 발표한 바 있음.

47) 최동호, 『評定의 詩學을 위하여』, 민음사, 1996.

48) 임우기, 『그늘에 대하여』, 강, 1996.

는 좋은 논의로 발전할 소지가 많다.

보다 젊은 평론가의 활동으로는 고형진의 평론집 『시인의 샘』[49] 등을 꼽을 수 있다. 이 저서는 우리의 주체적인 시학을 추구해 보자는 문제의식 속에서 일련의 평론들을 펼쳐 보인다. 이는 최동호와 조정권의 견해와 유사성을 지닌 「동양적 정신주의의 시와 시학」, 황동규와 최승호의 불교적 상상력의 시에 대해서 쓴 「현실적 삶의 질곡과 불교적 상상」 등에서 두드러진다. 또한 1994년 후반기의 시를 중심으로 한 「시 읽기의 현장」 가운데 '이준관과 두 명의 신인, 혹은 자연 친화적 서정시' 등의 항목들에서 거듭 계속되는 작업성향이다. 「동양적 정신주의의 시와 시학」 중에는 조정권의 시집 『산정묘지山頂墓地』와 이성선의 시집 『새벽꽃의 향기』가 좋은 보기로 거론됐다. 특히 『새벽꽃의 향기』를 논한 대목에서는 구체적인 시에 드러난 물-이슬-우물-강물 등의 이미지를 바슐라르식의 4원소설이 아니라, 노장의 심오한 물 이미지와 자연동화의 경지로 풀이하여 설득력을 더하고 있다.

또한 전통적인 비평을 추구하는 사람 중에는 신진평론가 허혜정을 빼놓을 수 없다. 그녀는 등단작이며 신춘문예 당선평론인 「마음의 금강신金剛身」[50]에서 최승호의 시를 금강경의 공관空觀에 의한 불가적 담론으로 새롭게 접근하여 신선한 가능성을 선보인 바 있다. 오늘의 한국 시작품에 동양의 뿌리 깊은 문화적 줄기를 형성해 온 유불선儒佛仙의 관점을 흡수하여 이룬 사상체계로서 「세속도시의 즐거움」, 「마빈 헤글러」, 「때밀이 수건」, 「저녁의 범종소리」 등을 밀도감 짙고 체득력 있게 풀이해 낸 것이다.

그리고 허혜정은 실천비평인 문예지의 월평에서도 한껏 육화肉化된 우리의 전통적인 접근으로 다각화의 글쓰기를 보여 주고 있다. 시 작품에 대한 월평난에서 「어둡고 깊은 거울」이란 제목의 글에서는 여러

---

49) 고형진, 『시인의 샘』, 세계사, 1996.
50) 허혜정, 「마음의 금강신(金剛身)-최승호 시의 공간(空間)읽기」, 『문예중앙』, 1997년 2월.

시인의 다양한 최근 시 작품을 프라이N. Frye의 원형비평처럼 현학적인 서양 비평이론이 아닌 『노자 도덕경』과 폭넓은 도가나 불가적 이론을 적용하여 풀이하는 작업을 펴고 있는 것이다.

13.4 작품비평의 실제

앞에서 언급한 고형진의 비평과 허혜정의 비평을 인용해, '전통비평'의 실제 적용사례를 살펴보고자 한다. 서구 이론이 범람하고 있는 상황에서, 고형진과 허혜정 비평은 한국적 전통에 닿아 있어 주목할 만하다.

13.4.1 고형진의 「동양적 정신주의의 시와 시학」[51]에서

이성선의 시집 『새벽꽃 향기』는 오늘의 우리 시에서는 보기 드물게 고전적인 자연친화적 상상력을 고집스럽게 추구한다. 시인은 서슴없이 말한다 — 〈익명의 숲속에 / 술을 들고 시대를 논하는 것도 / 도피라면 더큰 도피요 / 참여라면 같은 참여다 / 그대들은 지상에 참여하지만 / 나는 우주에 참여한다〉. 시인에게 자연은 삼라만상의 비밀과 이법이 들어 있는 절대적 공간이고, 하늘이며 우주이다. 시인의 시쓰기는 시종일관 이러한 절대적 공간으로서의 자연과 화해로운 일치를 이루고 자연의 비밀을 깨우치기 위한 도정의 작업 위에 있다.

우리가 살아 있다는 것은
우물 곁에 있다는 것.
우리가 눈을 뜬다는 것은

---

51) 고형진, 앞의 책, 58~61쪽.

귀가 깨어
하늘의 숨소리를 듣는 것.
우리가 사랑한다는 것은
새벽들판의 풀잎처럼
언덕 위 나무처럼
별 아래 함께 서 있는 것.

—「하늘의 숨소리를 듣는」 중에서

시인에게 진정한 삶이란, 이처럼 자연의 조화 속으로 들어가는 것이고, 자연의 이치를 깨우치는 것이다. 참다운 삶의 구현으로서의 시쓰기는 진정으로 자연의 조화 속으로 들어가서 자연의 비밀과 이치를 깨우치기 위한 열망의 표출이다. 이것은 다분히 고전적인 상상력이라고 하지 않을 수 없는데, 그러나 시인의 이 고전적인 자연친화적 상상력 속에는 명증한 시적 투시력과 동양의 유현한 정신주의자가 깃들여 있다.

우선 시적 조형성의 측면에서 시인의 '자연동화'는 대부분의 경우 '물'의 심상으로 형상화된다. '이슬', '우물', '저녁강물', '빗물', '밤개울' 등의 다채로운 이미지로 나타나는 이 '물'은—그리고 그 '물'의 심상은 다시 '빛'과 '바람'의 이미지로 변주된다—그 자체가 이미 자연의 일부이긴 하지만, 그러나 그것은 단지 자연의 맑고 투명한 모습을 예시해 주는 차원을 넘어서 시인과 자연을 일치시켜 주는 매개고리이고, 그러한 '자연동화'를 시적으로 형상화시켜 주는 핵심적인 심상이며, 나아가 그 자연이 궁극적으로 우주의 차원, 만물의 근원성을 상징하는 차원으로 승화되는 계기가 된다. 시인은 '물'을 통해 자연의 조화 속으로 들어가며, 나아가 '우주'의 모습을 본다.

물방울 속에 들어 있는
산 하나
물방울 속에 들어 있는
사람 하나

풀잎 위 이슬이 흔들린다

산이 흔들린다
얼굴이 일그러지고

우주가 떨어져 부서진다.

—「물방울 우주」 중에서

인용시에서 '물'은 '이슬'의 심상으로 변용돼 있다. 시인은 풀잎 위에 맺혀 있는 이슬방울 위에 자신을 투영시킨다. 그 이슬방울 위엔 또한 산도 투영되고 우주가 투영된다. 그래서 그 이슬방울이 흔들릴 땐 자신의 얼굴이 일그러지고 산도 흔들리며 우주는 부서진다. 시인은 이슬방울을 매개로 자연과의 일치를 이루고, 궁극적으로는 그 이슬방울 속에서 우주의 모습을 보는 것이다. 인용시는 자연의 조화 속으로 들어가는 길이 '우주에 참여' 하는 길이라는 시인의 단언을 단지 관념적인 외침이 아닌, 섬세한 시적 투시력과 조형력으로 보여 주고 있다.

인용시에서의 '물'이 시적 자아와 자연 사이의 교감을 이루는 심상적 매개물의 기능을 하면서, 동시에 자연이 우주적 심상으로 나아가는 기능을 한다면, 다음 시에서는 그 자연의 '물'이 생명의 근원성을 상징하는 심상으로 기능한다.

우주의 숨쉬는 자궁
그 속에 당신의 정액이
별들로 희뿌옇게 뿌려져 있다.
바가지 하나 가득
우물물 뜬다
사리빛 당신의 몸을 마신다

—「우물」 중에서

인용시에서 '물'의 심상은 '우물'로 변용된다. 시인은 '우물'을 숨쉬는 자궁에 비유하고, 그 '우물' 소에 비친 별을 '정액'으로 비유한다. '우물'의 움푹 팬 형상은 자궁의 그것에 대응되고, 그러한 유추의 연장선에서 그 속의 '물'은 '자궁' 속의 양수에 대응된다. 또한 우물물에 비친 별무리들의 희뿌연 모습은 '정액'의 그것에 대응된다. 이러한 시각적 비유 속에 깃든 시적 의미는 말할 것도 없이 생명의 근원성을 상징하는 것이다. 그리고 '사리 빛 당신의 몸을 마신다'라는 구절이 단적으로 드러내듯 시인은, 바로 그 '물'을 통해 자연과의 일치를 이루고 있다.

'자연동화'를 통해서 우주의 질서와 조화를 발견하고 생명의 근원성을 감득하는 시적 성찰의 이면에는 동양의 유현한 정신주의가 깃들어 있다. 시인의 '자연동화'는 천인무간(天人無間: 하늘, 즉 자연과 인간이 간격이 없이 하나다)의 동양적 일원론과 만물의 이치를 무위자연의 도로 보는 노장사상과 암묵적으로 접맥돼 있다. 특히 시인은 또 다른 시에서 노을을 '월경'으로 비유하고, 산의 능선을 여자의 '사타구니'로 비유하기도 하는데, 이처럼 그가 자연물을 성적인 이미지로 파악하여 인간생명의 근원성과 이치를 감득해 내는 것은, 인간의 육체적 요소를 자연물에 비교하고, 나아가 육체적 교감을 자연 이치의 실현과 다름 아닌 것으로 인식하면서, 궁극적으로 인간과 자연을 합일시킨 노장사상에 깊이 접맥돼 있다.

13.4.2 허혜정의 「어둡고 깊은 거울」[52]에서

노자는 만물의 근원이자 생성원리인 도를 물에 빗대어 말한 바 있다. 미세한 돌기와 파문을 이루면서 만물의 흐름 속에 자연스럽게 자리잡고 있는 물은 오행 중의 첫째이다. 서양의 탈레스에게 있어서도 물은 만물의 근원으로 인식되었다. 물은 만물의 근원일 뿐 아니라, 존재 이미지의 기원이다. 인류의 가장 오래된 거울은 물이었으리라. 그러나 물은 언제나 흐르고

52) 허혜정, 「어둡고 깊은 거울」, 『현대문학』, 1997년 1월, 386~405쪽.

움직이는 유동적인 것이어서, 자신의 모습을 명징하게 비쳐보고 하나의 이미지에 고정시키고자 하는 인간의 욕망을 번번이 무산시켜 버린다. 존재의 분열은 바로 이 물이라는 거울 앞에 마주선 자의 운명이다. 흐름 속에서 존재의 고정된 이미지는 소멸한다. 광폭한 해일과 폭풍우 앞에서 우리는 인식의 독선이 만들어낸 '존재'라는 말을 반성하게 된다. 나라는 강고한 이미지로 버티고 있는 저자는 누구인가? 우리는 그것이 가소로운 인간들의 자기중심적 인식의 편견임을 도리 없이 인정해야 한다. 존재의 신화들은 언제부터인지 이 물이라는 깊은 거울을 외면하기 시작한, 그리고 한없이 매끈하고 평면적인 거울을 세워놓기 시작한 지점과 맞물리는 것이다. 하지만 우리는 다시 존재의 거울을 깨뜨리고 철거하기 시작했다. 오직 존재란 시간과 흔적을 경유해서 해석되고 인지되는 풍경일 수밖에 없다는 현대의 수많은 논의들은, 어쩌면 흐르고 변화하는 '도'의 형상, 끝없이 변전하며 갱신되는 (비)존재의 의미와 우회적으로 의미가 맺어진다. 겨울은 물의 계절이다. 이달에 나는 물의 이미지와 관련된 몇 편의 시들을 만날 수가 있었다. 오세영의 「龜龍寺 詩篇」(『문학과 창작』 12월호)을 보면

기우뚱
밀리는 선체,
밝은 폭풍이 몰아치는데
희미한 촛불 아래 홀로 앉아
정성들여 먹을 간다.
온 산은 칠흑의 밤바다
한 차례 강풍이 불면

대숲은 큰 파도로 밀려와 벽을 후리치고
떡갈나무 잔 파도는 흰 이빨을 드러낸 채
으르렁댄다.
이 불안한 草屋은

광란의 바다에 표류하는 일개 돛배이거니
내 손수 해도를 작성해 격랑을 헤쳐가야 한다.
기우뚱,
선체는 흔들리지만
선실의 희미한 촛불 아래서
새하얀 한지에 먹으로 치는
苦竹.
인생은 고해라는데
산이 어찌 항상 산이겠는가.
폭풍이 몰아치는 밤바다의
떠밀리는 외로운 돛배.

흔들리는 붓.

—「龜龍寺의 詩篇」 전문

이 시의 정황은 '폭풍이 몰아치는 밤바다'와 같이 일렁이는 숲 속에서 '희미한 촛불 아래 홀로 앉아 / 정성들여 먹을' 갈고 있는 화자를 떠올리게 한다. '광란의 바다에 표류하는 일개 돛배' 같은 초옥에서, 화자는 글(그림)을 쓰는 것을 '해도는 작성해 / 격랑을 헤쳐가는' 것으로 비유한다. 도가적 문맥에 의하자면, 주체란 신비의 바다에 잠깐 잠겼다 나오는 일순간의 찰나적인 의식과도 같은 것이다. 존재의 거울은 우주의 모든 허공이다. 존재의 의미를 비춰주는 망망한 허공 같은 대해가 이 시 속에 있다. 세계는 어둡다. 어둡고 깊다. 그 어두운 세계의 '현관(玄關)'을 통과하며, 화자가 '새하얀 한지에 먹으로 치는 / 苦竹'에는 우주와 자아의 의미가 맞닿고 교합하는 존재의 열린 이미지가 있다. 동양의 묵은 검다. 그 검은색은 단순히 검은 색이 아니라, 모든 색이 녹아 들어가 있는 우주 색이다. '검고 검은(玄又玄) 것은 신비의 문이다'라는 노자의 말을 상기한다면, 이 검은색은 바로 신비로운 진실을 머금은 깊은 물의 색이며, 이 시의 배경으로 드러나는 산사의 밤 또한, 근원의 심현(深玄)한 힘들과의 만남의 공간임을 알 수 있는 것이다.

거기서 화자는 '흔들리는 붓'을 본다. '폭풍이 몰아치는 밤바다의 / 떠밀리는 외로운 돛배' 같은 존재를 본다. 내가 어찌 나이겠는가? '산이 어찌 항상 산이겠는가.' 시인은 다시, 존재의 의미를 대하면서, 부수어 버리면서, 혼란과 잔상이 얼룩져 있는 거울을 본다. 존재와 세계를 하나의 의미로 완벽하게 고정된 시공간의 형식이 어디 있는가? 그것은 논리적인 수사적 은유를 구축하기 위한 욕망의 발생물이며, 현상을 초월한 질문들을 해결하기 위한 인식의 체계성의 결과라 할 수 있다. 그 속에서의 존재란, 본성에 의해 의미가 구성되는 것이 아니라, 인식 속에서 가공적으로 구성된 일종의 아집이며 망집일 뿐이다.

도가나 불가 사상가들에 의하면, 진실한 존재의 실상은 이성이 아니라, '마음의 눈'으로 포착될 수 있다. 하지만 우리의 마음은 어느덧 생겨난 무명(無明)의 바람에 의해서 물결을 일으키기 시작한다. 스스로의 본성을 가리면서, 욕망과 아집과 집착을 불러일으킨다. 그러나 마음은 스스로 다시 물결을 가라앉히고, 무한한 지혜와 광명으로 우리를 돌아오게 한다. 순리를 거스르지 않는 잔잔한 물은, 자아와 우주와 인생의 발견으로 나아가는 역정을 보여 준다. 물은 몸 그 자체가 길이다. 하지만 이제 물은 이러한 정갈한 길을 주장하지는 못한다. 물은 이제 너무나도 더럽혀진 문명의 하수, 혹은 어두운 심연의 강폭으로 벌어지는 죽음의 의미와 강력하게 결부된다. 이성자의 「水葬」(『작가세계』 겨울호)과 정한용의 「물에게 배우다」(『현대시학』 12월호)를 읽어보자.

> 혼자 있어도 무성하지 못하여라. 나를 가두고 찌르고 태연히 걸어가는 기억이여, 돌멩이를 끌어안고 물의 집 빈터로 간다 초록 계단을 미끄러져 빛이 닿지 않는 바닥 물새의 흰 뼈 곁으로 가 눕는다 어린 날의 부서진 물방울들이 하나로 모여 나를 물 밖으로 밀어낼 때까지, 냇물의 뱃가죽을 찢고 물에서 나를 일으킬 때까지.
>
> —「水葬」 부분

이름하여 '水育四德'인데, 이것을 나는 이렇게 읽는다. 물에는 네 가지 배울 점이 있으니…… 이 땅의 모든 똥을 깨끗이 씻어주고 만물의 때를 벗겨주니 고성능 공기방울 세탁기와 같고, 비록 어쩔 수 없이 시화호에 이르러선 썩어가기도 하나 본디 맑음을 추구하니 도시인들의 잊혀진 고향과 같고, 부드러우나 강하여 세상사람이 모두 즐겨 찾으니 여름철 삼계탕이나 영양탕 같고, 흘러흘러 세상 끝까지 못가는 길이 없으니 인터넷 가상공간 같다……

—「물에게서 배운다」 부분

'빛이 닿지 않는 바닥 물개의 흰 뼈 곁으로 가 눕는' 화자는, 죽음의 물을 본다. 존재는 물속에 '수장'되어 있다. 그러나 이 물은 '냇물의 뱃가죽을 찢고 물에서 나를 일으킬 때'를 기다리게 하는 재생의 물이다. 서사무가의 바리 공주는 죽음의 황천강인 까치여울을 건너 다시 삶으로 돌아온다. 육체의 생사가 지상과 지하의 의미로 갈라진다면, 정신의 생사는 물을 통해 이승과 저승으로 갈라진다. 물은 존재의 오염된 정신을 염습하며, 존재의 재생을 부여한다. 우리는 무덤과도 같은 '물의 집 빈터'를 거쳐 다시 삶으로 헤엄쳐 오는 것이다.

하지만 이제 물은 삶과 죽음의 순환이라는 의미를 상실해 간다. 썩지 않는 청량음료, 무서운 산성비들, 폐수를 덮고 있는 바다의 기름막, 가혹하게 펼쳐진 죽음의 대해가 존재의 배면에 펼쳐져 있다. 썩어가는 물은 '인터넷 가상공간' 만큼이니 자유롭게 세계 곳곳에 넘실거리며 흘러다닌다. 우리 삶의 거처는 오물에 질척대는 갯벌같이 황량한 공간이다. 하지만 시인은 오히려 그러한 물을 통해 '四德'을 배운다. 썩고 갇히고 더럽혀진 물의 피폐함을 통해 정결함과 그리움을 배우고, 자유와 건강을 배운다. 이것은 오염된 세계 속의 정신의 건강한 역설이라 할 수 있다. 불운하고 비참한 세계 속에 오히려 더욱 강건한 꿈의 요새를 축성하고, 그 성가퀴 속에서 세계에 대한 응전을 전개한다.

(…중략…)

—「물에게서 배운다」 부분

박형준의 「천식」(문예중앙·겨울호)을 읽어보자.

거품들이 나를 이곳에 데려왔다. 숨죽인 해변에 새들이 죽어 있다. 저것들은, 오래 전의 헛것들이다. 날개를 벗어버린 꿈들이 부서져버린다.

어느 해안을 떠돌다 왔을까, 나를 차지했으나, 끝내 모습을 감추고 헛되이 끼루룩거리는 바다에서, 죽은 새들이 해변을 점령한 오후에, 거품들이 급격히 불어난다. 멀리 문득, 섬들이 솟아 있다.

—「천식」 부분

'숨죽은 해변에 새들이 해변을 점령한 오후에, 거품들이 급격히 불어'나며 '멀리 문득, 섬들이 솟아 있'는 것을 발견한다. 점점이 허망한 자신을 부풀리다 꺼져가는 거품들처럼 고통스런 기침을 쿨럭이는 천식의 시인은 얼마간 닮아 보인다. 하지만 죽은 새와 시인의 시야를 가득 메우고 있는 하나의 '섬'이 있다. 끝없이 죽음과 절망 속에 던져진 몸짓으로 다가가는 하나의 섬이 '솟아나는' 것이다. 희망과 절망을 겨우 겨우 포개면서, 가느다란 꿈의 물고랑을 따라 먼 바다로부터 이끌려 온 물줄기가 외롭고 쓸쓸한 마음의 섬 가장자리와 겹쳐진다. 하지만 그 섬은 없는 것인지도 모른다. 모호하게 들끓는 환각의 도시처럼, 아니, 처음부터 아무것도 없었는지 모른다. 세계 또한 마음에서 솟아나온 일종의 환영의 신기루일지도 모른다. 하지만 그 환영은 사실보다 더 진실일 수 있다. 장자에 의하면 진실은 허공의 거울에 얼핏 비치는 것이다. 의식의 파도와 물보라와 거품들이 생겼다가 흔적도 없이 사라지는 '빈 공간(虛)'은 어쩌면 시인 앞에 마주 놓인 어둡고도 깊은 존재의 거울이다. 존재의 뿌리와 심연을 더듬는 자는 언제나 이 세계에 가득히 떠흐르는 마음의 바다로 나아간다. 모든 파편과 쓰레기를 싣고, 캄캄한 심해처럼, 어둡고도 어두운 세계를 통과하면서.

13.5 한국비평의 과제와 지평

위에서 살핀 바처럼, 한국 비평계는 신문학기 이래 서구중심적 평단

풍토에서 자유롭지 못했다. 지금까지 문예비평계의 평론과 이론들은 태반이 프랑스나 영미 등의 외국 것에 의존해 왔다. 서투른 어학력으로 한사코 외국어 서적을 뒤적이며 그들의 비평담론이나 접근방법을 어림잡기에 여념이 없었다. 평론가들은 어쭙잖은 서양식 이론을 내세워 우리 문인들이 땀흘려 빚은 작품들을 이질적인 서양 잣대의 눈금에 맞추어 어설프게 재단해 온 셈이다. 그러다가 으레 기준에 어긋나거나 원서 내용을 그릇되게 이해했다며 호통을 치는 식의 비평과 논전들이 벌어지기 십상이었다. 이를테면, 1950년대 말에 벌어졌던 김동리와 이어령의 실존주의 논쟁[53] 같은 경우가 이런 보기에 해당된다. 신토불이身土不二정신을 외면한 처사로서 문화적 자기정체성 찾기가 절실한 반성점이다.

이런 비평현상은 마치 시인·작가들로 하여금 자기 몸에 맞는 옷을 맞춰 입기보다는 서양풍의 기성복 옷을 걸치고 다니라고 강요하는 격이다. 그야말로 주객이 뒤바뀐 모순이 아닐 수 없고 탈식민주의적인 반성이 과제가 아닐 수 없다. 어쩌면 이러한 현실이 한국의 비평풍토나 평론 실상임은 물론이요, 이 저서 역시 대부분 남의 비평이론을 논해서 정리하는 작업이었기에 뼈아픈 반성을 동반할 수밖에 없다. 게다가, 서양의 탈식민주의 이론을 빌려서 우리 것을 반성한다는 죄책감마저 없지 않다. 하지만 '탈식민주의 이론'을 섭렵해서 이해하기 이전인 1980년대 초부터 비평문학을 강의하면서 한국적 전통비평이론을 세우려는 주체적인 접근을 시도해 왔다. 이러한 반성에 입각해, 앞으로 전개될 한국문학비평에 관한 몇 가지 과제를 제기해 보려 한다.

첫째, 무엇보다 서구이론 편향에서 벗어나 한국적 현실과 작품의 실제에 맞는 비평을 위한 자아정립의 자세를 지녀야 할 것이다. 이러

53) 1959년 2월 상순부터 3월 하순에 걸쳐서 당시 신진평론가 이어령과 원로 작가 김동리 사이에 예닐곱 차례 경향신문을 통해 행해진 논쟁임. 기성작가의 월평 가운데 김동리가 말한 한말숙의 단편 「신화의 단애」의 '실존성'과 추식의 단편 「인간제대」를 '극한상황'이라고 지적한 용어 등을 두고 이어령이 실존주의 문학의 본산지인 프랑스의 것과 대조 확인하는 설전을 벌인 것임.

한 반성의 정신은 일찍이 이규보나 박지원의 문체반정적인 주체의식과 정약용의 조선시 정신 내지 김만중의 국어의식 등에서도 확인할 수 있다. 서구의 문예이론과 비평방법은 끊임없는 참고의 대상이고, 비판적 수용의 영역에 있지만, 그것이 한국적 전통 속에서 이뤄지지 않으면 '종속화'의 길을 걷기 십상이다. 그리고 진정으로 우리 체질에 맞으면서 동시에 현대사회에 어울리는 비평은 현장 비평의 도정(道程)에서 마련될 수 있다는 의식을 가질 필요가 있다.

둘째, 한국 평론계는 이제 전통비평에 바탕한 비평체계를 고민해야 한다. 먼저 고려 후기의 비평서와 조선시대에 걸쳐 한문으로 쓰여진 채 흩어져 있는 시화詩話, 만록류漫錄類를 수집, 정리하고 체계화해야 한다. 그런 다음, 중국의 『문심조룡』과 사서삼경 등에 나타난 동양문예관과의 영향관계와 유사점을 찾고 그것을 다시 서양비평과 대비하며 문예비평원론을 재구성해서 체계를 정립할 필요가 있다. 한국문학을 논할 때, 지금까지 행해 오던 바처럼 서양 중심으로 따지는 것보다는 우리 것을 주로 하여 서양에 견주어 한국적인 전통비평으로 풀이하는 방법도 가능하다. 우리 고전문학에서의 이율곡이나 이황 등의 문이재도文以載道적인 효용론은 서양의 헤브라이즘과 도덕비평인 동시에 삶을 위한 문학Art for Life's Sake이나 사르트르식의 앙가주망적인 참여문학론과도 연결시킬 수 있는 것이다. 이런 작업은 이전에 행한 백철·송욱·조동일·윤재근 등의 연구업적들과 무관하지 않다. 이제부터는 예의 '기氣' 이론의 계발 등으로 고전과 현대비평에 일관성을 지닌 천착과 협력이 요청된다.

셋째, 앞으로는 더욱 한국 전래의 전통적 비평기준에 의한 우리의 잣대와 눈금으로써 실제비평을 행해 갈 일이다. 근래 들어 김영석·최동호·고형진·허혜정 등이 사서삼경 아니면 불가적 상상력을 통한 동양적 작품풀이를 시도하여 그 가능성을 보인 바 없지 않다. 하지만 여기에서 한 걸음 더 나아가서 구체적인 작품평가 기준으로써 옛 비평가들의 척도를 직접적으로 적용해도 무리는 없을 줄로 안다. 앞의 전통비평 발자취 항목에서 살핀 18세기 비평가 신경준의 시짓기 법칙 여섯 가지도 유용하지만 고려 후기에 해당하는 13세기 이규보가 『백운소설』에서 제시한 예의 구불이체九不宜體는 오늘의 작품평에 그대로 적용해도 손색이 없을 시쓰기 법칙이다. 즉, 시를 짓는 데 있어서 마땅치 못한 아홉 가지 항목[54]이 그것인데 이 법칙을 요즘의 비평에 적절히 응용해 보자는 말이다.

결론적으로, 이 세 가지 과제를 이행하는 것이 세계문학 속에서 제 몫을 맡아내는 올바른 탈식민주의적인 접근인 동시에 한국비평을 바로잡는 지름길이라 할 수 있다. 따라서 온고지신溫故知新의 정신을 겸해서 전래의 우리 것을 찾아 계발하고 체계화하여 현대적으로 활용하는 길을 열어 가야 한다. 이런 지향 노력이 새로운 세기를 향하는 오늘날, 당면한 문학의 위기를 바로잡고 한국문학의 정체성正體性을 살리는 일이라고 생각하기 때문이다.

54) 이규보의 『백운소설(白雲小說)』에서 밝힌 '詩有九不宜體'를 알기 쉽게 풀이하면 다음과 같음. ① 옛 사람의 이름을 많이 쓴 것, ② 옛 사람(古人)의 의(義)를 훔친 기교가 부족한 것, ③ 근거 없이 강한 韻을 쓴 것, ④ 압운이 지나치게 어긋난 것, ⑤ 險字를 써 迷惑하게 하는 것, ⑥ 말이 순하지 않은데 억지로 인용한 것, ⑦ 상말을 많이 쓴 것, ⑧ 孔·孟을 범하기 좋아한 것 ⑨, 수사가 거친 것 등임. 전형대 외, 앞의 책(『韓國古典詩學史』), 84~85쪽 참조.

참고문헌

〈국내 논저〉

강내희, 「디지털시대의 문학하기」, 『문화과학』, 1996년 여름호.
———, 「언어와 변혁－변혁의 언어모델 비판과 주체의 '역동일시'」, 『문화과학』, 1992년 겨울호.
고봉준, 『반대자의 윤리』, 실천문학사, 2006.
고인환, 『말의 매혹: 일상의 빛을 찾다』, 문학과경계, 2005.
고형진, 『시인의 샘』, 세계사, 1996.
곽광수, 『가스통 바슐라르』, 민음사, 1995.
곽종원·박목월·정창범, 『文學槪論』, 예문관, 1973.
구인환·구창환, 『文學槪論』, 三知院, 1990.
구중희, 「시화총림의 문헌학적 연구」, 경희대 박사논문, 1990.
권기철, 「批判理論과 市民哲學」, 『人文學硏究』 19집, 중앙대, 1992.
권덕하, 『소설의 대화이론－콘라드와 바흐찐』, 소명출판, 2002.
권명아, 『맞짱뜨는 여자들』, 소명출판, 2001.
권택영, 「밀러의 해체비평」, 『현대시사상』, 1990년 겨울호.
———, 「새로운 역사비평－낭만시 읽기를 중심으로」, 『현대문학』, 1988년 7월호.
———, 「카니발의 의미」, 김욱동 편, 『바흐친과 대화주의』, 나남출판, 1990.
김경용, 『기호학이란 무엇인가』, 민음사, 1994.
김동식, 『냉소와 매혹』, 문학과지성사, 2002.
김명인, 「문제는 리얼리즘이다－'생짜 노동자' 전형을 찾아야 할 노동소설」, 『희망의 문학』, 풀빛, 1990.
김상선, 『문학개론(文學槪論)』, 중앙출판(株), 1984.
김선기, 「소화시평연구」, 전북대 박사논문, 1993.

김성곤, 「탈식민주의 시대의 문학」, 『외국문학』, 1992년 여름호.
______, 「해체이론에 대한 논의」, 『현대시사상』, 1990년 겨울호.
김소월, 「진달내꼿」, 『開闢』 25호(1922.7).
김양호, 『한국 현대소설과 비평의 만남』, 한불문화출판, 1993.
김열규, 「신화비평론」, 신동욱 편, 『文學批評論』, 고려원, 1984.
김영민, 『탈식민성과 우리 인문학의 글쓰기』, 민음사, 1996.
김영석, 「韓國詩의 生成理論研究」, 경희대 박사논문, 1984.
김용권, 「문학이론의 번역과 수용」, 『현대비평과 이론』 5호, 1993년 봄·여름호.
김용숙, 「사도세자의 비극과 그의 정신분석학적 고찰」, 『국어국문학』 19호, 1958.
김용직, 『문예비평용어사전』, 탐구당, 1992.
김우종·김혜니, 『문학비평론』, 범우사, 1984.
김욱동 외 편, 『바흐친과 대화주의』, 나남출판, 1990.
김욱동, 『대화적 상상력』, 문학과지성사, 1988.
______, 「해체, 해체주의」, 『현대예술비평』 창간호, 1991년 여름호.
______, 『포스트모더니즘의 이론』, 민음사, 1992.
______, 『포스트모더니즘의 이론』, 민음사, 1994.
김윤식 편저, 『文學批評用語辭典』, 일지사, 1986.
김윤식, 『이광수와 그 시대』, 한길사, 1986.
김정식, 「진달내꼿」, 賣文社, 1935.
김정일, 『주체문학론』, 조선로동당출판사, 1992.
김준오, 「신역사주의와 한국 현대비평」, 『한국문학논총』 제14집, 한국문학회, 1993.
______, 「한국문학과 정신분석」, 김열규 외, 『정신분석과 문학비평』, 고려원, 1992.
김치수 외, 『現代文學批評의 方法論』, 서울대출판부, 1983.
________, 『現代文學批評의 方法論』, 서울대출판부, 1988.
김치수, 「구조주의와 문학연구」, 이승훈 편, 『한국문학과 구조주의』, 문학과비평사, 1988.
김 현, 「제네바 학파의 문학비평」, 『현상학』, 고려원, 1992.
______, 『김현문학전집』, 문학과지성사, 1991.
______, 『文學社會學』, 민음사, 1987.
______, 『분석과 해석』, 문학과지성사, 1988.

———, 『한국문학의 位相』, 문학과지성사, 1977.
나병철, 『근대 서사와 탈식민주의』, 문예출판사, 2001.
마광수 편저, 『심리주의 비평의 이해』, 청하, 1980.
문덕수, 「구조주의 비평」, 『현대의 문학이론과 비평』, 시문학사, 1991.
박덕규, 『문학과 탐색의 정신』, 문학과지성사, 1992.
박덕은, 『현대 비평의 이론과 응용』, 새문사, 1988.
———, 『현대문학 비평의 이론과 응용』, 새문사, 1989.
박명진 편, 『비판커뮤니케이션과 문화이론』, 나남출판, 1994(2쇄).
박명진, 『한국 전후희곡의 담론과 주체 구성』, 월인, 1999.
박목월·김춘수·정한모·문덕수, 『문학개론』, 송원출판사, 1974.
박수권, 「지봉유설문장부 연구」, 서울대 박사논문, 1994.
박우훈, 「호곡 남용익 문학론 연구」, 충남대 박사논문, 1988.
박이문, 「구조주의와 기호학」, 『세계의 문학』, 1977년 여름호.
박찬기 외, 『수용미학』, 고려원, 1992.
박찬부 외, 『현대문학비평 이론의 전망』, 성균관대출판부, 1994.
박철희·김시태, 『문학의 이론과 방법』, 이우출판사, 1983.
배수아, 「건전한 부르주아의 도시」, 『심야통신』, 해냄, 1998.
백철 편, 『비평의 이해』, 민중서관, 1968.
———, 『비평의 이해』, 민중서관, 1974.
백 철, 「古代文學의 批評理論」, 『예술원 논문집』 3집, 1964.
———, 「뉴크리티시즘에 대하여」, 『문학예술』, 1956년 9~10월.
———, 「뉴크리티시즘의 제문제」, 『思想界』, 1958년 11월.
———, 「뉴크리티시즘의 행방」, 『思想界』, 1966년 2월.
———, 「韓國批評史를 위하여」, 『중앙대 논문집』 8집, 1963.
———, 「I.A. 리처즈 씨와의 문학대화」, 『思想界』, 1958년 5월.
———, 『文學槪論』, 신구문화사, 1959.
———, 『文學槪論』, 신구문화사, 1969.
———, 『한국문학의 길』(『백철문학전집』 1), 신구문화사, 1980.
서정범, 「고전문학에 대한 정신분석학적 시론」, 『현대문학』, 1961년 3월.
설준규, 「셰익스피어 비평의 최근 경향에 대한 비판의 점검」, 『한신논문집』 7집, 한신대학교, 1990.11.
송 욱, 『詩學評傳』, 일조각, 1963(1969).
신동욱 편, 『文學批評論』, 고려원, 1984.

신동욱, 「신화비평론 서설」, 『신화와 원형』, 고려원, 1992.
안대회, 「조선후기 시화사 연구」, 연세대 박사논문, 1995.
양병택, 『영미희곡수필비평』, 신구문화사, 1972.
염무웅, 「개인사에 음각된 민족사」, 『혼돈의 시대에 구상하는 문학의 논리』, 창작과비평사, 1995.
오세영, 『文學硏究方法論』, 이우출판사, 1988.
오창은, 「일상의 변화를 위한 즐거운 텍스트 비평」, 『문예연감 2004』, 한국문화예술위원회, 2004.
______, 「자기애에 갇힌 테러리스트-김사과의 장편소설 『미나』」, 『창작과비평』 2008년 여름호.
유병석, 『20세기 韓國文學의 이해』, 한양대출판원, 1996.
윤동주, 왕신영·심원섭·오오무라 마스오·윤인석 편, 『사진판 윤동주 자필 시고전집』, 민음사, 1999.
______, 정현종·정현기·심원섭·윤인석 편주, 『원본대조 윤동주 전집 하늘과 바람과 별과 詩』, 연세대출판부, 2004.
______, 홍장학 편, 『정본 윤동주 전집』, 문학과지성사, 2004.
______, 『하늘과 바람과 별과 詩』, 정음사, 1948.
윤일주 편, 『하늘과 바람과 별과 詩』, 정음사, 1984(증보3판).
윤재근, 『詩論』, 둥지, 1990.
尹戶炳, 「신-역사주의 문학이론과 비평」, 『比較文學』 15집, 한국비교문학회, 1990.
이경수, 『불온한 상상의 축제』, 소명출판, 2004.
이경순, 「탈식민주의 페미니즘」, 『외국문학』, 1992년 여름호.
이기준, 「체념과 저항의 시학」, 『신동아』, 1977년 2월.
이득재, 「바흐친의 유물론적 언어이론」, 『문화과학』, 1992년 겨울호.
이명섭, 「뉴크리티시즘: 반실증주의적인 창조적 로고스」, 인문과학연구소 편, 『현대문학비평이론의 전망』, 성균관대출판부, 1994.
이명재, 「이달의 小說」, 동아일보, 1988.2.24.
______, 「한국고전비평문학논고」, 중앙대 『논문집』 27집, 1983.
이문구, 「일락서산」, 『관촌수필』(『이문구 전집』 5), 솔출판사, 1997.
이사라, 『시의 기호론적 연구』, 중앙, 1987.
이상섭, 『문학연구의 방법』, 탐구당, 1973.
______, 『문학연구의 방법』, 탐구당, 1980.

———, 『문학연구의 방법』, 탐구당, 1992.
이선영 편, 『文學批評의 方法과 實際』, 삼지원, 1991.
이선영·권영민, 『문학비평론』, 한국방송통신대출판부, 1992.
이선영·박태상, 『문학비평론』, 한국방송통신대출판부, 2003.
이성호, 「영향과 수용의 상호소통」, 『문학사상』, 1992년 3월.
이용욱, 『사이버문학의 도전』, 토마토, 1996.
이재선 편, 『문학주제학이란 무엇인가』, 민음사, 1996.
이지은, 「'담화이론'의 조류와 문예이론과의 관계」, 『지식과 권력』, 한울, 1991.
이형식, 「주제비평」, 김치수 외 공저, 『현대문학비평의 방법론』, 서울대출판부, 1983.
임우기, 『그늘에 대하여』, 강, 1996.
장백일, 『문학비평론(文學批評論)』, 인문사, 1981.
장사선 외, 『文藝思潮』, 새문사, 1991.
장성언 편저, 『영어관용어사전』, 연세대출판부, 1980.
장정일, 『내게 거짓말을 해봐』, 김영사, 1996.
전형대·정요일·최웅·정대림, 『韓國古典詩學史』, 홍성사, 1979.
전형대 외, 『韓國古典詩學史』, 홍성사, 1979.
정대림, 『한국 고전문학비평의 이해』, 태학사, 1991.
정병욱, 『한국고전의 재인식』, 기린원, 1988.
정요일, 『漢文學批評論』, 집문당, 1990.
정우봉, 「19세기 시론 연구」, 고려대 박사논문, 1992.
정정호 외, 『현대영미비평의 이해』, 문학과비평사, 1989.
정정호, 「담론」, 『현대비평과 이론』, 1993년 가을·겨울호.
———, 「신역사주의와 문화유물론」, 성균관대 인문과학연구소 편, 『현대문학비평 이론의 전망』, 성균관대출판부, 1994.
———, 「신역사주의 문학—텍스트와 역사의 대화」, 『문학사상』, 1993.1.
———, 「영국의 '문화학'」, 『문화예술』, 통권 158호, 한국 문화예술진흥원, 1992년 9월.
———, 「텍스트와 역사의 대화」, 『문학사상』, 1993.3.
———, 『현대 영미 비평의 이해』, 탑출판사, 1989.
정정호·장경렬·박거용 편, 『현대영미비평의 이해』, 문학과비평사, 1989.
정태용 외, 『文學槪論』, 英文閣, 1963.

정한모·김용직, 『文學槪論』, 박영사, 1990.
정효구, 『현대시와 기호학』, 느티나무, 1989.
조동일 『韓國文學思想史時論』, 지식산업사, 1978.
______, 『韓國小說의 理論』, 지식산업사, 1977.
조혜정, 「지식 / 권력에 대한 성찰—'타자성'에 대하여」, 『탈식민지 시대 지식인의 글 읽기와 삶 읽기 2』, 또하나의문화, 1994.
진갑곤, 「홍만종의 한시 비평 연구」, 경북대 박사논문, 1991.
차범석, 「不毛地」, 『韓國戱曲文學大系 ③』, 韓國演劇社, 1977.
차봉희 편저, 『수용미학』, 문학과지성사, 1988.
차봉희, 「현대문예학과 수용미학」, 박찬기 외 공저, 『수용미학』, 고려원, 1992.
차상원, 『中國古典文學批評史』, 범학도서, 1975.
최강민, 「해설비평, 비평의 타락인가, 아니면 소통의 통로인가?」, 『오늘의 문예비평』 2009년 봄호.
최동호, 『評定의 詩學을 위하여』, 민음사, 1996.
최원식, 「문학의 귀환」, 『문학의 귀환』, 창작과비평사, 2000.
최현무, 「미하일 바흐친과 후기 구조주의」, 김욱동 편, 『바흐친과 대화주의』, 나남출판, 1990.
______, 「미하일 바흐친과 후기 구조주의」, 김욱동 편, 『바흐친과 대화주의』, 문학과지성사, 1995.
한국문화예술위원회 편, 『100년의 문학용어 사전』, 아시아, 2008.
한승옥, 『한국전통비평론 연구』, 숭실대출판부, 1995.
______, 『한국전통비평론탐구』, 숭실대출판부, 1995.
허윤진, 『5시57분』, 문학과지성사, 2007.
허혜정, 「마음의 금강신(金剛身)—최승호 시의 공간(空間)읽기」, 『문예중앙』, 1997년 2월.
______, 「어둡고 깊은 거울」, 『현대문학』, 1997년 1월.
홍기돈, 『인공낙원의 뒷골목』, 실천문학사, 2006.
홍문표, 『문학비평론』, 양문각, 1993.
______, 『현대시학』, 양문각, 1987.

〈국내 역저〉

A. Jefferson & D. Rokey ed., 김정신 역, 『현대문학이론』, 문예출판사, 1991.
Bill Ashcroft·Gareth Griffiths·Helen Tiffin, 이석호 역, 『포스트콜로니얼 문학이론』, 민음사, 1996.
C. 웨든, 이화영미문학회 역, 『포스트구조주의와 페미니즘비평』, 한신문화사, 1994.
C. S. 홀 외, 최현 역, 『융 심리학 입문』, 범우사, 1999.
Caryl Emerson & Gary Saul Morson, 「바흐친의 문학이론」, 金旭東 편역, 『바흐친과 대화주의』, 나남출판, 1990.
D. Lodge, 윤지관 외 역, 『20세기 문학비평』, 까치사, 1984, 25쪽.
D. W. 포케마·E. 쿠네 입쉬, 정종화 역, 『20세기의 문학이론』, 을유문화사, 1985.
Edna Aizenburg, 「보르헤스, 탈식민주의 이론의 선구자」, 『외국문학』 31, 1992년 여름호.
F. 파농, 박종렬 역, 『대지의 저주받은 자들』, 광민사, 1979.
F. Engels, 「마가렛 하크니스에게 보내는 편지」, L. 박산달, S. 모라브스키 編, 김대웅 역, 『마르크스 엥겔스 문학예술론』, 한울, 1988.
G. 무넹, 김화영 역, 『프랑스 현대 비평의 이해』, 민음사, 1984.
G. 하아프, 고정자 역, 『비평론』, 이화여대출판부, 1982.
Graham Pechey, 「대화주의와 탈식민화」, 윤효녕 역, 『바흐친 문화이론』(여홍상 편), 문학과지성사, 1995.
Harry Levin, 이상섭 외 역, 『*Literature as an Institution*』, 서울영문학회, 1969.
_________, 이상섭 외 편주, 『*Selected Modern Critical Essay*』, 영어영문학회, 1969.
H. 마르쿠제, 김동일 외 편, 『사회과학 방법론 비판』, 청람문화사, 1983.
Helen Tiffin, 성경준 역, 「탈식민주의 문학과 반언술행위」, 『외국문학』, 1992년 여름호.
John Hall, 최상규 역, 『文學社會學』, 혜진서관, 1987.
K. K. 루더반, 김경수 역, 『페미니스트 문학비평』, 문학과비평사, 1989.
K. M. 보그달 편저, 『새로운 문학이론의 흐름』, 문학과지성사, 1994.
L. A. 젤리 & D. J. 지글러, 이훈구 역, 『성격심리학』, 법문사, 1983.
M. 리파테르, 「문학비평과 기호학」, 박철희·김시태 역, 『문학의 이론과 방법』,

이우출판사, 1984.
M. 엘리아데, 이은봉 역, 「물과 물의 상징」, 『종교형태론』, 형설출판사, 1979.
M. H. 에이브럼즈, 권택영·최동호 편역, 『문학비평용어사전』, 새문사, 1985.
M. M. Bakhtin, 김근식 역, 『도스토예프스키 詩學』, 정음사, 1988.
Moore-Gilbert, B., 이경원 역, 『탈식민주의! 저항에서 유희로』, 한길사, 2001.
N. Frye, 임철규 역, 『비평의 해부』, 한길사, 1982.
R. M. 알베레스, 이진구·박이문 역, 『20世紀 文學의 總決算』, 신양사, 1960.
R. Scholes, 위미숙 역, 『문학과 구조주의』, 새문사, 1991.
N. Frye, "The Archetypes of Literature", D. Lodge ed., *20th Century Literary Criticism*, London: Longman, 1972.
S. N. 그렙스타인, 「신화비평이란 무엇인가」, 김병욱 역, 『신화와 원형』, 고려원, 1992.
______________, 「심리주의 비평서설」, 이선영 편, 『문학비평의 방법과 실제』, 삼지원, 1998.
______________, 「형식적 방법」, 박철희·김시태 역, 『문학의 이론과 방법』, 이우출판사, 1984.
T. 이글턴, 김명환 외 역, 『문학이론 입문』, 창작과비평사, 1986.
______________________, 『문학이론 입문』, 창작과비평사, 1995.
V. B. 라이치, 권택영 역, 『해체비평이란 무엇인가』, 문예출판사, 1988.
____________, 김성곤 외 역, 『현대 미국 문학비평』, 한신문화사, 1993.
W. 벤야민, 「技術複製時代의 예술작품」, 반성완 편역, 『발터 벤야민의 문예이론』, 민음사, 1983.
W. L. Guerin 외, 정재완 역, 『文學의 理解와 批評』, 청록출판사, 1985.
가스통 바슐라르, 이가림 역, 『물과 꿈』, 문예출판사, 1993.
___________________________, 『촛불의 美學』, 문예출판사, 1995.
게오르그 루카치, 반성완 역, 『루카치 소설의 이론』, 심설당, 1998.
골드만, 조경숙 역, 『小說社會學을 위하여(*Pour une socioloigie du roman*)』, 청하, 1986.
낸시 프레이저·린다 니콜슨, 「철학 없는 사회비평—페미니즘과 포스트모더니즘과의 만남」, 이소영·정정호 공편, 『페미니즘과 포스트모더니즘』, 한신문화사, 1992.
레닌, 「당조직과 당문학」, 이길주 역, 『레닌의 문학예술론』, 논장, 1988.
레이만 셀던, 현대문학이론연구회 역, 『현대문학이론』, 문학과지성사, 1987.

______________________________, 『현대문학이론』, 문학과지성사, 1995.
로만 야콥슨, 「언어의 두 양상과 실어증의 두 유형」, 심문수 편역, 『문학 속의 언어학』, 문학과지성사, 1989.
롤랑 바르트 외, 김현 편역, 『현대비평의 혁명』, 홍성사, 1984.
롤랑 바르트, 정현 역, 『신화론』, 현대미학사, 1995.
루카치 외, 홍승용 역, 『문제는 리얼리즘이다』, 실천문학사, 1985.
노드럽 프라이 외, 김인환 역, 『문학의 해석』, 홍성사, 1978.
미하일 바흐찐, 이덕형·최건영 역, 『프랑수아 라블레의 작품과 중세 및 르네상스의 민중문화』, 아카넷, 2001.
미하일 바흐친, 전승희 외 역, 『장편소설과 민중언어』, 창작과비평사, 1988.
아기자·올리비에리·스크트릭, 장영수 역, 『문학의 상징－주제사전』, 청하, 1990.
아니카 르메르, 이미선 역, 『자크 라캉』, 문예출판사, 1998.
안네트 콜로드니, 「페미니스트 문학비평의 몇 가지 방향들」, 김열규 외 공역, 『페미니즘과 문학』, 문예출판사, 1989.
안토니 이스트호프, 임상훈 역, 『문학에서 문화연구로』, 현대미학사, 1984.
앙리 아르봉, 오병남·이창환 역, 『마르크스주의와 예술』, 서광사, 1988.
앤 제퍼슨·데이비드 로비, 김정신 역, 『현대문학이론』, 문예출판사, 1991.
엘렌느 튀제, 「가스통 바슐라르에 열린 문학비평의 길들」, 김붕구 역, 『현대비평의 이론』, 홍성사, 1982.
윌프레드 L. 게린 외, 최재석 역, 『문학비평입문』, 한신문화사, 1994.
__________________, 정재완 역, 『문학의 이해와 비평』, 청록출판사, 1987.
유리 로트만, 유재천 역, 『詩 텍스트 분석: 詩의 구조』, 가나, 1987.
장 이브 타디에, 김정란 외 역, 『20세기 문학비평』, 문예출판사, 1995.
자네트 월프, 이성훈·이현석 역, 『예술의 사회적 생산』, 한마당, 1986.
제라드 델포·안느 로슈, 심민화 역, 『비평의 역사와 역사적 비평』, 문학과지성사, 1933.
죠르즈 뿔레 편, 김봉구 역, 『현대비평의 이론』, 홍성사, 1982.
지그문트 프로이트, 박성수·한승완 역, 『정신분석학 개요』, 열린책들, 2004.
陣繼法, 叢成義 역, 『사회주의예술론』, 일원서각, 1985.
질베르 뒤랑, 진형준 역, 『상징적 상상력』, 문학과지성사, 1983.
체리 리지스터, 「미국 여성해방문화비평」, 한국여성연구회 문학분과 편역, 『여성해방문학의 논리』, 창작과비평사, 1990.

테렌스 호옥스, 오원교 역, 『구조주의와 기호학』, 신아사, 1988.
페터 뷔르거, 김경연 역, 『미학이론과 문예학 방법론』, 문학과지성사, 1987.
프레드릭 제임슨, 윤지관 역, 『언어의 감옥—구조주의와 형식주의 비판』, 까치, 1972.
피에르 부르디외, 이영욱 역, 「예술적 취향과 문화 자본」, 박명진 외 편, 『문화, 일상, 대중: 문화에 관한 8개의 탐구』, 한나래, 1996.
유영 編譯, 『현대문학의 가는 길』, 신양사, 1958.

〈국외 논저〉

A. Jefferson & D. Rokey ed., *Modern Literary Theory*, Bames & Noble, 1982.
C. H. Chung, *20th Century Literary and Cultural Theory and Criticism*, C.A.U., 1996.
C. J. H. Hayes, *Nationalism*, New York, Macmillan Co., 1960.
D. Lodge, *20th Century Literary Criticism*, London Longman, 1972.
Don E. Wayne, "New Historicism", *The Encyclopedia of Literature and Criticism*, London: Routledge, 1990.
Donald Kessey, *Contexts for Criticism*, Mountin Univ. C. A.: Mayfield Published Co., 1987.
Edward Pechter, *The New Historicism and Its Discontent: Politicizing Renaissance Drama*, PMLA, 102(1987).
Elaine Showalter, *Toward a Feminist Poetics, Contemporary Literary Criticism*, Edited and Introduced by R. C. Davis, Longman, 1986.
G. Watson, *The Literary Criticism*, Penguin Books, 1962.
Geoffrey Brerelon, *A Short History of French Literature*, Punguin, 1954.
Geoffrey Hartman, *The Fate of Reading and Other Essays*, Chicago: Univ. of Chicago Press, 1975.
H. Aram Veeser, *The Historicism*, London: Routledge, 1989.
H. R. Jauss, *Racines und Goethes Iphigenie-Mit, einem Nachwork über die Partialität der Rezeptionsästheische Methode*, in: Rezeptionsästhetik, a.a.O.
H. Read, *Wordsworth*, London, 1949.
H. Taine, *Histoire de Litérature Anglaise*, IMPRIMERIE DE CH. LAHURE, 1864.

Helene Cixous, "The Laugh of The Medusa", edited by H. Adams & L. Searle, *Critical Theory since 1965*, Florida State Univ. Press, 1986.

J. C. Carloni & J. C. Filloux, *La Critique Litteraire*, Paris, 1958.

J. P. Tompkins, ed., *Reader-Response Criticism: From Formalism to Post-Structualism*, Johns Hopkins University Press, 1980.

Jerome J. McGann, "Keats and Historical Method in Literary Critism", *MLN*, Vol. 94, 1979.

Jonathan Culler, *Reading as a Woman, On Deconstruction*, Cornell Univ. Press, 1982.

Lucien Goldmann, *The Hidden God*, Trans., P. Thody(Routledge & Kegan Paul), 1977.

Ludwig Wittgenstein, *Philosophical Investigation*, G. E. M. Anscombe, tr., Prentice Hall, 1958.

M. Arnold, *Poetry and Prose with William Waston's Poem and Essays*, Oxford Clearendon Press, 1953.

________, *The Function of Criticism at Present Time*, Macmillan and Co., 1865.

Mary Eagleton Edited and Introduced, *Feminist Literary Criticism*, Longman, 1991.

M. M. Bakhtin, *Rabelais and His World*, trans., Hélène Iswolsky, Bloomington: Indiana University Press, 1984.

M. Maren-Groesebach, *Methoden der Literaturwissenschaft*, München, 1979.

M. Pêcheux, *Language, Semantics and Ideology*, St. Martin's, 1982.

N. Frye, *Anatomy of Criticism Four Essays*, New Jersey Princeton Univ. Press, 1973.

______, *Literature and Myth*, Relations of Literary Study, 1967.

Padmini Mongia ed., *Contemporary Postcolonial Theory*, London·New York, 1996.

R. Wellek & A. Warren, *Theory of Literature*, New York, 1949.

____________________, *Theory of Literature*, New York, 1956.

____________________, *Theory of Literature*, New York, 1970.

R. Wellek, A *History of Modern Criticism IV*, New Haven: Yale Univ. Press, 1965.

________, A *History of Modern Criticism, 1750～1950*, Yale Univ. Press, 1966.

________, *Concept of Criticism*, Yale Univ. Press, 1973.

________, *The Main Trends of Twentieth century Concepts of Criticism*, Yale Univ. Press, 1973.

Ralph Cohen, ed., "Introduction", *The Future of Literary Theory*, New York: Routledge, 1989.

Richard Johnson, *What is Cultural Studies Anyway, Social Text: Theory · Culture · Ideology*, No. 16, Winter 1986.

Robert C. Holub, "preface", *Reception Theory*, London and New York: Muthuen, 1984.

Robert de Beaugrande, *Critical Discourse*, New Jersey, 1988.

Robert Scholes, *Structuralism in Literature*, Yale Univ. Press, 1974.

Roland Barthes, *Flements de Semiologie*, in Communication 4, Paris: Seuil, 1964.

________, *Mythologies*, Paris: Seuil, 1957.

S. N. Grebstein, "Preface", *Perspective in Contemporary Literature*.

Stanley E. Fish, *Literature in the Reader: Affective Stylistics*, Jane P. Tompkins, 1970.

Stephen Greenblatt, *Renaissance Self-Fashioning*, Chicago and London: University of Chicago Press, 1983.

V. B. Leitch, *Deconstructive Criticism*, New York: Columbia University Press, 1983.

W. H. Hudson, *An Introduction to the Study of Literature*, London, 1958.

W. Pater, "Studies in the History of the Renaissance", *From Beowulf to Thomas Hardy by Robert Shafer*, Vol. 4.

W. Scoot, *Five Approaches to Literary Criticism*, New York, 1962.

W. V. O'Corner, *An Age of Criticism*, Chicago, 1952.

Wolfgang Iser, "Interaction between Text and Reader", *The Reader in the Text*, ed. by Susan R. Suleiman and Inge Crosman, Princeton Univ. Press, 1980.

________, "Reader Response Criticism in Perspective", *Changes and Challenges: Proceedings of the International Symposium*, Seoul: Hanyang Univ. Press, 1989.

________, *The Implied Reader: Patterns of Communication in Prose Fiction from Bunyan to Beckett*, Baltimore: Johns Hopkins Univ. Press, 1974.

문학비평

찾아보기

(나)

(다)

(라)

(마)

(바)

(사)

(아)

(자)

(차)

(카)

(타)

(파)

(하)